A TRIBUTAÇÃO DO MERCADO IMOBILIÁRIO

Estudos em Homenagem ao Professor Valter Lobato

Coordenadores

João Paulo Fanucchi de Almeida Melo

João Paulo Kalil Toledo

Luís Paulo Bambirra Silveira

A TRIBUTAÇÃO DO MERCADO IMOBILIÁRIO

Estudos em Homenagem ao Professor Valter Lobato

editora Del Rey

Belo Horizonte

2021

EDITORA DEL REY LTDA.
www.editoradelrey.com.br

Editor: Arnaldo Oliveira

Editor Adjunto: Ricardo A. Malheiros Fiuza
(*in memoriam*)

Coordenação Editorial: Letícia Neves

Diagramação e revisão: Know-how Editorial

Editora:
Rua dos Goitacazes, 71 – Lojas 20 a 24
Centro – Belo Horizonte – MG
CEP 30190-050

Comercial:
Tel.: (31) 3284-3284
vendas@editoradelrey.com.br

Editorial:
editorial@editoradelrey.com.br
Tel.: (31) 2516-3340

T822 A tributação do mercado imobiliário: estudos em homenagem ao professor Valter Lobato / João Paulo Fanucchi de Almeida Melo, João Paulo Kalil Toledo , Luís Paulo Bambirra Silveira (coordenadores) Belo Horizonte: Del Rey, 2021.
418 p. Inclui bibliografia.

Inclui bibliografia.
ISBN 978 65 00 29226 8

1. Direito imobiliário Brasil. 2 Direito tributário Brasil. 3. Bens imóveis e impostos Brasil. I. Melo João Paulo Fanucchi de Almeida II. Toledo, João Paulo Kalil . III. Silveira, Luís Paulo Bambirra IV. T ítulo.

CDU 347.235 (81)

Meire Luciane Lorena Queiroz – Bibliotecária – CRB 6/2233

SOBRE OS AUTORES

Alessandra Machado Brandão Teixeira

Advogada. Mestre e doutora em direito tributário professora da PUC Minas, vice-presidente da comissão de direito Tributário da OAB/MG. Possui graduação em Direito pela Pontifícia Universidade Católica de Minas Gerais (1994), Mestrado (2000) e Doutorado (2006) em Direito Tributário pela Universidade Federal de Minas Gerais (UFMG). Especialista em Direito Tributário pela Universidade de Bolonha, na Itália (2001). Atualmente é Professora adjunta IV da Pontifícia Universidade Católica de Minas Gerais (PUC Minas). É, ainda, Consultora Tributária; Membro da Coordenação do ensino à distância da PUC Minas Virtual; e Diretora Adjunta do Departamento de Direito Tributário do Instituto dos Advogados de Minas Gerais. Tem experiência na área de Direito, com ênfase em Direito Tributário.

Alexandre Antônio Nogueira de Souza

Advogado e sócio do escritório Nogueira & Drumond Sociedade de Advogados. Especialista em Direito Tributário pela Pontifícia Universidade Católica de Minas Gerais – PUC/MG. Mestre em Direito Tributário pela Universidade Federal de Minas Gerais (UFMG). Membro do Conselho de Ética Pública do Governo de Minas (CONSET).

André Prado de Vasconcelos

Juiz Federal da 7ª Vara e Diretor do Foro da Seção Judiciária de Minas Gerais. Graduado em Direito pela Faculdade de Direito da Universidade Federal de Minas Gerais. Mestre em Direito Constitucional Comparado pela Cumberland School of Law – Samford University. Professor da Dom Helder- Escola de Direito.

Bernardo Motta Moreira

Doutorando e Mestre em Direito pela Universidade Federal de Minas Gerais. Professor do IBMEC e do Centro Universitário UNA. Consultor concursado em Direito Tributário na Assembleia Legislativa de Minas Gerais. Conselheiro do Conselho de Contribuintes de Minas Gerais (CC-MG) e do Conselho Administrativo de Recursos Tributário de Belo Horizonte (CART-BH). Advogado.

Bruna Amorim Dias

Advogada e sócia do escritório Amorim & Matias Sociedade de Advogados. Especialista em Direito Tributário pelo Centro de Estudos em Direito e Negócios (CEDIN).

Cid Augusto Viegas Rangel

Advogado graduado pela Pontifícia Universidade Católica (PUC) EM 2001. MBA em Direito Empresarial pela Fundação Getúlio Vargas (FGV). Especialização em Direito Tributário pelo Instituto dos Advogados de Minas Gerais (IAMG). Doutorando em Direito Tributário pela Universidad del Museo Social Argentino (UMSA) Membro da Associação Paulista de Estudos Tributários (APET). Sócio do escritório Antonacci e Rangel Consultoria e Advocacia Empresarial. Atuante na área do Direito Empresarial e Tributário desde 1998.

Eduardo Barboza Muniz

Membro da Comissão Especial de Assuntos Tributários da OAB/RJ; representante Nacional da Young International Fiscal Association (YIN/IFA); especialista em Direito Fiscal pela Pontifícia Universidade Católica do Rio de Janeiro (PUC/RJ); e sócio de Brigagão, Duque Estrada – Advogados.

Fernando Daniel de Moura Fonseca

Residência Pós-Doutoral em Direito Tributário na Universidade Federal de Minas Gerais (UFMG). Mestre e Doutor em Direito Tributário pela Universidade de São Paulo (USP). *Master of Laws* pela New York University (NYU). Professor da Faculdade de Direito Milton Campos (FDMC). Advogado e Contador.

Gabriele J. Silva

Graduada em Direito pela Escola Superior Dom Helder Câmara.

Glauber Mesquita

Especialista em Direito Tributário pela PUC/MG. Bacharel em Direito pela UFOP. Ex-pesquisador bolsista da FAPEMIG. Advogado.

Gustavo André Muller Brigagão

Presidente da Associação Brasileira de Direito Financeiro (ABDF); professor na pós-graduação da Fundação Getulio Vargas; membro do Executive Committee e do General Council da International Fiscal Association (IFA); vice-presidente do Fórum Permanente da Escola da Magistratura do Estado do Rio de Janeiro; membro do Conselho de Administração da Câmara Britânica no Estado do Rio de Janeiro (BRITCHAM-RJ); diretor de relações institucionais do Centro de Estudos das Sociedades de Advogados (Cesa); diretor da Federação das Câmaras de Comércio do Exterior (FCCE); e sócio do escritório Brigagão, Duque Estrada – Advogados.

João Paulo Fanucchi de Almeida Melo

Advogado tributarista, sócio da Almeida Melo Sociedade de Advogados. Coordenador e Professor do Curso de Advocacia Tributária da ESA/MG. Professor da Pós-Graduação e Graduação da PUC/MG. Doutorando pela UFMG. Presidente da Comissão de Direito Tributário da OAB/MG. Diretor da ABRADT.

João Paulo Kalil

Graduado em Direito pela Faculdade de Direito Milton Campos (FDMC). Graduando em Ciências Contábeis na Faculdade de Administração Milton Campos. Advogado.Membro da Comissão de Direito Tributário OAB/MG.

João Victor Araujo Dande

Graduado em Direito Pela Pontifícia Universidade Católica de Minas Gerais (PUC-MG). Pós-Graduando em Direito Tributário pelo Instituto Brasileiro de Estudos Tributários (IBET). Advogado tributarista.

José Antonino Marinho Neto

Graduando em Direito pela UFMG. Monitor da disciplina Direito Tributário I na FDCE/UFMG, sob a orientação da Prof. Titular Misabel de Abreu Machado Derzi. Vencedor do Prêmio Misabel Derzi – Destaque Individual do *III Tax Moot Court Competition*, organizado pela ABRADT, em 2018. Vencedor do Prêmio Misabel Derzi – Grupo do *IV Tax Moot Court Competition*, organizado pela ABRADT, em 2019.

Junia Roberta Gouveia Sampaio

Mestre em Direito Tributário pela Universidade Federal de Minas Gerais (UFMG), professora de Direito Tributário do curso de Direito do Centro Universitário UNA, professora da pós-graduação em Direito Tributário da PUC Minas e do Instituto Brasileiro de Estudos Tributários (IBET), Conselheira da 2ª Turma Ordinária da 4 ª Câmara da 1ª Seção do Conselho Administrativo de Recursos Fiscais (CARF).

Juselder Cordeiro da Mata

Mestre em Direito Tributário pela Faculdade Milton Campos. Especialista em Direito Tributário pela IEC-PUC/Minas. Professor de Direito Tributário. Diretor da Associação Brasileira de Direito Tributário (ABRADT). Coordenador do Comitê de Tributário do CESA, seccional Minas Gerais. Membro da Comissão de Direito Tributário da OAB-MG – triênio 2019-2021. Advogado e fundador da Juselder da Mara Sociedade de Advogados.

Laura Figueiredo Felix Lara

Advogada, formada pela PUC Minas.

Lílian Cláudia de Souza

Graduada em Direito pela Faculdade de Direito da UFMG. Aluna intercambista da Università degli Studi di Bologna (UNIBO) – Itália. Pós-graduada em Direito Público pela Universidade Cândido Mendes (UCAM). Advogada do Contencioso Tributário e Previdenciário na Vale S.A. Professora. Ex-conselheira do Conselho de Contribuintes do Estado de Minas Gerais.

Luis Fernando Amaral Bednarski

Bacharel em Direito pela Universidade Federal de Minas Gerais (UFMG). Especialista em Direito Tributário pela Pontifícia Universidade Católica/MG (PUCMINAS). Pós-Graduando em Gestão Empresarial pela Fundação Dom Cabral (FDC). Advogado da Companhia Brasileira de Metalurgia e Mineração (CBMM).

Luís Paulo Bambirra Silveira

Advogado e Contador. Graduado em Direito pela Pontifícia Universidade Católica de Minas Gerais. Pós-graduado, especialista em Direito Tributário pelo Instituto Brasileiro de Estudos Tributários. Graduado em Ciências Contábeis pela Universidade Federal de Minas Gerais. Professor de Direito Tributário e Financeiro. Membro da Comissão de Direito Tributário da OAB/MG.

Luiz Henrique Nery Massara

Sócio do escritório Massara Pieroni Advogados. Pós-graduado em Direito Tributário pelo Instituto Brasileiro de Estudos Tributários. Pós-graduado em Contabilidade Tributária pela PUC/MG. Mestrando em Direito Tributário na PUC/SP. Diretor e Membro Fundador do Instituto Mineiro de Direito Tributário.

Maria Inês Murgel

Doutora em Direito Tributário pela UFMG. Coordenadora do IBET – BH. Diretora da Abradt. Ex-Conselheira da 3a. Seção do CARF. Advogada.

Mariane de Sousa Assis Resende

Graduada em Direito pela Pontifícia Universidade Católica (PUC/MG). Mestre em Direito Público pela Pontifícia Universidade Católica (PUC/MG). Membro da Comissão de Direito Tributário da OAB/MG. Conselheira do Conselho Temático de Assuntos Tributários da Federação das Indústrias do Estado do Espírito Santo (FINDES). Membro da Comissão de Assuntos Tributários da OAB/RJ. Gerente do Contencioso Tributário e Previdenciário na Vale S.A.

Olavo Lara Resende Baeta

Advogado com experiência profissional na área de planejamento patrimonial e sucessório, direito societário, graduado e pós graduando em direito tributário pelas Faculdades Milton Campos e pós graduado em direito notarial e registral pelo CORI MG Também, é membro Titular da 2 ª Câmara da Junta Integrada de Recursos Fiscais, na Secretaria Municipal de Política Urbana da Prefeitura de Belo Horizonte, indicado como representante de entidades de classe pela Câmara do Mercado Imobiliário de Minas Gerais CMI/SECOVI, sendo responsável pelo julgamento de recursos em matéria urbanística e ambiental. É sócio do Nejm e Lara Resende Advocacia e Consultoria Imobiliária. Além disso, é membro da Comissão de Direito Notarial e Registral da OAB/MG e da Comissão de Startups da OAB/MG e empreendedor.

Paloma Campagnoli Matos

Bacharela em Direito pela Faculdade Milton Campos. Pós-Graduanda em Direito Tributário pelo Instituto Brasileiro de Estudos Tributários (IBET).

Patrícia Antonacci Neves

Advogada graduada pela Universidade FUMEC (2010). Contadora graduada pela Universidade FUMEC (2014). Mestre em Contabilidade e Controladoria pela Universidade Federal de Minas Gerais (2015). Sócia dos escritórios Antonacci e Rangel Consultoria e Advocacia Empresarial e Antonacci Accounting Serviços Contábeis Eireli. Professora da Broward University. Conselheira do CRC/MG – Mandato 2018 a 2021. Atuante na área do Direito Empresarial desde 2008, e da Contabilidade desde 2015. Possui experiência no ramo do Direito Tributário, Societário e Contratual e na contabilidade de empresas de pequeno, médio e grande porte.

Pedro Henrique Alves Mineiro

Bacharel em Direito pela Universidade Federal de Minas Gerais. Pós-Graduando em Direito Tributário pelo Instituto Brasileiro de Estudos Tributários (IBET).

Pedro Henrique Silva Anselmo

Pós-Graduado em Direito Tributário pelo Instituto Brasileiro de Estudos Tributários (IBET). Graduado em Direito pela Faculdade de Direito Milton Campos. Advogado.

Rafhael Frattari

Doutor e Mestre em Direito Tributário pela UFMG. Professor do curso de mestrado em Direito da FUMEC/MG. Vice-Presidente da ABRADT. Membro da Comissão de Direito Tributário da ABRADT, Fecomércio e Federaminas. Advogado.

Thiago Duca Amoni

Graduado em Direito pela Faculdade de Direito Milton Campos. Pós-graduado em Direito Tributário pela Faculdade de Direito Milton Campos. Pós-Graduado em Direito Tributário pelo Instituto Brasileiro de Estudos Tributários (IBET). Consultor Tributário (FIEMG). Conselheiro do Conselho Administrativo de Recursos Fiscais (CARF) – 2ª Seção. Diretor da Associação Brasileira de Direito Tributário (ABRADT-Jovem).

Vitória Nejm Ziade

Graduada em Direito pela Faculdade de Direito Milton Campos, pós-graduanda em Direito Notarial e Registral pelo Colégio Registral Imobiliário de Minas Gerais CORI MG, possui experiência em Direito Imobiliário, Societário e Tributário, tendo passagem por Tabelionato de Notas da Capital e atualmente é sócia da Nejm e Lara Resende Advocacia e Consultoria Imobiliária. É membro da Comissão de Startups da OAB/MG e empreendedora.

Vitória Soares João Günther

Graduada em Direito Pela Pontifícia Universidade Católica de Minas Gerais (PUC-MG). Pós-Graduanda em Direito Tributário pelo Instituto Brasileiro de Estudos Tributários (IBET). Advogada tributarista.

APRESENTAÇÃO

Esta obra é um compilado de artigos sobre tema relevante, abordando a relação entre o direito tributário e o mercado imobiliário e os principais aspectos que permeiam tal ligação, como os interesses envolvidos e os principais aspectos legais e jurisprudenciais aplicáveis.

A ideia dos organizadores, subscritores dessa apresentação, como se verificará nas páginas que seguirão, é de focar num importante setor econômico, no caso, o imobiliário, e destrinchá-lo à luz do direito positivo. Logo, em vez de textos teóricos e abstratos, o que é sempre salutar e oportuno, esse livro, diferentemente, tem como proposta trazer situações empíricas e, a partir delas, implementar as diversas opiniões, reflexões, críticas etc. Ou seja, a proposta é conciliar a prática com a teoria (jurídica) no relevante setor do mercado imobiliário.

Assim, o fio condutor da presente obra é "a construção civil e seus efeitos tributários", que vem gerando, cada vez mais, controvérsias entre contribuinte e Fisco.

A relevância do estudo tem sustentação no constante crescimento do setor, mesmo em tempos de crise, e pela necessidade de maiores reflexões que envolvam o direito tributário e o setor econômico.

Com intuito de colaborar para a construção de um direito que seja capaz de permitir a segurança jurídica mediante a solução, ou pelo menos os apontamentos, das controvérsias e, ao mesmo tempo, acompanhar o desenvolvimento do setor com atração do capital e investimentos diretos e indiretos para toda economia, essa obra propõe ao leitor reflexões de grande valor.

Para tanto, convidamos, para ser coautores, profissionais (re)conhecidos, que conciliam vastas experiências práticas e teóricas. Agradecemos, sinceramente, por terem aceitado o convite.

Sem dúvidas, importante registar que o referido aceite teve facilitador ímpar: o homenageado, Professor Valter Lobato, querido, estimado e admirado profissional e, principalmente, ser humano. Decerto, todos coautores não deixariam de participar de um projeto cujo homenageado é o amigo Lobato. Afirmamos, sem maiores receios: em primeiro plano, todos se sentem honrados por participar dessa justa homenagem; em segundo, trabalho, tema, desafio, conteúdo etc. passam a ter vez.

Não poderíamos deixar de mencionar, nessa apresentação, que contamos com dois prefácios de peso, elaborados pelas referências, "professores de todos nós", Drs. Misabel Derzi e Sacha Calmon. Uma situação pouco usual, mas que se justifica na medida em que Lobato é o homenageado. Obviamente, não temos dúvidas de que esse evento é único e positivamente marcante para todos, em especial, para Valter e os seus.

Com essas linhas iniciais, a título de apresentação, esperamos, sinceramente, que todos gostem do projeto concretizado.

João Paulo Fanucchi de Almeida Melo

João Paulo Kalil

Luís Paulo Bambirra Silveira

PREFÁCIO
UM ADVOGADO TENAZ

Valter Lobato desde jovem esteve a lidar com o Direito Tributário e outros direitos, inclusive o trabalhista, o que lhe permitiu uma visão ampla (*totum* e *totalitur*).

Nossas vidas se cruzaram em vários lugares e oportunidades, como aluno, colega, confrade, amigo e sócio em firma advocatícia, o que ao tempo que justifica esse intróito, de certo modo a contamina, pelos valores da amizade e a impossibilidade de críticas, que nem as enxergo!

Ainda jovem, na casa do cinquenta, época em que a experiência, êxitos e decepções se transformam em amargura ou amadurecimento, e devemos optar pelo último, sempre, o amigo Valter que fez essa opção, hoje convive e congrega uma brilhante geração de justributaristas (categoria pequena até há pouco tempo atrás, mas hoje bem encorpada).

Valter tem tudo para fazer com que essa geração inove, surpreenda e renove os estudos de Direito Tributário em Minas sem excluir ninguém nem formar grupos, como noutros lugares.

De quando em vez vimos surgir luzes intensas no Direito Tributário.

Lobato é uma delas e dele cobro faz tempo um livro, que terá sucesso e trará inovações.

Lá atrás, somente Aliomar Baleeiro deixou de ser surpreendido por Amilcar de Araújo Falcão, seu conterrâneo. De repente vimos um Ataliba sacudir, com um pequeno grande livro, o ambiente dos tributaristas, termo que ele rejeitava a favorecer o de publicista ou jurista escrevendo sobre a teoria da tributação, dotando a disciplina de um cariz universalista. Quando menos se esperava nos vem um Becker do R.G. do Sul e logo outro, e este jovem, mas de extraordinária visão sistemática. Estou a falar de Humberto Ávila, sem esquecer o Pernambuco de Souto Maior Borges e Heleno Torres. E lá vem Paulo de Barros com lógica e linguística a criar escola em São Paulo e no Brasil, assim por diante.

O que vemos agora em Minas, entretanto, não é só um luminar, mas toda uma geração. Não há falar somente em André Mendes Moreira e Valter Lobato, ambos do nosso escritório, para minha satisfação, mas de uma vasta camada de brilhantes tributaristas. No Brasil também.

Minha convivência com o homenageado vem de longe, dos tempos da Acesita, hoje integrante da Arcelor. E foi meu aluno nos cursos da UFMG e é meu colega de escritório, onde exerce suas funções advocatícias de sócio com honra e fidelidade inabaláveis.

Na ABRADT, por mim, Misabel Derzi, Janir Adir e outros fundadores, firmamos em Minas um polo da tributaristica nacional. A essa altura Valter lá está e saberá passar o seu comando, na hora certa, a outro que mantenha a tradição e os ideais que a inspiraram.

Portanto é mais de que merecida essa homenagem ao nosso amigo, colega e sócio Valter Lobato.

Para mim foi uma honra laborar essa nota de introdução ao livro em sua homenagem, mas que merecida. Ele tem uma vida inteira dedicada ao Direito Tributário.

Vejam a lista dos autores no índice do livro. De todos me orgulho e a todos desejo uma vida feliz e êxitos no exercício dos múnus advocatício e profissional, sem esquecer o que já fizeram e não foi coisa pequena não, meu Senhor!

Sacha Calmon Navarro Coêlho

Advogado, Coordenador do curso de especialização em Direito Tributário das Faculdades Milton Campos, Ex-Professor Titular das Faculdades de Direito da Universidade Federal de Minas Gerais (UFMG) e Universidade Federal do Rio de Janeiro (UFRJ). Ex-Juiz Federal. Ex-Procurador Chefe da Procuradoria Fiscal de Minas Gerais. Ex-Presidente da Associação Brasileira de Direito Financeiro (ABDF) no Rio de Janeiro. Autor do *Curso de Direito Tributário Brasileiro* (Forense). scalmon@sachacalmon.com.br

PREFÁCIO
E UM PROFESSOR IDEAL

Este prefácio é mera continuação do anterior, tão bem elaborado pelo Prof. *Sacha Calmon,* nesta obra.

Dele, de modo algum poderia discordar. Nele, o Prof. *Sacha Calmon* pinça, para realçar, entre as muitas qualidades que aponta do professor homenageado, *Valter Lobato* (a saber, sua *performance* como um dos melhores alunos que tivemos na UFMG; a inovação que traz nas discussões teóricas do Direito Tributário; o brilhante jurista, mestre e doutor que é, da nova geração; sua participação e organização na ABRADT, que mantém como um polo da tributarística nacional), a de *advogado tenaz.*

O homenageado é nosso colega de escritório, notabilizando-se não apenas pela competência, mas ainda pela integridade e fidelidade inabaláveis. É quase obsessivo na persecução da defesa e busca ideal dos interesses dos clientes e na pessoalidade do tratamento. Ele é efetivamente *um advogado tenaz.*

O leitor, assim sendo, lerá esse outro prefácio que escrevo como mera continuidade do anterior, com única diferença: realço agora o atributo do homenageado, nem sempre fácil de se encontrar, o *de professor ideal.*

Existem vários modelos de docentes. Não obstante, em todos os perfis, haverá sempre um fundo comum, necessário, é verdade, mas não suficiente. Compõem o rol das notas características e necessárias de um docente, o domínio do conteúdo que leciona, ou seja, a *expertise* que, por sua vez, arrasta o gosto pela pesquisa contínua e pela reflexão. Um bom professor é um eterno aprendiz.

Mas isso não é suficiente. Um professor que aprende sempre e que jamais nega a própria potencialidade, como fonte inesgotável de produção e compartilhamento de conhecimento, pode estar preparado (mas nem sempre o faz) para o desenvolvimento de duas outras qualidades que o caracterizariam como docente ideal, ou seja, a generosidade e abertura sem reservas e, finalmente, o respeito à formação do aluno, crítica, independente e livre.

Esses dois últimos atributos, a generosidade e ainda o ensino sem dominação opressiva dependem, é verdade, da aquisição de competência, domínio e segurança em relação à disciplina ou matéria lecionada, pois os temores da contradita, do debate, do teste da argumentação cerceariam a liberdade de ensinar e de aprender.

Não obstante, a recíproca não se apresenta. Nem todos os docentes competentes e preparados são generosos, embora pudessem sê-lo; muito menos serão automaticamente formadores de discentes capazes de pensar de forma questionadora e crítica. Muitos professores, embora altamente capazes, superpõem autoritariamente o seu modo de pensar a qualquer outro, ainda que razoável.

Pois bem, exatamente isso, é que causa profunda admiração na docência do Professor *Valter Lobato.* Sua qualificadíssima formação jurídica, lecionando na tradicional Faculdade de Direito da UFMG, se casa com o empenho e amor profundo pelo magistério. Alia o domínio invejável das disciplinas – Direito Tributário/Constitucional e Financeiro – em contínua progressão, reflexão e aperfeiçoamento. Alimenta as teorias que desenvolve com a larga experiência adquirida nas lides forenses, ao mesmo tempo que devolve para as mesmas causas e argumentos hauridos nos tribunais, os ricos estudos e reflexões avançados.

O proveito que têm seus alunos é inegável. O proveito e êxito que se refletem nas ações que patrocina são evidentes. Esse ciclo, da experiência forense à teoria, da teoria às lides nos tribunais, completa-se de modo contínuo.

Mas não apenas isso. *Valter* é o oposto de alguns docentes que, estando ao mesmo tempo no mundo da advocacia, são avarentos em informações, concedendo o mínimo, para não formar concorrentes. São, a rigor, antidocentes. A generosidade de seu espírito se abre aos alunos, sem reservas, franqueando-lhes textos, argumentos, teorias, acessos aos melhores núcleos de iniciação.

E finalmente, mas não menos importante, *Valter Lobato* realiza o ideal de *Paulo Freire.* Sempre procura romper a ideia de que o discente seja mero depositário compulsório do pensar do professor, detentor de todo o conhecimento. Em suas aulas, o diálogo crítico se impõe, sem satelização da inteligência, na feliz expressão de *Souto Maior Borges* (*Ciência Feliz*. Palestra, Ed., Lima, trad. Juan Carlos Panez Solorzano, 2012).

Assim sendo, *Valter Lobato* é o *professor ideal*, que soma competência a aprendizado contínuo, que tem a generosidade de ensinar para habilitar os melhores e, finalmente, que forma, sem deformar.

Por tantas razões, ex-alunos, colegas e juristas se juntaram para realizar essa obra em homenagem ao Professor *Valter Lobato*. Certamente o homenageado se encherá de alegria ao identificar esses escritores de tanto mérito que, como ele, andam a modelar e a aperfeiçoar o Direito Tributário. Uma plêiade de jovens expertos dos quais também me orgulho. E como!

Misabel Abreu Machado Derzi
Professora Titular de Direito Tributário e Financeiro da Universidade Federal de Minas Gerais (UFMG).

SUMÁRIO

1

UM BREVE PANORAMA DA TRIBUTAÇÃO DA ATIVIDADE IMOBILIÁRIA DAS PESSOAS FÍSICAS

REGRAMENTO E FORMAS LÍCITAS DE REDUÇÃO DO ÔNUS TRIBUTÁRIO NAS OPERAÇÕES DE COMPRA E VENDA

Alessandra Machado Brandão Teixeira
Laura Figueiredo Felix Lara

1. Introdução

A atividade imobiliária consiste em fenômeno de destaque, responsável por compor parcela significativa não apenas da economia nacional, mas também da economia global. Tal fato se deve em virtude das diversas atividades que referido setor abrange, as quais cumprem função bem maior do que a mais evidente e comumente identificada de proporcionar às pessoas um local para que neste possam fixar residência ou, ainda, desempenhar suas atividades econômicas.

Isto é, referido setor da economia real[1], além da função indicada, cuja relevância é indiscutível, é responsável por abranger, também, inúmeras outras atividades. À título de exemplificação, tem-se que, mesmo antes da realização de quaisquer construções, os bens imóveis, além de serem frequentemente utilizados como forma de investimento, podem abarcar diversas operações na etapa de sua concepção, tais como a atividade de incorporação imobiliária e de loteamento.

Após a realização de edificações, referidos bens permanecem a servir como objeto para diversas transações, como a atividade de corretagem

---

1 A concepção de economia real, com os respectivos investimentos possíveis – denominados "ativos reais" – se refere ao setor responsável por gerar riquezas e melhoras efetivas à toda a sociedade e opõe-se à ideia de economia relativa ao mercado financeiro, cujos ganhos advém das operações de trocas entre os sujeitos, sem concretizações materiais diretas e imediatas. Nesse sentido, confira-se: https://terracoeconomico.com.br/economia-real-o-que-e/. Acesso em: 24 jun. 2020.

ou, então, podem servir como fonte de renda, dada a possibilidade de percepção de aluguéis por parte de seus proprietários. Sem mencionar, ainda, a possibilidade de utilização dos referidos bens por pessoas físicas como investimentos, por meio da cessão destes para fins de locação de hotéis, *flats* e afins – denominados *pool hoteleiro*.

Tais atividades são extremamente positivas para o desenvolvimento da economia de um modo geral, visto que quase nunca são limitadas em si mesmas. A construção – seja de imóveis destinados à moradia, seja de grandes empreendimentos ou, até mesmo, da própria infraestrutura dos loteamentos – é responsável por gerar diversos empregos e fomentar outras atividades, em razão da aquisição dos bens e materiais necessários para tanto.

Além do mais, com o passar dos tempos, os imóveis passaram a ser utilizados para relações distintas, prestando-se como forma de investimento, no sentido do termo que geralmente é apreendido pelo senso comum – obtenção de rendimentos a partir de títulos ou papéis. Tornou-se comum a criação dos ditos fundos de investimentos imobiliários (FII), os quais consistem em "(...) comunhão de recursos destinados a aplicação em empreendimentos imobiliários (...)"[2], a partir dos quais serão gerados rendimentos suficientes para remunerar os cotistas.

Assim, torna-se fácil concluir a relevância da atividade imobiliária para fins tributários. Além de esta ser composta pela propriedade, eminente signo presuntivo de riqueza e que, por esta razão, sempre foi objeto de tributação, atualmente tem-se que esta é permeada também por diversas outras atividades e operações, nas quais igualmente é possível se observar a ocorrência de fenômenos que denotam a manifestação de riqueza, razão pela qual merecem ser objeto de regramento e de incidência tributária.

Dada a abrangência e diversidade das atividades compreendidas no conceito de "atividade imobiliária" e, considerando os estreitos limites do presente trabalho, o artigo em questão se restringirá a analisar o regramento pertinente à tributação de apenas uma espécie das atividades que envolvem os imóveis, qual seja, a operação de compra e venda. Ainda assim, em virtude da distinção do tratamento legal, referida análise será limitada às operações desempenhadas por somente uma espécie de sujeitos: as pessoas físicas.

---

2 BIFANO, Elidie Palma de. *O mercado financeiro e imposto de renda*. Tese de doutorado. Pontifícia Universidade Católica de São Paulo, p. 384.

Nesse aspecto, o presente trabalho cuidará de realizar o exame das normas pertinentes à tributação das operações de compra e venda de imóveis realizadas por pessoas físicas, com todas as suas particularidades. Em sequência, serão analisadas, ainda, alternativas e formas menos onerosas de organização, situadas nos limites da lei e com esta compatíveis, capazes de fixar o ônus tributário em patamar inferior ao que comumente ocorre.

2. Tributação da atividade imobiliária desenvolvida por pessoas físicas

A atividade imobiliária, como visto, é composta por diversas operações e atividades, razão pela qual não é possível vislumbrar nesta a existência de regramento tributário unitário e uniforme.

De fato, considerando a multiplicidade das operações compreendidas no conceito apontado, tal possibilidade sequer seria factível, haja vista que cada uma destas cumpre propósitos diversos e, portanto, é responsável por gerar rendimentos e consequências distintas.

Nesse aspecto, não se mostraria coerente, tampouco razoável que o legislador equiparasse os rendimentos auferidos em virtude do recebimento de aluguéis, por exemplo, aos benefícios eventualmente percebidos em decorrência do denominado *pool hoteleiro*, atribuindo a estes, tratamento tributário uniforme.

Por esta razão, a legislação cuida de regular cada um dos eventos de forma distinta, conferindo a estes o regramento pertinente e adequado com os eventos fáticos identificados. À título de ilustração, em atividades mais complexas, tais como a atividade de incorporação imobiliária e de loteamento, a legislação equipara as pessoas físicas às pessoas jurídicas e submete as primeiras ao regramento próprio destas últimas. Logo, em tais operações, mesmo que desenvolvidas por pessoas naturais, estas estarão sujeitas ao pagamento do Imposto de Renda das Pessoas Jurídicas (IRPJ) e deverão observar, ainda, todas as normas pertinentes às pessoas jurídicas para apuração do imposto[3].

Dessa forma, em virtude da diversidade das normas e, considerando que a finalidade do presente trabalho se restringe à análise de uma única

3 Vide art. 164 e seguintes do Decreto n. 9.580/18 – Novo Regulamento do Imposto de Renda.

espécie de operação abrangida pela atividade imobiliária – a operação de compra e venda – passa-se à análise da normativa específica da matéria.

2.1. Tributação das operações de compra e venda realizadas por pessoas físicas

Diversos são os atos e negócios jurídicos dos quais pode resultar a obrigação de transferência da propriedade. Um destes consiste, justamente, no contrato de compra e venda, o qual se trata, segundo conceituação proposta por Orlando Gomes, do "(...) contrato pelo qual uma das partes se obriga a transferir a propriedade de uma coisa à outra, recebendo, em contraprestação, determinada soma de dinheiro ou valor fiduciário equivalente. (...)"[4].

Em sentido semelhante, é a definição fixada no Código Civil de 2002, em seu art. 481, a partir do qual referido contrato se presta como instrumento hábil a materializar a obrigação de transferência da propriedade de determinado bem, mediante o pagamento de preço em dinheiro pela outra parte.

Em tal modalidade contratual, assim como em outras operações a este equiparadas pela legislação[5], tais como a desapropriação, adjudicação e, também, a troca, é possível a existência, em determinadas situações, de acréscimo patrimonial para o sujeito proprietário.

Isto é, é possível e, normalmente é o identificável, que o valor pelo qual o bem imóvel foi alienado seja superior àquele despendido para a sua aquisição. A diferença positiva entre os valores caracteriza-se como acréscimo patrimonial, hipótese esta que está sujeita à incidência de tributação.

No entanto, embora a tributação dos rendimentos em análise, assim como nas demais espécies de renda, ocorra em virtude da ocorrência de um fluxo de recursos[6], os primeiros possuem natureza mais esporádica e eventual do que aqueles de natureza diversa, a exemplo dos provenientes aluguéis de bens imóveis, os quais são revestidos da característica

---

4 GOMES, Orlando. *Contratos*. 27. ed. Rio de Janeiro: Forense, 2019, p. 216.

5 Nesse sentido, é o art. 128, § 4º, incisos I a X do Decreto n. 9.580/18 – Novo Regulamento do Imposto de Renda.

6 COSTA, Margaret Hanson; ESCOBAR, Hélio Magalhães; RIOS, Dionísio. A tributação sobre ganhos de capital: a tributação da riqueza: um estudo da OCDE. *Revista Conjuntura Econômica – FGV*, v. 34, n. 6, 1980, p. 65.

de maior continuidade, bem como da possibilidade de reprodução periódica[7]. Por esta razão, a legislação confere tratamento distinto aos primeiros, submetendo-os à tributação por ganho de capital.

De forma semelhante à que ocorre na maioria dos países membros da OCDE[8], a tributação dos ditos "ganhos de capitais" no Brasil não ocorre de forma autônoma, mas é feita através do imposto de renda, nos termos do art. 43 do CTN, embora contenha algumas regras e normas particulares[9].

Nesse aspecto, tem-se que referido imposto será devido no momento da alienação do imóvel, o qual não ocorre apenas com a compra e venda, mas também quando da ocorrência de eventos diversos tais como a desapropriação, troca, dação em pagamento e outras operações assim previstas em legislação – o art. 128, § 4°, incisos I a X do Decreto n. 9.580/18 (Novo Regulamento do Imposto de Renda – Novo RIR).

Embora o imposto seja devido desde tal momento, o que se mostra compatível com a ideia de disponibilidade jurídica ou econômica adotada pelo sistema brasileiro[10], é possível que o contribuinte não tenha recebido os recursos referentes à operação de imediato. Inclusive, tal fato é extremamente comum na atividade imobiliária, na qual, em virtude dos valores elevados, o pagamento em geral é feito de forma parcelada.

Consciente de tal fenômeno, o legislador estabeleceu previsão nesse sentido, disciplinando que, embora o imposto seja devido no momento da alienação, a qual, como visto, se dá quando da ocorrência das operações citadas, seu pagamento ocorrerá somente em instante posterior, com o efetivo recebimento da parcela do preço[11].

Prosseguindo, referido imposto é calculado sobre a diferença positiva entre o custo de aquisição e o valor obtido com a alienação dos bens imóveis (art. 148, Novo RIR) Segundo previsto em legislação, é possível que determinadas despesas, diversas do efetivo valor despendido para aquisição do imóvel, sejam incluídas no denominado "custo de aquisição".

---

7 MARTINS, Ricardo Lacaz. *Tributação da renda imobiliária.* Tese de Doutorado – Faculdade de Direito da Universidade de São Paulo, p. 213.

8 COSTA, Margaret Hanson; ESCOBAR, Hélio Magalhães; RIOS, Dionísio. A tributação sobre ganhos de capital: a tributação da riqueza: um estudo da OCDE. *Revista Conjuntura Econômica – FGV*, v. 34, n. 6, 1980, p. 67.

9 *Ibidem.*

10 MARTINS, Ricardo Lacaz. *Tributação da renda imobiliária.* Tese de Doutorado – Faculdade de Direito da Universidade de São Paulo, p. 216.

11 *Ibidem.*

À título de exemplificação, é possível o abatimento dos valores pagos em virtude da atividade de corretagem, na hipótese de o ônus ter ficado a cargo do contribuinte. Ou, ainda, de outras despesas tais como o valor pago à título do imposto de transmissão, bem como com realização de obras para aprimoramento do imóvel – art. 137 do Novo RIR.

No regime anterior, tais eventos eram submetidos à tributação sob a alíquota única de 15%. No entanto, para as alienações ocorridas a partir de 2017, conforme reconhecido pela Receita Federal do Brasil em seu Ato Interpretativo n. 3 de 27 de abril de 2016, devem ser adotadas as novas alíquotas progressivas instituídas pela Lei n. 13.259/16, as quais podem variar de 15% à 22,5%, a depender do valor da alienação. Ainda assim, como mencionado, a tributação dos ganhos de capitais está submetida à particularidades diversas do que normalmente ocorre no imposto de renda de pessoas físicas, sendo uma destas a alíquota que neste último caso pode atingir o patamar de 27,5%.

Em virtude da apontada autonomia da exação em questão, a tributação dos ganhos de capitais deverá ser apurada de forma separada ao Imposto de Rendas das Pessoas Físicas (IRPF), de maneira que os valores a esta referentes não integrarão a base de cálculo do imposto na declaração de ajuste anual, nem poderá o valor pago à título de imposto ser deduzido do valor a ser pago (art. 128, § 3° do Novo RIR)

Pelo o exposto, foi possível extrair uma visão geral do regramento pertinente à tributação do ganho de capital obtido com as operações de compra e venda realizas por pessoas físicas, bem como das suas particularidades. Ainda assim, existem determinadas normas que conferem tratamento tributário mais favorável à hipótese em questão, fixadas pelo legislador com o intuito de se alcançar determinadas finalidades. Tais normas se apresentam como legítimas alternativas para a redução do ônus tributário, acaso não sejam utilizadas com mero intuito fraudatório ou dissimulatório, razão pela qual passa-se à análise destas.

3. Hipóteses de redução dos encargos tributários

As normas, não somente aquelas de natureza tributária, mas todas estas de uma maneira geral, servem como meio para o cumprimento de determinadas finalidades, daí a concepção do direito enquanto elemento instrumental[12]. Dentre as diversas finalidades que podem por este serem

[12] BECKER, Alfredo Augusto. *Teoria geral do direito tributário*. 3. ed. São Paulo: Lejus, 1998, p. 63.

alcançadas, reside aquela de maior destaque: a regulação de determinadas situações fáticas.

Contudo, além da função meramente regulatória, é possível se identificar o cumprimento de finalidades diversas pelo direito. É dizer: a instituição de normas, afora finalidade imediata de estabelecimento de regramento normativo aos eventos, com sua consequente ordenação, pode ser capaz de atingir objetivos diversos, tais como o de estimular ou desestimular comportamentos.

Tal fato, inclusive, é reiteradamente verificado no âmbito tributário, o qual lida de forma direta com eventos econômicos, o que permite a identificação imediata das consequências. Nesse aspecto, tem-se que as normas tributárias cumprem não apenas a função de fixar normas para a obtenção de receitas públicas, mas, no desempenho de tal atividade, podem ser capazes de gerar outros efeitos, como exemplo, o fomento ou a redução do consumo.

É necessário ter em mente, ainda, que a indução de comportamentos acarretada pelas normas tributárias pode ser feita visando objetivos diversos do que a consequência que é produzida de forma imediata. É possível, por exemplo, que a instituição de norma que fomente o consumo seja feita não apenas com tal intuito, porém com a finalidade maior de garantir a concretização de valores constitucionais.

Foi, justamente, com a intenção de atingir tal escopo – concretização de valores constitucionais – que foram instituídas algumas espécies de isenções tributárias, relativas às operações de compra e venda de imóveis por pessoas físicas. Referidas normas se mostram como verdadeiras consolidações do direito fundamental à moradia[13] e, por isso, passam agora a ser objeto de exame.

3.1. Isenção do ganho de capital vinculado ao reinvestimento em imóveis residenciais

Como exposto, o direito fundamental à moradia, previsto no art. 6º da CR/88, se trata de norma responsável por tutelar valor de elevada relevância, razão pela qual incumbe ao legislador constitucional instituir medidas para assegurar sua concretização.

---

13 MARTINS, Ricardo Lacaz. *Tributação da renda imobiliária*. Tese de Doutorado – Faculdade de Direito da Universidade de São Paulo, p. 223.

Um exemplo evidente de um dos instrumentos adotados para a concretização do referido direito se trata, justamente, da isenção do ganho de capital vinculado ao reinvestimento, instituída pela Medida Provisória n. 252/05 (conhecida como MP do Bem), posteriormente convertida na Lei n. 11.196/05. Nesse sentido, é a redação legal:

> Art. 39. Fica isento do imposto de renda o ganho auferido por pessoa física residente no País na venda de imóveis residenciais, desde que o alienante, no prazo de 180 (cento e oitenta) dias contado da celebração do contrato, aplique o produto da venda na aquisição de imóveis residenciais localizados no País.
>
> § 1º No caso de venda de mais de 1 (um) imóvel, o prazo referido neste artigo será contado a partir da data de celebração do contrato relativo à 1ª (primeira) operação.
>
> § 2º A aplicação parcial do produto da venda implicará tributação do ganho proporcionalmente ao valor da parcela não aplicada.
>
> § 3º No caso de aquisição de mais de um imóvel, a isenção de que trata este artigo aplicar-se-á ao ganho de capital correspondente apenas à parcela empregada na aquisição de imóveis residenciais.
>
> § 4º A inobservância das condições estabelecidas neste artigo importará em exigência do imposto com base no ganho de capital, acrescido de:
>
> I – juros de mora, calculados a partir do 2º (segundo) mês subsequente ao do recebimento do valor ou de parcela do valor do imóvel vendido; e
>
> II – multa, de mora ou de ofício, calculada a partir do 2º (segundo) mês seguinte ao do recebimento do valor ou de parcela do valor do imóvel vendido, se o imposto não for pago até 30 (trinta) dias após o prazo de que trata o *caput* deste artigo.
>
> § 5º O contribuinte somente poderá usufruir do benefício de que trata este artigo 1 (uma) vez a cada 5 (cinco) anos.

Referida norma, ao eliminar a incidência do imposto por ganho de capital na venda de imóveis residenciais cujo produto seja destinado à aquisição de imóveis de natureza equivalente, visa estimular o direito apontado, com a respectiva aquisição de bens destinados à servirem para os sujeitos como seus lares.

Tal fato pode ser percebido a partir do próprio regramento da isenção, a qual somente poderá ser utilizada uma vez a cada cinco anos (art. 39, § 5º da Lei n. 11.196/05). Assim, referida limitação temporal permite concluir que a aquisição em questão deve possuir caráter mais duradouro, com a destinação do bem à permanência dos adquirentes – ou utilização deste para o percebimento de rendimentos, tais como de aluguéis – sem que tenha caráter meramente especulativo.

Além do mais, a aplicação do produto obtido com a venda do imóvel na aquisição de outro imóvel de natureza residencial deve ser feita no prazo de 180 (cento e oitenta dias), a contar da celebração do contrato (art. 39, *caput* da Lei n. 11.195/05). É possível que a isenção seja aplicável ao produto obtido com a venda de mais de um imóvel, hipótese em que o prazo terá início com o primeiro contrato (art. 39, § 1º da Lei n. 11.195/05)

Prosseguindo, tem-se que se a integralidade do valor obtido com a alienação do imóvel não for aplicada na aquisição de outro, deverá haver a incidência do imposto em questão de forma proporcional à parcela não investida[14] (art. 39, § 2º da Lei n. 11.195/05).

Questão que foi objeto de debate durante longo período se trata da obrigatoriedade ou não de destinação do produto à aquisição imediata do imóvel. Isto é, havia controvérsia se a aplicação dos recursos obtidos na quitação de financiamento destinado à aquisição de imóvel estaria, também, abrangida na hipótese de isenção, uma vez que não se trataria de aquisição do imóvel direta.

Pacificando a questão e colocando fim à controvérsia, o STJ definiu que a isenção em análise também é aplicável aos valores porventura destinados para a quitação de financiamento, sendo que eventual restrição fixada na Instrução Normativa 599/05 se mostraria ilegal, uma vez que não há qualquer limitação legal nesse sentido. Confira-se:

> TRIBUTÁRIO. RECURSO ESPECIAL. CÓDIGO DE PROCESSO CIVIL DE 2015. APLICABILIDADE. IMPOSTO SOBRE A RENDA DE PESSOA FÍSICA – IRPF. ALIENAÇÃO DE IMÓVEL RESIDENCIAL. GANHO DE CAPITAL. LEI N. 11.196/05 ("LEI DO BEM"). VALORES PARCIALMENTE

---

14 SCHOUERI, Luís Eduardo; MOSQUEIRA, Roberto Quiroga. *Manual da tributação direta da renda*. São Paulo: Instituto Brasileiro de Direito Tributário – IBDT, 2020, p. 32.

DESTINADOS À QUITAÇÃO DE FINANCIAMENTO IMOBILIÁRIO DE OUTRO IMÓVEL RESIDENCIAL. DIREITO À ISENÇÃO. RESTRIÇÃO IMPOSTA POR INSTRUÇÃO NORMATIVA. ILEGALIDADE. PRECEDENTE. MAJORAÇÃO DE HONORÁRIOS RECURSAIS. ART. 85, § 11, DO CPC/15. IMPOSSIBILIDADE.

(...)

II – A isenção prevista no art. 39, § 2°, da Lei n. 11.196/05, alcança as hipóteses nas quais o produto da venda de imóvel por pessoa física seja destinado, total ou parcialmente, à quitação ou amortização de financiamento de outro imóvel residencial que o alienante já possui. Precedente.

III – Ilegalidade do art. 2°, § 11, inciso I, da Instrução Normativa SRF n. 599/05.

IV – Impossibilitada a majoração de honorários nos termos do art. 85, § 11, do Código de Processo Civil de 2015, porquanto não houve anterior fixação de verba honorária.

V – Recurso especial desprovido.

(REsp 1668268/SP, Rel. Ministra REGINA HELENA COSTA, PRIMEIRA TURMA, julgado em 13/03/2018, DJe 22/03/2018) (Sem grifos no original)

TRIBUTÁRIO. IMPOSTO DE RENDA. GANHO DE CAPITAL NA ALIENAÇÃO DE BEM IMÓVEL RESIDENCIAL. IN/SRF N. 599/2005 E ART. 39 DA LEI N. 11.196/2005.

1. A isenção do Imposto de Renda sobre o ganho de capital nas operações de alienação de imóvel prevista no art. 39, da Lei 11.196/2005 se aplica à hipótese de venda de imóvel residencial com o objetivo de quitar, total ou parcialmente, débito remanescente de aquisição a prazo ou à prestação de imóvel residencial já possuído pelo alienante.

2. É ilegal a restrição estabelecida no art. 2°, § 11, I, da Instrução Normativa-SRF n. 599/2005.

3. NEGO PROVIMENTO ao recurso especial.

(REsp 1469478/SC, Rel. Ministro HERMAN BENJAMIN, Rel. p/ Acórdão Ministro MAURO CAMPBELL MARQUES, SEGUNDA TURMA, julgado em 25/10/2016, DJe 19/12/2016) (Sem grifos no original).

Assim como a anterior, outras interpretações questionáveis têm sido promovidas pelo Fisco, as quais não encontram amparo legal. Como exemplo, cite-se o entendimento definido na Solução de Consulta – DISIT n. 16, de 30 de junho de 2008, que exige que a alienação da qual se originaram os recursos tenha ocorrido em momento anterior à aquisição – exigência esta inexistente na lei. Ou, ainda, a previsão contida na Instrução Normativa n. 599/05[15], a qual demanda que o bem a ser adquirido deve consistir em unidade construída, sem abranger os terrenos[16], que, de forma equivalente, não encontra correspondente na lei.

Ainda assim, apesar da existência de tais posicionamentos controversos, os quais podem ser objeto de questionamento perante o Poder Judiciário, fato é que referida previsão se trata de importante instrumento de fomento da aquisição de imóveis residenciais pelos particulares, que, além disso, é capaz de reduzir o ônus fiscal destes.

3.2. Isenção em razão da venda do único imóvel

Outra isenção que exclui a hipótese ora analisada do âmbito de incidência da norma tributária e, com isso, também visa concretizar o direito fundamental à moradia[17] se refere à isenção prevista no art. 35, VI, "b" do Decreto n. 9.580/18 (Novo RIR).

A partir da previsão legal, não estará sujeito à tributação por ganho de capital o produto obtido com a alienação do único imóvel do contribuinte, desde que o valor percebido não supere o montante de R$ 440.000,00. Além do mais, o titular não pode ter realizado nenhuma outra alienação nos últimos 5 (cinco) anos.

Conforme disposto no texto legal, para fins de aplicação da referida isenção não é relevante aferir o ganho obtido com a alienação, mas apenas o produto desta, razão pela qual este não se apresenta o mais adequado, vez que acabaria por beneficiar aqueles que obtiveram ganho superior do que os demais, desde que a venda esteja compreendida no limite[18].

---

15 Nesse sentido, é o art. 2º, § 9º e § 11º, II da referida Instrução Normativa.

16 MARTINS, Ricardo Lacaz. *Tributação da renda imobiliária*. Tese de Doutorado – Faculdade de Direito da Universidade de São Paulo, p. 230.

17 MARTINS, Ricardo Lacaz. *Tributação da renda imobiliária*. Tese de Doutorado – Faculdade de Direito da Universidade de São Paulo, p. 222.

18 MARTINS, Ricardo Lacaz. *Tributação da renda imobiliária*. Tese de Doutorado – Faculdade de Direito da Universidade de São Paulo, p. 223.

Além do mais, conforme consta no dispositivo, ao contrário da hipótese de isenção anteriormente analisada, não é necessário que o imóvel em questão possua alguma destinação específica podendo ser este destinado à quaisquer finalidades, tais como lazer, finalidade comercial, sendo bastante para o reconhecimento da isenção que se trate do único imóvel do proprietário.

Por fim, tem-se que a partir do entendimento da Receita Federal, o qual se encontra na Pergunta de n. 160 das Perguntas e Respostas sobre Imposto de Renda da Receita Federal[19], se o proprietário possuir usufruto de um imóvel e ser titular de outro a este não será aplicável a isenção em questão.

Isso porque, segundo compreensão do Fisco, o art. 80, I do CC/02 considera bens imóveis para os efeitos legais os direitos reais sobre os imóveis. Logo, como o usufruto consiste em direito real sobre bem imóvel (art. 1.225, IV, do CC/02), o titular possuiria dois imóveis para a legislação e não apenas um, como demanda a legislação pertinente à isenção ora tratada.

Dessa forma, tal qual a anterior, é possível notar que a presente isenção consiste em norma relevante, capaz de fomentar a concretização de direitos constitucionais e, igualmente, é capaz de reduzir o ônus tributário, desde que presentes os pressupostos exigidos.

3.3. Outras alternativas lícitas para a redução do ônus tributário

Por fim, é possível vislumbrar, ainda, uma última alternativa favorável à redução do encargo tributário. Embora não seja esta capaz de ensejar a ausência de tributação, como as duas alternativas anteriormente analisadas, esta é capaz de garantir que a tributação ocorra em patamar inferior.

Isto é, a presente hipótese influi de forma direta na composição do custo de aquisição e, com isso, assegura indiretamente que o encargo tributário seja inferior.

---

19 Perguntas e Respostas – Imposto de Renda das Pessoas Físicas, 2020. Disponível em: https://receita.economia.gov.br/interface/cidadao/irpf/2020/perguntao Acesso em: 27 jul. 2020.

Como já analisado no presente trabalho, tem-se que o ganho de capital é aferido pela diferença positiva entre o custo de aquisição e o valor obtido com a alienação. A partir do disposto em legislação, referido custo de aquisição pode ser composto não apenas pelo valor despendido com a aquisição do bem, mas também com outros custos de natureza diversa.

Como exemplo, tem-se que os montantes despendidos para a realização de construções, reformas ou ampliações, bem como aqueles utilizados para a demolição do prédio anteriormente existente no terreno podem compor o denominado custo de aquisição (art. 137, II, "a" do Decreto n. 9.580/18 – Novo RIR).

Nesse sentido, na hipótese de o alienante, contribuinte do imposto de renda por ganho de capital, ter efetuado quaisquer gastos nesse sentido, não apenas limitados à realização de reformas, mas também com despesas de natureza diversa, tais como as de corretagem ou, ainda, com pagamento de imposto de transmissão do imóvel, será possível a este computar tais valores em seu custo de aquisição, de maneira que a diferença positiva – a qual serve de base de cálculo para o imposto ora tratado – se tornará inferior.

É importante ter em mente que tal hipótese não se trata de atualização do valor de mercado do imóvel na declaração de bens e direitos, a qual não encontra qualquer amparo legal e não é admitida pela Receita Federal do Brasil[20]. Na verdade, a computação das despesas ora tratada, é medida lícita e admitida pelas autoridades fazendárias[21], desde que se tratem de gastos previstos em legislação e comprovados por documentação hábil e idônea (art. 137, Decreto n. 9.580/18 – Novo RIR).

Assim, caso tais gastos tenham sido feitos no caso, poderá o contribuinte proceder ao cômputo destes em seu custo de aquisição e, com isso, assegurar que a tributação ocorra de forma menos onerosa ao contribuinte, dada a redução da diferença positiva entre os valores.

Logo, como alternativa, vê-se que a redução do encargo, embora não ocorra de forma total tal como nas hipóteses de isenção anteriores, também pode ser obtida de forma indireta, por meio do aumento do custo de aquisição.

---

20 Nesse sentido, confira-se Pergunta n. 553, Perguntas e Respostas – Imposto de Renda das Pessoas Físicas, 2020. Disponível em: https://receita.economia.gov.br/interface/cidadao/irpf/2020/perguntao Acesso em: 27 jul. 2020.

21 *Ibidem.*

4. Conclusão

A partir do exposto, foi possível observar a relevância da atividade imobiliária para o cenário econômico, em virtude das mais diversas atividades que a compõem. Referido setor da economia real é capaz não apenas de ensejar ganhos às partes investidoras (por meio da valorização do bem ou, ainda, de obtenção de rendimentos), assim como produzir outros tantos benefícios efetivos – tais como a geração de empregos, fomento da economia ou, então, o fornecimento de locais para que os indivíduos fixem nestes sua residência.

Dada a relevância das atividades compreendidas no conceito referido, estas são objeto de incidência tributária, a qual, em função diversidade das atividades compreendidas no conceito referido, possui regramento diverso a depender da hipótese tratada.

Nesse aspecto, a partir do exame geral desenvolvido, restrito às operações de compra e venda realizadas por pessoas físicas, foi possível identificar o tratamento tributário conferido a tais atividades, as quais são submetidas à tributação do imposto de renda por ganho de capital. Referida tributação, como visto, é feita de forma conjunta ao imposto de renda das pessoas físicas, apesar de possuir diversas particularidades e diferenças.

O ônus tributário em questão, no entanto, pode ser anulado ou, ainda, reduzido, desde que presentes as hipóteses previstas em legislação para tanto. Isto é, com o intuito de fomentar o direito fundamental à moradia, o legislador institui duas hipóteses de isenção que retiraram determinados casos do âmbito de incidência da norma, acaso cumpridos os requisitos.

Contudo, tem-se que a redução pode ser obtida, ainda, de forma indireta por meio do aumento do custo de aquisição. Conforme analisado, há determinadas despesas, previstas em legislação, que podem vir a integrar referido conceito, as quais são diversas do valor despendido para a aquisição do bem. Dessa forma, com o cômputo destas, as quais podem possuir valores elevados, a depender da hipótese, a diferença positiva – base de cálculo do imposto em questão – será inferior e, assim, a tributação será reduzida.

Entretanto, referidas alternativas se apresentam legítimas formas de redução do ônus tributário, instituídas pela legislação, desde que os pressupostos exigidos para tanto estejam presentes e não sejam estas utilizados com mero intuito fraudatório ou dissimulatório.

Referências

BECKER, Alfredo Augusto. *Teoria geral do direito tributário*. 3. ed. São Paulo: Lejus, 1998.

BIFANO, Elidie Palma de. *O mercado financeiro e imposto de renda*. Tese de doutorado – Pontifícia Universidade Católica de São Paulo.

COSTA, Margaret Hanson; ESCOBAR, Hélio Magalhães; RIOS, Dionísio. A tributação sobre ganhos de capital: a tributação da riqueza: um estudo da OCDE. *Revista Conjuntura Econômica – FGV*, v. 34, n. 6, 1980.

GOMES, Orlando. *Contratos*. 27. ed. Rio de Janeiro: Forense, 2019.

MARTINS, Ricardo Lacaz. *Tributação da renda imobiliária*. Tese de Doutorado – Faculdade de Direito da Universidade de São Paulo.

SCHOUERI, Luís Eduardo; MOSQUEIRA, Roberto Quiroga. *Manual da tributação direta da renda*. São Paulo: Instituto Brasileiro de Direito Tributário – IBDT, 2020.

2

INCORPORAÇÃO IMOBILIÁRIA E OS LIMITES À INCIDÊNCIA DO IMPOSTO SOBRE SERVIÇOS DE QUALQUER NATUREZA – ISSQN

Bruna Amorim Dias
Alexandre Antônio Nogueira de Souza

1. Introdução

Em razão do crescimento e complexidade das sociedades fez-se necessário a criação de uma entidade maior denominada de Estado, cuja finalidade é, ao menos em tese, determinar e tornar efetiva as normas jurídicas, proteger seus integrantes e realizar o bem comum (o qual é determinado e delineado pela Constituição de cada Estado).[1]

Deve-se destacar que as relações jurídicas e as relações de poder não se confundem, sendo necessário haver coordenação entre as partes envolvidas, quaisquer que sejam elas. Além do mais, este é um dos objetivos da ciência jurídica, o qual deve estar na consciência daqueles que o elaboram, interpretam e aplicam.

No ordenamento jurídico positivo brasileiro, a Constituição da República Federativa de 1988 é a referência de toda a produção legislativa, determinando a competência dos legisladores infraconstitucionais, estabelecendo também requisitos em relação à validade formal e material de todas as normas que o integram.

Pode-se afirmar então que, os contribuintes possuem o direito subjetivo de só serem considerados sujeitos passivos daqueles tributos autorizados pela Constituição, sendo que os cidadãos não devem ficar à mercê de um arbítrio incontrolável dos legisladores.

---

1 SEGUNDO, Hugo de Brito Machado. *Processo tributário*. 2. ed. São Paulo: Atlas, 2006, p. 23.

Conforme ensinamento de Darcy Azambuja:

> (...) os cidadãos devem o imposto, e é uma dívida de justiça, porque representa a cota de cada um nas despesas que o Estado realiza para o bem de todos. Todos os cidadãos devem o imposto, mas é justo que sejam consultados sobre as espécies e o montante dos diversos impostos. Esse consentimento ao imposto só se realiza com exatidão e justiça nos regimes democráticos, onde os cidadãos votam diretamente por meio de representantes os recursos necessários ao Estado[2].

Contudo, raramente na história humana, especialmente brasileira, a tributação foi realizada de forma justa, tendo-se em vista que o ser humano não é confiável no exercício do poder, e tende sempre a exigir mais da comunidade do que seria desejável.

Por essa razão, houve por bem o constituinte em colocar os direitos dos contribuintes entre as cláusulas pétreas da lei maior, os quais ainda são correntemente estiolados por agentes públicos das mais diversas instituições, que buscam arrecadação a qualquer custo para enfrentar os crônicos déficits das más administrações públicas.

O Direito Tributário, ao contrário do que se imagina, não objetiva estabelecer meios para que o Estado, por meio da tributação, abasteça cada vez mais seus cofres públicos, visto que, o estudo do Direito Tributário objetiva principalmente estabelecer limites ao poder de tributar do Estado, garantindo-se assim ao cidadão contribuinte, principalmente, a observância de dois direitos fundamentais: liberdade e propriedade.

Normalmente o contribuinte entende que o estabelecimento de objetivos, no que concerne a fixação de necessidades públicas, é feita na perspectiva de metas superiores às possibilidades governamentais, quando não mal eleitas entre as prioridades existentes. Por essa razão, o aumento da receita pretendida por atendimento de metas mal escolhidas representa, quase sempre, indiscutível fonte de atrito entre contribuintes e o fisco, raramente estando aqueles satisfeitos com os fins escolhidos.

Conforme assevera o jurista IVES GANDRA MARTINS:

> Gastos supérfluos do poder público, na linha dos funcionários desnecessários e das mordomias institucionalizadas, na administração

2 Azambuja, Darcy. *Teoria geral do estado*. 36. ed. São Paulo: Globo, 1997, p. 384.

> direta e indireta não lucrativa, trazem outra área de atrito, pois o contribuinte sente que o peso excessivo da receita aumentada para o inútil e supérfluo é coberto pela carga tributária acrescida. E, nos momentos mais agudos de crise econômica, a contestação é maior pela necessidade de contenção e sacrifícios exigidos pelos governos, que nunca tem coragem de atingir a própria máquina administrativa.
>
> (...)
>
> Outro aspecto característico da revolta dos contribuintes é aquele concernente à revolta dos que pagam, porque não podem deixar de fazê-lo (indicação de fontes pagadoras), em relação aos que sonegam, à falta de máquina fiscalizadora eficiente, no que se sentem injustiçados e confiscados em seus recursos para o atendimento das necessidades de uma comunidade, na qual os sonegadores são também beneficiados[3].

A fiscalização é outra faceta que faz o contribuinte sentir no tributo uma "penalidade" em relação ao aparelho humano da fiscalização, especialmente quando há violação e distorção de conceitos/limites basilares estabelecidos pelo nosso ordenamento, a exemplo do que o ocorre na tentativa de cobrança de ISSQN quando não há serviço, tal como acontece quando construtoras realizam obras na modalidade de incorporação direta, ocasião em que o incorporador efetua a construção em um terreno próprio, obrigando-se apenas a entregar o imóvel individualizado e pronto ao adquirente da unidade imobiliária.

2. Conceito jurídico de serviço, e a inexistência do fato gerador de ISSQN na edificação realizada sob a modalidade de incorporação direta

A Constituição da República de 1988 contém grande número de dispositivos que tratam de matérias tributárias, sendo que, o legislador adotou técnicas de prescrever, de modo exaustivo, as áreas dentro das quais as pessoas políticas podem exercem a tributação, estabelecendo-se assim um sistema rígido de distribuição de competências.

3 DA SILVA, Ives Gandra Martins et al. *Direitos fundamentais do contribuinte.* São Paulo: Editora Revista dos Tribunais, 2000, p. 47-48.

Deste modo, os entes políticos só podem atuar dentro do campo de competências que lhe foi outorgado pela Constituição, uma vez que, dela não podem receber poder tributário, mas sim, uma parcela deste poder, bastante limitada pelas normas que disciplinam seu exercício.

> O legislador de cada pessoa política ao tributar, isto é, ao criar, in abstrato, tributos, vê-se de braços com o seguinte dilema: ou praticamente reproduz o que consta da Constituição, e ao fazê-lo, apenas recria, num grau de concreção maior, aquilo que nela já se encontra previsto, ou, na ânsia de ser original, acaba ultrapassando as barreiras que ela lhe levantou e resvala para o campo da inconstitucionalidade[4].

Em suma, o legislador tributário das várias pessoas políticas encontra no texto constitucional, perfeitamente iluminado e demarcado, o caminho a ser trilhado assegurando-se aos Municípios a prerrogativa de se tributar os serviços de qualquer natureza por meio do ISSQN, conforme dispõe os artigos 1º e 2º da Lei Complementar 116/2003:

> Art. 1º O Imposto Sobre Serviços de Qualquer Natureza, de competência dos Municípios e do Distrito Federal, tem como fato gerador a prestação de serviços constantes da lista anexa, ainda que esses não se constituam como atividade preponderante do prestador.
>
> § 1º O imposto incide também sobre o serviço proveniente do exterior do País ou cuja prestação se tenha iniciado no exterior do País.
>
> § 2º Ressalvadas as exceções expressas na lista anexa, os serviços nela mencionados não ficam sujeitos ao Imposto Sobre Operações Relativas à Circulação de Mercadorias e Prestações de Serviços de Transporte Interestadual e Intermunicipal e de Comunicação – ICMS, ainda que sua prestação envolva fornecimento de mercadorias.
>
> § 3º O imposto de que trata esta Lei Complementar incide ainda sobre os serviços prestados mediante a utilização de bens e serviços públicos explorados economicamente mediante autorização, permissão ou concessão, com o pagamento de tarifa, preço ou pedágio pelo usuário final do serviço.

---

4 CARRAZA, Antônio Roque. *Curso de direito constitucional tributário.* 23. ed. São Paulo. Malheiros, 2007, p. 390.

> § 4º A incidência do imposto não depende da denominação dada ao serviço prestado.
>
> Art. 2º O imposto não incide sobre:
>
> I – as exportações de serviços para o exterior do País;
>
> II – a prestação de serviços em relação de emprego, dos trabalhadores avulsos, dos diretores e membros de conselho consultivo ou de conselho fiscal de sociedades e fundações, bem como dos sócios-gerentes e dos gerentes-delegados;
>
> III – o valor intermediado no mercado de títulos e valores mobiliários, o valor dos depósitos bancários, o principal, juros e acréscimos moratórios relativos a operações de crédito realizadas por instituições financeiras.
>
> Parágrafo único. Não se enquadram no disposto no inciso I os serviços desenvolvidos no Brasil, cujo resultado aqui se verifique, ainda que o pagamento seja feito por residente no exterior.

Contudo, é preciso ressaltar que constitui como fato gerador de referido tributo a prestação, por empresa ou profissional autônomo, com ou sem estabelecimento fixo, de serviços constantes da Lista anexa à Lei Complementar no 116/2003, a qual não compreende como fato gerador do ISSQN: a) a prestação de serviço a si próprio; b) a prestação de serviço decorrente de vínculo empregatício; c) a prestação de serviço por prestadores de trabalho avulso e por sócios ou administradores de Sociedade; d) a prestação de serviços de transporte interestadual e intermunicipal e de comunicação (campo de incidência do ICMS – art. 155, II, CF); e) a prestação de serviços para o exterior (isenção heterônoma para o ISS, prevista no art. 156, § 3º, II, da CF e art. 2º, I, da LC 116/2003); f) a prestação de serviços pelo próprio poder público (imunidade – art. 150, VI, "a", da CF).

Feitas essas considerações, é importante ressaltar que a atividade de incorporação imobiliária é exercida com o objetivo de promover e realizar a construção (para alienação total ou parcial) de edificações, ou conjunto de edificações, compostas de unidades autônomas.

Pode-se afirmar assim que existem três tipos de INCORPORAÇÕES IMOBILIÁRIAS previstas na Lei 4.591/64, quais sejam:

a) **POR EMPREITADA**: A incorporação por empreitada é aquela em que o incorporador assume a realização da construção em terreno alheio. A responsabilidade técnica e risco do empreendimento são do construtor; o custeio da obra é feito pelo empreiteiro, executor autônomo dos trabalhos ajustados; a construção é no terreno do condomínio; e a entrega da obra se dá com o término do pagamento. Arts. 48 e 55 da Lei 4.591/64 c/c tem 7.02 da Lista Anexa à LC 116/03.

b) POR ADMINISTRAÇÃO: Ocorre quando o incorporador contrata tudo em nome do proprietário, e apenas administra o empreendimento. O construtor tem responsabilidade técnica, sem o risco do empreendimento; O custeio da obra é feito pelos condôminos; depende de deliberação dos condôminos; a construção é no terreno do condomínio; e a entrega da obra é com o término do pagamento. Arts. 48 e 58 da Lei 4.591/64 c/c item 7.02 da Lista Anexa à LC116/03.

c) A INCORPORAÇÃO DIRETA: E por último, a incorporação direta, quando o incorporador realiza a obra em seu próprio terreno. A responsabilidade técnica e risco do empreendimento são do incorporador; custeio da obra pelo incorporador; o incorporador é o executor autônomo dos trabalhos ajustados; construção no terreno do incorporador; entrega do imóvel com saldo do valor do imóvel a receber. Art. 43 e 48 da Lei 4.591/64. A atividade fim é obrigação de DAR: entrega da unidade pronta e acabada. Não há contrato de administração, nem de empreitada. O serviço de construção é prestado pelo próprio incorporador para si próprio, com, tão somente, promessa de venda após a conclusão.

Sendo assim, nas hipóteses de INCORPORAÇÃO POR EMPREITADA ou POR ADMINISTRAÇÃO, é legítima a incidência de ISSQN sobre o valor do serviço de construção dos imóveis objeto da incorporação, nos exatos termos da regra disposta no item 7.02 da Lista Anexa à Lei Complementar 116/03.

Isso porque é realizada uma prestação de serviço por uma construtora/empreiteira, ou por um administrador, ao incorporador, para que ele possa realizar a futura venda das unidades imobiliárias.

Todavia, não há que se aplicar a mesma norma para o caso de INCORPORAÇÃO DIRETA, em que o próprio incorporador efetua a construção em seu próprio terreno, já que, nesta hipótese, o "serviço de construção" é realizado para si próprio, obrigando-se o construtor apenas a entregar o imóvel individualizado pronto ao adquirente da unidade imobiliária.

Trata-se, portanto, de mero negócio jurídico de compra e venda imobiliária, cujo preço estará sujeito a incidência de ITBI (Imposto de Transmissão de Bens Imóveis), e não de ISSQN.

3. Incorporação direta como forma de planejamento tributário

O planejamento tributário consiste na opção por um negócio jurídico alternativo, ou até mesmo pela não realização de um negócio, com o objetivo de redução ou ausência de tributação. Trata-se, portanto, da escolha por uma determinada conduta, ou de abster-se em tomá-la, visando à economia de tributos.

É indiscutível que, todos aqueles que exercem alguma atividade econômica, tem como objetivo atingir determinados resultados financeiros com a maior rentabilidade possível para a administração de seus negócios, isto é, busca-se maior economia com a menor despesa, e os tributos que incidem sobre os atos e fatos necessários àquela obtenção de resultado econômico são fatores de custo que oneram qualquer empreendimento, sendo também objeto de estudos e planejamento por parte das sociedades empresárias.

Neste sentido, seria um absurdo que o contribuinte, mediante vários caminhos legais, e, portanto, lícitos para se chegar a um mesmo resultado, fosse coagido a escolher o caminho que representasse maior ônus para suas atividades. Pensar desta forma seria o mesmo que admitir que um consumidor, diante da oferta de dois bens idênticos, com preços diversos, fosse coagido a adquirir aquele mais caro.

Alfredo Augusto Becker, com a sabedoria que lhe é peculiar assim se expressou afirmando que:

> No Estado de Direito, as constituições têm consagrado a regra de que ninguém pode ser obrigado a fazer ou deixar de fazer alguma coisa em virtude de lei. Por conseguinte, para que o contribuinte seja obrigado a adotar o caminho tributário mais oneroso é absolutamente necessário que exista regra jurídica que o obrigue a tal escolha[5].

Importante ressaltar que não se pode rotular como simulado um determinado negócio, uma vez que este foi desejado e ajustado pelas partes, as quais se sujeitaram às regras jurídicas que disciplinaram aquela transação, e também se sujeitaram à sua eficácia jurídica (efeitos econômicos e

---

5 BECKER, Alfredo Augusto. *Teoria geral do direito tributário.* São Paulo: Noeses, 2008, p. 143.

jurídicos irradiados pela eficácia jurídica do fato jurídico, ou seja, os efeitos econômicos específicos e condicionados à eficácia jurídica daquele determinado negócio).

Outrossim, a Elisão Fiscal não deve ser considerada como um meio ilícito, visto que não viola nenhuma regra ou eficácia jurídica e mantém respeitada pelo intérprete da lei tributária a estrutura jurídica dos atos e contratos jurídicos.

A Fraude, porém, é ilícita pelo fato de o contribuinte determinar o planejamento e estrutura de seu empreendimento violando regras jurídicas, ou desrespeitando os efeitos jurídicos resultantes da incidência da regra jurídica sobre sua hipótese de incidência.

Sendo constatada a fraude, o intérprete deverá observar que é em virtude da violação de uma determinada regra jurídica, ou de sua respectiva eficácia, que seu planejamento será avaliado como inexistente, nulo ou ineficaz. Sendo assim, podemos afirmar que, a incidência da regra jurídica tributária está condicionada à inexistência, nulidade ou anulabilidade da regra jurídica tributária[6].

Nesse sentido, a realização de incorporação pelo regime de incorporação direta se revela como forma de planejamento tributário que pode ser realizado pelas construtoras no âmbito de suas atividades imobiliárias.

Em resumo, a lei estabelece três modalidades de incorporação imobiliária conforme já mencionado no tópico anterior, e, a opção pelo regime de contratação direta é nitidamente aquela que representa certa vantagem tributária, traduzindo-se, portanto, como um ato de elisão fiscal e direito do contribuinte.

A realização de um planejamento tributário traduz-se em uma economia fiscal legítima e pautada na ideia de que não havendo vedação legal à adoção de determinada forma jurídica, não poderia o fisco, por mera discricionariedade, decidir qual deveria ser a adotada pelo contribuinte. Afinal, não parece razoável exigir a opção por um ato ou negócio que não aquele que o sujeite a menor carga tributária.

No caso em questão, a hipótese de incorporação por contratação direta não encontra qualquer vedação legal, pelo contrário, é prevista na lei 4591/64. Portanto, a economia tributária gerada ao contribuinte, que

---

6 BECKER, Alfredo Augusto. *Teoria Geral do Direito Tributário*. São Paulo: Noeses, 2008, p. 146.

não estará sujeita ao pagamento do ISSQN, é uma alternativa de planejamento às construtoras, cuja validade encontra arrimo na jurisprudência pátria, conforme será a seguir demonstrado.

Evidente que não basta o permissivo legal, o negócio deve corresponder à realidade, ou seja, não pode haver simulação, sob pena de descaracterização e ilegalidade do planejamento tributário.

Importante destacar ainda que, com a realização de planejamentos tributários lícitos, o fisco/estado não sofre nenhum dano em seu patrimônio, pela simples razão de que nunca chegou a ter o direito de receber aquele tributo que deixou de ser pago, tendo-se em vista que não chegou a se realizar a hipótese de incidência, e, respectivamente, o fato gerador da regra jurídica tributária.

Cabe ao titular de um direito exercê-lo não somente conforme sua finalidade, mas também de modo mais eficaz, e de acordo com o caminho que lhe seja mais vantajoso e econômico.

Nestes termos, podemos afirmar que o Poder Judiciário não teria a competência de condenar determinada utilização do Direito sob o fundamento de que o mesmo seja imoral, ou não encontre fundamento em lei, atribuindo-se à prerrogativa ao judiciário de somente condenar determinado ato se o mesmo for realizado de forma ilícita, ou seja, ilegal, com violação do ordenamento jurídico, das leis, e, principalmente, da Constituição Federal.

Com efeito, o juiz ou outra autoridade pública, no uso das atribuições que lhe foram conferidas por uma determinada regra jurídica, ao tomar e aplicar um determinado critério moral criará uma regra jurídica nova (em cuja construção o critério moral entrou como "dado" ou matéria-prima).

Mesmo que se aceitasse a tese de que o juiz ou a autoridade incumbida do lançamento poderia abstrair a realidade em virtude do uso imoral do Direito, ainda assim não seria possível vedar a prática da Elisão Fiscal, tendo-se em vista que tal prática não consiste na utilização imoral do Direito.

Outrossim, ressalta-se ainda que, o CONSELHO ADMINISTRATIVO DE RECURSO FISCAL – CARF vem considerando[7] a validade dos planejamentos tributários realizados à existência de um propósito negocial, ou seja, o planejamento realizado deve estar provido de uma causa econômica, o que não é difícil de se demonstrar nas construções realiza por meio

---

[7] Processo n. 10380.725189/201720, Recurso Voluntário – Acórdão n. 2301005.933 – 3ª Câmara/1ª Turma Ordinária, Sessão de 14 de março de 2019.

de incorporação direta, tendo-se em vista que existe a intenção e promessa de venda após a conclusão de uma obra. Com isso, verifica-se que o motivo de tal reorganização não consiste unicamente na economia de tributos.

4. Análise jurisprudencial

Ultrapassada a abordagem teórica sobre incorporação imobiliária e a limitação à incidência do ISSQN, fundamental a análise jurisprudencial acerca de referido tema.

Os tribunais superiores vêm firmando precedentes no sentido de se inadmitir a incidência do ISSQN na incorporação por contratação direta.

Dentre inúmeras lides, destaca-se o julgamento dos Embargos de Divergência – EREsp 884.778/MT, de relatoria do Ministro Mauro Campbell Marques, no qual o SUPERIOR TRIBUNAL DE JUSTIÇA – STJ firmou o seguinte entendimento:

> Na construção pelo regime de contratação direta, há um contrato de promessa de compra e venda firmado entre o construtor/incorporador (que é o proprietário do terreno) e o adquirente de cada unidade autônoma. Nessa modalidade, não há prestação de serviço, pois o que se contrata é "a entrega da unidade a prazo e preços certos, determinados ou determináveis" (art. 43 da Lei 4.591/64). Assim, descaracterizada a prestação de serviço, não há falar em incidência de ISS. 2. Ademais, a lista de serviços sujeitos ao ISS é taxativa, não obstante admita interpretação extensiva. Além disso, é vedada a exigência de tributo não previsto em lei através do emprego da analogia (art. 108, parágrafo único, do CTN). Desse modo, se a previsão legal é apenas em relação à execução de obra de engenharia por administração, por empreitada ou subempreitada, não é possível equiparar a empreitada à incorporação por contratação direta, para fins de incidência do ISS, como entendeu o acórdão embargado (BRASIL, 2010).

Nesse caso, o voto do relator partiu da premissa de que no regime de contratação direta não há prestação de serviço, e, portanto, não há que se falar em incidência de ISSQN.

Os referidos embargos de divergência foram apresentados em face de acórdão proferido pela Primeira Turma do STJ, segundo o qual no regime de incorporação há configuração de dois contratos: o de compra e venda e o de empreitada. E por essa razão, sobre a atividade de empreitada deveria incidir o ISSQN.

A embargante, alegando a existência de dissídio com outros acórdãos proferidos, inclusive precedentes da própria Turma, sustentou, em síntese, que não poderia incidir o ISSQN, pois, incabível a prestação de serviços a si próprio. Já o Município, na condição de embargado, argumentou que, a incorporadora, ao figurar também como empreiteira, estaria sujeita ao recolhimento do ISSQN, por ser essa atividade prevista na lista anexa do DL 406/68 (vigente à época), o qual previa o rol de atividades tributadas pelo referido imposto municipal.

Na análise de mérito, o referido Tribunal reconheceu que a construtora realizara a construção na forma de incorporação, e, ao construir em terreno próprio e por sua conta e risco, não há que se falar em prestação de serviços, já que nessa hipótese, o "serviço de construção" é realizado para si própria, para que ela possa realizar a futura venda das unidades imobiliárias.

O relator concluiu o seu voto afirmando que a lista de serviços sujeitos ao ISSQN é taxativa ao não se admitir a exigência de tributo por meio de analogia, conforme expressa vedação do artigo 108, parágrafo único do CTN. Com isso, a incorporação por contratação direta não poderia ser equiparada à empreitada, como se pretendeu. Assim, foi dado provimento aos Embargos de Divergência e reconhecida a não incidência de ISSQN sobre a incorporação direta.

No mesmo sentido são as decisões do STJ, nos REsp 1166039 (Relator Ministro Castro Meira, SEGUNDA TURMA, DJE 11/06/2010), REsp 1356977 (Relator Ministro Arnaldo Esteves Lima, PRIMEIRA TURMA, DJE 25/03/2013), bem como o REsp 922956 (Relator Ministro Teori Albino Zavascki, PRIMEIRA TURMA, DJE 01/07/2010) a seguir destacado:

> TRIBUTÁRIO. INCORPORAÇÃO IMOBILIÁRIA. IMÓVEIS CONSTRUÍDOS SOBRE TERRENO PRÓPRIO E POR CONTA PRÓPRIA DO INCORPORADOR. ISS. INEXISTÊNCIA DE FATO GERADOR.
>
> 1. O incorporador imobiliário, tal como definido no art. 29 da Lei 4.591/65, não pode, logicamente, figurar como contribuinte do ISSQN relativamente aos serviços de construção da obra

> incorporada. Com efeito, se a construção é realizada por terceiro, o incorporador não presta serviço algum, já que figura como tomador. Contribuinte, nesse caso, é o construtor. E se a construção é realizada pelo próprio incorporador, não há prestação de serviços a terceiros, mas a si próprio, o que descaracteriza o fato gerador. É que os adquirentes das unidades imobiliárias incorporadas não celebram, com o incorporador, um contrato de prestação de serviços de construção, mas sim um contrato de compra e venda do imóvel, a ser entregue construído. Precedentes.2. Recurso improvido[8].

No âmbito da jurisprudência estadual, as decisões ratificam o entendimento exarado pelo STJ. O Tribunal de Justiça de Minas Gerais – TJMG tem entendido que o incorporador direto não presta serviço, pois a finalidade da incorporação é a venda de unidades imobiliárias. Veja-se:

> Apelação cível – ação declaratória – ISSQN – Município de Nova Lima – Lei Complementar 116, de 2003 – incorporação direta – provas – não incidência – precedentes STJ – apelação a que se nega provimento. 1 – Na incorporação direta, o proprietário realiza obra de construção em terreno de sua propriedade para posterior venda de unidades autônomas, não se caracterizando prestação de serviços a terceiros. 2 – Conforme precedentes do STJ, não há previsão na Lei Complementar 116, de 2003, para incidência de ISSQN na hipótese de incorporação direta, ainda que o construtor realize promessa de venda antes de finalizada a obra. (TJMG: APELAÇÃO CÍVEL 1.0188.16.001062-8/002 – COMARCA DE NOVA LIMA – Relator: Des.(a) Marcelo Rodrigues, Relator do Acordão: Des.(a) Marcelo Rodrigues, Data do Julgamento: 03/12/2019, Data da Publicação: 10/12/2019).

O entendimento do Tribunal de Justiça do Rio de Janeiro, também em consonância com o STJ, é de não incidência do ISSQN, e, um de seus julgados, traz um aspecto que merece ser considerado relativo à diferença entre atividade-meio e atividade-fim. O alvo do imposto, no caso o ISSQN é a atividade prestada em favor de terceiros como fim. Portanto, a tributação recai sobre a atividade-fim e não sobre qualquer atividade-meio que se realize como etapa intermediária. No caso da incorporação direta, o serviço de

8 REsp 922.956/RN, Rel. Ministro Teori Albino Zavascki, Primeira Turma, julgado em 22/06/2010, DJe 01/07/2010.

construção é evidentemente uma atividade-meio, a qual visa um objetivo final, qual seja, a venda futura das unidades autônomas. Portanto, tal serviço não é passível de tributação pelo ISSQN. De referido julgado destaca-se: *"Como a sua finalidade é a venda de unidades imobiliárias futuras, concluídas, conforme previamente acertado no contrato de promessa de compra e venda, a construção é simples meio para atingir-se o objetivo final da incorporação direta; o incorporador não presta serviço de "construção civil" ao adquirente, mas para si próprio"*[9].

A jurisprudência do Tribunal de Justiça de São Paulo[10] ratifica todo o exposto e ressalta o fato de que o fato gerador do ISSQN é a prestação de serviços. Portanto, se o incorporador constrói o empreendimento para si, não há prestação de serviço. E a incidência do tributo somente se caracteriza quando há prestação de serviço a terceiro. Pertinente, neste ponto, ressaltar que para a existência da prestação de serviço são necessárias as figuras do tomador de serviço e do contratado em uma relação que caracteriza uma obrigação de fazer. No caso da incorporação direta o que se tem é uma relação de compra e venda, portanto, típica obrigação de dar, da qual nascem outras incidências tributárias, como o ITBI.

Referido tribunal também reafirma a ideia de que a construção é simples meio para se atingir o objetivo final da incorporação direta e, assim, incabível a incidência do ISSQN, já que o alvo desse imposto é atividade prestada a terceiros como fim. Ou seja, tributa-se o serviço-fim e nunca o serviço-meio.

O Tribunal de Justiça do Rio Grande do Sul[11], em decisão recente, trata sobre a impossibilidade de equiparação da atividade de empreitada com a de incorporação, como pretendem alguns Municípios visando respaldar o seu direito de exigir o ISSQN. Não obstante a lista anexa à LC 116/03 tenha previsão de incidência do ISSQN em relação à execução de obra por administração, por empreitada ou subempreitada, não é possível equiparar a atividade de empreitada à de incorporação, inclusive porque a referida lista é taxativa. E nesse rol taxativo não está prevista a incorporação direta. Na jurisprudência, são vários os precedentes no mesmo sentido.

---

9 TJRJ – APL: 00202932920148190023, Relator: Des(a). Nagib Slaibi Filho, Data de Julgamento: 29/10/2019, Sexta Câmara Cível.

10 TJSP; Apelação Cível 1032413-62.2018.8.26.0602; Relator (a): Eutálio Porto; Órgão Julgador: 15ª Câmara de Direito Público; Foro de Sorocaba – Vara da Fazenda Pública; Data do Julgamento: 12/11/2019; Data de Registro: 12/11/2019.

11 Apelação Cível, N. 70083681643, Vigésima Primeira Câmara Cível, Tribunal de Justiça do RS, Relator: Iris Helena Medeiros Nogueira, Julgado em: 11-03-2020.

É possível concluir, portanto, que tanto o tribunal superior (STJ) quanto os tribunais estaduais, em suas decisões, confirmam a tese uníssona no sentido de que não deve incidir o ISSQN no regime de incorporação por contratação direta.

Não obstante, os órgãos fazendários municipais – no intuito de aumentarem a arrecadação – continuam promovendo inúmeros lançamentos (indevidos) para fins de cobrança do ISSQN nos casos em que edificações são realizadas sob a modalidade de incorporação direta.

Fato é que, qualquer movimento estatal na economia gera externalidades e representa um sistema de incentivos. Um sistema jurídico que não assegure adequadamente proteção aos direitos de propriedade ou em que se identifique custo elevado para pleno atendimento a um complexo sistema tributário produz, necessariamente, um ambiente desfavorável à atração de investimentos, inclusive estrangeiros, e, por consequência, dificulta a geração de empregos, desestimula a inovação e, paradoxalmente, impacta negativamente a arrecadação.

5. Considerações finais

No decorrer do presente trabalho, constatou-se que muitas vezes no ímpeto de abastecer os cofres públicos, agentes fazendários municipais acabam por ignorar o entendimento jurisprudencial vigente, bem como os balizamentos legais estabelecidos pelo nosso ordenamento jurídico, e realizam a lavratura autos de infrações para fins de cobranças de ISSQN referente à construções edificadas sob a modalidade de incorporação direta, o que cria um ambiente de profunda insegurança jurídica para os contribuintes que atuam no ramo da construção civil.

Neste contexto, pode-se afirmar que o fisco brasileiro ainda carrega resquícios de um absolutismo despótico ao valer-se de quaisquer fins para atingir os seus meios.

Verifica-se assim, com a instituição de um Estado qualificado como Democrático de Direito pela CFRB/88, a necessidade de observância de novos parâmetros para a relação entre cidadãos e Estado.

A figura do súdito deve ser substituída pela do cidadão, e do soberano, pela figura do Estado, cujo objetivo principal deve consistir na proteção dos direitos e garantias fundamentais do cidadão, e na realização de seus objetivos constitucionais.

Desde modo, evidencia-se a necessidade se cultivar e fomentar uma Administração Pública mais democrática em detrimento de uma Administração Pública de feições autoritárias.

Pode-se afirmar assim que, tanto a Administração Pública quanto os seus agentes devem agir pautados pela observância da legalidade, bem como de princípios éticos.

A experiência dos países mais desenvolvidos revela que, quando o Estado age como bom fisco e bom provedor, a tendência é que se desenvolva um ambiente mais amistoso na relação entre Fazenda Pública e cidadão.

Nestes termos, é vedado à Administração Pública obter recursos e vantagens aos cofres públicos mediante a utilização de técnicas que, embora sejam eficazes, possam vir a estiolar os parâmetros legais estabelecidos em nosso ordenamento jurídico.

Por ser o estado (União, Estados e Municípios) o responsável pela formação da identidade constitucional, dele é que deve partir o exemplo de agir ético na relação tributária.

Oportuno destacar ainda que, a Constituição Federal também, em seu artigo 170, *caput,* determina que a ordem econômica seja fundada na livre iniciativa. Ora, como se sustentar uma livre iniciativa se um contribuinte, dentro da lei, não puder organizar seus negócios de forma que lhe seja menos onerosa?

Desse modo, no intuito de se aperfeiçoar as relações tributárias entre fisco e contribuintes, espera-se que as administrações fazendárias municipais brasileiras se atenham à legalidade, e não criem obstáculos tributários indevidos à realização de empreendimentos edificados sob a modalidade de incorporação direita.

Referências

Azambuja, Darcy. *Teoria geral do estado.* 36. ed. São Paulo: Globo, 1997.

BECKER, Alfredo Augusto. *Teoria geral do direito tributário.* São Paulo: Noeses, 2008.

CARRAZA, Antônio Roque. *Curso de direito constitucional tributário.* 23. ed. São Paulo: Malheiros, 2007.

DA SILVA, Ives Gandra Martins e outros. *Direitos fundamentais do contribuinte.* São Paulo: Editora Revista dos Tribunais, 2000.

SEGUNDO, Hugo de Brito Machado. *Processo tributário.* 2. ed. São Paulo: Atlas, 2006.

3

A CRIAÇÃO DA SEDE DE UM TRF EM MINAS GERAIS E A CELERIDADE DOS PROCESSOS JUDICIAIS QUE AFETAM O MERCADO IMOBILIÁRIO

André Prado de Vasconcelos

1. Introdução

Quando, no fim de janeiro de 2020, recebi o honroso convite do Doutor João Paulo Kalil para escrever o presente artigo com o objetivo de demonstrar, de maneira científica, que a instalação de um Tribunal Regional Federal em Minas Gerais, quer sob o ponto de vista técnico, quer levando em conta os dados estatísticos, mais do que recomendável, era e é absolutamente necessária para dar celeridade ao julgamento dos processos ajuizados perante a Justiça Federal na 1ª Região, logo pus-me a compilar os dados que comprovariam a tese articulada no título do presente, sem nem imaginar o cataclismo que a pandemia do COVID-19 (do inglês Coronavírus Disease 2019) traria a desafiar a humanidade e, muito especialmente ao Brasil, à partir de março desse ano.

Diante dos desafios que essa doença impõe a todos, qual a pertinência de se advogar a criação de um Tribunal Regional Federal? Porque falar na continuidade de um projeto de Estado, quando a sociedade volta todas as suas atenções para o enfretamento do maior desafio global desde a segunda grande guerra mundial? Afinal de contas, não estamos em guerra?

E é justamente porque estamos em guerra contra um inimigo invisível que desafia o modo de vida da sociedade contemporânea que não podemos abrir mão dos projetos de Estado que ressignificam as instituições e Poderes, que traduzem mudanças definitivas no jeito de ser e fazer, que não pode o povo brasileiro e, sobretudo, o povo mineiro, dadas as suas tradições inovadoras e libertárias, abandonar o caminho que vinha trilhando até ser colhido pelo imponderável.

Sob o ponto de vista sociológico, são os momentos de crise que desnudam as dificuldades que um modelo de organização social tem para enfrentar os desafios que lhe são postos. É dizer, a crise aflora no ser humano e na sociedade de uma maneira geral o que eles tem de melhor e, lamentavelmente, em alguns momentos, também o que há de pior.

Por esse motivo, os momentos de crise despertam tanto interesse em sociólogos e antropólogos. Nessa perspectiva, cabível o exame desses tempos difíceis que a sociedade brasileira atravessa sob a ótica da sucessão linear, um dos postulados básicos da teoria evolucionista da cultura, que advoga a "existência de um fio singular na história ou evolução unilinear de toda a história cultural; mesmo havendo, em determinado momento, degeneração, a tendência geral era [será] sempre ascendente"[1].

Em outras palavras, ao lado da luta incessante contra o vírus, o Estado brasileiro tem que seguir atuando em todas as frentes para garantir serviços públicos de qualidade, o que, no âmbito do Poder Judiciário Federal, sem dúvida, é traduzido pela imediata instalação do Tribunal Regional Federal de Minas Gerais.

Caso perca de foco seus projetos estratégicos, caso negligencie o dever imposto pela Constituição Federal de 1.988 de redução das desigualdades e, particularmente, de obediência ao princípio da razoável duração do processo (guindando ao patamar de direito fundamental pela Emenda Constitucional n. 45/04) quanto aos jurisdicionados federais mineiros, a guerra estará perdida.

Esse artigo pretende apresentar os dados estatísticos que demonstram a inadiável necessidade de criação do Tribunal Regional Federal da 6ª Região e, mais especificamente, o quanto essa criação significará para a celeridade dos processos ajuizados na justiça federal em geral, e também na celeridade dos processos que impactam o mercado imobiliário no particular, trazendo o estudo, nessa última hipótese, um tópico à parte.

Num terceiro momento, tratará dos impactos do COVID-19 no Poder Judiciário Brasileiro e as mudanças que estão transformando o modo

---

1 MARCONI, Marina de Andrade *et al. Antropologia uma introdução*. 7. ed. São Paulo: Atlas, 2009, Capítulo 13: Antropologia, p. 247.

de se prestar jurisdição, apressando alterações já vislumbradas, cristalizando modificações que já nos permitem afirmar que o Poder Judiciário, como de resto toda a sociedade, nunca mais será mesmo depois desse evento.

No quinto tópico, tratar-se-á dos princípios informadores do anteprojeto de lei aprovado por unanimidade pelo pleno do egrégio Superior Tribunal de Justiça e encaminhado ao Congresso Nacional para criação do Tribunal Regional Federal da 6ª Região.

A seguir, procurar-se-á descrever o movimento que incendiou a sociedade mineira por força do convencimento unânime em todos os seus segmentos organizados quando do início da tramitação de tal projeto de lei no Congresso Nacional, para finalizar concluindo que o espírito inato aos moradores dessas terras traduzirá a vitória final nessa "sucessão linear" de fatos com a instalação do Tribunal Regional Federal da 6ª Região transpondo esse momento difícil e saindo dele melhores, com mais segurança jurídica, mais prosperidade, mais empregos que, diga-se de passagem, o mercado imobiliário é um eficiente e rápido criador.

2. As estatísticas: demonstração da absoluta necessidade de implantação de um Tribunal Regional Federal em Minas Gerais

Um excelente trabalho de pesquisa estatística a respeito do tema foi apresentado à sociedade, em forma de cartilha, pela AJUFEMG – Associação dos Juízes Federais de Minas Gerais. Basta a sua apresentação para se ter como provada a assertiva descrita no título desse tópico. Isso porque em uma compilação que fez uso de uma linguagem direta e objetiva, a associação que congrega os Juízes Federais Mineiros demonstrou a absoluta pertinência da criação do Tribunal Regional Federal da 6ª Região.

Por tal razão, esse trabalho chamará a atenção para três argumentos importantes trazidos na cartilha e que não admitem sofisma:

I – A forma desequilibrada como expansão da Justiça Federal ocorreu de 1.988. Assevera o texto: "De 1989 até 2019, o número de juízes federais (1° grau) no TRF 1 cresceu cerca de 760%. Em total descompasso, no mesmo período, o número de desembargadores (2° grau) cresceu somente 50%"[2].

---

2 A Lei 9.967/2000 criou mais 9 cargos de desembargador para o TRF 1.

Esse descompasso demonstra que o modelo regional de segundo grau de jurisdição inicialmente criado pelo legislador constitucional não recebeu por parte do e. Superior Tribunal de Justiça, Corte Superior a quem incumbia a rediscussão do tema, a mesma atenção que as cortes de primeiro grau.

Apenas uma ampliação horizontal no prazo de mais de trinta anos, evidencia que um consenso mínimo a respeito da evolução dos serviços judiciários nas cortes de apelação da órbita federal foi relegado a um plano secundário. Para se ter uma ideia do que esse tempo representa, basta lembrar que no mesmo período, todo o sistema dos Juizados Especiais Federais foi construído, com instâncias julgadora (Juizados Especiais Federais), revisora (Turmas Recursais) e unificadora da jurisprudência (TRUs e TNUs).

Eventos como o FONAJEF (Fórum Nacional dos Juizados Especiais Federais) sedimentou entendimentos, valores e princípios jurídicos que são utilizados na prestação jurisdicional a milhões de brasileiros.

Enquanto isso, no âmbito da jurisdição ordinária não se logrou superar a dicotomia entre crescimento concentrado nas cinco cortes previstas na Constituição ou a desconcentração com criação de novas cortes de apelação.

Três apontamentos, nesse particular, hão de ser feitos:

a) O Congresso Nacional apresentou sua solução para o problema com a promulgação da Emenda Constitucional n. 73/13, suspensa liminarmente pelo então presidente do Supremo Tribunal Federal, Ministro Joaquim Barbosa, situação que perdura até a presente data;

b) Tribunal Regional Federal da 4ª Região promoveu a criação de turmas regionais instaladas nas capitais dos estados do Paraná e Santa Catarina com base no § 3º do Art. 107 da Constituição Federal, em 1º/12/2014 com redação dada pela Emenda Constitucional n. 45/04;

c) Com base no mesmo dispositivo constitucional, o Tribunal Regional Federal da 1ª Região criou as Câmaras Regionais Previdenciárias, cujos relatores dos processos são Juízes Federais de primeiro grau e sob as quais teceremos maiores comentários *a posteriori*.

II – Entre todos os tribunais regionais federais originalmente criados pela Constituição Federal, o da 1ª Região, por sua própria constituição, é o que mais demanda revisão e reestruturação, seja pelo fato de que tem jurisdição sobre realidades muito distintas dadas ao tamanho continental de sua área de competência, seja porque a distância física alberga uma variedade muito maior de lides sociais trazidas para composição.

É dizer, quanto maior espaço físico que se pretender tutelar maior será a quantidade de matérias objeto de discussão dificultando a padronização do trabalho e a produção em massa. Diz o texto: "A mistura de elevada demanda, reduzido número de desembargadores, excesso de carga de trabalho e problemas estruturais e de gestão decorrentes de sua grande extensão territorial fez do TRF 1 o tribunal de 2° grau mais congestionado e lento do país, considerados todos os ramos do Poder Judiciário (...) O TRF 1 tem a maior taxa de congestionamento (indicador que mede o percentual de casos pendentes no final do ano em relação ao que tramitou) entre os tribunais de 2° grau, sendo, também, o mais lento para produzir decisões". Como embasamento do argumento, o texto traz a tabela comparativa abaixo reproduzida:

	Taxa de congestionamento	**Tempo de julgamento**
TJ's	46%	8 meses
TRT's	50%	5 meses
TRF's	70%	26 meses
TRF 1	81%	37 meses

Como se vê, o gigantismo do Tribunal Regional Federal, que jurisdiciona 80% (oitenta por cento) do territorial nacional, dificulta sua administração e, algumas vezes, a inviabiliza atentando frontalmente os princípios da descentralização e desconcentração administrativa. Isso porque tem um centro decisório único para determinar a atuação de unidades jurisdicionais que distam milhares de quilômetros entre si e, sobretudo, atuam com realidades locais que vão do sudeste da nação até o extremo norte, passando pelo nordeste e centro-oeste.

De minha experiência pessoal como Juiz Federal convocado para o mutirão "Judiciário em Dia"[3] do Conselho Nacional de Justiça, posso testemunhar que perdíamos grande parte do nosso tempo no trabalho de triagem de casos semelhantes, sendo que, muitas das vezes, em razão de falhas no processo de seleção, feitos que apresentavam discussões

---

3 Disponível em: https://issuu.com/cnj_oficial/docs/judiciario_em_dia, visto em abril/2020.

totalmente divorciadas das matérias do "dia a dia" da Corte recebiam julgamentos que demandavam que se parasse o "processo de produção" para avaliação de suas singularidades. Esses feitos, via de regra, eram os que contavam com maior tempo de tramitação.

Dito de outra maneira, se a matéria discutida no processo é distinta da tratada de forma corriqueira na Corte em dado momento histórico, esse feito tende a demorar mais, o que na Primeira Região ocorre com frequência muito maior do que nas demais dada a diversidade de realidades jurisdicionadas.

Nesse contexto, importante lembrar as lições de Hely Lopes Meirelles a respeito de serviço desconcentrado e descentralizado:

> É todo aquele que a Administração executa centralizadamente [o serviço], mas o distribui entre vários órgãos da mesma entidade para facilitar sua realização e obtenção pelos usuários. A desconcentração é uma técnica administrativa de simplificação e aceleração do serviço dentro da mesma entidade, diversamente da descentralização que uma técnica de especialização consistente na retirada do serviço dentro de uma entidade transferência a outra para que o execute com mais perfeição e autonomia. Não obstante essa nítida distinção conceitual, nossa legislação confunde frequentemente desconcentração com descentralização (...)[4].

III – Particularmente, no que tange ao Tribunal Regional Federal da 1ª Região, as soluções até aqui apresentadas para lidar com esse problema se mostraram ineficazes. Segundo a cartilha: "Ainda em 2009, em inspeção realizada pelo CNJ e pela Corregedoria-Geral do Conselho da Justiça Federal, foi constatado que o atraso no julgamento dos recursos no âmbito do TRF 1 era endêmico, sendo normal que a tramitação dure até 07 anos. Mesmo contando com o auxílio ininterrupto de juízes de 1º grau nos últimos anos[5], o número de processos pendentes de julgamento no TRF 1 somente aumenta (...) Em 2000: 236.427. Em 2018: 559.755".

Nesse particular, de ver-se que ao longo dos últimos 30 anos, todas as formas de enfrentamento do congestionamento de processos foram

---

4 Meirelles, Hely Lopes. *Direito administrativo brasileiro.* 18. ed. atualizada por AZEVEDO, Eurico de Andrade *et al.* São Paulo: Malheiros, 1993, Capítulo VI, p. 305.

5 Juízes federais de 1º grau que são convocados para auxiliar os desembargadores no julgamento de recursos.

tentadas. Vários mutirões, turmas suplementares e auxílios extraordinários instituídos para solucionar a situação crônica de acúmulo de processos no âmbito do Tribunal Regional Federal da 1ª Região. Não obstante, os resultados, a despeito de demonstrar a profunda dedicação e operosidade de Desembargadores Federais, Juízes Federais e Servidores, não debelaram a curva ascendente do estoque de feitos a julgar.

Lamentavelmente, por outro lado, as discussões a respeito do acumulo de feitos sempre são apresentadas de modo sensacionalista na mídia, com as manchetes como a que apregoa que "há 62 mil ações "estacionadas" na garagem do TRF1"[6], sem um maior aprofundamento na gênese do problema, sem preocupação com a busca de soluções técnicas e, principalmente, sem investigar que o "porquê" das iniciativas tomadas para solução do problema até aqui não terem surtido efeito.

A meu sentir, é porque essas iniciativas apresentadas cuidaram dos efeitos do fenômeno e não de suas causas.

Nessa senda, de ver-se que no âmbito da Primeira Região deve ser discutida a penúltima iniciativa (a última foi um novo auxílio a distância por juízes de primeiro grau), a saber, a criação de Câmaras Regionais Previdenciárias.

Nessa metodologia de trabalho a relatoria dos processos são atribuídas a Juízes Federais de primeiro grau e os julgamentos são presididos por Desembargadores Federais que se deslocam até as Seções Judiciárias ou atuam por videoconferência num esforço extra para tentar dar vazão a processos previdenciários que se encontram há muito no aguardo de uma decisão. Traz-se à luz o histórico de criação desses órgãos julgadores descritos no site da instituição:

> Com fundamento na Emenda Constitucional 45 e, em especial no § 3º do Art. 107 da Constituição Federal, em 1º/12/2014, através da Resolução 23/2014, foram criadas a 1ª Câmara Regional Previdenciária da Bahia – CRP/BA, com sede em Salvador, e a 1ª Câmara Previdenciária de Minas Gerais – CRP/MG –, com sede em Belo Horizonte, pelo então Presidente do Tribunal Regional Federal da 1ª Região, Desembargador Federal Cândido Ribeiro.

---

6 Disponível em: https://espaco-vital.jusbrasil.com.br/noticias/251011662/ha-62-mil-acoes-estacionadas-na-garagem-do-trf-1 – visto em abril/2020.

> Essas câmaras têm por escopo o julgamento de remessas *ex officio* e recursos interpostos contra sentença em matéria previdenciária.
> As Câmaras Regionais Previdenciárias são compostas cada uma por três juízes federais convocados por ato da Presidência do TRF1 e presididas por um desembargador federal.
> A Central de Triagem e Remessa de Processos às CRP's – Cetri –, instalada no Ed. Anexo I do TRF, térreo, é a unidade virtual que faz a ligação entre os gabinetes dos Desembargadores da 1ª Seção do TRF e as CRP's e a ela compete executar a triagem, a atribuição e a remessa de processos, além de todo suporte necessário às Centrais de Apoio Cartorário – Cecat's, unidades processantes que funcionam nas sedes das respectivas das CRP's.
> A criação da Central de Triagem e Remessa de Processos às CRP's – Cetri e seu funcionamento e, bem assim os procedimentos das CRP's, foram regulamentados pela Portaria 49/2015.Em fevereiro de 2015, foram feitas as primeiras atribuições e remessas de processos aos juízes convocados para as Câmaras da Bahia e de Minas Gerais.
> Em 23/03/2015, diante do volume de processos originários de Minas Gerais, foi criada pela Resolução Presi 11 a 1ª Câmara Regional Previdenciária de Juiz de Fora, em funcionamento na Subseção Judiciária de Juiz de Fora/MG.
> Sob o mesmo fundamento, em 06/11/2015, pela Resolução Presi 41 foi instituída a 2ª Câmara Regional Previdenciária de Minas Gerais, com sede na Seção Judiciária, em Belo Horizonte.
> Em 27/09/2016 ocorreu a primeira sessão de julgamento por videoconferência de processos atribuídos aos juízes da CRP/JF. Desde então os julgamentos em todas as CRP's têm sido feitos por videoconferência, com participação de advogados e do Ministério Público Federal[7].

Como se observa, as Câmaras Regionais Previdenciárias, na verdade, são verdadeiros "embriões" da solução já apresentada pelo Congresso Nacional desconcentrando o julgamento por unidade federativa, ou seja, Minas Gerais julga somente os processos mineiros. E os resultados são

---

[7] Disponível em: https://portal.trf1.jus.br/portaltrf1/institucional/camaras-regionais-previdenciarias/historico/historico.htm, visto em abril/2020.

expressivos quando se olha, em números absolutos, o volume efetivo de processos julgados (cerca de 40 mil até 2017)[8].

Contudo não se pode deixar observar as vicissitudes da iniciativa, a saber: a) os relatores não são fixos; b) há falta de servidores para atuar quer na assessoria direta dos Magistrados quer na secretaria de processamento; c) o âmbito de competência é muito restrito, deixando matérias igualmente importantes fora do esforço de julgamento; d) não há um órgão de administração que cuide das demandas que o funcionamento da máquina traz, cabendo tal coordenação ao Diretor do Foro que a exerce em acúmulo com inúmeras outras tarefas na gestão da Primeira Instância.

Pois bem, mesmo com todas essas iniciativas, a verdade é que o número de processos, como já dito anteriormente, só cresce. Essa realidade obviada pelo excelente trabalho de pesquisa estatística feito, em forma de cartilha, pela AJUFEMG – Associação dos Juízes Federais de Minas Gerais é insofismável.

3. O que a criação do Tribunal Regional Federal da 6ª Região significará para a celeridade dos processos ajuizados na justiça federal e que impactam o mercado imobiliário no particular

Nesse tema, levando em conta tudo o que já foi dito sobre a realidade dos processos judiciais em geral na Primeira Região, verifica-se que o cenário quanto aos feitos de interesse do mercado imobiliário não é diferente.

Partindo da premissa já articulada e provada de que a distinção quanto à matéria tem como consequência a maior demora em seu exame pelo Tribunal Regional Federal da 1ª Região, ou seja, que processos demoram mais quando não tratam das "questões corriqueiras" trazidas à Corte, passa-se à análise dos feitos que interessam ao mercado imobiliário.

Pesquisando os processos em tramitação nos sistemas processuais da Seção Judiciária de Minas Gerais a primeira constatação é de que os bancos de dados não possibilitam a emissão de um relatório consolidado, por assunto, para toda a seção judiciária. Assim, um levantamento é

8 Disponível em: https://trf-1.jusbrasil.com.br/noticias/507819998/institucional-entenda-o-funcionamento-das-crps-da-1a-regiao, visto em abril/2020.

praticamente artesanal porque tem que ser feito por assunto para cada unidade jurisdicional, no caso do Oracle[9].

De outro lado, no caso do PJe, a pesquisa por assunto, é genérica porque não foram disponibilizadas, ainda, rotinas específicas para a consulta, o que pode gerar uma margem de erro bastante significativa.

Contudo, em levantamento feito em agosto de 2018 objetivando embasar reestruturação das competências das Varas Federais de Belo Horizonte, através de procedimento iniciado pelo Centro Local de Inteligência – CLI[10], detalharam-se os assuntos em tramitação na sede da SJMG (varas cíveis + JEF).

Embora já fluído mais de um ano, tal levantamento ainda é uma boa estimativa do quantitativo/proporção de processos em tramitação dos diversos assuntos, dentre eles os que se entendem de maior interesse para o mercado imobiliário, a saber, processos tributários e os que denominaremos "imobiliários".

Por ele, as Varas Cíveis tinham em tramitação 5.223 processos tributários e 1.437 processos imobiliários, o que correspondia, respectivamente, aos percentuais de 7,8% e 2,15% do acervo geral. Da mesma forma, nas Varas de Juizado Especial Federal tramitavam 1.360 processos tributários e 173 processos imobiliários, correspondendo aos percentuais de 1,82% e 0,23% do acervo geral dos juizados.

Nos processos tributários, foram considerados os seguintes objetos/classe: IRPF – 05.02.01.00, IRPJ – 03.02.02.00, Isenção Tributária – 03.01.02.00, Certidão Negativa de Débito – 03.11.13.00, Certidão Positiva com efeito de negativa – 03.11.13.02, Repetição de Indébito – 03.11.17.00, IPI – 03.02.05.00, Responsabilidade Tributária – 03.10.02.00, Suspensão da exigibilidade – 03.11.01.00, Desembaraço aduaneiro – 01.07.03.01, PIS – 03.04.02.07, COFINS – 03.04.02.02. Já nos processos de objeto de interesse do direito imobiliário foram considerados os seguintes objetos/classe: SFH – 02.09.00.00, Reajuste de prestações – 02.09.02.00, Revisão Contratual – 02.09.0.00, Leilão – 02.09.05.00.

---

9 Oracle: Sistema processual de movimentação de processos físicos do Tribunal Regional Federal da 1ª Região.

10 Disponível em: https://portal.trf1.jus.br/sjmg/institucional/centro-de-inteligencia/conheca-o-centro-local-de-inteligencia/conheca-o-centro-local-de-inteligencia.htm, visto em abril/2020.

Contudo, embora uma pesquisa com relação ao tempo médio de tramitação nos feitos de interesse do direito imobiliário não seja possível, ao menos, não com a brevidade necessária para apresentação desse artigo, foram localizados alguns processos baixados no ano de 2019; que tem como objeto temas de interesse do direito imobiliário; e que fazem prova do argumento já apresentado de que a tramitação de feitos com discussões "fora dos assuntos regulares" no Tribunal Regional Federal da Primeira Região podem demandar décadas.

Para fins de estudo de caso, relaciono dez processos ajuizados na Seção Judiciária de Minas Gerais nas áreas às quais, como já dito, para fins didáticos, atribuí o nome de tributária e imobiliária, senão veja-se:

Tributária:

Processo n.	Vara	Classe	Assunto	Data da Distribuição	Data do Arquivamento
91.00.08975-3	3ª	Ordinária	IRPJ – 03.02.02.00	21/05/91	09/08/19
1999.38.00.027243-8	5ª	Ordinária	PIS – 03.04.02.07	23/07/99	16/09/19
00.00.10784-0	6ª	Ordinária	IRPJ – 03.02.02.00	08/07/87	22/11/19
95.00.22184-5	10ª	Ordinária	Repetição de Indébito – 03.11.17.00	27/09/95	05/06/19
2003.38.00.014344-4	13ª	Ordinária	IPI – 03.02.05.00	28/02/2003	19/12/19

Imobiliária:

Processo n.	Vara	Classe	Assunto	Data da Distribuição	Data do Arquivamento
1999.38.00.021982-9	7ª	Ordinária	Reajuste de prestação – 02.09.02.00	17/06/99	23/09/19
2000.38.00.007824-1	15ª	Ordinária	Sustação de leilão – 02.09.05.00	23/03/2000	02/10/19
2000.38.00.029440-9	16ª	Ordinária	Reajuste de prestação – 02.09.02.00	14/09/2000	06/02/19

2001.38.00.017244-2	20ª	Ordinária	Revisão contratual – 02-09-09-00	29/05/2001	12/09/19
2001.38.00.040006-6	22ª	Ordinária	Revisão contratual – 02-09-09-00	21/11/2001	28/05/19

Como se pode ver, em 2019, Minas Gerais ainda convivia com a realidade de processos judiciais que tramitam até 20 anos para uma solução definitiva da lide deduzida em Juízo.

Em temas relativos ao direito imobiliário e áreas de interesse do setor imobiliário os dez processos que apresentei são provas reais da não obediência ao princípio da razoável duração do processo no âmbito do Tribunal Regional da 1ª Região.

Embora a precariedade de dados estatísticos impeça, nesse momento, uma avaliação direta e percentual sobre o tempo de duração dos feitos de interesse do mercado imobiliário, os dados apresentados demonstram que se o modelo de prestação jurisdicional não for mudado na sua concepção original de concentração dos trabalhos em Brasília, de nada vai adiantar o aumento da Segunda Instância, até porque Minas Gerais tem realidades próprias que não são as mesmas das demais unidades jurisdicionadas pelo Tribunal Regional Federal da 1ª Região.

Em outras palavras, somente com a criação do Tribunal Regional Federal da 6ª Região poder-se-á consolidar uma jurisprudência genuinamente mineira nos processos de interesse desse segmento e dar segurança jurídica aos atores do mercado imobiliário.

4. Dos impactos do COVID-19 no Poder Judiciário brasileiro

Sob o título "O Judiciário não será o mesmo depois do coronavírus", o então Secretário Nacional de Justiça no Ministério da Justiça e Segurança Pública Vladimir Passos de Freitas elenca uma série de constatações a respeito do que a "crise do COVID-19" trará para o Poder Judiciário. Com sua costumeira competência o ex-Presidente do Tribunal Regional Federal da 4ª Região articula consequências perenes para a prestação jurisdicional e enumera iniciativas do Poder Judiciário sobre o tema, senão veja-se:

> A principal mudança será o uso quase absoluto da tecnologia, que de exceção passará a ser regra. Tribunais desenvolverão ou comprarão programas que facilitem as tentativas prévias de acordos. Juízes de Família não perderão horas ouvindo pessoas em separações amigáveis. O computador direcionará as indagações básicas, como valor da pensão, horário de visitas ou divisão de bens. A intervenção do juiz, de forma virtual, será reservada somente aos pontos controversos, se existentes. A intervenção pessoal só em casos extremos.
>
> As audiências criminais, inclusive de custódia, serão, regra geral, virtuais. O sistema, com facilidade, permitirá que sejam gravadas, possibilitando que a prova seja reexaminada quantas vezes se julgar necessário. Os profissionais do amanhã rirão dos profissionais da atualidade pelas discussões travadas sobre a possibilidade destes atos serem virtuais. Da mesma forma como nos divertem as velhas discussões do início do século passado sobre as sentenças poderem ser datilografadas[11].

Como Diretor do Foro da Seção Judiciária de Minas Gerais posso garantir que o vaticínio do grande Vladimir Passos de Freitas se materializa na minha rotina diária a frente da administração depois da chegada da pandemia ao Brasil.

Com a edição da Resolução n. 313/20 (de 19/03/20)[12] do Conselho Nacional de Justiça que estabeleceu, no âmbito do Poder Judiciário, o regime de Plantão Extraordinário, para uniformizar o funcionamento dos serviços judiciários, com o objetivo de prevenir o contágio pelo novo Coronavírus – Covid-19, e garantir o acesso à justiça neste período emergencial, todas as mudanças que se imaginava ocorreriam nos próximos anos ou até décadas, estão acontecendo em semanas ou mesmo dias.

Nesse particular deve ser esclarecido que as medidas restritivas de combate ao Coronavírus começaram a ser implementadas no Poder Judiciário antes mesmo da edição da referida resolução que foi elaborada, sobretudo, como um normativo uniformizador de procedimentos.

---

11 Disponível em: https://www.conjur.com.br/2020-mar-29/segunda-leitura-judiciario-nao-mesmo-depois-coronavirus, visto em abril/2020.

12 Disponível em: https://atos.cnj.jus.br/files/original221425202003195e73eec10a3a2.pdf, visto em abril/2020.

Assim, para fins estatísticos, vamos considerar o dia 13 de março de 2.020, como data de início de medidas. À partir de tal data, em Minas Gerais, houve um crescimento exponencial de magistrados e servidores exercendo o teletrabalho na Justiça Federal. Em dias, toda uma lógica de trabalho foi profundamente alterada.

A título de exemplo, cita-se que naquela data os acessos VPN[13] eram configurados pela equipe de informática do Tribunal Regional Federal da 1ª Região e totalizavam 436 licenças. À partir de 13 de março, a equipe do Núcleo de Tecnologia de Minas Gerais passou a realizar as configurações das licenças que, rapidamente, subiram para 1393 já no dia 4 de abril, um crescimento de mais de 300% (trezentos por cento).

Para atender a um crescimento tão expressivo, foi necessário ampliar o número de servidores que atendem ao serviço de VPN. O parque que tinha quatro máquinas (computadores com grande capacidade de processamento) foi ampliado para vinte e duas, um crescimento superior a 500% (quinhentos por cento).

Aos 20 de abril foi adotada a OpenVPN, que é um *software* livre e open-source para criar redes privadas virtuais, amplamente utilizado no mundo todo e que garante mais segurança e qualidade ao serviço de VPN.

Com isso uma melhora de estabilidade e disponibilidade dos serviços acessados através da nova conexão está ocorrendo, possibilitando inclusão de estagiários e terceirizados na rede, transformações antes inimagináveis por qualquer administrador, por mais ambicioso que fosse.

A realidade da prestação jurisdicional federal presencial transmudou-se em predominantemente virtual em dias para atender ao desafio que a regra "do isolamento social" trouxe a todos.

A velocidade das mudanças é tão impressionante que tudo o que for dito nesse texto estará desatualizado quando de sua efetiva publicação, mas terá valor por materializar e ilustrar o que está a ocorrer nesses

---

13 VPN é uma sigla, em inglês, para "Rede Virtual Privada" e que, como o nome diz, funciona criando uma rede de comunicações entre computadores e outros dispositivos que têm acesso restrito a quem tem as credenciais necessárias (...) Outra aplicação comum da VPN nas empresas é a utilização para conectar seus funcionários e permitir a prática do "home office". Por meio da VPN, um colaborador pode acessar os serviços de rede e informações confidenciais de sua empresa a distância. Disponível em: https://www.techtudo.com.br/noticias/noticia/2015/11/o-que-e-vpn-saiba-tudo-sobre-rede-virtual-privada.html, visto em abril/2020.

dias que, acredito, serão lembrados na história como o período divisor da mudança de eras, entre a idade contemporânea e a idade virtual.

E os exemplos de fatos históricos para o Poder Judiciário são inúmeros podendo ser citados dois que considero mais relevantes: a) O crescimento da produtividade das Cortes: Na live "O papel do sistema federal de justiça no combate ao novo coronavírus", realizada pela AJUFE – Associação dos Juízes Federais do Brasil, com a participação do presidente da associação Fernando Mendes, o Ministro André Mendonça da Advocacia Geral da União fez a seguinte declaração: "se engana quem pensa que a Justiça está parada. Ao contrário, todo o sistema de justiça tem trabalhado mais. De 17 de março a 16 de abril, a AGU produziu, nesse período, 2.184.977 atividades, 190 mil contestações, 17 mil pareceres. Se estamos fazendo isso é porque o Judiciário está funcionando. Estamos sendo demandados. E é um relato consensual entre os colegas que a Justiça tem trabalhado até mais"[14]; b) Realização de sessões, audiências e outros atos processuais antes presenciais, por meio videoconferência, como exemplificam as seguintes manchetes: "1ª Turma do TRF1 julga 555 processos em sua primeira sessão virtual de julgamentos[15];" "4ª Turma do TRF1 aprecia mais de 40 processos em sua primeira sessão virtual de julgamento"[16]; "1ª Turma Recursal da SJMG faz sua primeira sessão virtual para julgamento de processos"[17].

Retornando à afirmação de Vladimir Passos de Freitas de que "profissionais do amanhã rirão dos profissionais da atualidade pelas discussões travadas sobre a possibilidade destes atos serem virtuais (...) da mesma forma como nos divertem as velhas discussões do início do século passado sobre as sentenças poderem ser datilografadas", penso que vários

---

14 Disponível em: https://www.ajufe.org.br/imprensa/noticias-covid-19/13668-em-live-da-ajufe-agu-comenta-atuacao-do-sistema-de-justica-isolamento-social-e-cenario-pos-crise, visto em abril/2020.

15 Disponível em: https://portal.trf1.jus.br/portaltrf1/comunicacao-social/imprensa/noticias/institucional-1-turma-do-trf1-julga-555-processos-em-sua-primeira-sessao-virtual-de-julgamentos.htm, visto em abril/2020.

16 Disponível em: https://portal.trf1.jus.br/portaltrf1/comunicacao-social/imprensa/noticias/institucional-quarta-turma-do-trf1-aprecia-mais-de-40-processos-em-sua-primeira-sessao-virtual-de-julgamento.htm, visto em abril/2020.

17 Disponível em: https://portal.trf1.jus.br/sjmg/comunicacao-social/imprensa/noticias/1-turma-recursal-da-sjmg-faz-sua-primeira-sessao-virtual-para-julgamento-de-processos.htm, visto em abril/2020.

temas podem, desde já, ser revisitados e, acredito, alterados depois das mudanças que a crise do COVID-19 está impondo ao Poder Judiciário.

Refiro-me, por exemplo, à possibilidade de audiências de custódia por videoconferência. No particular, a jurisprudência da Suprema Corte sempre foi no sentido de que tal ato tem, obrigatoriamente, que ser presencial.

Para ilustrar a firmeza de tal entendimento, trago voto da Ministra Laurita Vaz do Superior Tribunal de Justiça no Conflito de Competência n. 168.552-PR (2019/0288114-4) onde as considerações do Ministro Dias Toffoli na Reclamação para Garantia das Decisões n. 0008860-60.2019.2.00.000 são transcritas de forma a demonstrar "que há de vigorar o princípio da legalidade estrita, de modo que eventual alteração da normativa de regência deve advir de lei aprovada pelo Congresso Nacional, por ser matéria de competência privativa da União".

Nesse tema, ressalto que, como Magistrado, sempre me incomodou muito as péssimas condições humanitárias e os riscos de segurança que o traslado de presos para as audiências criminais configuram.

Por questão de economicidade, via de regra, os presos a ser transportados para as audiências da Justiça Federal (que ocorrem na parte da tarde) o são conjuntamente com os segregados que participarão das audiências criminais da Justiça Estadual (que ocorrem na parte da manhã). Saem de manhã, aguardam a realização dos atos na Justiça Estadual, participam das audiências à tarde chegando de volta ao presídio à noite.

Nesse panorama, se não houver sensibilidade por parte o Magistrado condutor da instrução, dos advogados ou mesmo dos servidores, no dia em que vai participar do ato processual, o preso não come, porque sai da unidade prisional antes do café da manhã e volta depois do jantar.

Somando-se a esse panorama desolador, deve ser acrescido o risco de resgate de presos de organizações criminosas ou mesmo de execução por grupos rivais, o alto custo para o Estado com a mobilização de agentes, veículos, armas e demais maquinários para transporte e segurança, aumento da vulnerabilidade nos fóruns com a entrada de pessoal armado para atos processuais, enfim, uma série de efeitos deletérios à instrução processual, segurança pública e, até, atentatórios a direitos humanos que a presença do réu preso em audiências criminais traz.

Como administrador do foro de Minas Gerais, em parceria do Secretário de Justiça e Segurança Pública de Minas Gerais, com o apoio fundamental da Seção da OAB Mineira, na pessoa de seu presidente

Raimundo Cândido Júnior, do IAMG – Instituto dos Advogados de Minas Gerais, na pessoa de seu presidente Felipe Martins Pinto, da Universidade Federal de Minas Gerais e sua Faculdade de Direito, respectivamente, nas pessoas de sua Magnífica Reitora, Professora Sandra Regina Goulart Almeida e seu diretor, Professor Hermes Vilchez Guerrero, do Ministério Público Federal, na pessoa da Procuradora-chefe no Estado de Minas Gerais Isabela de Holanda Cavalcanti e do Ministério Público Estadual, através da Procuradora Geral de Justiça Institucional Cássia Virgínia Serra Teixeira Gontijo, representando no ato o Procurador Geral de Justiça Augusto Sérgio Tonet, promovi medidas administrativas para universalizar no estado a prática exitosa de participação de réus presos por videoconferência em audiências iniciada por projeto piloto pensado na Subseção Judiciária de Uberaba.

No termo de cooperação formalizado aos 13 de fevereiro de 2.020[18] entre a União (Justiça Federal de Primeiro Grau em Minas Gerais) Secretaria de Justiça e Segurança Pública de Minas Gerais e IAMG – Instituto dos Advogados de Minas Gerais que cuidou, dentre outras coisas, da realização de tais atos processuais constou expressamente que "o defensor poderá acompanhar a audiência na unidade prisional em que o réu estiver custodiado, hipótese em que poderá requisitar ao juízo, no caso de processos físicos, com antecedência mínima de 05 (cinco) dias úteis, cópia integral ou parcial dos autos, em formato digital, que será disponibilizada pela secretaria da vara" sendo que "quando o defensor optar por acompanhar a audiência na unidade prisional terá ele direito a ocupar espaço com estrutura física e tecnológica compatível com uma sala de audiência, de modo a assegurar dignidade da advocacia e condições adequadas de seu desempenho".

Como se vê, todas as instituições envolvidas tinham como ideia apresentar uma solução nova para as mazelas que o problema corporificava, mas sempre preocupadas a preservação dos direitos humanos e da dignidade do exercício da advocacia, que goza do *status* constitucional de atividade "indispensável à administração da justiça" nos exatos termos do artigo 133 da Constituição Federal, tanto que a formalização do ato deu-se na Sala da Congregação da centenária Faculdade de

---

18 Disponível em: https://portal.trf1.jus.br/sjmg/comunicacao-social/imprensa/noticias/assinado-termo-que-permite-realizacao-de-audiencias-de-varas-criminais-federais-por-videoconferencia-com-presidios.htm, visto em abril/2020.

Direito da Universidade Federal de Minas Gerais, também como simbologia de mais um ato calcado no estudo do direito, defesa dos valores republicanos e da democracia que marcam a história da "Vetusta Casa de Afonso Pena".

Esse termo de cooperação e todas as providências a ele relativas se encontram arquivadas no Procedimento Administrativo Sei n. 0007766-10.2019.4.01.8008 e foi publicado no Diário Oficial da União no dia 20 de fevereiro de 2.020.

Por fim, cumpre ainda lembrar que todos os participantes e apoiadores tinham duas preocupações antes da formalização do termo de cooperação, sendo a primeira de não citação, no seu corpo, do ato processual da audiência de custódia de forma respeitar a orientação da jurisprudencial da Suprema Corte. Em segundo lugar, deixar expresso que se tratava de um ato administrativo que possibilitava o uso da videoconferência, mas não trazia qualquer vinculação nos processos, até para não invadir a seara da atuação jurisdicional, posto que cabe ao Magistrado que preside a instrução, ouvidas as partes, determinar como serão realizados os atos processuais.

A meu ver, essas preocupações citadas ao final da narrativa das medidas para a virtualização da participação de réus presos nas audiências criminais perde a razão de ser quando se observa a generalização de atos virtuais que a obrigação de isolamento social se nos impôs como Poder Judiciário brasileiro.

Até quanto às audiências de custódia, a Recomendação n. 62/20[19] do Conselho Nacional de Justiça, de 17 de março de 2.020, em seu artigo 8°, autoriza aos "Tribunais e aos magistrados, em caráter excepcional e exclusivamente durante o período de restrição sanitária, como forma de reduzir os riscos epidemiológicos e em observância ao contexto local de disseminação do vírus, considerar a pandemia de Covid-19 como motivação idônea, na forma prevista pelo art. 310, parágrafos 3° e 4°, do Código de Processo Penal, para a não realização de audiências de custódia".

Com certeza, o uso de audiências virtuais no período implicará, no mínimo, uma rediscussão profunda desse entendimento jurisprudencial e administrativo em virtude dos resultados que a atividade

---

19 Disponível em: https://atos.cnj.jus.br/atos/detalhar/3246, visto em abril/2020.

jurisdicional virtual já está apresentando e que certamente se consolidarão nesse período.

Aliás, para aprofundarmos um pouco mais a discussão a respeito de alteração do entendimento não só da jurisprudência, mas, também, na visão que a população em geral tem sobre institutos penais, pode-se pensar na prisão domiciliar.

A restrição momentaneamente imposta a toda a população pela necessidade de isolamento social certamente fará com que esse instituto visto, anteriormente pelo público em geral como uma "benesse para sentenciados ricos" passe a ser encarado como aquilo que, de fato é: uma séria restrição no direito de ir e vir que causa muito sofrimento à quem é imposta.

Oxalá se consiga avançar nos mecanismos de controle durante esse período e diminuir o volume de presos em estabelecimentos prisionais ordinários diminuindo a pressão sob nossos presídios reconhecidamente superlotados que, segundo estudos do próprio Ministério da Justiça, já em 2.015 segregavam a quarta maior população carcerária do mundo[20].

Tal medida poderá ampliar o rol de hipóteses em que condenados por delitos de menor potencial ofensivo (ainda que de forma definitiva) e que contem com o elemento etário como atenuante, quer pela senilidade quer pela juventude, para impedir sua inserção no sistema penitenciário ordinário com redução de custos de reeducação pelo Estado e, ao mesmo tempo, diminuição da mão de obra posta à disposição das organizações criminosas para aliciamento, como sabidamente ocorre na atualidade.

Como já mencionado na introdução desse estudo, os momentos de crise fazem aflorar na sociedade e no ser humano de forma geral o que há de melhor ou de pior. Sem dúvida, esse momento tão difícil que nossa sociedade está a atravessar pode, numa ótica da "sucessão linear" de sua evolução cultural, significar um futuro de melhor utilização do direito penal, como de resto do direito em geral, com redução do sentimento de impunidade que reconhecidamente habita a consciência coletiva brasileira e, ao mesmo tempo, redução dos índices de violência e criminalidade.

---

20 Disponível em: https://noticias.uol.com.br/cotidiano/ultimas-noticias/2015/06/23/prisoes-aumentam-e-brasil-tem-4-maior-populacao-carceraria-do-mundo.htm, visto em abril/2020.

5. Dos princípios informadores do anteprojeto de lei aprovado por unanimidade pelo pleno do egrégio Superior Tribunal de Justiça e encaminhado ao Congresso Nacional para criação do Tribunal Regional Federal da 6ª Região

Apresentar um projeto da magnitude que é a criação do Tribunal Regional Federal da 6ª Região demanda de qualquer pessoa que se disponha a fazê-lo, a cumulação de várias características. Pressupõe força, habilidade, precaução, resiliência, humildade e conhecimento técnico. Sim, porque de nada adianta ter força para dar início a um projeto dessa envergadura se não tiver, ao mesmo tempo, habilidade para transpor ou contornar os enfrentamentos que uma mudança desse jaez traduz. De nada serve ser precavido procurando antever todos os possíveis desdobramentos positivos ou negativos de uma iniciativa e não ser resiliente para assimilar críticas construtivas ou destrutivas e seguir no caminho, E, por fim, não adianta ser humilde para ouvir a quem cabe no desenrolar do processo e não estar amparado no conhecimento técnico para aceitar ou rejeitar as contribuições que se forem apresentando. Enfim, para tornar real uma mudança tão profunda e significativa é preciso ter liderança.

Partindo do conceito de liderança como "a arte de comandar pessoas, atraindo seguidores e influenciando de forma positiva mentalidades e comportamentos"[21], tenho que exercer liderança é emprestar seu nome a uma iniciativa. E se há um nome a ser lembrado quando se pensa no Tribunal Regional Federal da 6ª Região é o do Ministro João Otávio de Noronha.

Sem dúvida, o Presidente do Superior Tribunal de Justiça cercou-se de uma equipe muito competente, à qual instruiu, orientou e estimulou para auxiliá-lo na construção do projeto que idealizou. A primeira característica elogiável da iniciativa foi a coragem de procurar enfrentar e mencionar um problema que, como já demonstrado nesse estudo, há trinta anos espera um encaminhamento. Aliás, a própria justificativa do projeto de lei encaminhado ao Congresso Nacional salienta essa questão expressamente, senão veja-se:

> Entretanto, após trinta anos da criação dos cinco tribunais regionais federais, é pertinente revisar a distribuição geográfica da Justiça Federal de segunda instância a fim de não só assegurar a

21 Disponível em: https://www.significados.com.br/lideranca/, visto em abril/2020.

> maior efetividade da prestação jurisdicional como também tomar mais próxima a Justiça Federal dos cidadãos.
>
> Uma Justiça Federal eficiente e acessível é fundamental para a construção de uma sociedade livre, justa e solidária, em que o desenvolvimento nacional seja orientado para a erradicação da pobreza e da marginalização, com redução das desigualdades sociais e regionais de toda a população[22].

Como se vê, o texto diz que para a resolução do problema, há de se pensar e agir diferente do que se fez nos últimos trinta anos. Que é preciso redesenhar o segundo grau da Justiça Federal brasileira e propõe medida concreta para esse fim, calcada em avaliações estatísticas e usando de metodologia científica a tal desiderato, como, aliás, se vê no voto condutor do processo administrativo onde o egrégio Superior Tribunal de Justiça aprovou, por unanimidade, o projeto de lei a ser enviado ao Congresso Nacional.

Nesse texto o Ministro João Otávio de Noronha expõe os princípios com base nos quais orientou sua competente equipe no Conselho da Justiça Federal a atuar para enfrentamento do maior gargalo da prestação jurisdicional federal, senão veja-se:

> Proponho o acolhimento integral da sugestão feita pelo Conselho da Justiça Federal, órgão competente para 'exercer, na forma da lei, a supervisão administrativa e orçamentária da Justiça Federal de primeiro e segundo graus' (art. 105, parágrafo único, Il, da CF), notadamente por se tratar de proposta que, além de bem atender aos interesses do jurisdicionados, não terá impacto orçamentário.
>
> De fato, é grande a carga de trabalho do TRF1, sendo a Seção Judiciária de Minas Gerais responsável por 35% de todos os processos que a ele chegam.
>
> Com a criação do TRF6 da forma proposta e com a ampliação do TRF1, haverá um impacto positivo na redução da taxa de congestionamento de processos da 1ª Região, pelas razões adiante explicitadas.
>
> Considerando o atual contexto econômico do país e as peculiaridades da 1a Região – as quais pude vivenciar de perto como

---

22 Disponível em: https://www.camara.leg.br/proposicoesWeb/prop_mostrarintegra;jsessionid=86B6E44E80DF1F1C2331DB01F473C0CB.proposicoesWebExterno2?codteor=1836482&filename=PL+5919/2019, visto em abril/2020.

Corregedor Nacional de Justiça -, entendo ser muito mais eficaz o aproveitamento da conversão de cargos autorizada, ao menos em parte, para a criação do TRF6, com sede em Belo Horizonte e jurisdição sobre todo o Estado de Minas Gerais. Essa afirmação ampara-se em minucioso trabalho realizado pelas áreas técnicas do Conselho da Justiça Federal, que demonstraram não apenas a viabilidade dessa solução como sua superioridade enquanto resposta ao esgotamento operacional do TRF1, que possui elevado número de processos oriundos de Minas Gerais.

A solução encontrada favorecerá a maior racionalização da mão de obra, a redistribuição da carga de trabalho e a minimização dos diversos problemas derivados da grande extensão territorial, que se mostra, nos dias atuais, incompatível com a devolução da prestação jurisdicional célere, efetiva e de qualidade.

A proposta de criação do TRF6 se impõe em momento no qual é preciso repensar a própria estrutura e funcionamento da Justiça Federal brasileira, em vez de simplesmente promover mais um aumento de cargos, ainda que pela transformação de outros. É hora de buscar novos caminhos na direção da excelência do Poder Judiciário, por meio da maior eficiência das unidades jurisdicionais e da melhor distribuição da carga de trabalho entre os tribunais existentes. Não se trata, pois, de solução pontual, voltada apenas para o aparelhamento da segunda instância: trata-se de proposta que envolve também a reestruturação da primeira instância com o melhor aproveitamento da força de trabalho dos servidores e das estruturas disponíveis.

É tempo de a Justiça Federal modernizar sua estrutura, reorganizar suas metodologias de trabalho e divisão de tarefas e funções para o melhor aproveitamento dos recursos humanos e materiais em época de desenvolvimento de novas tecnologias da informação e comunicação. O TRF6 será criado como tribunal-modelo no tocante ao racionamento dos quadros e priorização da eficiência das gestões compartilhadas, lidando apenas com processos eletrônicos. Inovação será o seu lema; eficiência, seu objetivo maior[23].

---

23 Disponível em: https://www.camara.leg.br/proposicoesWeb/prop_mostrarintegra;jsessionid=86B6E44E80DF1F1C2331DB01F473C0CB.proposicoesWebExterno2?codteor=1836482&filename=PL+5919/2019, visto em abril/2020.

O texto parece traduzir exatamente o que pensam todos os técnicos que se debruçam a respeito do tema e que já foi objeto de discussão nesse texto, ou seja, "repensar a própria estrutura e funcionamento da Justiça Federal brasileira, em vez de simplesmente promover mais um aumento de cargos" (,,,) "buscar novos caminhos na direção da excelência do Poder Judiciário, por meio da maior eficiência das unidades jurisdicionais e da melhor distribuição da carga de trabalho entre os tribunais existentes" (...) já que não adianta uma "solução pontual, voltada apenas para o aparelhamento da segunda instância", urge a análise de uma "proposta que envolve [a,] também [,] a reestruturação da primeira instância com o melhor aproveitamento da força de trabalho dos servidores e das estruturas disponíveis" e com "priorização da eficiência das gestões compartilhadas, lidando apenas com processos eletrônicos".

Essa explicação, por si só, é insofismável, não encontra opositores, ao menos não com capacidade de apresentação de um obstáculo sério e republicano ao projeto.

Não obstante, como esse estudo tem por escopo, também, apresentar meu testemunho como Diretor do Foro da Seção Judiciária de Minas Gerais, passo a trazer, com fins de demonstração empírica, como os princípios da desconcentração e descentralização administrativa, condutores da construção do projeto de lei que busca também a eficiência e a virtualização, diminuirão os custos e melhorarão a prestação do serviço público se a implantação do Tribunal Regional Federal da 6ª Região se tornar realidade.

Cito o projeto de descentralização da rede WAN, que interliga as Subseções Judiciárias à sede da Seccional em Belo Horizonte, que consta do Procedimento Administrativo SEI n. 0005253-40.2017.4.01.8008, iniciado em março de 2017, na gestão da minha antecessora na Direção do Foro Juíza Federal Simone Lemos dos Santos Fernandes e que atualmente ocupa a Secretaria Geral do Conselho da Justiça Federal por indicação do Ministro João Otávio de Noronha, chefiando, pois, a equipe administrativa do referido Conselho.

A necessidade de realização do projeto chegou ao conhecimento da Direção do Foro, pela primeira vez em 26/10/2016, por e-mail enviado pela secretaria de informática do Tribunal Regional Federal da Primeira Região. Por estar a equipe de tecnologia da Seção Judiciária toda empenhada em outro grande projeto (que permitiu o acesso à internet a todos os usuários da rede em Minas Gerais), essa iniciativa teve de ser iniciada no ano seguinte.

O escopo do projeto era desconcentrar a realização do serviço e obter a redução dos custos, pois a contratação nessa perspectiva possibilitaria também a participação pessoas jurídicas existentes somente no mercado de Minas Gerais, ampliando a concorrência no processo licitatório, vez que eliminava a obrigatoriedade de contratação com presença nacional como ocorria antes no Tribunal Regional Federal da 1ª Região.

No início do projeto foram considerados os termos a Resolução CJF n. 355/2015, que dispunha sobre a política de nivelamento de Infraestrutura de tecnologia da informação da Justiça Federal, para definir a capacidade dos links a serem contratados. Porém, durante os contatos mantidos com os fornecedores e com outros órgãos, percebeu-se que o custo poderia ser tão mais baixo que se decidiu pelo aumento da capacidade acima dos parâmetros mínimos definidos na referida resolução.

Mesmo após a publicação da Resolução CJF n. 477/2018, que aumentou os parâmetros da Resolução CJF 355/2015, os estudos preliminares mostravam que poderia ser contratada capacidade maior, mantendo-se o custo abaixo do valor então pago pelo serviço.

Frise-se que ao longo do processo, a equipe de tecnologia de informação decidiu por dividir a contratação em dois lotes para Minas Gerais, pois verificou-se que a opção de contratação por lote único diminuía a concorrência e aumentava o risco de não se obter a economia esperada.

A divisão dos lotes exigiu uma prática administrativa até então inexistente de simulação de orçamentos prévios para lançar editais com área de atendimento onde a possibilidade de redução do preço fosse maior com maior aumento da capacidade.

Essa metodologia utilizada para confecção dos editais foi questionada administrativamente, impugnação não acolhida pela óbvia vantagem que o menor preço e a maior capacidade de transmissão de dados traziam ao Poder Público.

O pregão eletrônico ocorreu no dia 19 de fevereiro de 2.019, sagrando-se vencedoras as empresas Telemar Norte Leste S.A, arrematando o Lote 1 por R$ 130.999,95/mês e Algar Multimídia S.A., arrematando o Lote 2 por R$ 22.514,00. O custo global da contratação ficou em R$ R$ 153.513,95 gerando uma redução de R$ 123.668,99/mês para a prestação do serviço, porém para fornecer quase o dobro da capacidade anterior, conforme demonstra a tabela a seguir.

Localidades	Contrato TRF1		Contrato SJMG	
	Capacidade Mbps	Valor Mensal	Capacidade Mbps	Valor Mensal
Belo Horizonte	*	*	1400	R$ 56.614,27
Arquivo Judicial	4	R$ 2.130,99	50	R$ 1.300,00
Contagem	20	R$ 8.495,56	50	R$ 1.300,00
Divinópolis	20	R$ 8.495,56	50	R$ 1.300,00
Governador Valadares	20	R$ 8.495,57	50	R$ 5.688,37
Ipatinga	20	R$ 10.421,18	50	R$ 5.688,37
Ituiutaba	15	R$ 13.717,00	50	R$ 1.300,00
Janaúba	6	R$ 12.378,47	50	R$ 5.688,37
Juiz de Fora	50	R$ 16.062,07	100	R$ 1.750,00
Lavras	15	R$ 10.548,05	50	R$ 5.688,37
Manhuaçu	6	R$ 16.349,57	50	R$ 5.688,37
Montes Claros	30	R$ 8.495,59	50	R$ 5.688,37
Muriaé	6	R$ 10.189,49	50	R$ 5.688,37
Paracatu	15	R$ 12.378,49	50	R$ 5.688,37
Passos	15	R$ 10.548,09	50	R$ 1.300,00
Patos de Minas	20	R$ 14.644,27	50	R$ 1.300,00
Poços de Caldas	15	R$ 8.495,57	50	R$ 1.300,00
Ponte Nova	15	R$ 10.189,52	50	R$ 5.688,37
Pouso Alegre	20	R$ 8.745,21	50	R$ 1.300,00
Sao João Del-Rei	6	R$ 13.281,19	50	R$ 5.688,37
Sao Sebastiao do Paraíso	15	R$ 13.281,16	50	R$ 5.688,37
Sete Lagoas	15	R$ 8.747,09	50	R$ 1.300,00
Teófilo Otoni	15	R$ 10.189,49	50	R$ 5.688,37
Uberaba	35	R$ 16.311,57	100	R$ 1.750,00
Uberlândia	45	R$ 16.311,58	100	R$ 1.750,00
Unaí	15	R$ 12.378,45	50	R$ 5.688,37
Varginha	20	R$ 8.747,08	50	R$ 1.300,00
Viçosa	15	R$ 10.548,09	50	R$ 5.688,37
Total	**493**	**R$ 300.575,95**	**2900**	**R$ 154.501,45**
Economia Mensal	**R$ 146.074,50**			

* Os valores foram omitidos por se referir à conexão entre Belo Horizonte e Brasília que continua com responsabilidade de quitação pelo Tribunal Regional Federal da 1ª Região.

Para melhor esclarecer o que ocorreu, examino dois exemplos:

a) Subseção Judiciária de Muriaé onde a capacidade era de 6 MPbs a um custo de R$ 10.189,49 passou a 50 Mpbs a um custo de R$ 5.688,37;

b) Subseção Judiciária de Uberlândia onde a capacidade era de 100 MPbs a um custo de R$ 16.311,58 mantendo a mesma capacidade a um custo de R$ 1.750,00.

Como se pode notar pelos exemplos dados, houve aumento enorme da velocidade do trânsito de dados nas Subseções Judiciárias menores possibilitando que essas alcançassem o nível semelhante de excelência da internet das maiores. Houve também redução extraordinária do custo do serviço de maneira geral.

Contudo, gostaria de chamar a atenção para uma realidade que só pode ser imputada à desconcentração do serviço que é a possibilidade de balanceamento na aplicação do recurso orçamentário.

Isso porque, só um centro de decisão próximo pode, com a rapidez exigida pelos procedimentos de contratação de serviço público, averiguar as especificidades de cada área e observar que a velocidade de internet numa Subseção Judiciária maior como Uberlândia já era suficiente e, ao mesmo tempo, que havia uma oferta maior de concorrência por possuir fornecedores locais com capacidade técnica para prestação de serviço. Isso faz com que a redução de preço seja muito maior ali.

De outro lado essa redução de custo pode ser direcionada para a manutenção de uma internet mais veloz nas Subseções menores onde tal serviço é sabidamente mais caro por serem mais longínquas dos maiores centros.

No caso em exame, houve redução geral porque o serviço antes desse procedimento estava sendo cobrado a um preço muito caro por ter de atender ao requisito de capacidade operacional nacional, mas mesmo agora com o fracionamento por estado, somente uma gestão próxima pode fazer o acompanhamento garantindo excelência do serviço em toda a área de abrangência (princípio da racionalização) a um custo onde locais com maior concorrência compensam contratações feitas em locais com menor concorrência.

Como se viu esse procedimento administrativo prova os ganhos que a observância dos princípios da descentralização e desconcentração, como previstos no projeto do Tribunal Regional Federal da 6ª Região, trazem. É hora de mudar, pois, o jeito de se pensar o Segundo Grau de Jurisdição na Justiça Federal!!!

6. Movimento "pró-TRF Minas": por que parou? Parou por quê?

Diante de tudo o que foi dito até aqui, resta a pergunta: por que o projeto não foi aprovado ainda?

Se há necessidade urgente de melhora da prestação jurisdicional de segundo grau da Justiça Federal, se o projeto apresentado está embasado em estatísticas e princípios sólidos, se não há aumento de custo, se foram apresentadas novas soluções e vencida uma inércia de 30 (trinta) anos, se o redesenho das Cortes de Apelação da Justiça Federal foi pensado por uma equipe técnica comandada por um líder experiente, porque não se tornou realidade?

Poder-se-ía dizer que foi o acaso, ou seja, uma crise fenomenal como a gerada pelo COVID-19 que está gerando todos os impactos já mencionados nesse estudo acrescida de outras crises que ocorrem quase diariamente nesse período difícil que estamos enfrentando. Só para se ter uma ideia, enquanto escrevia o artigo o grande Vladimir Passos de Freitas deixou o cargo de Secretário Nacional de Justiça obrigando a alteração do texto.

Contudo, como bom mineiro, não acredito no acaso. Partindo da premissa de que as vitórias mineiras sempre demandam esforço até que ocorram, e da premissa não menos verdadeira de que está em nosso sangue e bandeira a resiliência de quem não se abate e se mantém firme na luta para que nossa hora chegue, "ainda que tardia", acho os eventos que, certamente, marcarão o presente ano com tintas indeléveis na história atordoaram a sociedade mineira como de resto o mundo inteiro.

O trabalho de convencimento e a onda em favor do "TRF Minas" precisam ser retomados. O momento é agora!! Precisamos de voltar a nos manifestar como já o fizeram os seguintes expoentes de nossa sociedade:

1) O Ministro João Otávio de Noronha que foi, pessoalmente, entregar o projeto de Lei ao Presidente da Câmara dos Deputados Rodrigo Maia[24].

---

24 Disponível em: file:///C:/Users/JU152/AppData/Local/Temp/Rar$DIa0.982/Presidente%20do%20STJ%20e%20do%20CJF%20entrega%20ao%20Congresso%20projeto%20de%20criação%20do%20TRF6%20que%20pode%20agravar%20sobrecarga%20de%20trabalho%20-%20SINTRAJUFE.pdf, visto em abril/2020.

2) O Governador Romeu Zema que asseverou que "qualquer análise e decisão técnica já teria recomendado esta instalação há anos pela quantidade de processos que aqui temos, em comparação com outros estados, e pela a relevância de Minas dentro do TRF 1ª Região. Além de ser uma decisão acertadíssima do ponto de vista de atendimento, do ponto de vista político, é uma decisão evidentemente técnica que não acarretará ônus adicionais aos cofres públicos, mas, sim, trará melhoria no atendimento ao cidadão mineiro"[25].

3) O presidente da Assembleia Legislativa Agostinho Patrus, para quem a criação do TRF-6 busca garantir uma "Justiça mais célere e barata ao cidadão mineiro"[26].

4) o Senador Rodrigo Pacheco para quem "O novo tribunal vai dar agilidade às demandas das pessoas de Minas. A aposentadoria, por exemplo, que precisa de decisão de 1ª e 2ª instâncias, será feita com mais rapidez"[27].

5) "O senador Antonio Anastasia, que é advogado, se colocou absolutamente favorável à criação do TRF em Minas"[28].

6) O Senador Carlos Viana que afirmou que a não geração de despesa é o principal argumento a favor da criação do TRF-6[29].

7) O Presidente do Tribunal de Justiça de Minas Gerais, Desembargador Nelson Messias que defendeu a criação do TRF da 6ª Região em artigo publicado em vários órgãos de imprensa.

8) O Presidente Raimundo Candido Junior da OAB/MG que sempre prestigia os eventos em prol da causa[30].

---

25 Disponível em: http://agenciaminas.mg.gov.br/noticia/romeu-zema-destaca-importancia-de-uniao-entre-os-poderes-para-instalar-trf-6-em-minas, visto em abril/2020.

26 Disponível em: file:///C:/Users/JU152/AppData/Local/Temp/Rar$DIa0.002/ALMG%20volta%20a%20reunir%20lideranças%20em%20prol%20da%20criação%20do%20TRF-6%20-%20Assembleia%20de%20Minas.pdf, visto em abril/2020.

27 Disponível em: https://rodrigopachecomg.com.br/index.php/2019/09/11/pacheco-comemora-decisao-do-stj-de-criar-novo-tribunal-federal-em-minas/, visto em abril/2020.

28 Disponível em: https://www.oabmg.org.br/Noticias/Index/9385/Presidente_da_OAB_Minas_se_reune_com_senador_Anastasia, visto em abril/2020.

29 Disponível em: http://www.ajufemg.org.br/noticias-3103/284-lancado-na-almg-o-movimento-minas-mais-justica-em-favor-da-criacao-do-trf-6, visto em abril/2020.

30 Disponível em: http://www.oabmg.org.br/Noticias/Index/9782/Presidente_da_OAB_MG_participa_de_reuniao_na_ALMG_para_implantacao_do_TRF-6_em_Minas, visto em abril/2020.

9) O coordenador da bancada de Minas Gerais na Câmara, deputado federal Diego Andrade, para quem essa "é uma luta de muitos anos da bancada. Precisamos de mais agilidade nos processos da Justiça Federal, pois muitos levam 15, 20 anos para chegarem a uma conclusão. O que propomos é um tribunal digital, sem a criação de cargos"[31].

10) O deputado mineiro Fábio Ramalho para quem "com a criação do TRF-6, a população do Estado terá um Judiciário mais célere"[32].

11) O Presidente do Instituto dos Advogados de Minas Gerais (IAMG), Felipe Martins Pinto, que assevera "podemos falar em democratização do acesso ao tribunal. Agora, tudo indica que as decisões serão mais rápidas. Além disso, quem precisar recorrer não terá que pagar viagens para os advogados fazerem sustentação oral em outra cidade, já que haverá uma unidade na capital mineira"[33].

12) O presidente da Federação das Indústrias do Estado de Minas Gerais (Fiemg) Flávio Roscoe. Para ele, a criação do TRF6 tem grande potencial para reduzir o "Custo Brasil". "A Justiça morosa, além de afastar investimentos, é um custo a mais para as empresas brasileiras. Como em outros países não há tamanha complexidade e lentidão, é um ônus exclusivo da indústria nacional, que perde em competitividade, em um mercado cada vez mais global"[34].

13) O defensor público-geral Gério Patrocínio Soares relatou que a Defensoria Pública de Minas recebe, diariamente, pessoas humildes e necessitadas que buscam o acesso à Justiça. "E para eles é necessária a agilidade na solução. A criação do TRF6 é de extrema importância, pois vai

---

31 Disponível em: https://psd.org.br/noticia/diego-andrade-defende-proposta-de-criacao-do-trf-6/, visto em abril/2020.

32 Disponível em: https://www.otempo.com.br/politica/minas-na-esplanada/projeto-que-cria-o-trf-6-sera-votado-na-camara-na-proxima-semana-1.2297054, visto em abril/2020.

33 Disponível em: file:///C:/Users/JU152/AppData/Local/Temp/Rar$DIa0.111/Aprovada%20pelo%20STJ%20e%20nas%20mãos%20do%20Congresso,%20criação%20do%20TRF6%20em%20BH%20anima%20a%20indústria%20-%20Hoje%20em%20Dia.pdf, visto em abril/2020.

34 Disponível em: file:///C:/Users/JU152/AppData/Local/Temp/Rar$DIa0.111/Aprovada%20pelo%20STJ%20e%20nas%20mãos%20do%20Congresso,%20criação%20do%20TRF6%20em%20BH%20anima%20a%20indústria%20-%20Hoje%20em%20Dia.pdf, visto em abril/2020.

dar celeridade ao atendimento e concessão dos direitos desta população, em especial"[35].

14) A ministra Isabel Gallotti, relatora do anteprojeto de transformação de cargos, que afirmou que o texto aprovado é fruto de um grande trabalho de formação de consenso e contou com a participação ativa dos desembargadores de todos os TRFs[36].

15) A ministra Assusete Magalhães que elogiou a criação de um novo tribunal sem o aumento de despesas, apostando em uma solução criativa e administrativamente moderna para viabilizar o desmembramento do TRF1[37].

16) A secretária-geral do Conselho da Justiça Federal, juíza federal Simone dos Santos Lemos Fernandes, que asseverou que "a Seção Judiciária de Minas Gerais já tem praticamente uma estrutura de um Tribunal que administra 26 subseções judiciárias. Será um tribunal moderno, com gabinetes compactos e completamente eletrônico, só receberá processos digitais"[38].

17) O Presidente da AJUFEMG, Juiz Federal Ivanir Cesar Ireno Júnior para quem o "Relatório Justiça em Números 2018 do Conselho Nacional de Justiça (CNJ) confirmam a necessidade de redimensionamento do 2º grau da Justiça Federal"[39].

18) O juiz federal Ricardo Machado Rabelo, defensor histórico da instalação do TRF de Minas Gerais, que afirmou: "O ato público promovido

---

35 Disponível em: file:///C:/Users/JU152/AppData/Local/Temp/Rar$DIa0.736/Defensoria%20Pública%20endossa%20criação%20do%20TRF-6%20em%20Minas%20Gerais.pdf, visto em abril/2020.

36 Disponível em: file:///C:/Users/JU152/AppData/Local/Temp/Rar$DIa0.275/STJ%20-%20Notícias_%20Pleno%20do%20STJ%20aprova%20projeto%20para%20criação%20do%20TRF6%20sem%20aumento%20de%20custos%20no%20orçamento%20da%20Justiça%20Federal.pdf, visto em abril/2020.

37 Disponível em: file:///C:/Users/JU152/AppData/Local/Temp/Rar$DIa0.275/STJ%20-%20Notícias_%20Pleno%20do%20STJ%20aprova%20projeto%20para%20criação%20do%20TRF6%20sem%20aumento%20de%20custos%20no%20orçamento%20da%20Justiça%20Federal.pdf, visto em abril/2020.

38 Disponível em: file:///C:/Users/JU152/AppData/Local/Temp/Rar$DIa0.300/TRF6%20nascerá%20moderno,%20automatizado%20e%20será%20modelo%20para%20outros%20tribunais,%20afirma%20secretária-geral%20do%20CJF%20–%20Conselho%20da%20Justiça%20Federal.pdf, visto em abril/2020.

39 Disponível em: file:///C:/Users/JU152/AppData/Local/Temp/Rar$DIa0.306/Vem%20aí%20o%20TRF6%20-%20Editora%20JC.pdf, visto em abril/2020.

pelas lideranças do nosso estado pela criação do TRF6 vem confirmar a importância da coesão, da união de esforços, como meio de conquista e efetivação de antigo sonho de justiça do povo de Minas"[40].

Todas essas manifestações que tiveram seu ponto maior no ato promovido pela Assembleia Legislativa de Minas Gerais ocorrido no dia 06 de fevereiro de 2.020, como parte do "Movimento Minas Mais Justiça" articulado pelo legislativo mineiro para apoiar o projeto[41].

É hora de recomeçar. Eu que de minha parte, logo quando da aprovação do projeto no âmbito do Conselho da Justiça Federal, publiquei no jornal Estado de Minas, sob o título "Para o bem do Brasil", um artigo onde comparava a mudança corporificada no projeto de lei e capitaneada pelo Ministro João Otávio Noronha com um lance magistral de futebol que ficou conhecida por "drible do Pelé!" em homenagem ao também tricordiano Rei do Futebol[42], procuro, através desse estudo, demonstrar que cada dia sem aprovação do Tribunal Regional Federal de Minas Gerais significa um a menos para a população com a prestação jurisdicional federal que de deseja e, mais do que isso, que merece por tudo o que Minas e os mineiros significam para o país.

7. Conclusão

Por tudo quanto dito e provado no presente artigo, podemos chegar, a título de resultado do estudo para fins científicos, às seguintes conclusões:

1) A ausência de um consenso mínimo a respeito da evolução dos serviços judiciários nas cortes de apelação da órbita federal, fez com que a rediscussão e redesenho do sistema fosse relegado a um plano secundário e como resultado disso tivemos apenas uma ampliação horizontal no prazo de mais de trinta anos;

2) Entre todos os tribunais regionais federais originalmente criados pela Constituição Federal, o da 1ª Região, por sua própria constituição, é o

---

40 Disponível em: https://www.tvuai.com.br/portal/criacao-do-trf-de-minas-gerais-que-tera-sede-em-belo-horizonte-recebe-apoio-da-assembleia-legislativa/, visto em abril/2020.

41 Disponível em: https://justicaemfoco.com.br/desc-noticia.php?id=137330, visto em abril/2020.

42 Disponível em: https://www.em.com.br/app/noticia/opiniao/2019/06/12/interna_opiniao,1061131/para-o-bem-do-brasil.shtml, visto em abril/2020.

que mais demanda revisão e reestruturação, seja pelo fato de que tem jurisdição sobre realidades muito distintas dadas ao tamanho continental de sua área de competência, seja porque a distância física alberga uma variedade muito maior de lides sociais trazidas para composição;

3) O Congresso Nacional apresentou sua solução para o problema com a promulgação da Emenda Constitucional n. 73/13, suspensa liminarmente pelo então presidente do Supremo Tribunal Federal, Ministro Joaquim Barbosa, situação que perdura até a presente data;

4) As Câmaras Regionais Previdenciárias já instaladas, em Minas Gerais, na verdade, são verdadeiros "embriões" da solução já apresentada pelo Congresso Nacional desconcentrando o julgamento por unidade federativa, só que, ao contrário da solução dada pelo Tribunal Regional Federal da 4ª Região, o projeto tem como vicissitudes: a) não há relatores fixos (são juízes de primeiro grau convocados); b) faltam de estrutura material e, principalmente, humana para atuar quer na assessoria direta dos Magistrados quer na secretaria de processamento; c) o âmbito de competência é muito restrito; d) falta de um órgão de administração central. Esses vícios são corrigidos, de forma criativa e sem custos, pela proposta de instalação do Tribunal Regional Federal da 6ª Região;

5) A precariedade de instrumentos para colheita científica de dados estatísticos impede, nesse momento, uma avaliação direta, percentual e definitiva sobre o tempo de duração dos feitos de interesse do mercado imobiliário, mas os dados já existentes demonstram que se o modelo de prestação jurisdicional não for mudado na sua concepção original de concentração dos trabalhos em Brasília, de nada vai adiantar o aumento da Segunda Instância;

6) Somente com a criação do Tribunal Regional Federal da 6ª Região poder-se-á consolidar uma jurisprudência genuinamente mineira nos processos de interesse do mercado imobiliário e dar segurança jurídica aos seus atores;

7) Com a edição da Resolução n. 313/20 do Conselho Nacional de Justiça que estabeleceu, no âmbito do Poder Judiciário, o regime de Plantão Extraordinário, para uniformizar o funcionamento dos serviços judiciários, com o objetivo de prevenir o contágio pelo novo Coronavírus – Covid-19, todas as mudanças que se imaginava ocorreriam no Poder Judiciário, como de resto em toda a sociedade, nos próximos anos ou até décadas, estão acontecendo em semanas ou mesmo dias;

8) Os dias atuais serão lembrados na história como o período divisor da mudança de eras, entre a idade contemporânea e a idade virtual;

9) As mudanças mais relevantes para o Poder Judiciário são o crescimento da produtividade das Cortes e mudança de matriz para realização de sessões, audiências e outros atos processuais que antes eram presenciais e agora ocorrerão pó videoconferência;

10) Temas de sólida jurisprudência como a impossibilidade de audiências de custódia por videoconferência serão certamente revistos, de forma definitiva, ante às mudanças impostas pela crise do COVID-19;

11) O projeto de lei que cria do Tribunal Regional Federal da 6ª Região traduz exatamente o que pensam todos os técnicos que se debruçam a respeito do tema do redesenho da jurisdição de segundo grau da na Justiça Federal, ou seja, "repensar a própria estrutura e funcionamento da Justiça Federal brasileira, em vez de simplesmente promover mais um aumento de cargos" („,) "buscar novos caminhos na direção da excelência do Poder Judiciário, por meio da maior eficiência das unidades jurisdicionais e da melhor distribuição da carga de trabalho entre os tribunais existentes" (...) já que não adianta uma "solução pontual, voltada apenas para o aparelhamento da segunda instância", urge a análise de uma "proposta que envolve [a,] também [,] a reestruturação da primeira instância com o melhor aproveitamento da força de trabalho dos servidores e das estruturas disponíveis" e com "priorização da eficiência das gestões compartilhadas, lidando apenas com processos eletrônicos";

12) Se há necessidade urgente de melhora da prestação jurisdicional de segundo grau da Justiça Federal, se o projeto apresentado está embasado em estatísticas e princípios sólidos, se foram apresentadas novas soluções e vencida uma inércia de 30 (trinta) anos, se não há aumento de custo, se o redesenho das Cortes de Apelação da Justiça Federal foi pensado por uma equipe técnica comandada por um líder experiente, não há motivo para que não continuarmos a trabalhar por sua aprovação o quanto antes O trabalho de convencimento e a onda em favor do "TRF Minas" precisa ser retomado. O momento é agora!!

Referências

Marconi, Marina de Andrade *et al. Antropologia uma introdução.* 7. ed. São Paulo: Atlas, 2009.

MEIRELLES, Hely Lopes. *Direito administrativo brasileiro.* 18. ed. atualizada por AZEVEDO, Eurico de Andrade *et al.* São Paulo: Malheiros, 1993.

4

O ITBI E A INCONSTITUCIONALIDADE DA EXIGÊNCIA ANTES DO REGISTRO IMOBILIÁRIO

Bernardo Motta Moreira
Thiago Duca Amoni

1. Introdução

O objetivo do presente artigo é analisar o momento de incidência do Imposto sobre a Transmissão de Bens Imóveis – ITBI – quando da transmissão da propriedade de bem imóvel (aspecto temporal do fato gerador). Para tanto, analisar-se-á (i) a hipótese de incidência do ITBI (aspecto material do fato gerador), (ii) o momento em que a legislação pátria considera a transmissão da propriedade do bem imóvel, bem como (iii) a doutrina e jurisprudência aplicáveis ao tema. Ao final, será apresentada uma crítica às novas legislações municipais que impõem a antecipação do recolhimento do ITBI, com fulcro no § 7°, do art. 150, da Constituição da República Federativa do Brasil – CRFB/88.

Tal temário é de extrema relevância, sobretudo para o setor da construção civil, que, de acordo com estudo realizado pela Câmara Brasileira da Indústria da Construção – CBIC – em parceria com a Fundação Getúlio Vargas – FGV[1] –, no ano de 2009, teve o produto (valor adicionado) das empresas formais de construção totalizado de R$ 93,2 bilhões e, entre 2003 e 2009, registrado crescimento médio de 14,8% ao ano, com aumento do número de empregos na casa de 9,5% ao ano.

Historicamente, o desempenho do mercado da construção civil acompanha as variações da economia e vem apresentando queda acentuada nas

---

1 Disponível em: <http://www.cbicdados.com.br/media/anexos/066.pdf>. Acesso em: 10/4/2020.

atividades desde 2014, impactando fortemente o mercado de trabalho. Logo, analisar o impacto financeiro proveniente da incidência do ITBI – que gira em torno de 2% a 3% do valor venal do imóvel (de acordo com cada Município) – na transmissão de propriedade no setor de construção civil é bastante relevante devido ao alto custo que o imposto representa.

2. A propriedade enquanto direito real e o registro imobiliário

O Direito Real ou o Direito das Coisas, ramo do Direito Civil, disciplina a interação do homem com bens que o circundam e a sua destinação econômica. Nas palavras de Orlando Gomes

> (...) o Direito das Coisas se resume em definir o poder do homem, no aspecto jurídico, sobre a natureza física, nas suas variadas manifestações, e em regular a aquisição, o exercício, a conservação, a reivindicação e a perda daquele poder, à luz dos princípios consagrados nas leis positivas, dúvida não se pode ter de que o seu estudo incide num dos aspectos de maior relevo da vida social[2].

O Código Civil de 2002 elenca, no artigo 1.225, os direitos considerados reais:

> Art. 1.225. São direitos reais:
> I – a propriedade;
> II – a superfície;
> III – as servidões;
> IV – o usufruto;
> V – o uso;
> VI – a habitação;
> VII – o direito do promitente comprador do imóvel;
> VIII – o penhor;
> IX – a hipoteca;
> X – a anticrese.
> XI – a concessão de uso especial para fins de moradia;
> XII – a concessão de direito real de uso; e
> XIII – a laje.

2 GOMES, Orlando. *Direitos Reais*. 16. ed. Rio de Janeiro, Forense, 2000, p. 1.

Como mencionado, como trataremos da incidência do ITBI na transmissão da propriedade de bem imóvel interessa-nos apenas o direito real previsto no inciso I do retro citado artigo. Para Orlando Gomes

> A propriedade é um direito complexo, se bem que unitário, consistindo num feixe de direitos consubstanciados mas faculdades de usar, gozar, dispor, e reivindicar a coisa que lhe serve. Direito absoluto também é porque confere ao titular o poder de decidir se deve usar a coisa, abandoná-la, aliená-la, destruí-la e, ainda, se lhe convém limitá-lo, constituindo, por desmembramento, outros direitos reais em favor de terceiros. Em outro sentido, diz-se, igualmente, que é absoluto, porque oponível a todos. Mas a oponibilidade *erga omnes* não é peculiar ao direito de propriedade. O que lhe é próprio é esse poder jurídico de dominação da coisa, que fica ileso em sua substancialidade ainda quando sofre certas limitações. Por último, seu caráter de direito absoluto se manifesta mais nitidamente no aspecto real de poder direto sobre a coisa com o qual se distingue das outras relações jurídicas. (...) Considerada na perspectiva dos poderes do titular, a propriedade é o mais amplo direito de utilização econômica das coisas, direta ou indiretamente. O proprietário tem a faculdade de servir-se da coisa, de lhe perceber os frutos e produtos, e lhe dar a destinação que lhe aprouver. Exerce poderes jurídicos tão extensos que a sua enumeração seria impossível[3].

Delimitado o conceito, passa-se a análise do momento da transferência da propriedade do bem imóvel, para fins de incidência do ITBI. O Código Civil é cristalino no sentido de que a propriedade se transfere pelo registro do título translativo no Cartório de Registro de Imóveis competente, conforme preceitua o artigo 1.227:

> Art. 1.227. Os direitos reais sobre imóveis constituídos, ou transmitidos por atos entre vivos, só se adquirem com o registro no Cartório de Registro de Imóveis dos referidos títulos (arts. 1.245 a 1.247), salvo os casos expressos neste Código.

Tal dispositivo faz remissão ao teor dos artigos 1.245 a 1.247, que corrobora com o acima destacado:

---

3 GOMES, Orlando. *Direitos Reais*. 16. ed. Rio de Janeiro, Forense, 2000, p. 97-98.

> Da Aquisição pelo Registro do Título
>
> Art. 1.245. Transfere-se entre vivos a propriedade mediante o registro do título translativo no Registro de Imóveis.
>
> § 1° Enquanto não se registrar o título translativo, o alienante continua a ser havido como dono do imóvel.
>
> § 2° Enquanto não se promover, por meio de ação própria, a decretação de invalidade do registro, e o respectivo cancelamento, o adquirente continua a ser havido como dono do imóvel.
>
> Art. 1.246. O registro é eficaz desde o momento em que se apresentar o título ao oficial do registro, e este o prenotar no protocolo.
>
> Art. 1.247. Se o teor do registro não exprimir a verdade, poderá o interessado reclamar que se retifique ou anule.
>
> Parágrafo único. Cancelado o registro, poderá o proprietário reivindicar o imóvel, independentemente da boa-fé ou do título do terceiro adquirente.

De certo que, pelos dispositivos colacionados, a transferência da propriedade do bem imóvel, como anteriormente mencionado, ocorre com o registro público. É o velho brocardo popular de que "quem não registra, não é dono", introduzido no direito positivo brasileiro.

3. O Imposto sobre a Transmissão de Bens Imóveis

A vigente Constituição da República outorgou competência aos Municípios brasileiros para a instituição e cobrança do ITBI, *ex vi* de seu art. 156, II, *verbis*:

> Art. 156. Compete aos Municípios instituir impostos sobre:
>
> (...)
>
> II – transmissão *inter vivos*, a qualquer título, por ato oneroso, de bens imóveis, por natureza ou acessão física, e de direitos reais sobre imóveis, exceto os de garantia, bem como cessão de direitos a sua aquisição.

Em obediência ao disposto no art. 146, III, "a", da mesma Carta Política[4], continuam as normas gerais sobre o ITBI veiculadas no Código

4 "Art. 146. Cabe à lei complementar: (...) III – estabelecer normas gerais em matéria de legislação tributária, especialmente sobre: a) definição de tributos e suas

Tributário Nacional – CTN – (Lei n. 5.172, de 25 de outubro de 1966, arts. 35 a 42), diploma recepcionado pela ordem constitucional vigente, como se lei complementar deveras fosse[5]. Convém lembrar, a propósito, que o CTN veio a lume sob o império da antiga Constituição de 1946, ocasião em que todos os fatos geradores dos atuais ITBI e Imposto sobre Transmissão *Causa Mortis* e Doação – ITCD[6] – encontravam-se amalgamados ao redor de um único imposto, reservado, naquele tempo, à exclusiva competência tributária dos Estados-membros.

Pois bem, conforme se deixou entrever há pouco, a regra-matriz do ITBI é a transmissão operada *inter vivos*, mediante um negócio jurídico oneroso[7], da propriedade de quaisquer bens imóveis, por natureza[8] ou acessão física[9], assim como a cessão igualmente onerosa de quaisquer direitos relativos à aquisição imobiliária.

De fato, não poderá incidir o ITBI, ante a inexistência de negócio jurídico cujo escopo seja a "transmissão" da propriedade imobiliária, como ocorre, *v.g.*, na usucapião e na desapropriação de terrenos e imóveis prediais, ambas formas originárias de aquisição da propriedade imobiliária.

Desta sorte, revelam-se devidamente apartados do campo de incidência do imposto municipal a translação da propriedade imobiliária operada em virtude de sucessão *causa mortis*, bem como a transmissão imobiliária ou a cessão de direitos aquisitivos havidos em virtude de doação, que, por óbvio, devem então sujeitar-se à incidência do ITCD.

---

espécies, bem como, em relação aos impostos discriminados nesta Constituição, a dos respectivos fatos geradores, bases de cálculo e contribuintes; (...)".

5 "O CTN é veiculado mediante lei ordinária (Lei n. 5.172, de 1966). Editado à luz da Constituição de 1946, esta não previa a lei complementar como espécie legislativa, que somente foi introduzida em nosso ordenamento jurídico com o advento da Constituição de 1967 (art. 18, § 1º). Sobrevieram-lhe, ainda, a Emenda Constitucional n. 1, de 1969, e a Constituição de 1988, mantendo tal previsão. O CTN tem sido, desse modo, recepcionado pelos sucessivos textos constitucionais na qualidade de lei complementar" (COSTA, Regina Helena. *Curso de direito tributário*: Constituição e Código Tributário Nacional. São Paulo: Saraiva, 2009, p. 144).

6 Imposto de competência dos Estados-membros e do Distrito Federal, incidente sobre a transmissão *causa mortis* e as doações de quaisquer bens e direitos (CRFB 1988, art. 155, I).

7 Compra e venda, permuta, dação em pagamento, arrematação etc.

8 O solo, com a sua superfície, acessórios e adjacências naturais.

9 Os bens incorporados permanentemente ao solo, como as construções e as sementes lançadas à terra.

A polêmica de que cuida o presente estudo surge no momento (aspecto temporal, em cotejo com o aspecto material do fato gerador) em que deve ser considerada operada a transmissão onerosa da propriedade de um determinado bem imóvel e o consequente recolhimento do ITBI incidente sobre dita operação.

Para a compreensão do alcance do aspecto material da regra matriz de incidência do ITBI há de se analisar os diversos institutos de direito privado postos na legislação civil, conforme preleciona o art. 110 do CTN. Conforme leciona Kiyoshi Harada:

> A transmissão da propriedade imobiliária só se opera mediante o registro efetivo do título translativo (escritura de compra e venda, de dação em pagamento, carta de sentença etc.) no Registro de Imóveis competente. Para que nenhuma dúvida possa pairar, prescreve o § 1º do art. 1.245 (...).
>
> (...)
>
> O registro imobiliário é indispensável para a exigência do ITBI, seja ele elemento integrante do aspecto nuclear do fato gerador, seja ele elemento exteriorizador do aspecto temporal do temporal do fato gerador.
>
> Por esta razão, o compromisso de compra e venda não enseja a ocorrência do fato gerador, porque ele não tem o condão de transferir a propriedade. Portanto, inconstitucionais as leis municipais que incluem o compromisso de compra e venda na descrição legislativa do fato gerador do ITBI[10].

Em que pese a clareza dos dispositivos que cercam a matéria, sobretudo os artigos do Código Civil, há alguma controvérsia, tanto na doutrina, quanto na jurisprudência, no que toca ao momento da ocorrência do fato gerador do ITBI, se no ato da celebração da escritura de compra e venda do imóvel ou no ato de registro desta escritura no Registro de Imóveis da circunscrição.

É de observar que a maioria das municipalidades exige o pagamento do imposto quando da elaboração da escritura de compra e venda, ato este que se dá antes do registro e que se reveste de mera exteriorização documental, afrontando os dispositivos legais destacados. Harada destaca que os defensores da incidência do ITBI nesta etapa negocial "invocam a chamada

---

10 HARADA, Kiyoshi. *ITBI doutrina e prática*. São Paulo: Atlas, p. 126-127.

interpretação econômica, com fulcro no art. 109 do CTN, o qual possibilitaria ao legislador ordinário de cada ente político conferir, aos institutos de direito privado, efeitos diferentes pra fins tributários"[11]. E conclui:

> Nesse sentido, o importante seria buscar, por via de interpretação econômica, a real intenção das partes no ato da celebração do instrumento. Se o reflexo econômico do ato praticado traduzir-se em compra e venda, o ITBI poderia ser exigido. Dentro dessa linha de raciocínio, por questão de coerência, deveria se admitir que o compromisso de compra e venda quitado, também, ensejaria a cobrança do imposto, independentemente de seu registro. Realmente, tanto o compromisso quitado, quanto a escritura de compra e venda não registrada produzem o mesmo efeito econômico, propiciando ao comprador a idêntica fruição do benefício do bem.
>
> Não há dúvida de que o imposto, como tributo do tipo de captação de riqueza deve assentar o se fato gerador em realidades econômicas aptas a suportar o encargo tributário.
>
> Mas nem sempre o fato gerador da obrigação tributária elege um fato econômico. Às vezes, é uma situação jurídica que compõe a formulação da norma de imposição tributária.
>
> É o caso do ITBI, cujo fato gerador, por expressa disposição constitucional (art. 156, II) só poderia de assentar na transmissão de bens imóveis. (...) A chamada interpretação econômica há de encontrar limites no art. 110 do CTN[12].

E não há como ser diferente. Imaginemos que cada um dos mais de 5.000 (cinco mil) municípios que compõem a Federação interpretem o ordenamento jurídico a seu bel prazer, transmudando o momento de ocorrência fato gerador do ITBI. Interpretação outra não há senão aquela em que a incidência do imposto se dá com a averbação da escritura de compra e venda no respectivo Registro de Imóveis, momento em que se convalida a transferência do imóvel.

José Jayme de Macedo Oliveira também pontua sobre a divergência doutrinária e jurisprudencial quanto ao momento de incidência do ITBI nas operações imobiliárias. Destaca o autor o problema da responsabilidade

---

11 HARADA, Kiyoshi. *ITBI doutrina e prática*. São Paulo: Atlas, p. 152.

12 HARADA, Kiyoshi. *ITBI doutrina e prática*. São Paulo: Atlas, p. 152-153.

tributária do tabelião sobre o pagamento do ITBI, o que acaba por gerar a imposição do recolhimento do imposto de forma antecipada, antes da ocorrência do fato gerador (registro imobiliário). Confira-se:

> Ainda grassa divergência doutrinária e jurisprudencial quanto ao momento em que se deve ter por ocorrido o fato gerador do ITBI: ou da transcrição da escritura de compra e venda no competente Registro de Imóveis, ou da simples lavratura de tal título.
>
> O argumento básico da primeira posição é o de que o art. 110 do CTN veda a possibilidade de alterar-se o instituto de natureza privada referido em norma constitucional de competência, cujo sentido originário a lei tributária deve respeitar. Vale dizer: como a CF, no art. 156, II, põe na área competencial dos municípios a instituição de imposto sobre a "transmissão de bens imóveis", o fenômeno alcançado pela norma tributária tem de amoldar-se à definição expressa na Lei Civil, art. 1245: "transfere-se entre vivos a propriedade mediante o registro do título translativo no registro de imóveis".
>
> A outra diretriz busca fulcro na circunstância de a CF, ao definir a competência tributária em foco, haver mencionado "transmissão a qualquer título", expressão de que resulta a conclusão de abranger qualquer forma de transferência da propriedade imóvel (...).
>
> De outro foco, as legislações municipais que se alinham a nesta diretriz (grande maioria), obrigam o notário, sob pena de imposição de multa pecuniária e/ou responsabilidade pelo pagamento do imposto, a transcrever, no corpo da escritura, o documento de arrecadação (prévia) o imposto. (...)
>
> No presente tema (...) a jurisprudência é firme (particularmente dos Tribunais Superiores) no sentido de que o compromisso de compra e venda, por revestir a condição de contrato preliminar, não enseja a transmissão de bens imóveis, *est quod* escapada incidência do ITBI.
>
> Porém, no que se refere à promessa de compra e venda irretratável e irrevogável, devidamente inscrita no Registro de Imóveis (CC, art. 1227) e provado o seu pagamento, dá para visualizar a transmissão do bem (por caracterizar negócio real), haja vista que o direito brasileiro confere ao promissário comprador

prerrogativas que são do proprietário (direito de sequela, utilização de interdito possessório etc.). Aliás, *ex vi* do Código Civil (art. 1225, VI), é real o direito do promitente comprador de imóvel e, daí, sua transmissão sujeita-se ao ITBI[13].

Em face dessa celeuma doutrinária, coube aos Tribunais Superiores se manifestarem sobre o assunto, como será pontuado no próximo tópico.

4. Jurisprudência pacífica quanto à necessidade do registro imobiliário para efeito da incidência do ITBI

Diante das controvérsias doutrinárias acima descritas, os Tribunais Superiores foram instados a se manifestar. O Superior Tribunal de Justiça, em diversas oportunidades, assentou que a incidência do ITBI se dá no momento do registro do título no respectivo Cartório da circunscrição, momento este em que há a transferência da propriedade do bem imóvel. Vide farta jurisprudência da Corte, que já se posicionou há muito sobre a questão:

> (...) IMPOSTO DE TRANSMISSÃO DE BENS IMÓVEIS - FATO GERADOR - REGISTRO IMOBILIÁRIO - (C. CIVIL, ART. 530). A PROPRIEDADE IMOBILIÁRIA APENAS SE TRANSFERE COM O REGISTRO DO RESPECTIVO TITULO (C. CIVIL, ART. 530). O REGISTRO IMOBILIÁRIO E O FATO GERADOR DO IMPOSTO DE TRANSMISSÃO DE BENS IMÓVEIS. ASSIM, A PRETENSÃO DE COBRAR O ITBI ANTES DO REGISTRO IMOBILIÁRIO CONTRARIA O ORDENAMENTO JURÍDICO. (REsp 12.546/RJ, Rel. Ministro HUMBERTO GOMES DE BARROS, PRIMEIRA TURMA, julgado em 21/10/1992, DJ 30/11/1992, p. 22559)
>
> (...) ITBI. FATO GERADOR. CTN, ART. 35 E CÓDIGO CIVIL, ARTS. 530, I, E 860, PARÁGRAFO ÚNICO. REGISTRO IMOBILIÁRIO.
>
> 1. O fato gerador do imposto de transmissão de bens imóveis ocorre com a transferência efetiva da propriedade ou do domínio útil, na conformidade da Lei Civil, com o registro no cartório imobiliário.

13 OLIVEIRA, José Jayme de Macedo. *Impostos municipais*. São Paulo: Saraiva, 2009, p. 262-263.

> 2. A cobrança do ITBI sem obediência dessa formalidade ofende o ordenamento jurídico em vigor. (...)
>
> (RMS 10.650/DF, Rel. Ministro FRANCISCO PEÇANHA MARTINS, SEGUNDA TURMA, julgado em 16/06/2000, DJ 04/09/2000, p. 135)
>
> TRIBUTÁRIO – ITBI – PROMESSA DE COMPRA E VENDA – FATO GERADOR NÃO CARACTERIZADO. Promessa de compra e venda de imóvel, sem registro, não transfere a propriedade e não constitui fato gerador do ITBI (precedentes do STF e do STJ). Recurso improvido.
>
> (REsp 264.064/DF, Rel. Ministro GARCIA VIEIRA, PRIMEIRA TURMA, julgado em 14/11/2000, DJ 11/12/2000, p. 180)
>
> TRIBUTÁRIO – IMPOSTO SOBRE A TRANSMISSÃO DE BENS IMÓVEIS – ITBI – FATO GERADOR – ART. 35, II DO CTN E ART. 156, II DA CF/88 – CONTRATO DE PROMESSA DE COMPRA E VENDA – NÃO INCIDÊNCIA.
>
> 1. O fato gerador do Imposto sobre a Transmissão de Bens Imóveis – ITBI é a transmissão do domínio do bem imóvel, nos termos do art. 35, II do CTN e art. 156, II da CF/88.
>
> 2. Não incidência do ITBI em promessa de compra e venda, contrato preliminar que poderá ou não se concretizar em contrato definitivo, este sim ensejador da cobrança do aludido tributo – Precedentes do STF. (...)
>
> (REsp 57.641/PE, Rel. Ministra ELIANA CALMON, SEGUNDA TURMA, julgado em 04/04/2000, DJ 22/05/2000, p. 91)

O Supremo Tribunal Federal, em controle difuso, também analisou a matéria, em que pese o julgado tenha consignado que a matéria em destaque é de natureza infraconstitucional, como se vê:

> EMENTA: AGRAVO REGIMENTAL NO AGRAVO DE INSTRUMENTO. MATÉRIA INFRACONSTITUCIONAL. OFENSA INDIRETA À CONSTITUIÇÃO DO BRASIL. CONTRATO DE COMPROMISSO DE COMPRA E VENDA. NÃO INCIDÊNCIA DO ITBI. 1. Controvérsia decidida à luz de normas infraconstitucionais. Ofensa indireta à Constituição do Brasil. 2. A celebração de contrato de compromisso de compra e venda não

> gera obrigação ao pagamento do ITBI. Agravo regimental a que se nega provimento. (AI 603309 AgR, Relator(a): Min. EROS GRAU, Segunda Turma, julgado em 18/12/2006, DJ 23-02-2007 PP-00030 EMENT VOL-02265-08 PP-01552)

Transportando a contenda para a realidade do Tribunal de Justiça de Minas Gerais – TJMG –, a jurisprudência mineira está consonante com as decisões dos Tribunais Superiores:

> EMENTA: REEXAME NECESSÁRIO – MANDADO DE SEGURANÇA – ITBI – FATO GERADOR – TRANSFERÊNCIA DA PROPRIEDADE IMOBILIÁRIA-MOMENTO DO FATO GERADOR – REGISTRO DO IMÓVEL. Conforme iterativa jurisprudência do STJ, "o fato gerador do ITBI é a transferência da propriedade imobiliária, que somente se opera mediante registro do negócio jurídico no ofício competente" (AREsp 1425219/SP, Rel. Ministro FRANCISCO FALCÃO, SEGUNDA TURMA, julgado em 21/02/2019, DJe 01/03/2019). (Remessa Necessária-Cv 1.0000.19.112869-3/001, Relator: Des. Geraldo Augusto, 1ª CÂMARA CÍVEL, julgamento em 10/03/20, publicação da súmula em 16/03/2020)
>
> EMENTA: AGRAVO DE INSTRUMENTO. EXECUÇÃO FISCAL. EXCEÇÃO DE PRÉ-EXECUTIVIDADE. INADEQUAÇÃO DA VIA ELEITA. SÚMULA N. 393 DO SUPERIOR TRIBUNAL DE JUSTIÇA. REJEIÇÃO. ITBI. CERTIDÃO DE DÍVIDA ATIVA. PRESUNÇÃO DE CERTEZA E LIQUIDEZ. DECADÊNCIA. NÃO CONFIGURAÇÃO. PRESCRIÇÃO. NÃO OCORRÊNCIA. DECISÃO MANTIDA. RECURSO CONHECIDO E NÃO PROVIDO. (...)
>
> 3. Nos termos da jurisprudência do Superior Tribunal de Justiça, o fato gerador do ITBI somente ocorre com a transferência efetiva da propriedade no cartório de registro de imóveis. Precedentes.
>
> 4. O ITBI se sujeita, em regra, ao lançamento por declaração, de forma que a Fazenda Pública possui o prazo de 05 (cinco) anos para constituição do crédito, cujo termo inicial ocorre no primeiro dia útil subsequente àquele em que o lançamento poderia ter sido efetuado, nos termos da norma inserta no art. 173, I, do Código Tributário Nacional. (...) (Agravo de Instrumento-Cv 1.0024.13.547521-8/001, Relator(a): Des.(a) Bitencourt Marcondes,

> 19ª CÂMARA CÍVEL, julgamento em 08/08/2019, publicação da súmula em 14/08/2019).
>
> EMENTA: APELAÇÃO CÍVEL – AÇÃO ANULATÓRIA DE DÉBITO FISCAL – ITBI – FATO GERADOR – TRANSFERÊNCIA EFETIVA DA PROPRIEDADE – VALOR ATUALIZADO DO METRO QUADRADO
>
> 1. O fato gerador do ITBI somente ocorre com a transferência efetiva da propriedade no cartório de registro de imóveis.
>
> 2. Considerando que o título somente pôde ser levado a registro após o deferimento da medida liminar que suspendeu a exigibilidade do débito fiscal, mostra-se correta a atuação da Fazenda Municipal ao considerar os valores atualizados do m² do terreno e da construção, apenas abatendo o montante creditado anteriormente. (Apelação Cível 1.0024.13.335538-8/001, Relator: Des. Carlos Roberto de Faria, 8ª CÂMARA CÍVEL, julgamento em 18/10/2018, publicação da súmula em 12/11/2018)
>
> EMENTA: EMBARGOS DE DECLARAÇÃO – COBRANÇA DE ITBI – FATO GERADOR – TRANSFERÊNCIA DE PROPRIEDADE – REGISTRO EM CARTÓRIO – REQUISITOS DO ART. 1.022 DO CPC/2015 – AUSÊNCIA – REEXAME DO JULGADO- IMPOSSIBILIDADE.
>
> A jurisprudência do egrégio STJ e do Sodalício mineiro firmou posicionamento no sentido de que o fato gerador do imposto de transmissão é a transferência da propriedade imobiliária, que somente se opera mediante o registro do negócio jurídico no ofício competente.
>
> O art. 1.245 do Código Civil é claro ao dispor que a propriedade somente se transfere com a devida alteração no Registro de Imóveis. (...)
>
> (Embargos de Declaração-Cv 1.0024.13.023225-9/003, Relator: Des. Dárcio Lopardi Mendes, 4ª CÂMARA CÍVEL, julgamento em 28/06/2018, publicação da súmula em 03/07/2018)

Apesar de a busca pela jurisprudência do Tribunal mineiro não ter sido exaustiva, pelo que se vê dos acórdãos colacionados, a posição do TJMG é bastante consolidada quanto ao momento de incidência do ITBI nos casos narrados neste artigo.

5. Estratagemas de alguns Municípios para antecipar o fato gerador do ITBI: a inviabilidade da utilização do § 7º ao art. 150 da CRFB/88

Diante das inúmeras derrotas sofridas nos Tribunais, alguns Municípios, insistindo na tentativa de garantir o recolhimento do ITBI antes da ocorrência do fato gerador, passaram a adotar a sistemática da cobrança antecipada, com fulcro no § 7º, do art. 150, da CRFB/88, que estabelece que: *"a lei poderá atribuir a sujeito passivo de obrigação tributária a condição de responsável pelo pagamento de imposto ou contribuição, cujo fato gerador deva ocorrer posteriormente, assegurada a imediata e preferencial restituição da quantia paga, caso não se realize o fato gerador presumido."*

A estratégia dos Municípios foi utilizar tal autorização constitucional para se exigir o ITBI em um momento anterior à concretização do fato gerador (transmissão imobiliária pelo registro), presumindo-se que este irá ocorrer posteriormente, de forma que a concretização do fato presumido terá tão somente a função de legitimar a cobrança antecipada, sob pena de contribuinte fazer jus à repetição do indébito.

Veja-se, por exemplo, a legislação do Município de Belo Horizonte. A Lei n. 5.492, de 1988, em um primeiro momento, reconhece, em seu art. 2º, § 1º, que "o fato gerador ocorre com o registro do título translativo de propriedade do bem imóvel, ou de direito real a ele relativo, exceto os de garantia, na sua respectiva matrícula imobiliária perante o ofício de registro de imóveis competente".

Todavia, logo em seguida, prevê o art. 9º da mencionada lei municipal:

> Art. 9º O imposto será pago antes do registro do título translativo de propriedade do bem imóvel, ou de direito real a ele relativo, no ofício de registro de imóveis competente, de acordo com o § 7º do art. 150 da Constituição da República, mediante documento próprio previsto em regulamento, a ser fornecido pelo órgão fazendário competente (...).

Um exame histórico-sistemático do § 7º, do art. 150, da CRFB/88, feito para o Imposto sobre a Circulação e Mercadorias e Serviços – ICMS –, revela mais uma tentativa frustrada dos Municípios, que, certamente, tenderá para a decretação de sua inconstitucionalidade. Vejamos.

Com efeito, como se sabe, a substituição tributária progressiva do ICMS sempre foi objeto de diversas polêmicas, porquanto implica o recolhimento antecipado do imposto mediante a fixação, por estimativa, da base de cálculo. Não obstante, tal modalidade de responsabilidade por substituição já havia sido introduzida no ordenamento jurídico brasileiro desde a previsão do inciso II do § 2° do art. 58 do Código Tributário Nacional. O dispositivo acabou sendo revogado com o advento do Decreto-Lei n. 406, de 1968, que passou a prever, a partir das alterações realizadas pela Lei Complementar n. 44, de 1983, a substituição tributária progressiva do ICMS (vide os §§ do art. 6°).

A CRFB/88, em sua redação original, previu, em seu art. 155, § 2°, inciso XII, "b", a possibilidade de utilização do regime de substituição tributária no ICMS, sem, contudo, fazer uma referência direta à possibilidade de adoção da substituição progressiva.

Como a lei de normas gerais do ICMS – para dar cumprimento ao ditame do art. 146, III, "a", da CRFB/88 – demorou a ser editada (a Lei Complementar n. 87/96 somente foi publicada em 13 de setembro de 1996), diante do previsto no § 8° do art. 34 do ADCT, os Estados e o Distrito Federal celebraram o Convênio n. 66/88 para o fim de regular provisoriamente a matéria, com a previsão da substituição tributária para frente.

Nessa ocasião, com fundamento em robustas manifestações doutrinárias, inúmeras ações foram ajuizadas impugnando o regime de substituição tributária progressiva, seja diante da impossibilidade jurídica de se tributar um fato gerador futuro, seja em face da inexistência de previsão do instituto em lei complementar de normas gerais. Foi por esse motivo que os Estados passaram a pleitear no Congresso Nacional uma alteração da Constituição para "constitucionalizar" o instrumento da substituição tributária progressiva.

Esse é o pano de fundo que resultou na edição da Emenda Constitucional n. 3, de 1993, que, entre outras alterações no sistema tributário, acrescentou o § 7° ao art. 150. É interessante notar que a constitucionalização da substituição tributária progressiva do ICMS não era uma das pretensões originais do projeto de emenda à constituição n. 48, de 1991, de autoria do então deputado Luiz Carlos Hauly. Foi durante a tramitação do projeto na Câmara dos Deputados que houve o acréscimo do dispositivo em questão.

A visão histórica da inserção do § 7° ao art. 150 por si só denota a incompatibilidade e a dificuldade em se transplantar tal dispositivo constitucional para a realidade do ITBI. Fica claro, ainda, em razão da literalidade do próprio texto da norma em apreço, que, semanticamente, há um impedimento da aplicação da regra ao imposto municipal. Ora, o comando constitucional autoriza que a lei atribua "a sujeito passivo de obrigação tributária a condição de responsável pelo pagamento de imposto ou contribuição". No caso do ITBI isso não ocorre! Não há a implementação de uma responsabilidade tributária por substituição. A tentativa dos Municípios é simplesmente atribuir ao próprio contribuinte a necessidade de recolher um tributo cujo fato gerador não ocorreu!

Não bastassem esses óbices constitucionais, cabe repisar que o art. 146 da CRFB/88 prevê que cabe à lei complementar "III – estabelecer normas gerais em matéria de legislação tributária" e, em relação aos impostos discriminados na Constituição, definir a os respectivos fatos geradores, bases de cálculo e contribuintes (alínea "a"). Em nenhum momento a lei de normas gerais do ITBI (o próprio CTN) admite a antecipação de recolhimento almejada por algumas municipalidades. A pretensão de tais entes federados choca com a própria ideia de segurança jurídica e uniformização dos impostos municipais, garantida pela CRFB/88, que determinou a previsão dos fatos geradores, dos contribuintes e da base de cálculo – pelo menos estes – em lei complementar de normas gerais. A antecipação do recolhimento do imposto pelo próprio contribuinte desnatura o próprio fato gerador do imposto (transmissão imobiliária) e deveria ter respaldo na norma geral do ITBI.

Mais cedo ou mais tarde o tema deverá ser enfrentado pelo plenário do STF, sob o viés da compatibilidade da norma municipal com o art. 150, § 7°, da CRFB/88.

Já existem algumas decisões monocráticas admitindo a cobrança antecipada do ITBI (Cf. ARE 759.964/RJ e ARE 793.919/RJ, sob relatoria do Ministro Ricardo Lewandowski), por encontrar apoio no art. 150, § 7°, da CRFB/88, desde que esteja prevista em lei ordinária. Não analisam, contudo, o teor da regra do 150, § 7°, e sua incompatibilidade com o ITBI, como aludido acima. Nem mesmo se preocupa em analisar a necessidade da previsão em lei complementar de normas gerais.

Por outro lado, existem outras decisões monocráticas e de turma em sentido diverso. No julgamento do Agravo Regimental no Recurso Extraordinário com Agravo n. 798.004/RJ (Relator Ministro Teori Zavascki), a Segunda Turma considerou que a decisão monocrática do Min. Lewandowski, proferida no ARE 759.964, não pode ser considerada um precedente, uma vez que pendente de chancela pelo órgão jurisdicional colegiado e julgou ilegítima a exigência do ITBI em momento anterior ao registro do título translativo da propriedade do bem.

O alcance do art. 150, § 7º, da CRFB/88, e a sua aplicação para o ITBI, ainda não foi devidamente enfrentado pela Corte Maior, que tem preferido aplicar genericamente sua jurisprudência clássica pela inconstitucionalidade da exigência do ITBI antes do registro imobiliário.

6. Conclusão

Em que pese por algum momento tenha havido debates sobre o momento de incidência do ITBI na transmissão da propriedade do bem imóvel, resta claro que, atualmente, a jurisprudência é bastante consolidada. Resta claro que o imposto é devido quando do registro do título translativo no Cartório de Registro de Imóveis competente, momento este em que há a transmissão da propriedade do bem imóvel.

A simples promessa de compra e venda, salvo aquela irretratável e irrevogável, levada a registro não tem o condão de transferir a propriedade, tampouco fazer incidir o ITBI, como previsto, de maneira ilegal, em diversas legislações municipais.

Em casos abusivos, cabe ao contribuinte suscitar dúvida perante o cartório de imóveis, conforme procedimento previsto na Lei n. 6.015/73 (Lei de Registros Públicos), ou até mesmo, em determinados casos, impetrar mandado de segurança face as ilegalidades perpetradas.

A malfadada tentativa de se aplicar o regime jurídico previsto constitucionalmente para dar respaldo à substituição progressiva do ICMS para o ITBI deverá ser julgada inconstitucional pelo STF. A medida não passa pelo teste da interpretação histórica, não se compatibiliza com a interpretação literal do art. 150, § 7º, da CRFB/88, não é prevista na lei de normas gerais do ITBI, enfim, cuida-se de uma antecipação inconstitucional com fins meramente arrecadatórios.

5

O CONTRATO *BUILT TO SUIT* E AS VANTAGENS TRIBUTÁRIAS DESTA MODALIDADE

Cid Augusto Viegas Rangel

1. Etimologia e significado da expressão *Built to Suit*

A expressão *Built to Suit*, deriva do particípio passado ou passado do verbo *BUILT*[1], oriundo da língua inglesa, que significa, construir, edificar, erigir, combinado com a preposição inglesa, *TO*, que quer dizer, para e é utilizado antes do verbo para mostrar que o mesmo encontra-se no infinitivo, seguido do verbo *SUIT*, que traduzido literalmente para o português, significa, convir a alguém, assentar bem em, cair bem em.

O significado da expressão, em uma tradução literal seria construir para convir a alguém, edificar para assentar bem, ou ainda erigir a conveniência, podendo depreender que se trata de uma construção customizada para atender os interesses do contratante.

Na literatura anglo-saxônica, muitas vezes nos deparamos, com o verbo construir no presente, *BUILD TO SUIT*, a expressão, também, é comumente encontrada na literatura em diversas línguas e diferentes ramos do conhecimento como *BTS*.

A expressão, atualmente encontra-se inserida no mercado imobiliário, financeiro e jurídico brasileiro, nos contratos onde existe a construção ou reforma expressiva de algum imóvel com o intuito de atender a demanda de algum contratante, para depois fazer a cessão onerosa do mesmo por um prazo determinado.

---

1 https://dictionary.cambridge.org/pt/dicionario/ingles-portugues

2. Conceito e origem do contrato *Built to Suit*

O contrato *Built to Suit,* consiste, na estruturação de uma operação, onde o contratante, com intuito de iniciar ou expandir sua operação comercial ou industrial, sem a necessidade de imobilizar recursos para adquirir e construir o imóvel ou os imóveis, com as especificações necessárias para sua atividade, pactua com uma empresa especializada em construção civil, que edificará o referido imóvel com as devidas diretrizes dadas pelo contratante, customizando o mesmo para se adequar as particularidades de cada negócio.

Por sua vez, a operação não se encerra na relação entre o contratante e contratada, existem outras partes que podem figurar na operação, tais como, o dono do terreno onde será edificado o imóvel por encomenda e os agentes financeiros que participaram da estruturação, através do financiamento propriamente dito, possibilitando a securitização dos recebíveis, para viabilizar a construção ou reforma do imóvel, além de inúmeros outros atores.

Os Drs. Alessandro Hirata e João Manuel Meneguesso Tartaglia, conceituam o *built to suit,* como "negócio jurídico, onde uma empresa ou investidor – não necessariamente uma pessoa jurídica contrata uma ou mais empresas – necessariamente pessoa(s), jurídica(s) -, para levantarem, averiguarem e viabilizarem a construção ou reforma de um estabelecimento essencialmente comercial ou industrial, sendo que a empresa contratada deverá se ater a todas especificações fornecidas pelo contratante, tais como a localização, cores, tamanhos, logística, público alvo, espaços e etc. A parte contratante não arcará, até o fim da construção ou reforma, com gastos despendidos, indicando apenas os requisitos para construção. Ao final da construção pela empresa contratada, o estabelecimento estará disponível ao contratante e, este por sua vez, remunerará as partes envolvidas pelo desenvolvimento da obra. A remuneração a ser paga pela parte contratante, corresponde a soma de diversos itens: *i* – gastos com material de construção; *ii*- gastos com mão de obra específica, *iii*-gastos em virtude da "locação" do terreno e "imóvel" construído ou reformado." (Hirata e Tartaglia, 2018).

Gasparetto ensina que o BTS, "Trata-se de um negócio jurídico por meio do qual uma empresa contrata outra, usualmente do ramo imobiliário ou de construção, para identificar um terreno e nele construir uma unidade comercial ou industrial que atenda às exigências especificas da empresa contratante, tanto no que diz respeito à localização, como no que tange às características físicas da unidade a ser construída. Uma vez construída, tal unidade será disponibilizada, por meio de locação à empresa contratante, por determinado tempo ajustado entre as partes." (Gasparetto 2009).

Marcelo José Lomba Valença define da seguinte maneira, "*Built to Suit* consiste em um modelo de negócio imobiliário no qual a parte interessada em ocupar um imóvel para o desenvolvimento de uma atividade empresarial (ocupante) contrata com um empreendedor imobiliário (empreendedor) a (i) aquisição de um terreno em uma localização estrategicamente selecionada pelo ocupante (terreno); (ii) a construção de um edifício no terreno para atender as necessidades empresariais do ocupante (edifício); (iii) a locação do empreendedor para o ocupante no terreno com o edifício (terreno e edifício, coletivamente, o imóvel)." (Valença 2005).

Apesar de aparentar ser um contrato de locação, o contrato BTS é bem mais complexo e envolve vários outros participantes, trazendo características, bem diversas da locação pura e simples. O contrato *built to suit,* guarda algumas características a um contrato de *leasing operacional e financeiro,* traz também nuances de contratos de condomínio de empresas em alguns casos e inúmeras possibilidades de estrutura de negócios. As diversas facetas do contato BTS, faz com que ele incorpore características de direito real, tal qual, o contrato de locação, recaindo sobre a posse e domínio das coisas, bem como, divergindo totalmente do contrato de locação, com aspectos de um contrato de direito pessoal, sem limitação legais atribuídas aos contratos de direito real.

Os contratos *built to suit,* tem origem nos EUA, em meados do século passado, após a segunda grande guerra, possibilitando a implantação de indústrias incialmente e posteriormente de redes de comércio, onde os empresários podiam focar exclusivamente na operação comercial ou industrial, sem despender recursos financeiros para edificar suas plantas ou estabelecimentos comerciais, o que fomentou a indústria, o comércio e a atividade imobiliária. O sucesso dessas operações se alastraram mundo a fora, principalmente na Europa e Ásia.

A abertura econômica ao mercado internacional, seguida pela estabilidade econômica advinda do plano real, traz ao Brasil uma pujança econômica e torna o pais alvo de grandes investimentos, na década de 1990. Esse cenário possibilitou uma enorme evolução e consolidação financeira em todos os setores da economia, inclusive no setor imobiliário, tornando os negócios jurídicos mais complexos e elaborados. Nesse contexto surgiram os primeiros contratos BTS, no Brasil, segundo Fabio Cilli, a primeira aparição do referido contrato acontece em meados de 1994, com o Sr. Gilberto Buffara para a construção de uma indústria da Gillete, no Rio de Janeiro. (Cilli, 2004).

Várias empresas, ao longo dos anos tem adotado o contrato BTS para expandir ou se instalar no Brasil, a exemplo da Azul Linhas Aéreas e da multinacional Jonh Deere, líder mundial na fabricação de equipamentos agrícolas, que teve o seu Centro de Treinamento, de Inovação e de Distribuição, em Campinas (SP), desenvolvido e construído na modalidade *built to suit,* em 2008.

3. Da introdução do contrato *built to suit* na legislação brasileira

O contrato *built to suit,* está consolidado no mercado imobiliário e empresarial brasileiro desde a década de 2000, contudo a legislação somente traz menção ao referido contrato, em 12 de dezembro de 2.012 com a edição da Lei 12.744, alterou *caput* do art. 4º da Lei n. 8.245, de 1991, bem como, inseriu o art. 54-A a mesma Lei.

A Lei 8.245/91, comumente chamada de Lei do Inquilinato, trata das relações entre locador e locatário, tem o escopo de regular as relações imobiliárias locatícias, residenciais e comerciais, tendo um viés protecionista, tratando o locatário como parte hipossuficiente da relação contratual, com características de direito real, que não combinam com a complexidade do contrato BTS. Não obstante esta incongruência, o Legislador optou em regular o contrato *built to suit,* com essas duas singelas mudanças na citada Lei, a nosso entender, local inadequado, tendo em vista que as características de direito real da Lei do Inquilinato engessam a relação contratual, e a complexidade, e característica *intuitu personae,* do contrato BTS, que deveria dar total liberdade para as partes contratantes.

Tratando especificamente da alteração do art. 4º da Lei 8.245/91, originalmente foi redigido com os seguintes dizeres:

> Art. 4º Durante o prazo estipulado para a duração do contrato, não poderá o locador reaver o imóvel alugado. O locatário, todavia, poderá devolvê-lo, pagando a multa pactuada, segundo a

> proporção prevista no art. 924 do Código Civil[2] e, na sua falta, a que for judicialmente estipulada.

A Lei 12.112/09, alterou singelamente o artigo 4°, proporcionalizando a multa por descumprimento de contrato por parte do locatário ao tempo restante de contrato, e mantendo o impedimento do locador de reaver o imóvel antes de findo o contrato de aluguel, demonstrando a característica de proteção da citada Lei.

> Art. 4° Durante o prazo estipulado para a duração do contrato, não poderá o locador reaver o imóvel alugado. O locatário, todavia, poderá devolvê-lo, pagando a multa pactuada, proporcionalmente ao período de cumprimento do contrato, ou, na sua falta, a que for judicialmente estipulada.

A mudança da Lei 12.744/12 alterou o art. 4°, trazendo finalmente uma proteção aos contratos mais complexos, como é o caso do BTS, trazendo uma exceção à flexibilização do cumprimento do contrato pelo locatário, passando o texto atual a seguinte redação.

> Art. 4° Durante o prazo estipulado para a duração do contrato, não poderá o locador reaver o imóvel alugado. Com exceção ao que estipula o § 2° do art. 54-A, o locatário, todavia, poderá devolvê-lo, pagando a multa pactuada, proporcional ao período de cumprimento do contrato, ou, na sua falta, a que for judicialmente estipulada.

A mudança do art. 4°, cominada com a introdução do art. 54-A, estabeleceu o marco normativo que trata do contrato *built to suit*, higienizando o risco da relação contratual, face ao grande dispêndio financeiro do "locador" contratado, que investe altas quantias para construir ou reformar o imóvel conforme determinação do "locatário" contratante, com o fim específico de customizar o mesmo para implantação daquela indústria ou comércio específico, impossibilitando ao "locatário" contratante a seu critério não cumprir o prazo estipulado no contrato, sem a devida indenização ao "locador" contratado.

---

2 Lei n. 3.071, de 1° de janeiro de 1916. Código Civil vigente a época: Art. 924. Quando se cumprir em parte a obrigação, poderá o juiz reduzir proporcionalmente a pena estipulada para o caso de mora, ou de inadimplemento.

A denominação "locador" e "locatário", não traz conforto ao Autor, uma vez que o contrato BTS, não guarda relação com o contrato de locação, sendo conforme já falado, muito mais complexo e eivado de características totalmente distintas, principalmente ao caráter pessoal e não real, do contratado, contudo, tendo em vista o contrato BTS estar inserido na Lei do Inquilinato, a literatura e os Julgados tratam as partes do contrato BTS como locador e locatário. No meu entendimento, a digressão mais lógica para a expressão a ser utilizadas para as partes deve ser, locador contratado e locatário contratante e lembrando, que essas, são apenas duas partes do contrato complexo, que é formado por inúmeras outras.

O art. 54-A, introduzido pela Lei 12.744/12, traz a luz da nossa legislação a essência do contrato BTS, *in verbis:*

> Art. 54-A. Na locação não residencial de imóvel urbano na qual o locador procede à prévia aquisição, construção ou substancial reforma, por si mesmo ou por terceiros, do imóvel então especificado pelo pretendente à locação, a fim de que seja a este locado por prazo determinado, prevalecerão as condições livremente pactuadas no contrato respectivo e as disposições procedimentais previstas nesta Lei.
>
> § 1º Poderá ser convencionada a renúncia ao direito de revisão do valor dos aluguéis durante o prazo de vigência do contrato de locação.
>
> § 2º Em caso de denúncia antecipada do vínculo locatício pelo locatário, compromete-se este a cumprir a multa convencionada, que não excederá, porém, a soma dos valores dos aluguéis a receber até o termo final da locação.

As mudanças trazidas com a introdução do art. 54-A, minimizaram os maiores riscos e instabilidades jurídicas dos macro empreendimentos que compõe as estruturas complexas e estruturadas do contrato *built to suit.* A exemplo da renúncia do direito de revisão dos valores pactuados, mantendo o *pacto sunt servanda*, garantindo as vontades das partes e dando previsibilidade e liquidez aos recebíveis, além de conservar equilíbrio contratual e a imposição ao pagamento da multa convencionada pelo não cumprimento temporal do contrato, não permitindo sua relativização e recálculo, nem mesmo na justiça, contudo limitada ao total dos aluguéis vincendos até o fim do contrato, mais uma garantia ao locador contratado e aos investidores do empreendimento, que tem a garantia do recebimento do total, estipulado no contrato.

O artigo 473 do Código Civil Brasileiro Lei n. 10.406/02, já determinava que o locatário não pode rescindir o contrato, até que ele pague o número de aluguéis determinados que sejam equivalentes ao investimento do locador:

> Art. 473. A resilição unilateral, nos casos em que a lei expressa ou implicitamente o permita, opera mediante denúncia notificada à outra parte.
>
> Parágrafo único. Se, porém, dada a natureza do contrato, uma das partes houver feito investimentos consideráveis para a sua execução, a denúncia unilateral só produzirá efeito depois de transcorrido prazo compatível com a natureza e o vulto dos investimentos.

A conjunção dos art 54-A da Lei 12.744/12, com o art 473 do Código Civil Brasileiro, concede uma segurança de retorno do investimento que o empreendedor imobiliário fizer para atender as necessidades da contratante, estabilizando as relações da avença de construção sob medida.

O contrato *built to suit* é equilibrado, firmado entre empresas de porte econômico-financeiro considerável, possibilitando ao pacto, direitos e obrigações que extrapolam os lindes do contrato de locação. Dessa forma, tendo como premissa à autonomia privada, à liberdade contratual e, principalmente, ao equilíbrio contratual, traz justiça a impossibilidade da revisão do "aluguel", pois a remuneração mensal deve levar consideração, além do uso e gozo do imóvel, o custo de aquisição do terreno, da construção do bem, o investimento de capital próprio e de terceiros obtido no mercado financeiro.

Apesar do enorme avanço e significativo estabilização dos riscos atribuídos à operação, a mudança legislativa foi tímida e não encerrou a instabilidade como deveria. Primeiramente, o legislador, cometeu um erro a nosso ver, quando limitou a possibilidade de estruturar somente a operação em face de um imóvel urbano. Com o avanço do agronegócio no Brasil, abre-se a possibilidade de estruturar operações para adquirir e edificar propriedades rurais customizadas conforme determinação do empresário contratante com as características específicas para serem operados sem dispêndio financeiro na imobilização, que foram excluídas, a princípio pelo legislador. As edificações feitas para atender os grandes atacadistas e operadores logísticos, normalmente são feitas à beira de rodovias, em áreas não urbanas, o que em uma análise literal da Lei, não estaria sob a égide do art. 54-A da Lei 8.245/91.

Algumas dúvidas continuam pairando, face a singeleza da normatização trazida, pela Lei 12.744/12 e por introduzir as normas na Lei do Inquilinato, por exemplo, o art. 37, especifica quais garantias podem ser dadas no contratado típico de locação, bem como veda a dupla garantia para não onerar a locatário em demasia. Contudo o contrato BTS tem característica atípica e não deveria ser submetido a essas limitações, primeiro, que não existe parte hipossuficiente na relação, segundo que o ônus suportado pelo "locador" é muito maior que nos contratos típicos, e terceiro que envolve uma estruturação financeira, que precisa de garantia e previsibilidade para ser viável.

A limitação da multa compensatória do contrato à soma dos valores dos aluguéis a receber até o termo final da locação, engessa algumas operações, pois o risco em alguns empreendimentos é muito alto, as somas aportadas muito elevadas e as especificação do imóvel, são tão singulares e complexas que impossibilita a destinação do imóvel para outro mister, nesse sentido a multa deveria ser livremente pactuada entra as partes para poder viabilizar todas operações possíveis, sem nenhuma limitação legal.

O professor Fábio Azevedo encaminhou uma proposta na II Jornada de Direito Comercial do CJF/STJ em 2015, que se tornou o enunciado n. 67, da mesma:

> II JORNADA DE DIREITO COMERCIAL
>
> ENUNCIADOS APROVADOS EM PLENÁRIA REALIZADA NO DIA 27 DE FEVEREIRO DE 2015
>
> OBRIGAÇÕES EMPRESARIAIS, CONTRATOS E TÍTULOS DE CRÉDITO
>
> 67. Na locação *built to suit*, é válida a estipulação contratual que estabeleça cláusula penal compensatória equivalente à totalidade dos alugueres a vencer, sem prejuízo da aplicação do art. 416, parágrafo único, do Código Civil.

Posição a qual nós nos filiamos totalmente, uma vez, que o prejuízo do contratado locador pode superar, e muito, a cláusula penal prevista no contrato, tendo o credor o ônus de provar dano superior ao avençado, conforme prevê o art. 416 do Código Civil.

> Art. 416. Para exigir a pena convencional, não é necessário que o credor alegue prejuízo.
>
> Parágrafo único. Ainda que o prejuízo exceda ao previsto na cláusula penal, não pode o credor exigir indenização suplementar se assim não foi convencionado. Se o tiver sido, a pena vale como mínimo da indenização, competindo ao credor provar o prejuízo excedente.

O Enunciado, traz em sua justificativa, a exposição dos motivos, que levaram a edição do mesmo, que com inteligência preleciona:

> Estipula-se, pela cláusula penal, a prefixação de perdas e danos para a hipótese de inadimplemento, de modo a impedir a cobrança de indenização suplementar, tal como já previa o art. 927 do Código Civil de 1916. Reproduzem-se casos assinalando prejuízo superior ao estipulado com a cláusula penal, deixando o credor em situação injustificada de não ressarcimento por danos injustamente provocados, em desrespeito a solidariedade constitucional. Sensível a tal cenário, o art. 416, parágrafo único, do Código Civil de 2002, autorizou que as partes estipulem a cláusula como minus indenizatório, permitindo-se buscar em ação própria a reparação excedente. Na locação *built to suit* a cláusula penal pode ser cobrada até a soma dos valores dos aluguéis a receber até o final do contrato. Ocorre que tal denúncia pode produzir danos que ultrapassam o próprio valor dos alugueres a vencer, fruto da sofisticação e complexidade deste contrato. Seria o caso de denúncia no princípio da locação, frustrando expectativa de retorno, influente na estipulação do coeficiente e preço, por esperar-se valorização do ponto e consequente incremento do fundo empresarial do locador em virtude do seu interesse no sucesso da atividade empresarial desenvolvida pelo locatário, tudo de acordo com o arranjo de interesses concretos que for definido e pactuado livremente no exercício da livre iniciativa privada constitucional, realizadora da autonomia privada. Em suma, o valor da cláusula penal está limitado pelo art. 54-A, § 2º, da Lei 8.245/91, mas tal regra não é incompatível com o art. 416, parágrafo único, do Código Civil.

Apesar da edição do supracitado enunciado, nossos Tribunais, ainda são muito tímidos na tomada de decisão nesse sentido, albergando-se no entendimento da impossibilidade da cumulação da cláusula penal com o ressarcimento esculpido no art 416 do Código Civil, conforme ficará demonstrado no capítulo que tratará das decisões dos Tribunais no contrato *built to suit.*

Outra legislação importante de se citar acerca do BTS, na legislação pátria foi a introdução do art. 47-A da Lei n. 12.462/2011, com a edição da Lei n. 13.190/2015, que introduziu expressamente a possibilidade do *built to suit* nos contratos envolvendo a administração pública

> Art. 47-A. A administração pública poderá firmar contratos de locação de bens móveis e imóveis, nos quais o locador realiza prévia aquisição, construção ou reforma substancial, com ou sem aparelhamento de bens, por si mesmo ou por terceiros, do bem especificado pela administração.

4. Securitização dos contratos *built to suit*

Securitização consiste em transformar valores líquidos a receber em lastro para a emissão de títulos, que serão oferecidos no mercado. Fernado Gaggini, conceituou securitização com o seguinte ensinamento:

> Consiste a securitização de recebíveis em uma operação na qual uma empresa, que chamaremos de originadora, transfere créditos para uma outra empresa, que chamaremos de securitizadora, constituída especificamente para a execução deste projeto. Essa empresa adquirirá os créditos da originadora e, tendo-os por lastro, emitirá títulos e valores mobiliários, que serão ofertados publicamente no mercado de capitais. Com os recursos obtidos por meio desta oferta pública e títulos e valores mobiliários, a securitizadora pagará à originadora pelos créditos a ela cedidos (Gaggini, 2003).

Com a edição da Lei n 9.514/97, foi criado o Sistema Financeiro Imobiliário, conhecido como SFI, abrindo possibilidades novas para estruturar novas operações, fomentando a promoção do financiamento do mercado imobiliário.

A referida Lei define securitização de créditos imobiliários em seu art. 8, *in litteris:*

> Art. 8° A securitização de créditos imobiliários é a operação pela qual tais créditos são expressamente vinculados à emissão de uma série de títulos de crédito, mediante Termo de Securitização

> de Créditos, lavrado por uma companhia securitizadora, do qual constarão os seguintes elementos:
>
> I – a identificação do devedor e o valor nominal de cada crédito que lastreie a emissão, com a individuação do imóvel a que esteja vinculado e a indicação do Cartório de Registro de Imóveis em que esteja registrado e respectiva matrícula, bem como a indicação do ato pelo qual o crédito foi cedido; (Redação dada pela Lei n. 10.931, de 2004)
>
> II – a identificação dos títulos emitidos;
>
> III – a constituição de outras garantias de resgate dos títulos da série emitida, se for o caso.
>
> Parágrafo único. Será permitida a securitização de créditos oriundos da alienação de unidades em edificação sob regime de incorporação nos moldes da Lei n. 4.591, de 16 de dezembro de 1964.

Além da possibilidade de securitização de títulos imobiliário, a Lei 9.514/97 em seu art. 6º criou o CRI, Certificado de Recebíveis Imobiliários, que é um título de crédito nominativo, de livre negociação, lastreado em créditos imobiliários e constitui promessa de pagamento em dinheiro.

O CRI consiste em "título de crédito nominativo, de livre negociação, lastreado em créditos imobiliários e constitui promessa de pagamento em dinheiro". Para que um crédito seja considerado como crédito imobiliário é necessário que decorra, de forma direta ou indireta, de um imóvel. São exemplos de créditos imobiliários aqueles advindos de venda, compromisso de venda e compra, locação, financiamento para aquisição, direito real de superfície, entre outros, sendo todos relacionados a imóveis. Vale salientar que é pacífico o reconhecimento de que os créditos advindos de contratos de locação são créditos imobiliários. (FRANCIOZI, 2013).

Como os recebíveis decorrentes do contrato *built to suit*, são créditos oriundos de uma operação imobiliária e a com a decorrente estabilização legislativa trazida pelo acréscimo, do art 54-A a Lei do Inquilinato, cominada com art. 473, do NCC, mitigou os riscos dos respectivos recebíveis, abriu-se uma ótima oportunidade de lastrear CRIs com os mesmos.

A securitização dos CRI decorrentes de operações BTS, levam enorme vantagem face aos CRI lastreados em contratos típicos de locação, conforme demonstrado anteriormente. O escudo legal que protege aquelas operações possibilita o afastamento da ação revisional de aluguel, e garantem uma multa maior em caso de não cumprimento do contrato por parte do locador, possibilitando previsibilidade e maior segurança para os investidores.

A securitização é muito comum no contrato *built to suit*, pois possibilita ao locador contratado, captar no mercado fundos necessários para edificar ou reformar os imóveis conforme as especificações do locatário contratante, para estruturar essas operações de longo prazo em que necessitam de investimentos vultuosos.

Segue abaixo, somente a título ilustrativo a tabela contendo a evolução do montante de CRI emitidos a cada ano, conforme anuário de finanças UQBAR[3]:

Ano	Montante Emitido em Milhões de Reais
1999	173
2000	12
2001	224
2002	252
2003	337
2004	640
2005	2.102
2006	843
2007	1.366
2008	4.475
2009	3.833
2010	8.497
2011	13.567
2012	9.547
2013	16.643
2014	16.737
2015	10.745
2016	17.769

Os CRI foram expressamente considerados títulos mobiliários, pelo Conselho Monetário Nacional, por meio da Resolução do Banco Central n 2.517/98, assim o fez:

> O BANCO CENTRAL DO BRASIL, na forma do art. 9° da Lei n. 4.595, de 31.12.64, torna público que o CONSELHO MONETÁRIO NACIONAL, em sessão realizada em 29.06.98, tendo em vista as disposições do art. 2°, inciso III, da Lei n. 6.385, de 07.12.76, e do art. 3°, parágrafo único, da Lei n. 9.514, de 20.11.97,

3 ANUÁRIO Finanças Estruturadas 2017 UQBAR. São Paulo: Uqbar Educação e Informação Financeira Avançada, 2017, p. 8.

> R E S O L V E U:
>
> Art. 1º Considerar como valores mobiliários, para os efeitos do art. 2º, inciso III, da Lei n. 6.385, de 07.12.76, os Certificados de Recebíveis Imobiliários - CRI, de que trata o art. 6º da Lei n. 9.514, de 20.11.97.
>
> Art. 2º Fica a Comissão de Valores Mobiliários autorizada a adotar as medidas e a baixar as normas complementares que se fizerem necessárias à execução do disposto nesta Resolução.

A condição de título mobiliário, o qual foi alçado o CRI, com a respectiva sujeição a regulação e fiscalização da CVM (Comissão de Valores Mobiliários), deu ainda mais segurança e estabilidade para os Certificados, possibilitando, ainda mais a utilização dos mesmos para estruturar as operações BTS.

A securitização possibilita a captação de recursos pelo investidor, que pode ser o locador contratado ou não, sem a necessidade de desembolso de quantias vultuosas para construção customizada, pois como trata-se de um contrato complexo, muitas vezes, existe várias partes envolvidas na operação, contudo na verdade quem está financiando a operação no caso da securitização, são os adquirentes do CRI.

5. Jurisprudência dos contratos *built to suit*

Os Tribunais antes mesmo da edição da Lei 12.744, que introduziu expressamente o contrato *built to suit*, em nossa legislação, já reconhecia a existência dessa modalidade, e as especificidades da mesma, face sua complexidade e ao *'intuito personae'*, não se enquadrando à Lei do Inquilinato e prevalecendo a vontade das partes, conforme podemos comprovar no Julgado do Superior Tribunal de Justiça (STJ), de 2007, onde o Ministro Nilson Naves em decisão monocrática relator do Agravo de Instrumento N. 825.706 – SP (2006/0118962-7)

> DECISÃO
>
> Estou de acordo com a decisão que, na origem, inadmitiu o especial.
>
> Preliminarmente, não houve a alegada ofensa ao art. 535 do Cód. de Pr. Civil, tendo o Tribunal de origem se pronunciado de forma suficiente sobre a matéria dos autos.
>
> No mais, quanto ao mérito, também sem razão a recorrente. Vê-se que o colegiado analisou os elementos de prova dos autos e cláusulas

> contratuais para decidir, de um lado, pela impossibilidade de se reduzir, imediatamente, os alugueres, de outro, pela manutenção do segredo *de justiça. Confiram-se os seguintes trechos do acórdão recorrido:*
> "... conforme se vê dos termos do contrato firmado entre os litigantes ou sucessores, trata-se, em princípio, de avença complexa que abrangeu, além da locação em si, outros fatores, no denominado conceito *built to suit*, tal como se vê primeiramente do item a dos considerandos contidos no instrumento (fls. 77) onde se disse que se cuida de empreendimento construído de acordo com a necessidade específica do locatário, e sob sua encomenda, para o desenvolvimento de suas atividades e, mais adiante, no item 18.1 (fls 93), quando se afirmou que a presente locação é ajustada em caráter 'intuito personae', uma vez que a Locadora Inpar, através da interveniente Construtora, executará a construção da edificação, em regime *Built to Suit*, isto é, especialmente para atender as necessidades de uso da locatária Comsat e segundo suas especificações, visando os aspectos de funcionalidade e desenvolvimento específico de suas atividades.

O Egrégio Tribunal de Justiça de Minas Gerais, com a inteligência e diligência que lhes são peculiares, também se filiam ao caráter pessoal do contrato BTS antes mesmo do marco legislativo com a introdução do Art. 54-A na Lei do Inquilinato, conforme exame perfunctório, da decisão exarada pelo Desembargador Gutemberg da Rocha Mota em novembro de 2012:

> Processo: 1.0702.11.051869-4/002
> Relator: Des.(a) Gutemberg da Mota e Silva
> Data do Julgamento: 27/11/2012
> Data da Publicação: 07/12/2012
> EMENTA: AGRAVO DE INSTRUMENTO – REVISIONAL DE ALUGUEL – INTERESSE PROCESSUAL – REVISÃO DE CLÁUSULA – IRREGULARIDADE PROCEDIMENTAL – ADAPTAÇÃO – CONTRATO ATÍPICO – BUILT TO SUIT – LEI DE LOCAÇÃO – APLICAÇÃO SUBSIDIÁRIA – ANÁLISE DAS CLÁUSULAS CONTRATUAIS – ALUGUEL PROVISÓRIO INCABÍVEL.
> Se a parte deseja a revisão de contrato por onerosidade superveniente, possui interesse de agir, pois necessita de provimento

> jurisdicional que, caso concedido, será útil ao direito que alega possuir. – Caso constatada irregularidade no procedimento adotado, este deve ser adaptado, aproveitados os atos praticados que não causem prejuízo às partes. – Aos contratos atípicos não se aplicam irrestritamente as leis que tratam de contratos com os quais se assemelham, devendo ser analisados os termos do contrato e a vontade das partes para verificação da necessidade e possibilidade de aplicação subsidiária dessas leis. – Recurso parcialmente provido.
>
> AGRAVO DE INSTRUMENTO CV N. 1.0702.11.051869-4/002 – COMARCA DE UBERLÂNDIA – AGRAVANTE(S): SAINT GOBAIN DISTRIBUIÇÃO BRASIL LTDA E OUTRO(A)(S), SAINT GOBAIN VIDROS S/A – AGRAVADO(A)(S): MARUJO EMPREENDIMENTOS LTDA
>
> A decisão deve ser reformada. O contrato em discussão é denominado *built to suit*. Trata-se de contrato atípico, no qual uma das partes se compromete a construir imóvel conforme especificações apresentadas pela outra, mantendo-se como proprietária do imóvel que construiu, enquanto a segunda parte se compromete a pagar pela construção e posterior utilização deste imóvel, por prazo fixado pelas partes, em geral longo, de forma a garantir o retorno do investimento realizado pela construtora. Se analisado separadamente, tem-se um contrato semelhante ao de locação na parte que trata da utilização posterior do imóvel, razão pela qual os próprios contratantes utilizam termos próprios de contrato de locação. Entretanto, a diferença entre as modalidades contratuais fica evidenciada pela análise do contrato *built to suit* como um todo, o que acaba refletido nas cláusulas firmadas entre as partes, que tornam o contrato complexo, contendo elementos que o aproximam de outras modalidades contratuais, como, por exemplo, o contrato de empreitada.

O TJSP, também em decisão de 2011, abarca o entendimento da atipicidade do contrato *built to suit*, in verbis:

> LOCAÇÃO DE IMÓVEIS – AÇÃO REVISIONAL DE ALUGUEL – Contrato atípico (buit-to-suit) que encerra amplo feixe de direitos e deveres, relativos a contratos de construção, empreitada, financiamento e incorporação imobiliária, além de outras características

> próprias – Cláusula de renúncia à revisão do valor da remuneração mensal paga pela autora válida e eficaz, na medida em que firmada paritariamente com a ré enquanto na livre administração de seus interesses patrimoniais disponíveis, não se confundindo com a renúncia ao direito constitucional de ação (CF, art. 5º, inc. XXXV) – Carência da ação confirmada. Ausência de interesse recursal da ré no que pertine ao pedido de alteração da fundamentação da sentença (de carência da ação por ausência de interesse processual para impossibilidade jurídica do pedido), à míngua de utilidade – Procedência do pedido contraposto: condenação da autora ao pagamento de multa penal equivalente a três aluguéis, por violação do contrato – Litigância de má-fé não configurada – Recurso de apelação não provido. Recurso adesivo não conhecido em parte. Na parte conhecida, provido em parte.
>
> (TJSP. Apelação 9156991-70.2008.8.26.0000. Relator Antônio Benedito Ribeiro Pinto; Comarca: São Paulo; Órgão julgador: 25ª Câmara de Direito Privado; Data do julgamento: 04/05/2011; Data de registro: 14/06/2011; Outros números: 992080373487).

O TJMG, continua assertivo quanto a autonomia contratual do contrato *built to suit*, contudo, tem dificuldades de aceitar irrestritamente a autonomia das partes na cominação de multas, conforme fica explícito no Julgado abaixo:

> Processo: 1.0701.17.010660-6/001
>
> Relator: Des.(a) Claret de Moraes
>
> Relator do Acordão: Des.(a) Claret de Moraes
>
> Data do Julgamento: 02/07/2019
>
> Data da Publicação: 12/07/2019
>
> EMENTA: APELAÇÃO CÍVEL – EMBARGOS À EXECUÇÃO – CONTRATO DE LOCAÇÃO – CUMULAÇÃO DE MULTAS – MESMO FATO GERADOR – *BIS IN IDEM* – INADMISSIBILIDADE.
>
> I – Multas podem ser cumuladas somente quando diversos os fatos geradores. II – Sendo ambas as multas decorrentes da rescisão antecipada do contrato de locação firmado com prazo determinado, incabível a cumulação.
>
> APELAÇÃO CÍVEL N. 1.0701.17.010660-6/001 – COMARCA DE UBERABA – APELANTE(S): CONSTRUTORA TOUBES LTDA

> –APELADO(A)(S): TNT MERCÚRIO CARGAS E ENCOMENDAS EXPRESSAS S/A
>
> ACÓRDÃO – Vistos etc., acorda, em Turma, a 10ª CÂMARA CÍVEL do Tribunal de Justiça do Estado de Minas Gerais, na conformidade da ata dos julgamentos, em NEGAR PROVIMENTO AO RECURSO. DES. CLARET DE MORAES RELATOR. DES. CLARET DE MORAES (RELATOR).

O STJ, também assertivo quanto a autonomia contratual do contrato *built to suit*, com Jurisprudência já pavimentada sobre o assunto, manteve a decisão acima, limitando a pacto sunta servanda, posição que a nosso ver não merece aplausos, mostrando uma dificuldade de reconhecer a liberdade de pactuação das partes, face a alta complexidade das operações envolvidas no contrato BTS, conforme decisão recentíssima do Presidente da Corte, o Ministro Mineiro, Tricordiano, JOÃO OTÁVIO DE NORONHA, cidadão ilustre, orgulho para o nosso estado, no AGRAVO EM RECURSO ESPECIAL N. 1.650.554 – MG (2020/0012206-6):

> DECISÃO
>
> Trata-se de agravo apresentado por CONSTRUTORA TOUBES LTDA, contra a decisão que não admitiu seu recurso especial.
>
> O apelo nobre, fundamentado no artigo 105, inciso III, alínea "a" da CF/88, visa reformar acórdão proferido pelo TRIBUNAL DE JUSTIÇA DO ESTADO DE MINAS GERAIS, assim resumido:
>
> APELAÇÃO CÍVEL – EMBARGOS À EXECUÇÃO – CONTRATO DE LOCAÇÃO – CUMULAÇÃO DE MULTAS MESMO FATO GERADOR – *BIS IN IDEM* – INADMISSIBILIDADE
>
> Quanto à controvérsia, pela alínea "a" do permissivo constitucional, alega violação do art.54-A, da Lei 8.245/91, no que concerne à inocorrência de *bis in idem*, trazendo o(s) seguinte(s) argumento(s):
>
> Guardada vênia, ocorre que há um claro equívoco de premissa em relação ao fundamento adotado pelo r. acórdão, resultando em contrariedade à regra disposta pelo art. 54-A da Lei de Locações (Lei n° 8.245/9 1). E que há no caso em comento duas penalidades decorrentes de duas infrações distintas. Explica-se. A Cláusula Décima Terceira prevê multa geral para quaisquer das partes e, para o caso de infração a qualquer das obrigações contratuais: (...) (fls. 347).

Já a Cláusula Décima Quinta decorre da redação do art. 54-A da Lei de Locações, pois estipula verdadeira indenização para que a parte locadora seja ressarcida das perdas e danos ocasionados em caso de denúncia antecipada do ajuste, haja vista os substanciais investimentos demandados no Contrato celebrado em sua modalidade *built to suit* (fls. 349).

Por essa razão, não se pode ter dúvidas de que a lei que regula o contrato *built to suit*, estabelece, diferentemente dos princípios protetivos ao locatário, maior amplitude à autonomia da vontade, ou seja, as cláusulas livremente pactuadas são válidas e não padecerão de nulidade, porque o pressuposto das locações convencionais (vulnerabilidade do locatário) não está presente nos contratos *built to suit*, pois a edificação foi feita sob medida para o Locatário.

Assim sendo, as cláusulas livremente pactuadas nestes modelos de contratação serão válidas e plenamente exigíveis, por foiça do que determina o já transcrito art. 54-A da Lei nº 8.245191. (fls. 349).

22. Destarte, ocorrida a denúncia antecipada do vínculo locatício pela Recorrida e sendo o valor total das multas consonante com a legislação em vigor, deverá ser cumprido o que foi pactuado entre as partes, motivando a admissão e provimento do recurso especial, pela hipótese de cabimento prescrita pela alínea "a" do art. 105, inc. III da Constituição, com reforma do acórdão recorrido para se declarar a improcedência dos embargos à execução manejados pela Recorrida, sob pena de se perpetuar contrariedade ao que dispoe o art. 54-A da Lei nº 8.245/91. IV (fls. 353).

É o relatório. Decido.

Na espécie, o acórdão recorrido assim decidiu:

No caso sub judice, ambas as multas foram exigidas pela apelante em decorrência do mesmo fato gerador, qual seja, a entrega do imóvel pela apelada/locatária antes do prazo determinado na cláusula segunda.

Ressalte-se que, ao contrário do entendimento da apelante, o art. 54-A, da Lei 8,245191, não autoriza a cobrança de mais de uma multa em razão do mesmo fato gerador.

Com efeito, tem-se por correta a sentença que afastou a cobrança da multa prevista na cláusula décima terceira, objeto da execução promovida pela apelante. (fl. 339).

Não obstante, a discordância pessoal, acerca da decisão tomadas acima, face a não prevalência pela autonomia integral e irrestrita das partes, na modalidade de contrato em comento, as decisões das Cortes Mineira e do STJ, são uníssonas no sentido de manter o caráter pessoal do contrato *built to suit*, referendando a não aplicação da Lei do Inquilinato, mantendo assim a impossibilidade da revisão do "aluguel", expressamente pactuada, pelas partes e a não aplicação da redução proporcional do valor da multa compensatória convencionada pelo não cumprimento temporal do contrato, não permitindo sua relativização, e recalculo, o que traz uma estabilidade suficiente, para o mercado imobiliário, continuar a empreender grandes projetos na modalidade *built to suit*.

6. Das vantagens tributárias da modalidade *built to suit*

A modalidade *built to suit*, para acontecer, depende da estruturação de negócios complexos, divididos em várias etapas e composto de inúmeros atores. É necessário a análise do negócio sob prisma de cada uma das partes envolvidas, "locador" contratado, que compra o terreno e constrói o imóvel urbano customizado, o "locatário" contratante, que elabora os projetos específicos segundo a sua necessidade de negócio e procura a parte para edificá-lo ou reformá-lo, firmando assim o contrato atípico de promessa de locação de longo prazo, figura nessa relação também a securitizadora, que fará a securitização dos recebíveis do "locador" contratado, e finalmente os investidores, que compram os títulos emitidos pela securitizadora, lastreados na operação.

A vantagem tributária mais explicita e evidente da modalidade BTS, diz respeito ao "locatário" contratante, que obtém o imóvel necessário para a implantação de seu "negócio" com as características e especificidades atinentes ao *core business*, sem dispêndio econômico ou financeiro, podendo utilizar o valor relativo ao pagamento à contraprestação remuneratório estabelecida no contrato BTS, que tem características em alguns pontos similar ao "aluguel", como despesa para fins de apuração do resultado contábil da empresa, diminuindo assim seu lucro operacional e consequentemente, tendo uma redução do imposto sobre a renda e da contribuição social sobre o lucro líquido.

As empresas envolvidas nas operações relativas aos contratos *built to suit*, costumeiramente são de grande porte e apuram seus impostos através da sistemática do Lucro real, ou por obrigação legal devido ao faturamento anual ou pela atividade exercida conforme art. 14, da Lei 9.178/98, ou mesmo por opção do contribuinte como planejamento tributário.

> Art. 14. Estão obrigadas à apuração do lucro real as pessoas jurídicas:
>
> I – cuja receita total no ano-calendário anterior seja superior ao limite de R$ 78.000.000,00 (setenta e oito milhões de reais) ou proporcional ao número de meses do período, quando inferior a 12 (doze) meses; (Redação dada pela Lei n. 12.814, de 2013) (Vigência)
>
> II – cujas atividades sejam de bancos comerciais, bancos de investimentos, bancos de desenvolvimento, caixas econômicas, sociedades de crédito, financiamento e investimento, sociedades de crédito imobiliário, sociedades corretoras de títulos, valores mobiliários e câmbio, distribuidoras de títulos e valores mobiliários, empresas de arrendamento mercantil, cooperativas de crédito, empresas de seguros privados e de capitalização e entidades de previdência privada aberta;
>
> III – que tiverem lucros, rendimentos ou ganhos de capital oriundos do exterior;
>
> IV – que, autorizadas pela legislação tributária, usufruam de benefícios fiscais relativos à isenção ou redução do imposto;
>
> V – que, no decorrer do ano-calendário, tenham efetuado pagamento mensal pelo regime de estimativa, na forma do art. 2° da Lei n° 9.430, de 1996;
>
> VI – que explorem as atividades de prestação cumulativa e contínua de serviços de assessoria creditícia, mercadológica, gestão de crédito, seleção e riscos, administração de contas a pagar e a receber, compras de direitos creditórios resultantes de vendas mercantis a prazo ou de prestação de serviços (factoring).
>
> VII – que explorem as atividades de securitização de créditos imobiliários, financeiros e do agronegócio. (Incluído pela Lei n. 12.249, de 2010)

Desta monta, a legislação atinente a apuração do Lucro Real, assevera que são operacionais as despesas não computadas nos custos, necessárias à atividade da empresa e a manutenção da respectiva fonte produtora, que são necessárias as despesas pagas ou incorridas para a realização das transações ou operações exigidas pela atividade da empresa, e despesas operacionais admitidas são as usuais ou normais no tipo de transações, operações ou atividades da empresa[4].

Assim sendo, as despesas relativas aos "alugueres" pago pela empresa são totalmente dedutíveis, do IRPJ (Imposto de Renda Pessoa Jurídica), cuja alíquota é de 15% (quinze por cento), incidente sobre o lucro líquido real, do adicional do IRPJ, cuja a alíquota é de10% (dez por cento), incidente sobre parcela do lucro real que exceder ao resultado da multiplicação de R$ 20.000,00 (vinte mil reais) pelo número dos meses do respectivo período de apuração, e da CSLL (Contribuição Social sobre o Lucro Líquido), cuja alíquota é 9% (nove por cento) calculado sobre o lucro real apurado.

Nesse prisma, todo valor pago pelo "locatário" contratante, pode ser deduzido na apuração do lucro real como despesa operacional, acarretando uma economia tributaria de 34% (trinta e quatro por cento). O valor pago não compreende somente o aluguel, mas pela natureza atípica do contrato BTS, deve também ressarcir o "locador" contratado, além do valor da locação, todo valor dispendido para aquisição, e construção ou reforma do imóvel conforme as especificações de cada empreendimento diluído pelo tempo de contrato.

Nas locações típicas, conforme assevera o art 22 da Lei 8.245/91, serão de responsabilidade do Locador despesas extraordinárias, tais como, pagar as taxas de administração imobiliária, se houver, e de intermediações, nestas compreendidas as despesas necessárias à aferição da idoneidade do pretendente ou de seu fiador; impostos e taxas, e ainda o prêmio de seguro complementar contra fogo, que incidam ou venham a incidir sobre o imóvel, despesas extraordinárias de condomínio se entendem aquelas que não se refiram aos gastos rotineiros de manutenção do edifício, especialmente; obras de reformas ou acréscimos que interessem à estrutura integral do imóvel; pintura das fachadas, empenas, poços de aeração e iluminação, bem como das esquadrias externas; obras destinadas a repor as condições de habitabilidade do edifício; indenizações trabalhistas e previdenciárias pela dispensa de empregados, ocorridas em data anterior ao início da locação; instalação de equipamento de segurança e

[4] Art. 47 da Lei n. 4.506, De 30 de novembro de 1964.

de incêndio, de telefonia, de intercomunicação, de esporte e de lazer; despesas de decoração e paisagismo nas partes de uso comum; constituição de fundo de reserva, por determinação legal, ou despesas de manutenção e conservação do imóvel não impostas pela Legislação.

Na modalidade *built to suit,* as supracitadas, despesas extraordinárias, conforme arranjo negocial, podem ser estar inseridas na parcela paga pelo Locatário Contratante, ou mesmo ser paga diretamente por ele, considerando que prevalecem os termos e condições acordados entre as partes, sendo essa despesas consideradas dedutíveis na apuração do IRPJ, Adicional de IRPJ e CSLL.

Ainda no tocante, às vantagens tributárias atinentes ao "locatário" contratante, são relevantes também a possibilidade de apropriação dos valores pagos em contraprestação remuneratória, como créditos a serem deduzidos na apuração do Pis e da Cofins no regime não cumulativo.

As pessoas jurídicas que apuram imposto de renda na sistemática do lucro real, estão obrigadas a apuração das contribuições para o Pis e Cofins, pelo regime não cumulativo. Salvo as instituições financeiras, as cooperativas de crédito, as pessoas jurídicas que tenham por objeto a securitização de créditos imobiliários e financeiros, as operadoras de planos de assistência à saúde, as empresas particulares que exploram serviços de vigilância e de transporte de valores de que trata a Lei 7.102/1983, e as sociedades cooperativas (exceto as sociedades cooperativas de produção agropecuária e as sociedades cooperativas de consumo).

As Leis 10.637/02 e 10.833/04, que regem a apuração não cumulativa do Pis e da Cofins respectivamente, em seus artigos 3º, estabelecem a possibilidade de descontar créditos de valores referentes a alugueres de prédios pagos a pessoa jurídica, nesse espectro, sendo as alíquotas de Pis e Cofins 1,65 % (um inteiro e sessenta e cinco centésimos por cento) e 7,6% (sete inteiros e seis décimos por cento), a possibilidade de descontar os valores pagos relativos aos "alugueres" mensais do contrato BTS, possibilita uma economia tributária de 9,25 % (nove inteiros e seis décimos por cento), sobre todo o valor pago.

Assim conclui-se, que o valor da parcela referente a contraprestação financeira paga mensalmente pelo Contratante "Locatário" ao Contratado "Locador", deve ser composta do aluguel, do ressarcimento dos valores despendidos no empreendimento imobiliário, dividido pelos meses de contrato e podem ainda trazer valores referentes a despesas extras conforme cada negociação, sobre essa parcela paga o Contratante "Locatário" tem uma economia tributaria de 43,25 % (quarenta e três inteiros e vinte cinco décimos por cento) sobre o valor pago, haja visto, que pode-se descontar os créditos de Pis e Cofins, bem como, utilizar esses valores para abater o lucro na apuração do IRPJ, seu adicional e da CSLL.

Os contratos *built to suit,* em sua grande maioria, tem como atores importantes, a figura do investidor, que compra o título lastreado nos recebíveis, conhecidos como CRI. De acordo com o exposto anteriormente a higidez dos recebíveis do contrato BTS, face ao baixo risco de inadimplência, segurança jurídica e previsibilidade, se prestam para emissão dos Certificados de Recebíveis Imobiliários.

O Governo federal com intuito de fomentar o mercado imobiliário e incentivar as pessoas físicas a investir nessa mobilidade, isentou os rendimentos advindos dos CRI de imposto de renda e IOF, bem como, zerou a alíquota do imposto de rende retido na fonte.

A IN 1558/2015, isenta não só os rendimentos oriundos dos CRI, como também isenta também o ganho de capital, auferido na alienação do CRI.

> INSTRUÇÃO NORMATIVA RFB N. 1585, DE 31 DE AGOSTO DE 2015.
>
> Art. 48. No caso de debêntures emitidas por sociedade de propósito específico, constituída sob a forma de sociedade por ações, dos certificados de recebíveis imobiliários e de cotas de emissão de fundo de investimento em direitos creditórios, constituídos sob a forma de condomínio fechado, relacionados à captação de recursos com vistas a implementar projetos de investimento na área de infraestrutura, ou de produção econômica intensiva em pesquisa, desenvolvimento e inovação, considerados como prioritários nos termos do Decreto n. 7.603, de 2011, os rendimentos auferidos por pessoas físicas ou jurídicas sujeitam-se à incidência do imposto sobre a renda, exclusivamente na fonte, às seguintes alíquotas:
>
> I – 0% (zero por cento), quando auferidos por pessoa física;
>
> Art. 55. São isentos do imposto sobre a renda ou tributados à alíquota 0 (zero), na fonte e na declaração de ajuste anual, quando auferidos por pessoa física:

> II – a remuneração produzida por letras hipotecárias, certificados de recebíveis imobiliários e letras de crédito imobiliário;
>
> Parágrafo único. O disposto neste artigo aplica-se, inclusive, ao ganho de capital auferido na alienação ou cessão dos ativos a que se referem os incisos II a IV do *caput.*

Resta salientar, que apesar da medida ser um benefício tributário e merecer aplausos, pois fomenta a modalidade *built to suit*, a limitação da isenção para as pessoas físicas, limita a amplitude do benefício. Entretanto, a Lei n. 12.715/12, conversão da Medida Provisória n. 563/12, estendeu a (alíquota zero) do Imposto de Renda sobre os rendimentos produzidos por debêntures ligadas a projetos de investimento e infraestrutura, aos Certificados de Recebíveis Imobiliários quando pagos, creditados, entregues ou remetidos a beneficiário residente ou domiciliado no exterior, exceto em país que não tribute a renda ou que a tribute à alíquota máxima inferior a 20% (vinte por cento), ou seja, que não seja remetido para paraísos fiscais.

No entanto para fruição do benefício, os CRIs deverão seguir algumas especificidades, tais como, ser remunerados por taxa de juros prefixada, vinculada a índice de preço ou à Taxa Referencial (TR), vedada a pactuação total ou parcial de taxa de juros pós-fixada, e ainda, cumulativamente, apresentar os seguintes requisitos, prazo médio ponderado superior a 4 (quatro) anos; vedação à recompra dos CRIs pelo emissor ou parte a ele relacionada e o cedente ou originador nos 2 (dois) primeiros anos após a sua emissão e à liquidação antecipada por meio de resgate ou pré-pagamento, salvo na forma a ser regulamentada pelo CMN; inexistência de compromisso de revenda assumido pelo comprador; prazo de pagamento periódico de rendimentos, se existente, com intervalos de, no mínimo, 180 (cento e oitenta) dias; comprovação de que os certificados de recebíveis imobiliários estejam registrados em sistema de registro, devidamente autorizado pelo BACEN ou pela CVM, nas respectivas áreas de competência; e procedimento simplificado que demonstre o compromisso de alocar os recursos captados no pagamento futuro ou no reembolso de gastos, despesas ou dívidas relacionados a projetos de investimento, inclusive os voltados à pesquisa, desenvolvimento e inovação.

A medida tomada pelo governo estende a investidores estrangeiros o benefício da alíquota zero de IR, caracterizando uma isenção, não diferenciado, pessoas físicas, de pessoas jurídicas, ao contrário do que acontece com investidores nacionais, que só tem direito a isenção as pessoas físicas.

Dessa monta, está aqui demonstrado mais algumas vantagens tributárias concernentes ao BTS, nesse caso com enfoque no investidor, pessoa física nacional ou estrangeiro de modo geral, salvo os instalados em paraísos fiscais, que estão desobrigados ao pagamento do imposto de renda dos rendimentos advindos dos CRIs.

O contratado locador, cede os direitos de crédito (recebíveis) para uma empresa securitizadora; que emite CRI lastreado nos recebíveis de aluguel cedidos e os coloca no mercado; a securitizadora utiliza os recursos captados com a emissão dos CRI para pagar o valor dos aluguéis ao locador (cedente) e a securitizadora passa a receber os aluguéis diretamente da locatária.

Nessa dinâmica o contratado Locador, recebe antecipadamente os valores consubstanciados no contrato BTS para poder investir na compra do terreno, contração do imóvel ou reforma substancial do mesmo, com o recebimento do valor antecipado, pode-se pressupor que o valor recebido deve ser oferecido a tributação, contudo, caso a empresa apure seus impostos com base no regime de competência temos uma entendimento diverso, que favorece o contratado Locador é já foi aceito pela Receita federal do Brasil.

A antecipação de recursos resultante dos recebíveis do contrato BTS corresponde a uma antecipação de receita para o cedente, cuja apropriação aos resultados contábeis ocorrerá ao longo do prazo do contrato, conforme regime de competência segundo determina, o art. 177, da Lei n° 6.404, de 15 de dezembro de 1976:

> Escrituração
>
> Art. 177. A escrituração da companhia será mantida em registros permanentes, com obediência aos preceitos da legislação comercial e desta Lei e aos princípios de contabilidade geralmente aceitos, devendo observar métodos ou critérios contábeis uniformes no tempo e registrar as mutações patrimoniais segundo o regime de competência.

O § 1°, do art. 187, da Lei n. 6.404, de 15 de dezembro de 1976, preleciona:

> Art. 187. A demonstração do resultado do exercício discriminará:
>
> § 1º Na determinação do resultado do exercício serão computados:
>
> a) as receitas e os rendimentos ganhos no período, independentemente da sua realização em moeda; e
>
> b) os custos, despesas, encargos e perdas, pagos ou incorridos, correspondentes a essas receitas e rendimentos.

Dessa forma, como, para o cedente, as despesas com o empreendimento imobiliário são incorridas no decorrer do prazo de locação e o regime de competência pressupõe o confronto entre receitas e despesas, a receita correspondente ao crédito antecipado deverá ser apropriada aos resultados contábeis no transcurso do prazo de locação *(pro rata tempore)*.

Vale trazer a baila Parecer Normativo do CST n. 11[5], de 28 de janeiro de 1976, que reza sobre receitas decorrentes de arrendamento recebidas antecipadamente:

> As receitas de arrendamento em face de suas características próprias, mesmo quando recebidos antecipadamente, podem ser apropriadas nos exercícios aos quais pertencem, consagrando-se o regime de competência ou econômico, que melhor traduz a distribuição dos valores pelos períodos de determinação.
>
> Devemos lembrar que a ocorrência da disponibilidade financeira não presume a competência da receita que a originou ao exercício do seu recebimento.
>
> Dúvidas não podem existir quanto a esse entendimento, o qual é reforçado pela obrigação do arrendatário em diferir as despesas com o arrendamento.

A Solução de Consulta Interna n. 12/2012 da Coordenação Geral de Tributação da Receita Federal do Brasil, corrobora com o entendimento exposto, não restando dúvida quanto à possibilidade do reconhecimento dos valores recebidos adiantadamente pelo Locador Contratado, poderem ser reconhecidos contabilmente, para fins de apuração de impostos, ao longo do contrato *built to suit*.

---

5 http://normas.receita.fazenda.gov.br/sijut2consulta/link.action?visao=anotado&idAto=30916

Receita Federal
Coordenação-Geral de Tributação

Cosit
Fls. 1

Solução de Consulta Interna nº 12 - Cosit

Data 29 de junho de 2012

Origem SUPERINTENDÊNCIA REGIONAL DA RECEITA FEDERAL DO BRASIL DA 4ª REGIÃO FISCAL, DIVISÃO DE TRIBUTAÇÃO

ASSUNTO: **IMPOSTO SOBRE A RENDA DE PESSOA JURÍDICA**

Ementa: REGIME DE COMPETÊNCIA. ALUGUÉIS RECEBIDOS ANTECIPADAMENTE. SECURITIZAÇÃO.

Os recursos recebidos antecipadamente, pelo locador, em razão da securitização de créditos imobiliários, têm seu reconhecimento apropriado à medida do transcurso do prazo de locação.

Dispositivos Legais: Lei nº 6.404, de 15 de dezembro de 1976, arts. 177 e 187; Decreto-Lei nº 1.598, de 26 de dezembro de 1977, arts. 7º e 67; Lei nº 9.514, de 20 de novembro de 1997, arts. 3º, 6º e 8º; e Lei nº 10. 406, de 10 de janeiro de 2002, art. 286 .

O tratamento contábil fiscal dos valores antecipados ao Contratado Locador em função da securitização dos recebíveis, não trazem um benefício econômico, mas sim financeiro, propiciando que o pagamento dos tributos, seja realizado em parcelas ao longo do contrato BTS, apesar do recebimento antecipado dos valores, propiciando um cenário favorável aos negócios imobiliários pois o Contratado Locador, utiliza-se dos valores antecipados para viabilizar a construção ou reforma do imóvel, sem ser imediatamente tributado no ato do recebimento desses valores.

O Contratado Locador, caso não seja obrigado a apurar seus tributos com base no Lucro Real, conforme art. 14, da Lei 9.178/98, pode optar pelo Lucro presumido, onde a tributação dos valores recebidos no contrato BTS, perfazem as razões entre 7,68% e 10,88% dos aluguéis, a título de IR, CSLL e Adicional de IR, dependendo do valor do Lucro que exceder R$ 20.000,00 mensais,

O Cálculo dos impostos é feito com base na Presunção de Lucro de 32% sobre Faturamento, tendo em vista, que a atividade se enquadra na "Administração, locação ou cessão de bens imóveis, móveis e direitos de qualquer natureza"[6]. Assim, a Tributação incidente sobre a atividade o

6 Decreto n. 9.580, de 22 de novembro de 2018, Art. 220, § 1º III.

Contratado Locador, na maioria das vezes é mais vantajosa, se comparada com o Lucro Real, pois as despesas dedutíveis da atividade imobiliária locatícia, dificilmente perfazem 68% do Faturamento, pois normalmente são compostas da depreciação do próprio imóvel e de despesas administrativas.

Dessa forma, empresa irá tributar o IRPJ com a presunção de 32% e alíquota de IRPJ de 15%, que será de 4,80% do Faturamento, a parcela do Lucro Presumido que exceder ao valor resultante da multiplicação de R$ 20.000,00 pelo número de meses do respectivo período de apuração, sujeita-se à incidência do adicional do imposto de renda à alíquota de 10%, que será recolhido integralmente sem qualquer dedução e a CSLL terá a presunção de 32% com alíquota de 9% que será de 2,88% do Faturamento, perfazendo os valores acima demonstrados.

Quanto ao Pis e Cofins o Contratado Locador, optante pelo Lucro Presumido pagará 3,65% sobre seu faturamento, já no lucro real, o cálculo é de 9,25% podendo-se descontar os créditos decorrentes da operação. Todavia, como a atividade imobiliária locatícia, não gera muitos créditos, sendo os principais, decorrentes da depreciação do próprio imóvel, o custo tributário da apuração do lucro real para o Contratado Locador, na modalidade BTS, dificilmente é vantajosa.

Em linhas gerais, a carga tributária do Contratado Locador, se apurado com base no lucro presumido, caso a atividade advenha de somente contratos *built to suit*, chega a ser 60 % menos que no lucro real.

O contrato *built to suit*, pode-se desenhar de inúmeras maneiras, e ser composto por inúmeros atores, sendo revestidos de infindáveis cenários tributários. Ficou aqui demonstrado somente as algumas das principais vantagens tributárias advindas da modalidade BTS.

7. Conclusão

O presente trabalho, tem o humilde objetivo de trazer luz a modalidade de negócio imobiliário composto pelo contrato atípico *built to suit*, mostrando qual amplo é seu espectro, a segurança jurídica que hoje ele encontra, tanto na nossa legislação, quanto na nossa jurisprudência e algumas vantagens operacionais, jurídicas e tributárias do instituto, sem contudo pretender exaurir tema, deveras amplo e abrangente.

Referências

CILLI, Fábio. *Empreendimentos do tipo built-to-suit:* arbitragem do valor de locação em editais de concorrência. São Paulo: Escola Politécnica da Universidade de São Paulo, 2004.

FRANCIOZI, L. H. S. *Operações built to suit antes e depois da Lei n. 12.744/12*: o estudo de caso do hospital infantil Sabará. 2013. Monografia de MBA, Universidade de São Paulo, São Paulo, 2013.

GAGGINI, Fernando Schwarz. Securitização de recebíveis. São Paulo: Ed. Universitária de Direito, 2003.

GAMBÔA, Celso Augusto. *O impulso da securitização no Brasil depois da regulamentação dos Fundos de Investimento em Direitos Creditórios.* Dissertação (Mestrado em Ciências Contábeis e Financeiras) – Pontifícia Universidade Católica de São Paulo, São Paulo, 2011.

GASPARETTO, Rodrigo Ruede. *Contratos built to suit:* um estudo da natureza, conceito e aplicabilidade dos contratos de locação atípicos no direito brasileiro. São Paulo: Scortecci, 2009.

HIRATA, Alessandro; TARTAGLIA, João Manoel Meneguesso. *Built to suit:* dos aspectos contratuais ao direito de superfície. *Revista Brasileira de Direito Civil em Perspectiva*, Salvador, v. 4, n. 1, p. 145-165, Jan./Jun. 2018.

MARTINS, Ricardo Lacaz. *Tributação da renda imobiliária.* São Paulo: Quartier Latin, 2011.

RUBINIAK, Juliana. *Operações de built to suit*: A prática e novas tendências. São Paulo: Quartier Latin, 2019.

SCAVONE JUNIOR, Luiz Antonio; PERES, Tatiana Bonatti (org.). *Lei do Inquilinato comentada artigo por artigo:* visão atual na doutrina e jurisprudência. Rio de Janeiro: Forense, 2017.

VALENÇA, Marcelo José Lomba. *Built to Suit* – Operação de crédito imobiliário estruturada. *Revista de Direito Bancário e do Mercado de Capitais,* São Paulo, v. 27, 2005.

ZANETTI, Cristiano de Souza. *Built to Suit*: qualificação e consequências. *In:* BATISTA, Luiz Olavo; PRADO, Maurício Almeida (org.). *Construção civil e direito.* São Paulo. LexMagister, 2011.

6

IMPOSTO DE RENDA E PERMUTA IMOBILIÁRIA

O CASO DAS SOCIEDADES OPTANTES PELO LUCRO PRESUMIDO

Fernando Daniel de Moura Fonseca
João Paulo Kalil

1. Delimitação do objeto

O presente ensaio tem por objeto a análise dos efeitos tributários (para fins do imposto de renda das pessoas jurídicas) das operações de permuta sem torna de imóveis, realizadas por sociedades optantes pelo lucro presumido. Trata-se de cenário comum, tanto no que diz ao negócio jurídico utilizado para a estruturação do empreendimento (a permuta), quanto do ponto de vista do regime de tributação escolhido (o lucro presumido).

Em regra, recorre-se à permuta como forma de viabilizar a aquisição de um terreno por incorporadoras de empreendimentos imobiliários. É comum que o valor atribuído pelas partes permutantes ao imóvel objeto da transação tenha como referência o valor de mercado das unidades autônomas que integrarão o edifício. Em outras palavras, opta-se, ao invés de uma típica operação de compra e venda (que pressupõe a fixação de um preço), pela realização de uma permuta, em que o terreno é transferido pelo proprietário original tendo como contrapartida unidades imobiliárias autônomas, prontas ou a serem construídas. O preço (essencial ao contrato de compra e venda) acaba substituído por uma relação de troca.

Para fins de simplificação, imagine-se uma permuta em que o proprietário do terreno é uma pessoa física e que a construtora é uma pessoa jurídica (sociedade de propósito específico) optante pelo lucro presumido. No caso, o terreno foi permutado por duas unidades imobiliárias autônomas que já faziam parte do estoque da construtora, mas que ainda não haviam sido comercializadas. A pessoa física, portanto, transferiu a propriedade do terreno em troca do recebimento de dois apartamentos residenciais. Aos olhos das partes envolvidas na transação, houve equivalência entre os valores do terreno e das unidades imobiliárias autônomas.

Do ponto de vista tributário, os efeitos devem ser analisados de forma individualizada.

No caso da pessoa física, do ponto de vista patrimonial, o que se observa é a substituição do terreno pelos apartamentos. Não se nega que possa haver (e geralmente há) uma diferença entre o custo histórico do bem e seu valor de mercado no momento da transação. No entanto, esse acréscimo patrimonial (fruto da valorização) ainda não pode ser considerado renda, dada a ausência de realização, de certo incompatível com operações cujo objeto é a coisa e não o preço a ela atribuído pelas partes.

O raciocínio é idêntico para as pessoas jurídicas. Celebrado o contrato de permuta, o que se busca é a aquisição de um terreno (bem imóvel) por meio da entrega de outros bens (apartamentos). Uma vez mais, não se pode falar em preço, dado que o objeto do negócio jurídico é a troca de bens de valores equivalentes, ainda que sob a ótica das partes envolvidas. A despeito disso, questões contábeis relativas à contrapartida do reconhecimento do terreno no ativo da construtora têm suscitado controvérsias, em virtude da irrelevância das despesas para a formação da base de cálculo do imposto de renda.

A linha de pensamento do Fisco é de fácil apreensão. Resumidamente, se: *(i)* o resultado societário (lucro líquido) funciona como ponto de partida para a apuração do imposto de renda; *(ii)* no lucro presumido as receitas são utilizadas como referência para determinação da base de cálculo, desconsiderando-se as despesas; *(iii)* operações de permuta podem gerar o reconhecimento contábil de receitas; *(vi)* não há previsão legal para a exclusão de tais receitas da apuração; então, *(v)* elas devem ser oferecidas à tributação.

É necessário esclarecer que o raciocínio acima perde relevância, em termos de base de cálculo, quando a pessoa jurídica for optante pelo lucro real. É que o efeito do reconhecimento da receita irá gerar um custo de mesmo valor, na medida em que o terreno será incorporado às unidades autônomas. De um lado, portanto, tem-se uma receita. De outro lado, uma despesa de igual monta. Como no lucro real a referência é o resultado do exercício e não apenas as receitas auferidas, o efeito acaba sendo neutro.

Diante do contexto acima narrado, pode-se questionar: *(a)* o fato de uma norma contábil determinar que contratos de permuta podem gerar efeitos sobre o resultado deve ter alguma relevância para fins tributários? e *(b)* como deve ser qualificada a receita contábil decorrente de um contrato de permuta à luz das disposições do Código Civil (CC) que regulam esse tipo de contrato?

2. A intributabilidade da permuta sem torna

Sob a perspectiva normativa, as operações de permuta de imóveis foram regulamentadas, no âmbito da Receita Federal do Brasil (RFB), pela Instrução Normativa SRF (IN/SRF) n. 107/1988. No referido ato, definiu-se claramente, no que importa ao objeto do presente estudo, que haveria resultado a ser apurado apenas nas operações de permuta com a presença de torna. Nessa hipótese, o resultado auferido ficaria limitado ao valor a ela correspondente, inexistindo ganho decorrente da operação de troca. Inexistindo torna, nada necessitaria ser recolhido a título de imposto de renda, que somente seria devido por ocasião da alienação do imóvel recebido, se desta operação resultasse acréscimo patrimonial.

Percebe-se que a orientação exarada pela RFB definia não haver resultado a apurar na operação de permuta imobiliária, haja vista que o bem recebido em permuta deveria ser registrado pelo valor contábil do bem entregue, mantendo-se inalterado o patrimônio do permutante. Originalmente, o entendimento era no sentido de que a existência de resultado em operações de permuta imobiliária ocorreria (se viesse a ocorrer) apenas no momento da alienação posterior do bem e seria igualmente aplicável às sociedades optantes pelo lucro presumido.[1] Em linha análoga, há pareceres da Procuradoria Geral da Fazenda Nacional (PGFN) que, embora não tenham tratado propriamente da troca de

[1] Solução de Consulta n. 241/2008.
ASSUNTO: Imposto sobre a Renda de Pessoa Jurídica – IRPJ
EMENTA: As pessoas jurídicas que explorem atividades imobiliárias relativas a loteamento de terrenos, incorporação imobiliária, construção de prédios destinados à venda, bem como a venda de imóveis construídos ou adquiridos para revenda, deverão considerar como receita bruta o montante, em bens ou dinheiro, recebido em pagamento, relativo às unidades imobiliárias vendidas. Na hipótese de permuta de unidades imobiliárias, o valor dos bens recebidos na troca não integra a base de cálculo do IRPJ, ainda que o contribuinte tenha feito a opção pelo lucro presumido. A alienação desses bens constitui nova operação de venda.

terrenos por unidades imobiliárias, concluíram no sentido de que não se deve considerar como constituindo receita do permutante o bem recebido em permuta. São eles: Pareceres PGFN ns. 970/1991 e 454/1992.

Observa-se, todavia, mudança do entendimento adotado pela administração tributária, especialmente a partir do Parecer Normativo da Coordenação-Geral de Tributação (Cosit) n. 9/2014. Entendeu-se, na oportunidade, que o regramento posto na IN/SRF n. 107/1988 seria aplicável apenas às sociedades que apuram o imposto de renda com base no lucro real, o que foi mencionado no preâmbulo do referido ato normativo.[2] Ademais, consignou-se que, nos termos do art. 533 do CC, sendo a permuta equiparada à compra e venda, seriam a ela aplicáveis as normas tributárias atinentes ao referido instituto, devendo o recebimento do bem permutado ser considerado como receita para fins de apuração do imposto de renda.

Em resumo, o Fisco tem entendido que nas operações de permuta em que há troca de terrenos por unidades imobiliárias deve o bem recebido ser computado na receita bruta para fins de apuração do imposto de renda apurado segundo a sistemática do lucro presumido. Não tem sido aplicada, portanto, a regra de que o resultado apenas seria apurado na futura operação de alienação do bem.

Resta analisar se os fundamentos do Fisco estão calcados em premissas válidas. Para tanto, é necessário buscar compreender o que pretende a norma contábil com a previsão de que permutas envolvendo bens de naturezas diversas podem gerar ganho ou perda. E a única resposta possível será aquela que sustente a preocupação da contabilidade com a confiabilidade da informação presente nas demonstrações financeiras, o que pressupõe a relevância baseada na sua utilidade para a tomada de decisões acerca do futuro. Em razão disso, o registro contábil deve representar fidedignamente a essência dos elementos patrimoniais presentes nas demonstrações financeiras, ainda que a consequência seja o reconhecimento de efeitos

2 Preâmbulo da IN/SRF n. 107/1988: "Dispõe sobre os procedimentos a serem adotados na determinação do lucro real das pessoas jurídicas e do lucro imobiliário das pessoas físicas, nas permutas de bens imóveis.". Ocorre que o entendimento é equivocado. Quando da edição do ato normativo em referência (1988), as empresas que desenvolviam atividade imobiliária eram obrigadas a ter sua tributação regida pela sistemática do Lucro Real, somente tendo surgido a opção pelo Lucro Presumido a partir da Lei n. 9.718/1998, 10 (dez) anos depois. Assim, não poderia a IN SRF n. 107/1988 ter previsto sua aplicação extensiva ao Lucro Presumido.

patrimoniais diversos daqueles que decorreriam do regime jurídico do contrato celebrado.[3]

Aplicando-se esse raciocínio ao exemplo aqui tratado, a confiabilidade da informação deve estar relacionada à estimativa dos benefícios econômicos futuros do bem recebido em permuta, em comparação com os benefícios econômicos que eram esperados para o bem entregue. Assim, fosse adotado um registro contábil baseado no valor atribuído pelas partes à escritura pública de permuta (a despeito das questões jurídicas que tenham motivado essa escolha) o ativo recebido não estaria representado pela sua capacidade de geração de benefícios econômicos, o que poderia retirar da informação contábil a sua relevância.

A prevalência de uma preocupação apenas informacional fica ainda mais evidente quando se analisa o possível efeito patrimonial consolidado. Basta imaginar que a existência de ganho ou perda dependerá da comparação entre os benefícios econômicos que poderiam advir do bem entregue e aqueles que se acredita fluirão com a sua troca por um bem de natureza diversa. Portanto, o que pretende a contabilidade com a determinação do reconhecimento do valor justo relacionado a bens de natureza diversa é apenas evitar que o dado contábil esteja mal representado, o que ocorreria caso o registro da transação levasse em conta a presunção absoluta de equivalência de prestações.

Não se trata de uma desconsideração do negócio jurídico pela contabilidade, em razão da prevalência da substância sobre a forma, mas apenas

---

3 "E essas mesmas normas internacionais, adotadas no Brasil desde 2010, passaram também a exigir que em todas as permutas e em todas as trocas de ativos a figura do valor justo estivesse presente. Tudo para fins de melhor qualidade da informação contábil. Na permuta, passou a ser obrigatório que o ativo recebido não mais seja registrado ao custo do ativo entregue, e sim reconhecido pelo seu valor justo (que vai além do conceito de valor de mercado no caso se não existência de mercado ativo). E assim se tem, quase sempre, o reconhecimento de um resultado nesse ato por costumeiramente serem diferentes o valor justo do ativo recebido e o valor contábil do ativo entregue. É óbvio que o ativo anteriormente detido deverá ter sofrido uma modificação no seu valor de mercado, não reconhecida contabilmente até então. O reconhecimento passou a se dar na permuta, numa modificação de procedimento contábil que se afasta da rigidez do custo histórico como base de valor e do atributo da realização financeira. E o efeito se dá nas duas entidades que efetuam a permuta. Tudo em nome da melhoria da qualidade da informação contábil. O problema é querer estender os números contábeis aos efeitos da tributação." OLIVEIRA, Ricardo Mariz de. *Incorporação de ações no Direito Tributário*. Prefácio Eliseu Martins. São Paulo: Quartier Latin, 2014, p. 16-17.

do reconhecimento de que determinadas operações de permuta podem gerar ganho ou perda, caso os valores justos dos bens permutados não sejam economicamente equivalentes. Essa forma de enxergar o negócio jurídico celebrado não nega a equivalência de prestações ímnsita ao contrato de permuta, mas apenas considera que prestações equivalentes não precisam possuir valores equivalentes. Essa identidade está presente quando se considera a perspectiva subjetiva, o que não leva em consideração a eventual diferença patrimonial que pode ser causada pela troca, fruto das possíveis expectativas diversas acerca dos benefícios econômicos futuros.

É interessante notar que a determinação do ajuste a valor justo não está preocupada com o efeito patrimonial decorrente da comparação entre a receita advinda do bem recebido e o custo relacionado ao bem entregue. Se houver equivalência de benefícios econômicos esperados, essa será uma operação cujo resultado final será efetivamente zero. A receita decorrente do valor justo, então, será oposta ao custo relacionado à baixa do bem entregue. O que se pretende dizer é que a receita decorrente do valor justo não está relacionada ao exercício da atividade empresarial, mas à necessidade de que sejam realizados ajustes ao patrimônio para que o seu valor possa indicar a melhor estimativa acerca dos benefícios econômicos esperados. A existência de receita pressupõe que a expectativa se realize por meio de um negócio jurídico, em que os benefícios econômicos estarão representados pelo preço. Nessa mesma linha, a existência de lucro dependerá de que as referidas receitas superem os custos da atividade.

Veja-se que a efetiva existência de ganhos está relacionada à participação da entidade no mercado, oportunidade em que o valor outrora atribuído aos bens será (ou não) chancelado. Conforme mencionado, apenas quando o valor tiver se transformado em preço é que se poderá falar em ganhos jurídicos, em oposição à potencialidade decorrente do valor justo. É de fundamental importância enfatizar que o reconhecimento do valor justo não está relacionado à existência de preço, pois a referência está no ativo, cuja consequência da mudança acerca da sua estimativa de valor irá repercutir no resultado do exercício. Essa é uma decorrência de um padrão contábil centrado na figura do ativo.

Todo esse raciocínio conduz à conclusão de que as receitas relacionadas ao valor justo não podem ser consideradas para fins de determinação da base de cálculo do imposto de renda, pelo simples fato de que elas representam um ganho potencial, fruto da atribuição de um valor, sustentado em expectativas acerca da ocorrência de benefícios econômicos futuros. Por qualquer ângulo que se analisa a questão, não se observa a manifestação de capacidade contributiva relacionada à existência de receita ou de lucro. Se alguma capacidade há, ela está relacionada ao acréscimo (ainda que potencial) de valor ao patrimônio, que não pode ser considerado receita ou renda.

Um possível argumento em sentido contrário poderia estar relacionado ao fato de o contribuinte ter optado pelo lucro presumido. De acordo com esse regime, portanto, não haveria de se considerar a existência de lucro efetivo, dado que a referência são as receitas auferidas, sobre as quais é aplicada uma presunção de lucro. O argumento impressiona, mas parte de uma premissa equivocada, porque esse acréscimo de valor não apresenta qualquer traço de juridicidade. O efeito no resultado, que tem como origem o reconhecimento da perspectiva de valor de um ativo, não pode ser receita ou lucro, pois não revela a existência de capacidade contributiva relacionada às materialidades discriminadas constitucionalmente.

Ademais, não pode ser levado em consideração eventual argumento no sentido de que a entrega da unidade imobiliária seria uma alienação e que a receita a ser reconhecida diria respeito a essa transação. O argumento se mostra incorreto em razão de dois fundamentos essenciais: *(i)* o fato de o imóvel ter sido transferido em razão da operação de permuta não pode ignorar a tipicidade do negócio jurídico celebrado entre as partes. Contratou-se permuta e não compra e venda, de modo que os efeitos devem ser aqueles próprios de um negócio jurídico validamente celebrado; *(ii)* a receita reconhecida não tem origem no bem entregue, mas no valor justo do bem recebido. Eventualmente, na impossibilidade de se obter o valor justo do bem recebido, pode-se adotar o valor justo do ativo entregue.

Ademais, o registro contábil das operações de permuta de bens de natureza diversa não implica desconsideração dos negócios jurídicos celebrados pelas partes. Essa desconsideração ocorrerá, todavia, sempre que o Fisco pretender atribuir à visão contábil da realidade uma dimensão maior do que a norma tributária autoriza. É preciso que seja respeitado o regime jurídico do contrato de permuta, desde que correspondente à vontade manifestada pelas partes envolvidas.

Conforme noticia a doutrina civilista, não se nega a semelhança entre os contratos de permuta e de compra e venda. A despeito dessa proximidade, não se pode deixar de levar em conta uma distinção fundamental, representada pelo preço, ausente no contrato de permuta. Essa é a posição de autores do peso de Caio Mário,[4] Orlando Gomes[5] e Pontes de Miranda.[6] Este último, de maneira absolutamente didática, afirma que na permuta há uma correspectividade sem preço, entendido preço no sentido próprio, "porque um dos figurantes promete um bem, que não é dinheiro, e o outro figurante promete outro bem, que não é dinheiro".

Portanto, o contrato de troca não envolve preço, de forma que há substituição, no patrimônio, de bens cujos valores são compatíveis, já que, se não o fossem (sob a perspectiva subjetiva do permutante), o negócio não teria sido celebrado. Dessa forma, pode-se afirmar que, inexistindo preço,

---

4 A doutrina, desde os romanos, procedente à análise deste contrato, assinalava a presença dos três elementos que lhe são essenciais: a coisa, o preço e o consentimento. Estes mesmos elementos, essentialia negotii, estão ainda presentes [...]. O segundo elemento da compra e venda (...), e que a integra, na forma da lei (Código Civil, art. 482), é o preço. Não basta, porém, tal qual em relação à coisa, haja preço. É mister reúna estes alguns caracteres, sem cuja presença não chega a compor-se. A – Dinheiro. Os romanos, primitivamente, discutiram a tese da sua pecuniariedade, alinhando-se os jurisconsultos em dois campos inimigos. De um lado, os Proculeianos, sustentando: se não for em dinheiro o preço, venda não há, porém, outra espécie contratual; de outro lado, os sabinianos, admitindo com a citação de uns versos da Ilíada, que a emptio venditio se não desfigurava pelo fato de o pagamento efetuar-se em coisa diferente de dinheiro. A controvérsia atravessou gerações, e somente veio a cessar quando a codificação justinianeia amparou a tese proculeiana. No direito modeno já não subsiste dúvida. E no nosso muito menos, pois que, além da harmonia reinante entre os doutrinadores, o conceito é de direito positivo (Código Civil, art. 481), como antes da codificação de 1916 era regra corrente. PEREIRA, Caio Mário da Silva. *Instituições de direito civil:* contratos.v. 3. Rio de Janeiro: Forense, 2014, p. 177-180.

5 Historicamente, a troca precede à compra e venda. Antes da economia monetária, era o instrumento jurídico da circulação de bens [...] Na permuta, um dos contratantes promete uma coisa em troca de outra. Na compra e venda, a contraprestação há de se consistir, necessariamente, em dinheiro. Na troca não há preço, como na compra e venda, mas é irrelevante que as coisas permutadas tenham valores desiguais. Se a troca for de moedas, havendo ágio, o contrato será de compra e venda. Equivale, também, a venda, se entre ascendentes de descendentes com valores desiguais, mas somente para exigir consentimento expresso dos outros descendentes [...]. Não é da essência da troca que as coisas tenham igual valor. A desigualdade somente desfigura a permuta, quando o contratante, que dá coisa de valor menor, completa sua prestação com dinheiro e o complemento é mais valioso. – nesse caso vira uma compra e venda. GOMES, Orlando. *Contratos.* 18. ed. Rio de Janeiro: Forense, 1999, p. 268-271.

6 PONTES DE MIRANDA, Francisco Cavalcante. *Tratado de direito privado:* parte especial. Direito das Obrigações. Compra e venda. Atualização Claudia Lima Marques. São Paulo: Editora Revista dos Tribunais, 2012. t. 39, p. 457-474.

não se pode falar em renda. É que, uma vez mais, preço relaciona-se à ideia de renda, já que se constitui na quantificação atribuída a determinado bem em operação efetivamente realizada no mercado, gerando ingresso de direitos no patrimônio do vendedor. O valor, por sua vez, vincula-se não à renda, mas ao patrimônio, que não é fato gerador do imposto em discussão. A mera troca de bens, que não se dá mediante obrigação de pagar, não pode ser considerada no cálculo da receita tributável no lucro presumido.

3. A posição da jurisprudência

3.1. A jurisprudência do Conselho Admnistrativo de Recursos Fiscais (CARF)

No âmbito do CARF, nota-se a presença de julgados diversos a respeito do objeto do presente artigo. No Caso Criciúma Construções, por exemplo, entendeu o Relator que a intributabilidade da permuta equivaleria a uma opção pelo presumido acompanhada de vantagens inerentes à sistemática de tributação com base no lucro real, o que não se poderia tolerar. Do ponto de vista de legislação, jusitificou-se a inaplicabilidade da IN/SRF n. 107/98 aos contribuintes optantes pelo lucro presumido. Em termos gerais, entendeu-se que a exclusão da receita de permuta teria o condão de trazer para o lucro presumido os efeitos das despesas no lucro real.

O trecho abaixo transcrito elucida bem o posicionamento adotado:

> Ora, se a Recorrente optou por apurar o seu lucro tributável pela sistemática denominada por "lucro presumido", deve arcar com o ônus e o bônus dessa opção. Nesta sistemática, o lucro é calculado a partir de índices previamente fixados pela lei que devem incidir sobre a receita total auferida; por outro, não é possível apropriarse de custos ou despesas, como se faz na sistemática de apuração por "lucro real", de modo a abater do valor da receita bruta tributável os custos decorrentes das permutas de bens imóveis. No caso da apuração pela sistemática do "lucro presumido", a lei não diferenciou a receita tributável decorrente do recebimento em pecúnia ("dinheiro") ou em bens. A incidência se dá indistintamente, desde que ocorra o auferimento de receita em decorrência da venda de mercadoria, da prestação de serviços ou da conjugação de ambos, independentemente da forma de pagamento empregada. Ademais, o Código Civil/2002 estabeleceu que as operações de troca ou per-

> muta submetessemse às mesmas disposições relativas às operações de compra e venda (art. 533) e, ainda, que no caso de dação em pagamento o preço da coisa dada seguirá as regras das normas das operações de compra e venda (art. 357).[7]

Passando-se a análise de outros julgados do CARF, merece destaque o julgamento do Caso Marina Park,[8] decido de forma favorável ao Fisco pelo extinto voto de qualidade. Novamente, prevaleceu o entendimento acerca da inaplicabilidade da IN/SRF n. 107/98 ao lucro presumido. O voto vencedor ainda teceu considerações a propósito da opção pelo regime de caixa no lucro presumido. Esclareceu que a permuta tem o condão de caracterizar a liquidação da operação, de tal sorte que as receitas de permuta poderiam ser consideradas como "recebimento do preço (...), a qualquer título".

Os acórdãos acima revelam que o objeto central da análise pelo Relator não levou em conta os argumentos suscitados no presente trabalho. A suposta incompatibilidade entre o não oferecimento do "resultado da permuta" à tributação e a sistemática do lucro presumido decorreu de uma aparente atribuição de efeitos às despesas, fruto da constatação da neutralidade dessa transação em termos de lucro líquido. Ocorre que essa visão assume uma premissa equivocada, consistente na consideração de que o resultado contábil atribuído à permuta revela a juridicidade inerente ao conceito jurídico de receita. No entanto, como sustentado no tópico anterior, o problema não está na oposição entre receitas e despesas de mesmo valor, mas na inexistência de receita jurídica quando o registro contábil encontrar fundamento na expectativa de resultados futuros.

A jurisprudência atual da Câmara Superior de Recursos Fiscais (CSRF) é em sentido favorável à não tributação das operações de permuta. A propósito, pode-se mencionar o julgamento do Caso Vertical Construções e Incorporações (Processo n. 11080.001020/2005-94, sessão de 10/11/2020), resolvido em favor dos contribuintes. O raciocínio

---

7 BRASIL. Conselho Administrativo de Recursos Fiscais. Acórdão n. 1201-001.813. Recorrente: CRICIÚMA CONSTRUÇÕES LTDA. Recorrida: FAZENDA NACIONAL. Relator. Conselheiro José Carlos de Assis Guimarães. Brasília, 2017.

8 BRASIL. Conselho Administrativo de Recursos Fiscais. Acórdão n. 9101-004.364. Recorrente: MARINA PARK EMPREENDIMENTOS IMOBILIÁRIOS LTDA - EPP . Interessada: FAZENDA NACIONAL. Relator Demetrius Nichele Macei . Brasília, 2017.

desenvolvido no voto contudor assume a equivalência jurídica da relação de troca havida entre as partes, o que impediria a existência de uma diferença positiva apta a ser tributada. Dito de outro modo, o registro contábil foi desconsiderado, na medida em que teria ignorado o regime jurídico dos contratos de permuta, assentados na correspondência dos bens objeto de troca.

O atual posicionamento do CARF mostra-se correto. A menos que o Fisco consiga demonstrar que o contrato de permuta fora utilizado para dissimular a existência de compra e venda, hipótese em que o valor atribuído pelas partes à operação seria preço, a simples constatação de que a contabilidade admite a existência de resultado em operações de troca não é capaz de se relativizar a equivalência civil de valores. Isso se mostra ainda mais correto quando se observa o posicionamento da norma contábil, no sentido de que a troca de terrenos por unidades imobiliárias envolve operações com bens de naturezas distintas, o que não se mostra compatível com o CC.

3.2. O posicionamento do Poder Judiciário

A controvérsia objeto do presente ensaio não é desconhecida do Poder Judiciário. No âmbito dos Tribunais Regionais Federais (TRFs), por exemplo, pode-se encontrar acórdãos diveros no sentido da intributabilidade da permuta sem torna.[9] A linha de raciocínio adotada leva em

---

[9] EMENTA: TRIBUTÁRIO. EMBARGOS À EXECUÇÃO FISCAL. NULIDADE DA CDA. PROVA PERICIAL. DESNECESSIDADE. PROVA ILÍCITA. IRPJ. RECEITA BRUTA. ACRÉSCIMO COBRADO SOBRE VENDAS A PRAZO. RECEBIMENTO DE IMÓVEIS EM PAGAMENTO. LEI n. 9.718/98. 1. A produção de provas visa à formação do juízo de convicção do magistrado, nos termos do art. 130 do CPC, descabendo a alegação de cerceamento de defesa pelo indeferimento de dilação probatória. 2. Nos termos do art. 333, I, do CPC, é ônus processual da embargante demonstrar o fato constitutivo do seu direito e não apenas em decorrência dessa regra processual é que se impõe o ônus probatório à embargante, mas também porque compete a ela infirmar a presunção relativa de certeza e liquidez de que goza a certidão de dívida ativa (art. 3° da Lei n. 6.830/80). 3. O fato da prova produzida em outro processo não substituir a prova dos próprios autos não a torna prova ilícita nem ilegítima, apenas implica que essa prova emprestada seja valorada pelo julgador no caso concreto, a partir das regras do convencimento do juiz. 4. Correção monetária e os juros compensatórios, recebidos nas vendas a prazo, não se enquadram no conceito de 'receitas financeiras', visto que tais valores devem ser tributados como receita bruta. 5. As pessoas jurídicas que explorem atividades imobiliárias relativas a

conta a natureza de mera subistuição de bens, o que previne a ocorrência de ganhos passíveis de tributação. Uma vez mais, confere-se relevância à equivalência oriunda do direito privado.

O raciocínio acima não se altera diante de pessoa jurídica optante pelo lucro presumido. Nas palavras do Des. Relator:

> (...) na operação de permuta haverá apenas uma substituição de ativos, o que evidentemente de modo algum caracteriza o conceito de receita, na medida em que nem todo o ingresso no patrimônio da pessoa jurídica se amolda a esse conceito. Vale ressaltar que, ao se falar em receita, pressupõe-se o recebimento de dinheiro, de maneira definitiva, em razão de celebração de negócio jurídico. Portanto, somente a torna eventualmente recebida nas operações de permuta deve ser oferecida à tributação do IRPJ, pelas empresas optantes pelo lucro presumido, respeitando-se o princípio da capacidade contributiva, na medida em que não há ingresso financeiro na operação de permuta, ou melhor, há apenas uma troca de ativos.[10]

Em sentido semelhante, merece destaque trecho de outro acórdão, também oriundo do TRF4.[11] É ver:

> (...) equiparar a permuta com a compra e venda ao dispor tem entendido que a previsão do art. 533 não é apta a ensejar a cobrança

---

loteamento de terrenos, incorporação imobiliária, construção de prédios destinados à venda, bem como a venda de imóveis construídos ou adquiridos para revenda, deverão considerar como receita bruta o montante, em bens ou dinheiro, recebido em pagamento, relativo às unidades imobiliárias vendidas. 6. Os imóveis de menor valor recebidos como parte do pagamento não integram a base de cálculo do IRPJ, sendo considerado permuta de unidades imobiliária. 7. O colendo STF, em controle difuso de constitucionalidade, entendeu inconstitucional a alteração na base de cálculo do PIS e da COFINS, levada a efeito pelo § 1º do art. 3º da Lei n. 9.718/98. BRASIL. Tribunal Regional Federal da 4ª Região. Acórdão n. 5007727-55.2010.4.04.7200. Apelante: Magno Martins Engenharia Ltda. União- Fazenda Nacional. Apelado: os mesmos. Relator. Des. Otávio Roberto Pamplona. Porto Alegre, 2010.

10 BRASIL. Tribunal Regional Federal da 4ª Região. Acórdão n. 5007727-55.2010.4.04.7200. Apelante: Magno Martins Engenharia Ltda. União- Fazenda Nacional. Apelado: os mesmos. Relator. Des. Otávio Roberto Pamplona. Porto Alegre, 2010.

11 BRASIL. Tribunal Regional Federal da 4ª Região. Acórdão n. 5008582-16.2019.4.04.7104. Apelante: LUCIETTO CONSTRUTORA E INCORPORADORA LTDA. Apelado UNIÃO – FAZENDA NACIONAL. Relator. Juíza Federal. Carla Evelise Justino Hendges. Porto Alegre, 2019. Disponível em: <https://jurisprudencia.trf4.jus.br/pesquisa/inteiro_teor.php?orgao=1&numero_gproc=40001989991&versao_gproc=3&crc_gproc=fc78c64e> Acesso em: 27 abr. 2021.

> de tributos sobre a permuta, pois não há lucro por parte da empresa, tendo em vista que apenas ocorre uma "substituição de ativos". Apenas a torna seria passível de tributação, pois nesse caso ocorre ingresso financeiro no patrimônio da pessoa jurídica. O valor do imóvel recebido em permuta, na parte que equivale ao valor do outro imóvel permutado, não representa riqueza nova, nem receita bruta, de forma que este valor não é passível da incidência do IRPJ, CSLL, PIS e COFINS. Não há ingresso financeiro na operação de permuta, ou melhor, há apenas uma troca de ativos.[12]

Pode-se afirmar que a jurisprudência do Superior Tribunal de Justiça ("STJ") segue linha parecida. É o que se depreende do REsp 1.733.560/SC,[13]

---

12 BRASIL. Tribunal Regional Federal da 4ª Região. Acórdão n. 5008582-16.2019.4.04.7104. Apelante: LUCIETTO CONSTRUTORA E INCORPORADORA LTDA. Apelado UNIÃO – FAZENDA NACIONAL. Relator. Juíza Federal. Carla Evelise Justino Hendges. Porto Alegre, 2019. Disponível em: <https://jurisprudencia.trf4.jus.br/pesquisa/inteiro_teor.php?orgao=1&numero_gproc=40001989991&versao_gproc=3&crc_gproc=fc78c64e> Acesso em: 27 abr. 2021.

13 TRIBUTÁRIO E PROCESSUAL CIVIL. TROCA DE IMÓVEIS. INEXISTÊNCIA DE COMPROVAÇÃO DE LUCRO DA EMPRESA. IMPOSSIBILIDADE DE EQUIPARAÇÃO COM A COMPRA E VENDA. ESFERA TRIBUTÁRIA. EXEGESE CORRETA DO TRIBUNAL DE ORIGEM. FALTA PARCIAL DE PREQUESTIONAMENTO. AUSÊNCIA DE OMISSÃO. ART. 1.022, II, DO CPC. 1. A parte recorrente sustenta que o art. 1.022, II, do CPC foi violado, mas deixa de apontar, de forma clara, o vício em que teria incorrido o acórdão impugnado. Assim, é inviável o conhecimento do Recurso Especial nesse ponto, ante o óbice da Súmula 284/STF. 2. A indicada afronta ao art. 521 do CCom; aos arts. 2º e 3º da Lei 9.718/1998; aos arts. 224, 518 e 519 do Decreto 3.000/1999 não pode ser analisada, pois o Tribunal de origem não emitiu juízo de valor sobre esses dispositivos legais. O Superior Tribunal de Justiça entende ser inviável o conhecimento do Recurso Especial quando os artigos tidos por violados não foram apreciados pelo Tribunal a quo, a despeito da oposição de Embargos de Declaração, haja vista a ausência do requisito do prequestionamento. Incide, na espécie, a Súmula 211/STJ. 3. A Corte a quo interpretou corretamente o art. 533 do CC, porquanto o contrato de troca ou permuta não deverá ser equiparado na esfera tributária ao contrato de compra e venda, pois não haverá, na maioria das vezes, auferimento de receita, faturamento ou lucro na troca. Nesse sentido a lição do professor Roque Antônio Carrazza, em seu livro Imposto sobre a Renda, ed. Malheiros, 2ª edição, pag. 45, para quem "renda e proventos de qualquer natureza são os acréscimos patrimoniais líquidos ocorridos entre duas datas legalmente predeterminadas." 4. O dispositivo em comento apenas salienta que as disposições legais referentes à compra e venda se aplicam no que forem compatíveis com a troca no âmbito civil, definindo suas regras gerais. 5. Recurso Especial parcialmente conhecido, e, nessa parte, não provido BRASIL. Superior Trinunal de Justiça. Recurso Especial n. 1733560 SC 2018/0076511-6. Recorrente: Fazenda Nacional. Recorrido: FRECHAL

de relatoria do Min. Herman Benjamin, em que foi mantida decisão recorrida. O voto do e. Relator nega a possibilidade de que a permuta possa ser equiparada à compra e venda, levando à constatação acerca da inexistência de resultado positivo em operações de troca.

Em consonância com os comentários tecidos a respeito da jurisprudência do CARF, pode-se afirmar que o Poder Judiciário vem adotando a necessidade de deferência ao regime jurídico do contrato de permuta, especialmente no que tange ao conceito de equivalência de prestações. Em outras palavras, a ideia de troca não admite a configuração de riqueza nova, o que é pressuposto da existência de renda para fins tributários.

Na medida em que a não tributação da operações de permuta passa pelos conceitos de renda e de receita, mostra-se relevante demonstrar que o entendimento do STJ não parece conflitar com decisões relevantes proferidas no âmbito do Supremo Tribunal Federal (STF). A propósito, a Suprema Corte examinou em reiteradas oportunidades, o escopo do conceito de receita (que é a referência para fins de incidência do lucro presumido), diferenciando meros ingressos financeiros das receitas tributáveis, aqui compreendidas como gênero associado às espécies faturamento e receita bruta.

Para ilustrar, é possível citar a definição adotada pelo Tribunal no julgamento do Recurso Extraordinário n. 606.107/RS, que tratou como inconstitucional a incidência das contribuições sobre valores recebidos por exportadoras pelo repasse de créditos de ICMS (Tema n. 283 da Repercussão Geral),[14] e do Recurso Extraordinário n. 574.706/PR, que consolidou a tese segundo a qual o ICMS não pode integrar a base de cálculo do PIS e da Cofins (Tema n. 69 da Repercussão Geral).[15]

CONSTRUÇÕES E INCORPORAÇÕES LTDA. Ministro Herman Benjamin. 2018. Disponível em: <https://www.stj.jus.br/websecstj/cgi/revista/REJ.cgi/ATC?seq=82796020&tipo=51&nreg=201800765116&SeqCgrmaSessao=&CodOrgaoJgdr=&dt=20181121&formato=PDF&salvar=false>.

14 Tese fixada no Tema n. 283 do STF: "[é] inconstitucional a incidência da contribuição ao PIS e da COFINS não cumulativas sobre os valores recebidos por empresa exportadora em razão da transferência a terceiros de créditos de ICMS." BRASIL. Supremo Tribunal Federal (Tribual Pleno). Recurso Especial n. 606107. Relatora: Ministra Rosa Weber, 22 mai. 2013.

15 Tese fixada no Tema n. 69 do STF: "[o] ICMS não compõe a base de cálculo para a incidência do PIS e da COFINS." BRASIL. Supremo Tribunal Federal (Tribual Pleno). Recurso Especial n. 574706 Relatora: Ministra Cármen Lúcia, 15 mar. 2017.

4. Conclusão

Em virtude do exposto, pode-se afirmar a absoluta incompatibilidade entre o regime jurídico dos contratos de permuta e a base de cálculo do imposto de renda. A equivalência jurídica de prestações, ínsita às relações de troca, impede a existência de ganhos realizados, uma vez que a eventual diferença de valores será apenas econômica, fruto da consideração de expecativas pela contabilidade, o que não se coaduna com o conceito jurídico de receita e de renda.

Referências

BRASIL. *Instrução Normativa SRF n. 104 de 24 de agosto de 1998.* Estabelece normas para apuração do Lucro Presumido com base no regime de caixa. Disponível em: <http://normas.receita.fazenda.gov.br/sijut2consulta/link.action?visao=anotado&idAto=14652>

BRASIL. *Instrução Normativa SRF n. 107 de 14 de julho de 1988.* Dispõe sobre os procedimentos a serem adotados na determinação do lucro real das pessoas jurídicas e do lucro imobiliário das pessoas físicas, nas permutas de bens imóveis. Disponível em: <http://normas.receita.fazenda.gov.br//sijut2consulta/link.action?visao=original&idAto=14681>

BRASIL. *Lei n. 8. 981, de 20 de janeiro de 1995.* Altera a legislação tributária Federal e dá outras providências. Disponível em: http://www.planalto.gov.br/ccivil_03/leis/l8981.htm.

BRASIL. *Lei n. 10. 406, de 10 de janeiro de 2002.* Código Civil. Disponível em: http://www.planalto.gov.br/ccivil_03/leis/2002/L10406compilada.htm.

BRASIL. *Lei n. 10. 522, de 19 de julho de 2002.* Dispõe sobre o Cadastro Informativo dos créditos não quitados de órgãos e entidades federais e dá outras providências. Disponível em: http://www.planalto.gov.br/ccivil_03/leis/2002/l10522.htm.

BRASIL. Conselho Administrativo de Recursos Fiscais. Acórdão n. 1201-001.813. Recorrente: CRICIÚMA CONSTRUÇÕES LTDA. Recorrida: FAZENDA NACIONAL. Relator. Conselheiro José Carlos de Assis Guimarães. Brasília, 2017. Disponível em: <https://acordaos.economia.gov.br/acordaos2/pdfs/processados/11516720456201248_5757554.pdf>

BRASIL. Conselho Administrativo de Recursos Fiscais. Acórdão n. 9101-004.364. Recorrente: MARINA PARK EMPREENDIMENTOS IMOBILIÁRIOS LTDA. – EPP . Interessada: FAZENDA NACIONAL. Relator Demetrius Nichele Macei. Brasília, 2017. Disponível em: <https://acordaos.economia.gov.br/acordaos2/pdfs/processados/11080102817200346_6082178.pdf>

BRASIL. Conselho Administrativo de Recursos Fiscais. Acórdão n. 11080-001020/2005-94. Relator Sandra Maria Faroni. Brasília, 2008. Disponível em: <https://carf.fazenda.gov.br/sincon/public/pages/ConsultarJurisprudencia/listaJurisprudencia.jsf?idAcordao=4697539>.

BRASIL. Supremo Tribunal Federal (Tribual Pleno). Recurso Especial n. 574706 Relatora: Ministra Cármen Lúcia, 15 mar. 2017.

BRASIL. Supremo Tribunal Federal (Tribual Pleno). Recurso Especial n. 606107. Relatora: Ministra Rosa Weber, 22 mai. 2013.

BRASIL. Superior Trinunal de Justiça. Recurso Especial n. 1733560 SC 2018/0076511-6. Recorrente: Fazenda Nacional. Recorrido: FRECHAL CONSTRUÇÕES E INCORPORAÇÕES LTDA. Ministro Herman Benjamin. 2018. Disponível em: <https://www.stj.jus.br/websecstj/cgi/revista/REJ.cgi/ATC?seq=82796020&tipo=51&nreg=201800765116&SeqCgrmaSessao=&CodOrgaoJgdr=&dt=20181121&formato=PDF&salvar=false> Acesso em: 27 abr. 2021.

BRASIL. Tribunal Regional Federal da 4ª Região. Acórdão n. 5007727-55.2010.4.04.7200. Apelante: Magno Martins Engenharia Ltda. União- Fazenda Nacional. Apelado: os mesmos. Relator. Des. Otávio Roberto Pamplona. Porto Alegre, 2010. Disponível em: <https://jurisprudencia.trf4.jus.br/pesquisa/inteiro_teor.php?orgao=1&documento=6159006>.

BRASIL. Tribunal Regional Federal da 4ª Região. Acórdão n. 5008582-16.2019.4.04.7104. Apelante: LUCIETTO CONSTRUTORA E INCORPORADORA LTDA. Apelado UNIÃO – FAZENDA NACIONAL. Relator. Juíza Federal. Carla Evelise Justino Hendges. Porto Alegre, 2019. Disponível em: <https://jurisprudencia.trf4.jus.br/pesquisa/inteiro_teor.php?orgao=1&numero_gproc=40001989991&versao_gproc=3&crc_gproc=fc78c64e>.

CONSELHO ADMINISTRATIVO DE RECURSO FISCAIS. Reestruturação do CARF e a Operação Zelotes. *Audiência Pública na CDC- 15.07.* Disponível em: <https://www2.camara.leg.br/atividade-legislativa/comissoes/comissoes-permanentes/cdc/apresentacoes-em-eventos/realizadas-em-2015/15-07-15-operacao-zelotes/apresentacao-min-levy> Acesso em: 01 maio 2021.

GOMES, Orlando. *Contratos.* 18. ed. Rio de Janeiro: Forense, 1999.

OLIVEIRA, Ricardo Mariz de. *Incorporação de ações no Direito Tributário.* Prefácio Eliseu Martins. São Paulo: Quartier Latin, 2014.

PEREIRA, Caio Mário da Silva. *Instituições de Direito Civil:* contratos.v. 3. Rio de Janeiro: Forense, 2014.

PONTES DE MIRANDA, Francisco Cavalcante. *Tratado de Direito Privado:* parte especial. Direito das Obrigações. Compra e venda. Atualização Claudia Lima Marques. São Paulo: Editora Revista dos Tribunais, 2012.

7

TRIBUTAÇÃO DAS PERMUTAS NO SETOR IMOBILIÁRIO

Gustavo André Muller Brigagão
Eduardo Barboza Muniz

RESUMO

O presente artigo tem como objetivo examinar os aspectos tributários das operações de permuta realizadas no setor imobiliário. Inicialmente, traçaremos breve histórico do contrato de permuta no direito brasileiro para, em seguida, examinar os respectivos impactos tributários à luz do princípio da realização da renda. Os autores concluem pela neutralidade fiscal das operações de permuta sem torna, em consonância com a atual jurisprudência dos tribunais superiores.

Palavras chave: *contrato de permuta, tributação, princípio da realização.*

ABSTRACT

The purpose of this article is to examine the tax aspects of barter agreements carried out in the real estate sector. First, we will present a brief legal history of barter agreements in Brazil. Subsequently, the corresponding tax impacts will be examined under the light of the effective availability of the gain principle. The authors conclude that barter agreements which do not involve supplementary cash payments are tax neutral transactions, in line with the understanding of the superior courts.

Keywords: *Barter agreements, taxation, realization principle.*

1. Introdução

Antes de iniciar a abordagem do exame do tema objeto deste estudo, cabe-nos agradecer o gentil convite formulado pelo Prof. João Paulo

Fanucchi de Almeida Melo para participarmos desta obra, bem como enfatizar o quanto nos honra e alegra estarmos entre aqueles que fazem esta justíssima homenagem ao Prof. Valter Lobato.

O ilustre professor marca não só pela solidariedade, parceria e gentileza com que trata todos aqueles que o cercam, como também pelo brilho, criatividade e vasto conhecimento jurídico com que realiza as suas atividades profissionais e acadêmicas.

Vida longa a este valioso mineiro!

Agora, vamos ao tema. O Brasil é o quinto país mais populoso do mundo. Não obstante, a sua participação no valor adicionado bruto global na construção civil no ano de 2015 foi de apenas 3%, ao passo que nações como Estados Unidos e China responderam, respectivamente, por 16% e 17% (ERNEST YOUNG, 2017, p. 5).

Esses dados evidenciam o relevante potencial de crescimento da atividade imobiliária no mercado brasileiro que, recentemente, foi sensivelmente abalado por fatores adversos, como a crise econômica e de saúde pública decorrente da Covid-19.

O custo tributário de qualquer transação é elemento da maior relevância na tomada de decisões empresariais. A correta compreensão das possíveis repercussões fiscais dos negócios jurídicos que envolvem ativos imobiliários é indispensável para a expansão do segmento.

As permutas, ou trocas, são negócios jurídicos constantemente celebrados por pessoas jurídicas e indivíduos que se dedicam à atividade imobiliária. Não raramente, a própria aquisição do terreno em que se desenvolve o empreendimento ocorre por meio de permuta com futuras unidades imobiliárias. Em outros casos, imóveis são permutados por bens de natureza diversa, como ações ou quotas de pessoas jurídicas.

Atualmente, as autoridades fazendárias adotam o entendimento de que permutas podem gerar repercussões tributárias aos permutantes, ainda que não envolvam qualquer pagamento suplementar em dinheiro (torna).

No presente estudo, demonstraremos a impropriedade da tributação de ganhos fictícios eventualmente verificados em permutas sem torna, por não existir na hipótese evento de efetiva realização da renda ou receita. Abordaremos, ainda, o regime jurídico das permutas imobiliárias e as controvérsias próprias do setor.

2. Considerações preliminares acerca do contrato de permuta

A permuta, também denominada troca, escambo ou barganha, é o "contrato mediante o qual uma das partes se obriga a transferir à outra uma coisa, recebendo em contraprestação coisa diversa, diferente de dinheiro" (PEREIRA, 2017, p. 95).

Em breve digressão histórica, constata-se que a permuta foi regulamentada pelo Código Comercial de 1850, cujo art. 221 estabeleceu que o "contrato de troca ou escambo mercantil opera ao mesmo tempo duas verdadeiras vendas, servindo as coisas trocadas de preço e compensação recíproca".

Eliseu Martins, Santos e Canado observam que o tratamento da permuta como "duas verdadeiras vendas" no contexto do Código Comercial decorria da compreensão, até então prevalecente, de que a permuta seria, em essência, uma compra e venda com pagamento do preço em bens (MARTINS, SANTOS e CANADO, 2017, p. 92).

O Código Civil de 1916 (CC/16) introduziu modificações no regime jurídico das permutas, tendo determinado que "aplicam-se à troca as disposições referentes à compra e venda, com as seguintes modificações: I – Salvo disposição em contrário, cada um dos contratantes pagará por metade as despesas com o instrumento da troca. II – São nulas as trocas desiguais entre ascendentes e descendentes, sem consentimento expresso dos outros descendentes" (art. 1.164).

Com a vigência do Código Civil de 2002 (CC/02), foi revogado o art. 221, do Código Comercial. O art. 533, do novo código, regulamentou a permuta de forma similar ao texto adotado pelo CC/16[1]. É interessante notar que "as normas que sucederam o Código Comercial não repisaram que a permuta envolve dois contratos de compra e venda, assim como não repisaram que as coisas trocadas funcionam como preço da transação" (CARSONI, 2019, p. 309).

Todas as coisas que não sofram indisponibilidade legal, natural ou voluntária podem ser permutadas. Ademais, a permuta pode ocorrer com ou

---

1 Art. 533. Aplicam-se à troca as disposições referentes à compra e venda, com as seguintes modificações: I – salvo disposição em contrário, cada um dos contratantes pagará por metade as despesas com o instrumento da troca; II – é anulável a troca de valores desiguais entre ascendentes e descendentes, sem consentimento dos outros descendentes e do cônjuge do alienante.

sem torna. Na permuta com torna, uma das partes, além da obrigação de dar o bem objeto da permuta, compromete-se a efetuar pagamento suplementar em dinheiro. Na permuta sem torna, há unicamente a troca de bens.

Não raramente, duas partes permutam bens cujos valores de mercado são diversos. Tal pode ocorrer, por exemplo, na hipótese em que uma das partes vislumbra potencial de valorização do ativo a ser adquirido, avaliando que a troca será vantajosa no longo prazo.

Quando os valores de mercado divergem, uma parte poderá, eventualmente, auferir ganho contábil com o ativo recebido. De acordo com o novo padrão contábil (IFRS), trocas que envolvem bens ou serviços "não similares" exigem o reconhecimento de receita a ser mensurada com base no valor justo do bem ou serviço recebido (item 12, do Pronunciamento CPC 30).

Em síntese, se a "natureza do ativo recebido for diferente da do entregue, há uma mudança na qualidade do ativo. Logo, mesmo que a permuta seja sem torna, há que se reconhecer a mudança dessa qualidade e isso é feito pelo registro da receita da venda e baixa do custo" (MARTINS, SANTOS e CANADO, 2017, p. 99).

Nesse contexto é que surgem as controvérsias tributárias, em decorrência da compreensão das autoridades fazendárias de que "receitas" contábeis registradas em decorrência da permuta de ativos podem, a depender das circunstâncias, gerar repercussões tributárias, ainda que o negócio jurídico se dê sem torna.

A título ilustrativo, cite-se a posição adotada pela Procuradoria-Geral da Fazenda Nacional (PGFN) no Parecer CAT 1.722/2013, em que o órgão sustentou ser "possível tributar pelo imposto sobre a renda a diferença positiva, via ganho de capital, existente entre o custo de aquisição e o valor dos bens mobiliários permutados no momento em que é feita tal operação, independentemente da existência de torna".

3. Princípio da realização da renda e a tributação das permutas

Fenômenos contábeis somente produzirão repercussões tributárias nos exatos limites impostos pela ordem jurídica. Com acerto, o STF firmou a compreensão de que o conceito constitucional de receita "não se confunde com o conceito contábil" (RE 606.107/RS, Tribunal Pleno, julgado em 22/05/2013), distinguindo, assim, meros eventos contábeis de verdadeiras manifestações de capacidade contributiva.

Klaus Tipke assinala que a capacidade contributiva é o verdadeiro parâmetro de justiça fiscal. Desse princípio, decorre que todo "cidadão deve pagar impostos em conformidade com o montante de sua renda disponível para o pagamento de impostos; toda empresa deve pagar impostos de acordo com o montante de seu lucro" (TIPKE, 1998, pp. 60-70). A renda (ou receita) indisponível não representa verdadeira manifestação de capacidade contributiva, posto que o indivíduo ou pessoa jurídica dela não dispõe para pagar tributos.

Por essa razão, o art. 43, do Código Tributário Nacional (CTN), estabelece que o Imposto sobre a Renda (IR) tem como fato gerador a aquisição da "disponibilidade econômica ou jurídica" da renda, assim compreendida o produto do capital, do trabalho ou da combinação de ambos, ou de proventos de qualquer natureza. O contribuinte, naturalmente, é o "titular da disponibilidade a que se refere o artigo 43" (art. 45, do CTN).

Ao exigir que a efetiva disponibilidade da renda, o ordenamento busca evitar a tributação de ganhos meramente latentes ou virtuais. Deve-se aguardar o momento em que tais ganhos são efetivamente realizados, para que, então, o imposto possa incidir.

Nesse sentido, Xavier assinala que a lei brasileira consagrou "em matéria de imposto sobre a renda das pessoas jurídicas o princípio da realização, segundo o qual os rendimentos, ganhos de capital e demais proventos só devem ser submetidos a imposto quando efetivamente realizados e não enquanto permanecerem num estado meramente potencial ou virtual" (XAVIER, p. 1, 2000).

Em outros termos, exige-se evento que configure a realização da renda para que o fato gerador se concretize. Se o acréscimo verificado no patrimônio do contribuinte ainda é incerto, tem-se que a renda correspondente não está disponível e, portanto, não foi realizada. Sobre o tema, Schoueri acertadamente conclui que (SCHOUERI, 2019, p. 32):

> Ao delimitar a competência do Imposto de Renda, o CTN permite a incidência sobre um produto ou acréscimo patrimonial, mas, observando a ideia de capacidade contributiva, refere-se à aquisição de disponibilidade. Disponibilidade para que? Para poder contribuir com os gastos da coletividade.

Em forte conexão com a ideia de realização da renda, cunhou-se o princípio da monetarização, que impõe interpretação objetiva do conceito de renda, de modo a restringi-lo aos benefícios econômicos que possam ser quantificados mediante o fluxo de moeda que gravita para o patrimônio do sujeito passivo (RENCK, 2001, p. 108). Em outras palavras, além de disponível, a renda apta a ensejar tributação deve ser quantificável de forma de segura. Com efeito, não seria lícita a tributação de renda imensurável, ante a inexistência de base de cálculo definida.

Embora a realização seja princípio usualmente relacionado com os tributos que incidem sobre a renda ou lucro, como o IR e a CSLL, o STF firmou a compreensão de que o conceito de receita, base de cálculo das contribuições PIS/COFINS, reporta-se a um "ingresso financeiro que se integra no patrimônio na condição de elemento novo e positivo, sem reservas ou condições" (RE 606.107/RS, Tribunal Pleno, julgado em 22/05/2013).

Dessa compreensão, resta evidente que também o conceito de "receita" deve ser interpretado em consonância com o princípio da capacidade contributiva, de forma a evitar que a tributação de ganhos contábeis que não se incorporam verdadeiramente ao patrimônio do contribuinte.

Embora o art. 145, § 1º, da CF/88, estabeleça que os "impostos terão caráter pessoal e serão graduados segundo a capacidade econômica do contribuinte", o princípio da capacidade contributiva, fundamento da tributação que é, deve ser aplicável a qualquer tributo. Nessa linha, o STF já se manifestou no sentido de que "todos os tributos submetem-se ao princípio da capacidade contributiva (precedentes), ao menos em relação a um de seus três aspectos (objetivo, subjetivo e proporcional)" (RE 406.955 AgR, rel. min. Joaquim Barbosa, julgado em 04.10.2011). De fato, não é lícito admitir que o Estado imponha tributação onde inexiste capacidade de contribuir, sob pena de incorrer em tributação confiscatória.

4. Tributação das permutas

A permuta é expressamente tratada como evento de alienação potencialmente apto a ensejar ganho de capital para o alienante (art. 3º, § 3º, da Lei 7.713/88). Na hipótese de permuta com torna, a diferença em dinheiro constitui inegável acréscimo patrimonial tributável para o beneficiário.

Por outro lado, na permuta sem torna, compreende-se que as partes aceitaram receber o bem permutado por valor idêntico ao do ativo dado em troca, com efeito substitutivo de um ativo por outro. Ainda que haja diferença de valor de mercado entre os bens permutados, não há qualquer renda realizada, mas, quando muito, mero ganho latente ou virtual.

A diferença de valor de mercado dos bens permutados não se traduz em renda ou receita tributável nas mãos do permutante, posto que sua realização depende de nova troca no mercado, como observa Bulhões Pedreira:

> A aquisição de renda financeira não consiste no fato jurídico da aquisição de direitos patrimoniais, mas na disponibilidade do objeto desses direitos, que é moeda ou valor em moeda (v. obs. 1 ao n. 110). Se os direitos recebidos na troca são dinheiro, não há dúvida de que o lucro está realizado. Mas se não têm valor em dinheiro determinável com precisão, ou não podem, com facilidade, ser convertidos em dinheiro, ainda não há lucro real ou efetivo. É o caso, por exemplo, de permuta de um bem por outro cuja realização em dinheiro, ou em direitos com liquidez, depende de nova troca no mercado. Nesse caso não há realização do lucro potencial, mas sua transferência de um bem para outro (BULHÕES PEDREIRA, 1979, p. 281).

Em sua tradicional e conhecida didática, Xavier classifica os bens em uma escala de liquidez: de primeiro grau, são os bens em si considerados; de segundo grau, são aqueles cuja natureza é representativa dos primeiros (como ações e quotas); de terceiro grau, são aqueles que representam unidade de valor dos demais, como a moeda (XAVIER, 2000, p. 3).

A efetiva realização da renda só ocorre, na visão do autor, quando bens de primeiro ou segundo grau são convertidos em bens de terceiro grau, verdadeiramente líquidos.

A mera permuta de bens de primeiro ou segundo grau, sem torna, é fiscalmente neutra até o momento em que os ativos sejam liquidados em nova troca de mercado, desta vez por bem de terceiro grau.

Durante longo período, esse entendimento foi adotado inclusive pelas autoridades fazendárias. Cite-se o Parecer PGFN/PGA 970, de 23.09.1991, no qual compreendeu-se, no contexto do leilão de ações no âmbito do Programa Nacional de Desestatização, que o pagamento desses ativos com entrega de créditos detidos contra a União Federal teria natureza permutativa, o que afastaria a materialização de ganho de capital. Eventuais ganhos seriam tributáveis quando da posterior alienação dos ativos.

Como sintetizado no parecer, no caso analisado, "não foram recebidos cruzeiros" de forma que "não haveria disponibilidade líquida do contribuinte e, em consequência naquele momento nenhuma base de cálculo para o fato gerador, pois a renda fica sujeita à tributação quando realizada e quantificada (...)".

Essa posição foi reiterada no Parecer PGFN/PGA 454, de 07.05.1992, aprovado pelo então Ministro da Economia Marcio Marques Moreira, que foi além ao afirmar que "não existe lei mandando cobrar imposto na permuta de bens, não onerosa. Ainda que existisse tal diploma legal, seria fulminado pelo vício insanável da inconstitucionalidade".

Tal interpretação trazia segurança jurídica aos contribuintes, de modo a alinhar a tributação da renda com a sua efetiva realização. Em última instância, evita-se que o contribuinte seja forçado a se desfazer do patrimônio para o pagamento dos tributos.

Como visto, essa posição foi alterada por meio do Parecer PGFN/CAT 1.722/2013, no qual a PGFN adotou o entendimento de que é "possível tributar pelo imposto sobre a renda a diferença positiva, via ganho de capital, existente entre o custo de aquisição e o valor dos bens mobiliários permutados no momento em que é feita tal operação, independentemente da existência de torna".

Nesse mesmo sentido, em 27.06.2017, por meio do acórdão 9202-005.535, a Segunda Turma do Câmara Superior de Recursos Fiscais (CSRF) decidiu que toda e qualquer alienação de ativos, inclusive a permuta, enseja o recolhimento do ganho de capital pelo alienante, sendo dispensável que a alienação se dê em troca de dinheiro.

Essa orientação, no entanto, não foi acolhida pelo Superior Tribunal de Justiça (STJ), que firmou entendimento no sentido de que o "contrato de troca ou permuta não deve ser equiparado na esfera tributária ao contrato de compra e venda, pois não haverá, na maioria das vezes, auferimento de receita, faturamento ou lucro" (AgInt no Resp 173.467, Rel. Min. Napoleão Nunes, Primeira Turma, julgado em 08/06/2020)[2].

---

2 No mesmo sentido, cite-se: AgInt no REsp. 1.796.877/SC, Rel. Min. FRANCISCO FALCÃO, Dje 11.12.2019; AgInt no REsp 1.754.618/SC, Rel. Min. OG FERNANDES, DJe 17.10.2019; REsp. 1.733.560/SC, Rel. Min. HERMAN BENJAMIN, DJe 21.11.2018.

5. Tributação das permutas imobiliárias

No que se refere às permutas imobiliárias, a lei tributária prevê regras especiais aplicáveis ao setor. Na hipótese de permuta com torna, a diferença paga em dinheiro é objeto de tributação.

Relativamente às pessoas físicas, exclui-se da determinação do ganho de capital eventual diferença entre o valor dos bens permutados quando inexistente torna (art. 132, do RIR/18).

Quanto às pessoas jurídicas, os bens permutados serão, em determinados casos, contabilmente avaliados, no recebimento, por seu valor justo. Para neutralizar fiscalmente eventuais ganhos derivados da avaliação a valor justo, a legislação estabelece que nas "operações de permuta envolvendo unidades imobiliárias, a parcela do lucro bruto decorrente da avaliação a valor justo das unidades permutadas será computada na determinação do lucro real pelas pessoas jurídicas permutantes, quando o imóvel recebido em permuta for alienado, inclusive como parte integrante do custo de outras unidades imobiliárias ou realizado a qualquer título, ou quando, a qualquer tempo, for classificada no ativo não circulante investimentos ou imobilizado" (art. 27, § 3º, do Decreto-Lei 1.598/77, com a redação dada pela Lei 12.973/14).

Em síntese, na hipótese de pessoas físicas ou jurídicas (sujeitas ao Lucro Real), a permuta sem torna é, em regra, operação fiscalmente neutra, desde que observadas determinadas formalidades.

Por outro lado, quando o imóvel é permutado por outros ativos, a compreensão da administração fazendária é no sentido de que há tributação sobre a diferença do valor de mercado dos bens permutados. Essa problemática é especialmente sensível quando imóveis são permutados por ações quotadas em bolsa, cuja liquidez é mais elevada.

Entendemos que, mesmo nesse caso, a permuta deve preservar a sua neutralidade, de modo a que eventual diferença de valor de mercado somente seja tributável quando os ativos recebidos forem realizados. De fato, o intercâmbio de bens de primeiro ou segundo grau não traduz evento de liquidez apto a atrair tributação.

Cenário mais dramático é aquele vivenciado por empresas optantes pelo Lucro Presumido. No entender da fiscalização, as regras em vigor apenas neutralizam os efeitos da permuta imobiliária sem torna relativamente aos contribuintes sujeitas ao Lucro Real.

A administração fazendária sustenta que o contribuinte optante pelo Lucro Presumido está obrigado a incluir o valor do imóvel recebido em permuta na base de cálculo dos IRPJ, CSLL, PIS e COFINS, do que resulta tributação expressiva quando da permuta de bens. Essa posição restou evidenciada no Parecer Normativo 9, de 2014:

> Se a permuta se equipara à compra e venda e se a receita bruta compreende o produto da venda nas operações de conta própria, claro está que o valor do imóvel que a pessoa jurídica que explora atividades imobiliárias recebe em permuta compõe sua receita bruta e, por conseguinte, a apuração da base de cálculo do IRPJ, da CSLL, do PIS e da COFINS. (...) A conclusão quanto ao panorama em vigor é que às pessoas jurídicas tributadas pelo regime do lucro presumido que explorem atividades imobiliárias relativas a loteamento de terrenos, incorporação imobiliária, construção de prédios destinados à venda, bem como a venda de imóveis construídos ou adquiridos para a revenda não se aplicam os conceitos do custo orçado (aplicável às vendas contratadas antes de completado o empreendimento), bem como o de reconhecimento do lucro bruto, nas contas de resultado de cada período de apuração, proporcionalmente à receita da venda recebida (no caso das vendas a prazo ou em prestações, com pagamento após o término do período-base da venda). Estando claro também que o valor do imóvel recebido em permuta compõe a receita bruta e, por conseguinte, a apuração da base de cálculo do IRPJ, da CSLL, do PIS e do COFINS.

Parece-nos que há dois equívocos conceituais na solução dada pela administração fazendária. Primeiramente, classificam como receita tributável qualquer evento contábil, sem perquirir se há ingresso novo e definitivo que tenha se incorporado ao patrimônio do contribuinte. Em seguida, trata a permuta como verdadeira compra e venda, sem atentar para as particularidades do contrato de troca, no qual o elemento preço, se existente, ajusta-se ao valor do bem recebido.

Para o alento dos contribuintes, o STJ, como visto, adota entendimento sedimentado no sentido da intributabilidade da permuta para fins de IRPJ, CSLL, PIS e COFINS, a exemplo das seguintes decisões:

> I – Na origem, trata-se de mandado de segurança, com valor da causa atribuído em R$ 100.000,00 (cem mil reais), impetrado com o objetivo de compelir a autoridade coatora a tributar os filiados

> da parte impetrante pelo lucro presumido, permitindo a estes que se abstenham do recolhimento das contribuições ao PIS/COFINS e IRPJ/CSSL incidentes sobre as operações de permuta de imóveis. Na sentença, julgou-se procedente o pedido. No Tribunal de origem, a sentença foi mantida. Nesta Corte, não se conheceu do recurso especial da parte. (...)
>
> III – Por outro lado, ainda que afastado o óbice, o entendimento deste sodalício se encontra no sentido de que o contrato de troca ou permuta não deverá ser equiparado na esfera tributária ao contrato de compra e venda, pois não haverá auferimento de receita, faturamento ou lucro na troca. (AgInt no REsp 1.796.877, Rel. Min. Francisco Falcão, Segunda Turma, julgado em 05.12.2019).
>
> 4. Esta Corte de Justiça já se manifestou no sentido de que o contrato de troca ou permuta não deve ser equiparado na esfera tributária ao contrato de compra e venda, pois não haverá, em regra, auferimento de receita, faturamento ou lucro. (...)
>
> *5. Hipótese em que o Tribunal de origem, expressamente, consignou que, no caso, a permuta não implicou aumento de receita, de forma que a revisão dessa conclusão implicaria o reexame do conjunto fático-probatório dos autos, o que é vedado no âmbito do Recurso Especial, a teor da Súmula 7/STJ.* (AgInt no REsp 1.737.467, Rel. Min. Napoleão Nunes Maia Filho, Primeira Turma, julgado em 08.06.2020).

Em linhas gerais, esses precedentes reconhecem que, no contrato de permuta, não há qualquer receita a ser tributada, mas mera substituição de ativos. Além disso, consagram os princípios da realização da renda e da monetarização por reconhecerem que, "ao se falar em receita, pressupõe-se *o recebimento de dinheiro, de maneira definitiva, em razão da celebração de negócio jurídico*" (Resp. 1.798.211, de 05.12.2019).

Embora as citadas decisões do STJ tratem de bens imóveis, parece-nos que as premissas do entendimento firmado são plenamente aplicáveis à permuta de quaisquer bens, por se tratar de operação fiscalmente neutra até o momento em que houver a realização da renda/receita.

6. Conclusões

A ausência de capacidade contributiva impede o exercício do poder de tributar. Não há capacidade contributiva e, consequentemente, tributação, se o contribuinte não dispõe da renda ou receita para pagar tributos. Por essa razão, tem-se por indevida a tributação de ganhos virtuais ou latentes que não sejam realizados.

Na hipótese das permutas sem torna, a eventual diferença entre o valor de mercado dos bens permutados somente poderá ensejar tributação quando uma nova troca de mercado for realizada, desta vez por bem de terceiro grau na escala de liquidez (moeda). Trata-se da consagração dos princípios da realização e da monetarização, que buscam assegurar que apenas a renda (ou receita) disponível e quantificável possa ensejar tributação.

Historicamente, a administração fazendária adotou posição alinhada com a compreensão acima, como consignado no Pareceres PGFN/PGA 970, de 23.09.1991 e 454, de 07.05.1992.

Mais recentemente, contudo, a PGFN alterou seu posicionamento, afirmando ser "possível tributar pelo imposto sobre a renda a diferença positiva, via ganho de capital, existente entre o custo de aquisição e o valor dos bens mobiliários permutados no momento em que é feita tal operação, independentemente da existência de torna" (Parecer PGFN/CAT 1.722/2013).

Na permuta imobiliária, há regras específicas que permitem que pessoas físicas ou jurídicas optantes pelo Lucro Real possam diferir eventual "ganho" obtido na permuta sem torna para momento futuro, quando o ativo for realizado.

Para optantes pelo Lucro Presumido, a posição das autoridades fazendárias é no sentido de que os contribuintes devem tributar a suposta receita associada à permuta, partindo-se de interpretação que toma o contrato de troca como efetiva compra e venda. A mesma compreensão é adotada para permutas em geral que não envolvem ativos imobiliários, em que o fisco compreende ser possível a constatação de renda/receita tributável.

Essa interpretação pretende impor tributação em operações que não revelam qualquer capacidade contributiva. Essa posição vem sendo afastada pela jurisprudência dos tribunais superiores.

Em síntese, entendemos que não há hipótese em que as permutas sem torna possam ser tributadas, tendo em vista a inexistência de renda ou receita disponível. Em última instância, não há capacidade contributiva apta a fundamentar a pretensão fiscal.

Referências

ERNEST YOUNG. *Mercado de incorporação imobiliária brasileiro.* Disponível em: <https://www.abrainc.org.br/wp-content/uploads/2017/07/Estudo-Potencial-do-Mercado-Imobili%C3%A1rio-at%C3%A9-2035-Ernst-Young-compressed.pdf >. Acesso em 16/06/2020.

MARTINS, Eliseu; SANTOS, Ariovaldo dos; CANADO, Vanessa Rahal. Aspectos tributários e contábeis do reconhecimento de receita nas operações de permuta. *Revista Interesse Público,* Belo Horizonte, Fórum, n. 102, p. 87-104, 2017.

PEDREIRA, Bulhões. *Imposto sobre a Renda.* Rio de Janeiro: Justec Editora, 1979. v. 1: Pessoas jurídicas.

PEREIRA, Caio Mário da Silva. *Instituições de direito civil.* Atual. Caitlin Mulholland. 21. ed. Rio de Janeiro: Forense, 2017. v. III.

RENCK, Renato Romeu. *Imposto de renda da pessoa jurídica*: critérios constitucionais de apuração da base de cálculo: uma proposta de interpretação sistemática do direito. Porto Alegre: Livraria do Advogado, 2001.

SCHOUERI, Luís Eduardo. Considerações acerca da disponibilidade da renda: renda disponível é renda líquida. *In:* ZILVETI, Fernando Aurélio; FAJERSZTAJN, Bruno; SILVEIRA, Rodrigo Maito da. (org.). Direito tributário: princípio da realização no imposto sobre a renda – estudos em homenagem a Ricardo Mariz de Oliveira. São Paulo: IBDT, 2019.

SILVA, Fabiana Carsoni Alves Fernandes da. Regimes tributário e contábil da permuta e a realização da renda. *In:* ZILVETI, Fernando Aurélio; FAJERSZTAJN, Bruno; SILVEIRA, Rodrigo Maito da. (org.). Direito tributário: princípio da realização no imposto sobre a renda – estudos em homenagem a Ricardo Mariz de Oliveira. São Paulo: IBDT, 2019.

TIPKE, Klaus. Sobre a unidade da ordem jurídica tributária. *In:* SCHOUERI, Luís Eduardo; ZILVETI, Fernando Aurélio (coord.). Estudos em homenagem a Brandão Machado. São Paulo: Dialética, 1998. p. 60-70.

XAVIER, Alberto. *A natureza substitutiva da conferência de bens ao capital de sociedades e o princípio da realização em matéria de imposto de renda.* Não publicado, 2000. Disponível na biblioteca de Brigagão, Duque Estrada – Advogados.

8

NÃO INCIDÊNCIA DE ISS NA ATIVIDADE IMOBILIÁRIA DE LOCAÇÃO DE ESPAÇOS PARA AUTO ARMAZENAMENTO

SELF STORAGE E SUA REALIDADE NO CENÁRIO BRASILEIRO

Gabriele J. Silva
Luís Paulo Bambirra Silveira

RESUMO

O presente artigo visa analisar a sistemática de cobranças dos tributos ICMS e ISS na atividade imobiliária de locação de espaços para auto armazenagem, com escopo nas dificuldades enfrentadas pelas empresas, que atuam nessa atividade conhecida como *self storage* no cenário nacional, diante das divergências jurídicas sob a perspectiva tributária em relação (in)juridicidade da incidência dos tributos de competência estadual e municipal. Para tanto, a pesquisa foi eminentemente realizada por fontes bibliográficas, servindo-se também de julgados dos Egrégios Tribunais do Brasil, por meio dos quais foi possível discorrer sobre os diferentes posicionamentos em relação ao tema, bem como apresentar aspectos pontuais sobre o segmento de *self storage*.

Palavras-chave: Self storage. Competência Tributária; Juridicidade; ICMS; e ISS.

1. Introdução

O presente ensaio visa analisar a sistemática de cobranças do tributo ISS (imposto sobre serviços) na atividade imobiliária de locação de espaços para auto armazenagem (conhecida como *self storage*).

Com escopo nas dificuldades enfrentadas pelas empresas que atuam neste segmento no cenário nacional e diante das divergências jurídicas sob a perspectiva tributária em relação a (in)juridicidade da incidência dos tributos de competência estadual e municipal, a pesquisa em comento foi realizada eminentemente por fontes bibliográficas, servindo-se também de análise jurisprudencial, tornando possível discorrer sobre os diferentes posicionamentos em relação ao tema, bem como apresentar aspectos pontuais sobre o segmento de *self storage*.

A relevância do tema é pautada pelos diversos impasses jurídicos que permeiam essa modalidade de locação temporária. Por se tratar de segmento relativamente novo no setor imobiliário, discute-se ainda a respeito da não incidência tributária do ISS. Vale destacar que as empresas de *self storage* vêm crescendo significativamente no cenário nacional, apresentando uma proposta inovadora no mercado imobiliário.

Repousando-se, em linhas iniciais, em apresentar conceitos e analisar a literalidade das leis complementares de competência municipal, abre-se a reflexão a respeito da juridicidade ou não da incidência tributária, buscando-se demonstrar, portanto, os equívocos dos fiscos municipais em caracterizar tal segmento como prestação de serviço, a fim de viabilizar a tributação de ISS.

A matéria será abordada em um primeiro momento de maneira geral, no qual será apresentada a estrutura tributária nacional, indicando as competências tributárias de cada ente federado. Ressalta-se que não há, aqui, a intenção de se esgotar a matéria, mas sim demonstrar, sob a ótica constitucional, a competência dos entes municipais em instituir com base no que lhe foi delimitado pelo poder concedente.

Analisada a competência de cada ente federado, de forma breve e objetiva, com base nos preceitos constitucionais, trataremos sobre a sistemática de cobrança adotada pelas fazendas, com foco no ISS, ou seja, mais um momento em que a presente pesquisa irá se valer de um conteúdo específico, porém, o mesmo se limitará a uma abordagem de cunho material, que tratará da (in)juridicidade da incidência tributária, assim como serão apresentados posicionamentos doutrinários e jurisprudencial, uma vez que a problemática versa sobre a não incidência do imposto municipal sobre atividade de locação temporária do segmento imobiliário *self storage*, não perdendo o foco na problemática, e apresentando os contornos do exercício da referida atividade.

A presente pesquisa visa demonstrar de forma objetiva, suscitando o aperfeiçoamento do sistema tributário em relação ao segmento de *self storage*, orientando-se pela não incidência do ISS na atividade imobiliária de locação temporária e à luz legislação constitucional vigente e dos posicionamentos doutrinários e jurisprudenciais.

2. Definição de tributos

O art. 3° do Código Tributário Nacional define o conceito de tributo como sendo:

> Toda prestação pecuniária compulsória, em moeda ou cujo valor nela se possa exprimir, que não constitua sanção de ato ilícito, instituída em lei e cobrada mediante atividade administrativa plenamente vinculada.

As taxas, as contribuições de melhoria e os impostos são espécies de tributos, conforme apresentado pelo Código Tributário Nacional, vale ressaltar, que na atualidade acrescenta-se o empréstimo compulsório e as contribuições especiais como outras espécies de tributos. Interpreta-se o texto constitucional como havendo cinco espécies tributárias, sendo todas compulsórias e obrigatórias, instituídas em regra por lei ordinária, por medida provisória, ou lei complementar, como no caso dos impostos.

Somente a lei pode exigir essa obrigação pecuniária, e o cumprimento das obrigações tributárias só podem ser satisfeitos em moeda corrente nacional, via de regra, pois não se admite o pagamento in natura. Mas vale salientar que a base de cálculo pode ser sem moeda estrangeira, que será convertida em reais na data do fato gerador, em moeda ou cujo valor nela se possa exprimir, tratado no Código Tributário Nacional como dação em pagamento.

Ao pagar o tributo está sendo cumprida uma obrigação legal, que tem função arrecadatória, não é uma punição, desse modo não há o que se falar em sanção de ato ilícito, diferenciando-se assim das multas, apesar de ambos terem as mesmas características, como a compulsoriedade, serem pagos em moeda nacional e serem instituídos por lei. Vale destacar ainda que, em casos do não pagamento da obrigação tributária, o contribuinte estará agindo na contramão da lei, o que desencadeará uma punição (multa), e na chamada remuneração do capital (juros).

Como demonstrado, os tributos ao serem instituídos, presume-se a incidência de um ato ou fato lícito. Outro ponto importante a ser destacado é em relação à instituição legal do tributo em observância ao princípio da legalidade, conforme prevê o art. 5°, inciso II, da Constituição Federal:

> Art. 5° Todos são iguais perante a lei, sem distinção de qualquer natureza, garantindo-se aos brasileiros e aos estrangeiros

> residentes no País a inviolabilidade do direito à vida, à liberdade, à igualdade, à segurança e à propriedade, nos termos seguintes:
>
> II – ninguém será obrigado a fazer ou deixar de fazer alguma coisa senão em virtude de lei.

O art. 150, inciso I, também da Constituição Federal: "art. 150. Sem prejuízo de outras garantias asseguradas ao contribuinte, é vedado à União, aos Estados, ao Distrito Federal e aos Municípios: I – exigir ou aumentar tributo sem lei que o estabeleça".

E o art. 97, inciso I, do Código Tributário Nacional: "art. 97. Somente a lei pode estabelecer: I – a instituição de tributos, ou a sua extinção".

Levando em consideração os preceitos legais, conclui-se que um tributo só pode ser instituído por lei, estando a administração pública encarregada de conduzir os procedimentos e praticar os atos previstos em lei, a fim de promover a cobrança dos tributos, cuja inobservância resultará em uma infrutuosa exigência tributária.

Como dito anteriormente, tributo é gênero e imposto, nada mais é que uma espécie de tributo, definido pelo art. 16, do Código Tributário Nacional, que diz: "art. 16. Imposto é o tributo cuja obrigação tem por fato gerador uma situação independente de qualquer atividade estatal específica, relativa ao contribuinte".

Ou seja, a razão para pagamento do imposto está relacionada à manifestação de riqueza, tendo ela diversos índices, sendo os mais usados o patrimônio, a renda ou o consumo. Logo, pode-se dizer que o imposto é o tributo pago pelo contribuinte diretamente ao ente público, sem que haja a necessidade de haver uma contraprestação por parte do mesmo. A Constituição Federal promove uma divisão de competências para instituição de impostos muito bem distribuída e clara, conferindo aos entes federados sua competência tributária para instituir a referida espécie tributária por meio de lei ordinária, em regra, levando em consideração a materialidade de cada imposto.

3. Sistemática de cobrança adotada pelo fisco municipal

3.1. Aspectos gerais do ISS

O ISS é um imposto de competência municipal, conforme previsão legal do art. 156, § 3° da CF/88 instituído sobre serviço (de qualquer natureza). A Lei complementar 116/03, que versa sobre o ISS, tem como responsabilidade determinar as alíquotas máxima (5%) e mínima, que foi definida pelo ato das disposições transitórias constitucionais em seu art. 8°, sendo estabelecida a alíquota mínima de 2%. Em regra o ISS deve ser pago por todas as empresas prestadoras de serviço e autônomas no município em que estiver situado o estabelecimento. Partindo do pressuposto da (in)juridicidade da incidência tributária sobre o segmento de *self storage*, cumpre-se apresentar o conceito de serviço e de prestação de serviço, a fim de elucidar o posicionamento defendido no decorrer deste trabalho.

Para chegar ao conceito de serviço em uma relação de consumo, é necessário partir de uma atividade humana, que pode ser prestada de forma gratuita ou onerosa. Esta atividade, na forma onerosa, quando prestada por qualquer pessoa que pague por ela, sem se fazer qualquer escolha em relação ao tomador que está destinado a atividade em questão, ela muda de nome e passa a se chamar serviço, podendo ser durável ou não durável.

Em regra, a prestação de serviço é estabelecida e delimitada previamente por um contrato, que formaliza uma negociação entre pessoas (físicas ou jurídicas). Através do contrato de prestação de serviço, o prestador se obriga a realizar determinada atividade em troca de uma contraprestação do chamado tomador, ora contratante do serviço. Ocorre nesse momento a definição do objeto, que reflete nas obrigações das partes, deixando bem claro quais os direitos e deveres de cada uma delas.

Os tributos em geral, tem origem constitucional, ou seja, não cria tributo e sim outorga competência, como explicitado nos tópicos anteriores. Para que haja incidência da obrigação tributária do ISS, se faz necessário a existência de dois elementos: o primeiro relativo à prestação e o segundo ao serviço, ambos essenciais para viabilizar a exigência tributária do imposto em questão.

A incidência do ISS está sujeita a lista anexa à lei complementar 116/2003, devendo se atentar as expressões congêneres da referida lista, conforme dispões o art. 1°:

> Art. 1° O Imposto Sobre Serviços de Qualquer Natureza, de competência dos Municípios e do Distrito Federal, tem como fato gerador a prestação de serviços constantes na lista anexa, ainda que esses não se constituam como atividade preponderante do prestador.

As hipóteses de prestação de serviço, nas quais incide o ISS devem obrigatoriamente estar previstas na lista da qual se refere o parágrafo anterior, sendo somente aqueles serviços que o legislador de modo expresso, prevê como suficiente incidência do ISS, respeitando os limites da lista de serviços.

Historicamente as empresas sempre pagaram ISS sobre locação de bens móveis, antes da decisão do STF. A previsão para tributar esse tipo de operação constava antes mesmo da edição da lei complementar 116/2003, na lista anterior no item 79 que foi questionada judicialmente e no ano 2000 o STF decidiu em um recurso extraordinário que não poderia haver tributação, o fundamento em síntese da decisão foi que existem contratos com naturezas diferentes, e os contratos que podem ser tributados com ISS devem ser contratos que envolva prestação de serviço. Locação é uma espécie contratual, um negócio jurídico, distinto da prestação de serviço e a lei tributária não pode transformar locação em prestação de serviço, levando em consideração as definições conceituais do direito privado.

Em 2003, o congresso nacional aprovou a Lei 116, com a previsão para tributar a mesma atividade no item 3.01, foi quando a presidência vetou no momento de sancionar a lei, identificando a referida impropriedade, vetando o subitem 3.01, fazendo referência, inclusive, a decisão do STF, que declarou a inconstitucionalidade da incidência sobre operação de bens móveis. Sendo a seguinte razão do veto:

> Verifica-se que alguns itens da relação de serviços sujeitos à incidência do imposto merecem reparo, tendo em vista decisões recentes do Supremo Tribunal Federal. São eles: O STF concluiu julgamento de recurso extraordinário interposto por empresa de locação de guindastes, em que se discutia a constitucionalidade da cobrança do ISS sobre a locação de bens móveis, decidindo que a expressão "locação de bens móveis" constante do item 79 da lista de serviços a que se refere o Decreto-Lei n. 406, de 31 de dezembro de 1968, com a redação da Lei Complementar n. 56, de 15 de dezembro de 1987, é inconstitucional (noticiado no Informativo do STF no 207). O Recurso Extraordinário 116.121/SP, votado unanimemente pelo Tribunal Pleno, em 11 de outubro de 2000, contém linha interpretativa no mesmo sentido, pois a "terminologia constitucional do imposto sobre serviços revela o objeto da tributação. Conflita com a Lei Maior dispositivo que imponha o tributo a contrato de locação de bem móvel. Em direito, os institutos, as expressões e os vocábulos têm sentido próprios,

> descabendo confundir a locação de serviços com a de móveis, práticas diversas regidas pelo Código Civil, cujas definições são de observância inafastável." Em assim sendo, o item 3.01 da Lista de serviços anexa ao projeto de lei complementar ora analisado, fica prejudicado, pois veicula indevida (porque inconstitucional) incidência do imposto sob locação de bens móveis.

O mesmo entendimento é aplicado em relação aos bens imóveis, uma vez que tal serviço também não consta na lista anexa à Lei Complementar n. 116/2003.

Após o surgimento da lei complementar 116/2003 não se pode mais tributar ISS sobre atividade de locação de bens móveis. É importante que as atividades sejam segregadas, ou seja, é preciso definir a parcela destinada a tributação, e também é importante observar os demais subitens da lista anexa à LC n. 116/2003.

Apesar disso, muitos municípios insistem em tributar as operações imobiliárias, e o STF em 2010 editou a súmula vinculante n. 31, que reafirma a inconstitucionalidade da tributação de ISS em atividades de locação de bens móveis, considerando que locação não constitui em fazer nada, e sim ceder, disponibilizar: "É inconstitucional a incidência do imposto sobre serviços de qualquer natureza – ISS sobre operações de locação de bens móveis".

O fato gerador do ISS é a prestação de serviço constante na lista anexa à lei complementar 116/2003, ademais, incide também sobre serviços provenientes do exterior do País cuja a prestação se tenha iniciado no exterior, ressaltando que não há incidência sobre exportação de serviço. Portanto a locação de imóveis, como no segmento de *self storage*, na locação de máquinas, carros, e outros bens não incide ISS por não possuir característica de serviço e por não ter previsão de incidência na Lei Complementar que versa sobre o tema.

4. Ramo imobiliário de auto armazenagem: *self storage*

4.1. Conceito de *Self Storage*

Surge no cenário brasileiro, nos anos 90, um segmento do ramo imobiliário de auto armazenagem criado nos Estados Unidos na década de 1960. Trata-se das empresas de *self storage*. O termo *self service storage*, originário do inglês e que traduzido para o português significa "auto serviço de armazenagem". A referida atividade se caracteriza por ser uma espécie de locação temporária de espaços individuais que recebem o nome de *boxes*, que variam de tamanho, a fim de satisfazer a necessidade do cliente que procurar por este serviço. O público alvo varia entre pessoa física e jurídica.

Os boxes disponibilizados são divididos por unidade autônoma para armazenamento de bens diversos, colocados à disposição do cliente através de um contrato de locação, onde o locatário pode armazenar seus bens móveis pelo tempo que achar mais conveniente, sendo baseado neste período a vigência do contrato de locação.

O locatário fica livre para organizar seus pertences na acomodação, o armazenamento e a retirada são feitas por ele próprio, podendo adentrar nas dependências do galpão, onde resta armazenado seus bens, de maneira livre, sem a interferência de qualquer pessoa que seja, promovendo a autogestão de seus pertences, é comum o cliente (locatário) providenciar seu próprio cadeado, proteger seu *box* e levar a chave consigo, cabendo a empresa de *self storage* ser responsável apenas pelo monitoramento 24 horas e controle de pragas nas áreas comuns, a fim de assegurar a integridade dos objetos ali armazenados.

Apesar de ser um contrato de locação, como elucidado anteriormente, o *self storage* conta com uma flexibilidade singular no contrato, podendo o locatário rescindir a qualquer tempo sem incidência de multa, pois não existe período mínimo de adesão. Outra característica do *self storage* é que não existe custo adicional ao valor cobrado pela locação do box. Quanto ao seguro, este é contratado ou não pelo próprio locatário, ou seja, ele define com base em seus bens armazenados. Através de um contrato de adesão o cliente fica ciente sobre o que pode ou não ser armazenado nos boxes.

O *self storage* vem se disseminando pelo Brasil como uma proposta inovadora em oferecer soluções necessárias nos ambientes em que é implementado, visando diminuir custos e otimizar a vida de seus clientes, que variam entre pessoas físicas e pessoas jurídicas, tendo assim um perfil de operadores bem diversificado. Os Estados Unidos, pioneiro neste segmento, conta hoje com 58 mil unidades, e no Brasil, o ramo promissor da auto armazenagem já atinge a marca de 320 empresas atuando neste segmento, conforme indicado pelo primeiro censo oficial, feito pela Brain – inteligência corporativa.

Com concentração na região sudeste, os estados com maior número de unidades instaladas são em primeiro lugar São Paulo, em segundo Rio de Janeiro e em terceiro Brasília/DF. Usando os Estados Unidos como referência, por ser um mercado mais maduro neste segmento, o *self storage* possui um crescimento de 6% a 7% desde seu surgimento. A logística do *self storage* é de responsabilidade única e exclusiva do locatário, por isso é tido como uma solução inteligente, uma vez que a empresa não precisa operar sobre a mercadoria armazenada. Investidores desse segmento tratam o ramo como uma atividade à prova de crise.

4.2. Enquadramento jurídico

O *self storage* não se trata de prestação de serviço. Existem determinados ramos de armazenagem, onde há a prestação de serviço, sendo cobrado pela empresa prestadora o serviço de manipulação da mercadoria ali armazenada, o que não ocorre no segmento de *self storage*, que nada mais é que um espaço cedido ao cliente, que contém toda a estrutura necessária para que ele faça sua própria logística de forma autônoma/independente. A auto armazenagem é um modelo de locação, sendo assim, é uma atividade imobiliária, com características bem diferentes do armazém ou guarda móveis, por exemplo, que se diferenciam pela estrutura, acesso, período contratual e etc.

Ainda não existe uma regulamentação estabelecida para o setor de *self storage*, e essa obscuridade contribui para algumas divergências em relação ao ramo. Em 2003, o IBGE, órgão gestor responsável pela classificação nacional das atividades econômicas, concedeu a esse segmento um CNAE próprio (6810-2/02) como atividade imobiliária trazendo menção expressa ao *self storage*, baseado em um estudo da ONU, que demonstra a diminuição das famílias brasileiras de 7,8 pessoas nos anos 70, para 3,7 na última década, que precisam se adequar a espaços pequenos da atual arquitetura da construção civil.

Após a classificação feita pelo IBGE, o estado de São Paulo revogou a Portaria CAT n. 69/1999, através da edição da Portaria CAT n. 50/19, que estabelecia em seu art. 2° que as empresas de *self storage* estabelecidas no estado deveriam se inscrever no cadastro de contribuintes do ICMS com o código 6810-2/02, ficando dispensada de emissão de documentos e livros fiscais, sem prejuízos da solidariedade prevista nos incisos XI e XII do artigo 11 do regulamento do ICMS. Ocorre que a edição da Portaria CAT n. 31/20 revogou a Portaria CAT n. 50/19, conforme exposto no art. 3º, dizendo que a partir do dia 01 de abril de 2020 a mesma não estaria mais em vigor no estado.

5. Posicionamento doutrinário sobre as divergências jurídicas em relação ao segmento de *self storage*

Confundidas com empresas de armazém e guarda móveis pelo fisco estadual e municipal, as empresas do segmento de *self storage* refuta as autuações sofridas pelas fazendas municipais, pelo não pagamento de ISS, respectivamente, uma vez que tal incidência é inconstitucional, pois a referida atividade não se enquadra aos dispositivos legais que versam sobre os impostos.

Existem inúmeros impasses a serem superados, pois se trata de uma atividade relativamente nova no Brasil, um exemplo é a questão do real enquadramento tributário. A referida atividade se caracteriza por ser uma atividade de locação traduzida na disponibilização de espaços (boxes) individuais, temporária, para uso exclusivo do locatário na modalidade de auto armazenagem, em que o locatário fica responsável pela colocação, guarda, manutenção e retirada do bem.

A incidência do ISS, de competência dos municípios e do Distrito Federal, tem como fato gerador a prestação de serviços constantes da lista anexa à lei complementar 116/2003, sendo o CNAE, utilizado como critério de enquadramento pelos diversos órgãos de administração tributária no Brasil, e como se sabe, o CNAE do segmento de *self storage* trata tal atividade como pertencente ao ramo imobiliário.

Corroborando a previsão legal, Ives Gandra assim se posiciona: *"A locação de bens é inconfundível com prestação de serviços. A característica da locação é o regresso da coisa locada e seu dono, ao passo que o serviço prestado fica pertencendo a quem o pagou e não é suscetível de restituição"*.

A lei tributária não pode confundir locação de bens como prestação de serviço, para efeitos de incidência do ISS, porque cada qual configura tipo distinto de obrigação. Conforme o art. 156, inciso III, da Constituição Federal não podem os municípios ultrapassar os limites de sua competência, que se limitam somente aos serviços existentes na lista anexa à lei complementar 116/2003.

Considerando que o legislador, ao criar uma hipótese de incidência tributária, busca delinear a capacidade contributiva dos indivíduos, considerando suas riquezas particulares e ampliar a aplicação do termo serviços, bem como a terminologia prestação de serviços trazida pelo legislador, como sendo requisito para aplicação obrigação tributária. A partir disso, é possível observar que inexiste um conceito de serviço, legalmente falando, que seja capaz de permear o alcance dos efeitos tributários.

Existem determinados conceitos jurídicos, com finalidades específicas, como é o caso do Código do Consumidor, em seu art. 3°, § 2° da Lei n. 8.078, de 11/09/1.990, que diz:

> § 2° Serviço é qualquer atividade fornecida no mercado de consumo, mediante remuneração, inclusive as de natureza bancária, de crédito e securitária, salvo as decorrentes das relações de caráter trabalhista.

Neste caso, é possível fazer uma análise positivista da intenção do legislador, sendo o conteúdo da normal suficiente para as relações consumeristas. O mesmo não pode ser dito sobre as relações tributárias que aqui estão sendo discutidas. Como já conceituado anteriormente, serviço é um tipo de trabalho que alguém desempenha para terceiros, o que é patente a inconstitucionalidade em se tratando da relação jurídica de locação de imóvel, como é o caso do segmento de *self storage*.

Mais uma vez é válido mencionar que os fundamentos que instituem cobrança de tributos devem ser aplicados à luz da Constituição Federal, que é responsável por outorgar aos entes federados competência tributária. A incidência do ISS encontra amparo legal no artigo 156, III, da Constituição, devendo este fato por si só, desconstruir toda e qualquer divergência que vá contra a literalidade da norma, desencadeando assim, insegurança jurídica sobre o tema.

Em casos de contrato de locação de bens imóveis, não ocorre prestação de serviço, e em se tratando da auto armazenagem, o mesmo raciocínio prevalece, visto que o que ocorre, nada mais é que a cessão do bem locado, no caso os boxes, ao locatário, não ocasionando nenhuma obrigação de fazer. Ademais, não se pode instituir tributação de ISS na atividade de *self storage*, visto que o fato gerador exige o esforço humano para produção de bem imaterial, o que não resta caracterizado, visto que não há manuseio de mercadoria por parte de nenhum funcionário da empresa, sendo todo esse trâmite de responsabilidade do locatário, configurando a chamada autogestão.

6. (In)Juridicidade da incidência de ISS à luz da jurisprudência

Tratando sobre os elementos necessários para a incidência de ISS nas atividades imobiliárias, a locação de bens imóveis não constitui prestação de serviço, mas sim disponibilização de um bem para que outrem utilize.

Desse modo entendeu o STF, no julgamento do RE n. 116.121/SP:

> TRIBUTO – FIGURINO CONSTITUCIONAL. A supremacia da Carta Federal é conducente a glosar-se a cobrança de tributo discrepante daqueles nela previstos. IMPOSTO SOBRE SERVIÇOS – CONTRATO DE LOCAÇÃO. A terminologia constitucional do Imposto sobre Serviços revela o objeto da tributação. Conflita com a Lei Maior dispositivo que imponha o tributo considerado contrato de locação de bem móvel. Em Direito, os institutos, as expressões e os vocábulos têm sentido próprio, descabendo confundir a locação de serviços com a de móveis, práticas diversas regidas pelo Código Civil, cujas definições são de observância inafastável – artigo 110 do Código Tributário Nacional.
>
> (RE 116121, Relator(a): OCTAVIO GALLOTTI, Relator(a) p/ Acórdão: MARCO AURÉLIO, Tribunal Pleno, julgado em 11/10/2000, DJ 25-05-2001 PP-00012 EMENT VOL-02032-04 PP-00669).

Nesse sentido, Marcelo Caron defende que:

> Todos esses bens podem ser simplesmente locados, sublocados, arrendados, como pode ser objeto de cessão de direito de passagem ou permissão de uso, sem o envolvimento de qualquer prestação de serviço. Nessa hipótese, descabe falar em incidência de ISS por se tratar de mera locação de bem móvel, ou mesmo móvel.

Sobre a prestação de serviço, entende a jurisprudência que:

> TRIBUTÁRIO. LOCAÇÃO DE BENS MÓVEIS. IMPOSTO SOBRE SERVIÇOS. NÃO INCIDÊNCIA. 1. O Plenário deste Tribunal, no julgamento do RE 116.121/SP fixou entendimento no sentido de que não incide o ISS sobre contratos de locação de bens móveis. Precedentes. 2. Agravo regimental não provido. (AI704177 AgR, Relator(a): ELLEN GRACIE, Segunda Turma, julgado em 01/12/2009, DJe-237 DIVULG 17-12-2009 PUBLIC18-12-2009 EMENT VOL-02387-13 PP-02507 LEXSTF v. 32, n.373, 2010, p.103-105).

Assim, passou a Suprema Corte a interpretar a palavra serviço, como obrigação de fazer, não incidindo ISS em contratos de locação, não se qualificando como serviço.

7. Considerações finais

É notório os desafios enfrentados pelos empresários do segmento imobiliário, em especial de *self storage* perante o fisco municipal que buscam meios inconstitucionais de viabilizar a incidência do ISS no segmento.

A falta de legislação específica contribui para os conflitos legais existentes. Com grande perspectiva de crescimento, o setor de locação imobiliária de espaço de auto armazenamento conta com o amparo legal das leis complementares 87/96 e 116/03 para justificarem o não pagamento dos impostos que elas são destinados, levando em consideração seu enquadramento jurídico, e principalmente, a segurança jurídica constituída pela base constitucional da literalidade da norma em comento.

Assim, de forma simples e objetiva, o presente artigo discorreu-se sobre a hipótese de incidência do ISS, considerando aspectos materiais, buscando-se demonstrar de forma lógica e razoável a (in)juridicidade da incidência do ISS, com base nos contornos normativos, jurisprudenciais e doutrinários, mesmo havendo uma escassez de material sobre o atividade imobiliário de locação temporária de auto armazenamento, que vem crescendo no cenário nacional de forma gradativa, sendo ainda pouco explorada pela doutrina.

O conflito diz respeito à tributação de ISS da atividade de locação temporária de espaços de auto armazenamento e é facilmente entendido, visto que no contratos de locação, não se faz presente a hipótese de incidência da prestação de serviço, uma vez que o serviço de auto armazenagem tem como atividade principal ceder espaço para armazenamento temporário de bens pertencentes ao locatário, ou seja, sem a transferência de titularidade para a empresa que armazena seus bens e sem manipulação das mercadorias armazenadas nos boxes.

Assim, nas hipóteses apresentadas encontram-se a figura da autogestão, ou seja, o locatário manuseia seus bens, não sendo possível as referidas tributações pois se faz ausente a presença de transmissão de bem imaterial a terceiro como por exemplo trabalho e/ou serviço. Em complemento, aplica-se a Súmula Vinculante 31 do Supremo Tribunal Federal, que entende a referida atividade como locação, cessão de direitos de uso e congêneres, e não como prestação de serviço.

Em suma o presente artigo buscou evidenciar a inconstitucionalidade da (in)juridicidade da incidência do ISS nas atividades de locação de bens imóveis com enfoque nos desafios enfrentados pelo segmento de *self storage* no Brasil, baseado em julgados da Suprema Corte e demais fontes de pesquisa, mas vale registrar que ainda há muito a ser explorado sobre esta temática, principalmente por se tratar de um tema razoavelmente novo, se fazendo necessário o amadurecimento da matéria por todas as partes envolvidas. Por fim, acreditando ter traçado um caminho lógico, e principalmente, respeitando a legalidade e não violando a norma, tendo sido uma pesquisa construída com base em preceitos constitucionais, no que diz respeito às problemáticas analisadas sobre o segmento de locação temporária de *self storage*, se faz necessário registrar a importância em acompanhar os avanços sobre o tema, a fim de esclarecer pouco a pouco todas as obscuridades legislativas.

Referências

Associação Brasileira de Self Storage. Recuperado em 29 julho, 2020. Disponível em: http://www.asbrass.com.br/o-que-e-self-storage.asp.

Baptista, M. C. *ISS*. São Paulo: Quartier Latin, 2005.

Canal Secovi-SP. (2019). Recuperado em 27 julho 2020. Disponível em: https://www.youtube.com/watch?v=M536kRdCtJI&list=PL2lk-iV3ss4Ar-A4-FMp1W8FZ Odle_1Z2&index=7.

Carvalho, P. B.; Souza, P. *Curso de especialização de direito tributário*. Módulo – incidência e crédito tributário. São Paulo: IBET, 2011.

Constituição da República Federativa do Brasil de 1988. Recuperado em 09 novembro 2020. Disponível em: http://www.planalto.gov.br/ccivil_03/Constituicao/Constitui%C3%A7ao.htm.

CONSTITUIÇÃO da República Federativa do Brasil de 1996. Brasília. Lei Complementar (Lei Kandir) n. 87, de 13 de setembro de 1996.

Constituição da República Federativa do Brasil de 2003. Brasília. Lei Complementar n 116, de 31 de julho de 2003.

ÉPOCA. (2019). Recuperado em 27 julho 2020. Disponível em: https://epoca.globo.com/guilherme-amado/mercado-de-self-storage-cresceu-150-em-cinco-anos-24058035#:~:text=O%20mercado%20de%20self%20storage,%C3%BAltimos%20ci nco%20anos%20no%20pa%C3%ADs.&text=O%20faturamento%20anual%20atual%20% C3%A9,Rio%20de%20Janeiro%20e%20Bras%C3%ADlia.

Ferreira, A. H. S. *A incidência do ICMS nas operações com armazéns gerais*. Artigo 0059. Fiscosoft. Recuperado em 13 outubro 2020. Disponível em: http://www.fiscosoft.com.br/indexsearch.php?PID=110559.

Machado, R. B. *O ISS na lei complementar n. 116/2003*. São Paulo: Quartier Latin, 2004.

Martins, I. G. S.; Rodrigues, M. T. M. Associação Brasileira de Self Storage, 2015.

Sabbag, E. M. *Manual de direito tributário*. 9. ed. São Paulo: Saraiva, 2017.

Sindicato de Habitação de São Paulo. (2019). *Pesquisa inédita mostra que 80% da população desconhece self storage*. Recuperado em 05 agosto, 2020, de http://secovi.com.br/noticias/pesquisa-inedita-mostra-que-80-dos-consumidores-desconhec em-self-storage/14514.

Sindicato de Habitação de São Paulo. (2019). *Primeiro simpósio de self storage*. Recuperado em 05 agosto, 2020, de https://www.secovi.com.br/noticias/questoes-juridicas-e-tributarias-pautam-discussoes-do- 1-simposio-de-self-storage/14357.

Supremo Tribunal Federal. Processo: ARE 890284 AgR. Relator: Marco Aurélio. 16.11.2015.

Zanluca, J. C. *Portal tributário*, ISS – não incidência sobre locação de bens móveis e imóveis. Recuperado em 29 julho, 2020. Disponível em: http://www.portaltributario.com.br/artigos/isslocacaomoveis.htm#:~:text=A%20loca%C3%A7%C3%A3o%20de%20bens%20im%C3%B3veis,a%20presta%C3%A7%C3%A3o%2 0de%20um%20servi%C3%A7o.

9

O IMPOSTO SOBRE TRANSFERÊNCIA ONEROSA DE BENS IMÓVEIS

PLANEJAMENTO TRIBUTÁRIO E MEIOS DE PROVA NA LEGISLAÇÃO DE BELO HORIZONTE

Rafhael Frattari
Glauber Mesquita

RESUMO

O presente trabalho apresenta estudo de caso relacionado à exigência restritiva de determinados meios de provas pela legislação de Belo Horizonte para reconhecimento da base de cálculo reduzida para o Imposto sobre transmissão e bens imóveis (ITBI) na hipótese de aquisição de terreno para posterior realização de obra por administração. Após a crítica à doutrina tradicional sobre o tema, buscou-se a reconstrução do conceito de verdade material, como decorrência lógica do Princípio da Legalidade, para defender que, especialmente, no processo administrativo tributário, devem ser admitidos os mais amplos instrumentos probatórios (desde que lícitos), bem como certa flexibilização das regras processuais, a fim de obter a construção dialógica da realidade no nível mais próximo do "Real", que, obviamente, encontra limites nas próprias restrições de sua conversão em linguagem jurídica. Concluiu-se, por fim, que a verdade material impede que a legislação imponha a comprovação de certo fato apenas mediante provas determinadas em detrimento do conjunto da análise de todo o conjunto probatório apresentado pelo contribuinte.

Palavras-chave: Imposto sobre Transmissão de Bens Imóveis (ITBI); Planejamento Tributário; Princípio da Verdade Material.

ABSTRACT

This article presents a case study related to the restrictive requirement of certain means of proof by the Belo Horizonte legislation to recognize the reduced basis of calculation for the Inter-Vivos Property Transfer Tax (ITBI) in the hypothesis of land acquisition for later construction work per administration. After criticizing the traditional doctrine on the subject, we sought to reconstruct the concept of material truth, as a logical consequence of the Principle of Legality, to defend that, especially in the administrative tax process, the broadest evidential instruments (since than legal), as well as a certain flexibility in procedural rules, in order to obtain the dialogical construction of reality at the level closest to the "Real" – which, obviously, finds limits in the very restrictions of its conversion into legal language. Finally, it was concluded that the material truth does not allow legislation to restrain the proof of a certain fact only to certain means of evidence, to the detriment of the analysis of the entire set of evidence presented by the taxpayer.

Keywords: Inter-Vivos Property Transfer Tax (ITBI); Tax Planning; Principle of Real Truth.

1. Introdução

Nos últimos tempos, vários contribuintes têm praticado condutas indicadas por um simples planejamento tributário, com o objetivo de reduzir a incidência do Imposto sobre transmissão onerosa de bens imóveis e direitos a eles relacionados, exceto os de garantia ("ITBI"), de competência municipal.

Com o objetivo de reduzir custos relacionados à aquisição de unidades prediais prontas para o uso ou "na planta", ao invés de adquirir as unidades já determinadas, comprando o apartamento ou a "casa no condomínio", um grupo de contribuintes adquire o imóvel (um terreno, p.ex.) em condomínio e contrata uma construtora para simplesmente prestar serviços a eles. Assim, uma vez pronto o imóvel, não há necessidade de qualquer transferência de titularidade. Isso faz com que o ITBI incida apenas sobre a transmissão da fração ideal do terreno, adquirido por cada integrante do grupo, em valor substancialmente menor do que o valor total do imóvel predial após a sua conclusão.

Desde já, diga-se que não há ilegalidade nesta conduta, desde que não haja simulação[1] ou seja adotado qualquer outro expediente que o valha.

Mesmo assim, o Município de Belo Horizonte tem tentado desestimular essa forma de organização de atividade, ao escolher (de forma restritiva) quais as provas aptas a comprovar o procedimento legal, deixando de reconhecer outras.

Este trabalho tem por objetivo relacionar a escolha legislativa de Belo Horizonte, com os princípios que informam a tributação. A hipótese do presente artigo é a de que a legislação tributária pode definir provas preferenciais para representarem determinados fatos, mas não pode restringir a utilização de outros elementos probatórios, desconsiderando outras provas, sob pena de fazer pouco do princípio da verdade Material e de desprezar a legalidade tributária.

O tema não é novo, pois não é de hoje que alguns Entes políticos têm criado restrições à produção de provas no processo administrativo tributário, determinando em caráter taxativo aquelas que são aptas a representarem determinados fatos.

O problema foi investigado diante da dogmática tributária, pela tentativa de reconstrução do Princípio da Verdade Material, pela adoção da Teoria de representação das provas.

Como técnica, adotou-se a análise de conteúdo[2], pela qual se buscou: a) definir as condições de produção dos discursos analisados

---

1 De acordo com Humberto Ávila "Os vícios atinentes à verdade dizem respeito à ocorrência, efetiva ou exata, dos atos ou negócios jurídicos declarados pelas partes. Quando aquilo que as partes declararam ter feito simplesmente não ocorreu, diz-se ter havido simulação. Simular é não fazer o que se declara fazer".
De seu lado, Washington de Barros Monteiro destaca que a simulação "traduz uma inverdade" e que "se caracteriza pelo intencional desacordo entre a vontade interna e a declarada, o sentido de criar, aparentemente, um ato jurídico que, de fato, não existe, ou então, oculta, sob determinada aparência, o ato realmente querido".

2 A análise discursiva de conteúdo ora é tratada como método em sentido amplo, ora como técnica de pesquisa. Sobre o tema, cf: DEMO, Pedro. *Pesquisa e informação qualitativa*. Campinas: Papirus, 2001; MINAYO, Maria Cecília de Souza. *O desafio do conhecimento*: pesquisa qualitativa em saúde. 8. ed. São Paulo: Hucitec, 2004. Para efeitos deste trabalho, buscou-se verificar as condições de produção de cada discurso (texto doutrinário, legislação, jurisprudência), para que as informações sejam analisadas de acordo com as inclinações teóricas, políticas e ideológicas de seus produtores, como também para averiguar eventuais contextos histórico-sociais relevantes. Após a análise textual preliminar, buscou-se identificar as unidades de informação que seriam requeridas no trabalho, quase sempre retiradas dos

(trabalhos teóricos, leis ou decisões judiciais e administrativas); b) identificar as unidades de informação relevantes para a investigação; e c) relacioná-las com o problema sugerido, tendo como pano de fundo a função do Princípio da Verdade Material como garantia da legalidade tributária[3].

2. O ITBI em caso de aquisição de fração ideal com posterior edificação de unidades imobiliárias autônomas

Como se sabe, o ITBI (Imposto sobre Transmissão de Bens Imóveis) encontra-se previsto na Constituição da República de 1988, que assim dispõe:

> Art. 156. Compete aos Municípios instituir impostos sobre:
> (...)
> II – transmissão "inter vivos", a qualquer título, por ato oneroso, de bens imóveis, por natureza ou acessão física, e de direitos reais sobre imóveis, exceto os de garantia, bem como cessão de direitos a sua aquisição;

Conforme se infere da redação acima, o fato gerador do imposto ocorre tanto na transmissão por ato oneroso do bem imóvel, quanto na cessão de direitos relativos aos bens imóveis, inclusive de sua aquisição. De sua vez, o Código Tributário Nacional assim dispôs sobre o ITBI:

> Art. 35. O imposto, de competência dos Estados, sobre a transmissão de bens imóveis e de direitos a eles relativos tem como fato gerador:

---

objetivos específicos já descritos. De posse de uma infinidade de *"unidades de informação"*, iniciou-se a tarefa hermenêutica propriamente dita. A terceira etapa partiu das unidades de informação recolhidas nos textos doutrinários, nas posições jurisprudenciais e nas normas positivas, relacionando-as com o problema escolhido.

3 Ainda que poucas vezes explicitado, o procedimento acima descrito é rotineiro na doutrina tributária, pois trata de perquirir a constitucionalidade de determinado regime jurídico perante o sistema tributário nacional. No entanto, o direito tributário não pode se contentar com uma reflexão meramente dogmática sobre a "verdade material", como se o fenômeno jurídico se esgotasse em aferir a compatibilidade formal de institutos e normas. Para a teoria jurídica que se pretende crítica, é necessário avançar, analisar o direito posto, mas refletir também sobre a ordem jurídica que poderia existir em seu lugar. No caso, isso significa rediscutir os fundamentos da "verdade material", para reposicioná-la de acordo com a teoria do conhecimento afeita ao giro hermenêutico.

> I – a transmissão, a qualquer título, da propriedade ou do domínio útil de bens imóveis por natureza ou por acessão física, como definidos na lei civil;
>
> II – a transmissão, a qualquer título, de direitos reais sobre imóveis, exceto os direitos reais de garantia;
>
> III – a cessão de direitos relativos às transmissões referidas nos incisos I e II.
>
> (...)

Art. 38. A base de cálculo do imposto é o valor venal dos bens ou direitos transmitidos.

Deste modo, a conjugação das normas constitucionais com a legislação complementar deixa claro o perfil do imposto e impõe quadro modelar do qual não podem transbordar as legislações municipais. De fato, a autonomia dos Municípios para instituírem e exigirem o ITBI está subordinada ao desenho constitucional[4] do imposto, complementado pelas normas colocadas pelo Código Tributário Nacional.

Isso quer dizer que o fato gerador do tributo se restringe às hipóteses previstas constitucionalmente. Da mesma forma, sua base de cálculo há de ser o valor venal do bem ou do direito transmitido, de tal maneira que se a lei municipal não se ativer a esses limites será considerada inconstitucional.

A Lei n. 5.492/1988, editada pelo Município de Belo Horizonte, repete as disposições transcritas acima, também prevendo que a base de cálculo do ITBI é o valor do imóvel transmitido.

Em caso de aquisição de imóveis na planta (em regra, apartamentos), fruto de incorporações imobiliárias, a Legislação de Belo Horizonte impõe que a base de cálculo do ITBI seja o valor venal da unidade imobiliária pronta, quando for entregue ao adquirente:

> Art. 16. Na aquisição de imóvel pronto para entrega futura, em construção, a base de cálculo do imposto será o valor venal do imóvel como se pronto estivesse, apurado na forma prevista no art. 5° desta Lei.

---

4 Sobre o tema ver TORRES, Heleno Taveira. Direito Constitucional Tributário e Segurança Jurídica. *Metódica da Segurança Jurídica do Sistema Constitucional Tributário*. São Paulo: Editora Revista dos Tribunais, 2011, p.359.

Para se evitar a incidência do imposto sobre o valor total do imóvel predial, tem sido utilizada a aquisição da fração ideal de um terreno por grupo de adquirentes, que passa a arcar com os custos da construção das unidades imobiliárias autônomas, seja por conta própria, seja mediante a contratação de uma construtora para a administração e a prestação do serviço.

Nesta hipótese, a Lei de Belo Horizonte permite que se adote como base de cálculo do ITBI o valor venal do terreno (lote vazio) – acrescido do valor venal da construção já existente, se houver – adquirido pelo contribuinte:

> Art. 16. (...).
> § 1º No caso de aquisição de terreno, ou sua fração ideal, de imóvel construído ou em construção, deverá o contribuinte comprovar que assumiu o ônus da construção, por conta própria ou de terceiros, mediante a apresentação dos seguintes documentos:
> I – (...);
> § 2º Na hipótese do § 1º deste artigo, a base de cálculo do imposto será o valor venal do terreno acrescido do valor venal da construção existente no momento em que o adquirente comprovar que assumiu o ônus da construção.

Veja-se que neste caso ocorrem duas operações distintas e dissociadas. A primeira se relaciona à aquisição da quota parte de imóvel e está inserida no campo de incidência do ITBI, cuja base de cálculo deve corresponder exatamente ao valor atribuído à fração ideal adquirida, pois este é o montante efetivamente pago ao antigo proprietário pelo adquirente.

A segunda operação é aquela havida entre o adquirente do imóvel (quota-parte) e qualquer prestador de serviços de construção civil e cujo objetivo é a realização da edificação. Tal operação não guarda nenhum contorno que torne possível a sua subsunção ao campo de incidência do ITBI, sujeitando-se, ao contrário, à apuração do Imposto sobre serviços (ISSQN), cujo contribuinte é o construtor, a quem cabe a responsabilidade do seu recolhimento aos cofres municipais.

Assim, o Legislador de Belo Horizonte apenas reconheceu o óbvio: que o ITBI incide sobre o valor do imóvel transmitido e nada mais. É que no momento da transmissão, nesta hipótese, há apenas a fração ideal do imóvel ou, quando muito, a fundação do terreno ou algo que o valha. Esse procedimento pode ser utilizado independentemente do estágio em que a construção se encontra, desde que a base de cálculo do tributo retrate o valor do imóvel no momento da transmissão de sua propriedade.

Naturalmente, neste caso (art. 16, § 2º), o ônus tributário para o adquirente é bem menor do que seria no caso da aquisição de um imóvel "na planta" (art. 16, *caput*), tendo em vista que o valor da fração ideal de um lote vazio é, normalmente, bastante inferior ao valor de um imóvel pronto (p.ex., um apartamento).

Em razão dessa redução na base de cálculo do imposto devido, a Lei n. 5.492/1988 exige do adquirente, para que lhe seja garantido o direito ao recolhimento do ITBI sobre o valor venal do lote vazio, a comprovação da assunção do ônus construtivo. Ou seja, para recolher o ITBI sobre uma base de cálculo menor, deve o adquirente comprovar que será responsável direto pelo custeio das obras de edificação a serem realizadas no terreno.

O problema se estabelece porque a Lei n. 5.492/1988 determina quais documentos serão aceitos pela fiscalização municipal para a comprovação de que o adquirente assumiu o ônus construtivo da obra, não admitindo quaisquer outros:

> Art. 16. (...)
>
> § 1º No caso de aquisição de terreno, ou sua fração ideal, de imóvel construído ou em construção, deverá o contribuinte comprovar que assumiu o ônus da construção, por conta própria ou de terceiros, mediante a apresentação dos seguintes documentos: I – contrato particular de promessa de compra e venda do terreno ou de sua fração ideal, com firmas reconhecidas;
>
> II – contrato de prestação de serviços de construção civil, celebrado entre o adquirente e o incorporador ou construtor, com firmas reconhecidas;
>
> III – documentos fiscais ou registros contábeis de compra de serviços e de materiais de construção;
>
> IV – quaisquer outros documentos que, a critério do fisco municipal, possam comprovar que o adquirente assumiu o ônus da construção.

Ao restringir os meios pelos quais o contribuinte poderia demonstrar que assumiu o ônus construtivo, o Município de Belo Horizonte ofende de uma só vez os princípios da Legalidade, da Verdade Material e da Capacidade Contributiva[5] na tentativa de incrementar a arrecadação do ITBI em casos de aquisição de imóveis para futura edificação.

O expediente utilizado pelo Fisco Municipal para aumentar artificialmente a base de cálculo do imposto consiste em dificultar a comprovação da assunção do ônus construtivo pelo(s) adquirente(s) do terreno, restringindo os elementos de prova, a fim de possibilitar a exigência do ITBI pelo valor do imóvel depois de construído.

Ocorre que na hipótese prevista pelo § 2º do art. 16, da Lei Municipal n. 5.492/1988 a operação de transferência imobiliária havida é a aquisição de um terreno, ou de sua fração ideal, e não a aquisição de uma unidade imobiliária autônoma. Aliás, a intenção dos adquirentes neste tipo de operação não é a aquisição de um imóvel pronto ou na "planta", um imóvel de "prateleira", mas sim a possibilidade de construção de um imóvel sob medida, pensado para atender a todos os seus anseios e necessidades pessoais.

Por essa razão, a tributação do terreno acrescida do valor da edificação a ser construída importa em violação ao princípio da capacidade contributiva, distanciando o fato gerador do ITBI da dimensão econômica da operação realizada, o que acarreta o locupletamento ilícito da Fazenda Municipal, à custa do particular. Lembre-se de que o ITBI não é imposto sobre a propriedade, já atingida pelo IPTU, mas sim tributo que onera a transação imobiliária.

Neste sentido é a precisa lição do professor Hugo de Brito Machado[6]:

> Outro aspecto importante no que diz respeito à base de cálculo do ITBI é o que se refere a acessões físicas no imóvel colocadas pelo adquirente, na condição de promitente comprador, ou mesmo pelo adquirente, que ainda não fez o registro do título aquisitivo no cartório competente. O fato gerador está consumado pela celebração do contrato de compra e venda, independentemente de sua formalização nos termos do Direito Civil. Por isto mesmo a base de cálculo é o valor venal do imóvel efetivamente vendido. Não daquele

5 Sobre o Princípio da Capacidade Contributiva já discorreu Misabel Derzi, ao atualizar a obra de Aliomar Baleeiro, *Limitações Constitucionais ao Poder de Tributar*: "(...) a capacidade contributiva é princípio que serve de critério ou de instrumento à concretização dos direitos fundamentais individuais, quais sejam, a igualdade e o direito de propriedade ou vedação do confisco". (BALEEIRO, 1997. p. 689).

6 MACHADO, Hugo de Brito. *Curso de Direito Tributário*, 29. ed., Malheiros, p. 398.

> existente no momento em que se formaliza a transmissão da propriedade. Muitas empresas dedicadas à construção de edifícios compram terrenos e neles constroem sem que tenham antes formalizado a transmissão da propriedade do terreno. Quando procuram formalizar aquela transmissão, no registro imobiliário competente, surpreendem-se com a exigência, absolutamente indevida, do ITBI calculado sobre o valor do terreno com a edificação.

Assim, o valor da construção – feita *a posteriori* – não deve compor a base de cálculo do ITBI, já que não houve transmissão da edificação (que à época sequer havia sido realizada), razão pela qual é ilegal a alteração da forma de cálculo do imposto, para inclusão de área a ser edificada em detrimento do valor venal do "lote vazio".

Ademais, esta postura do Município de Belo Horizonte viola a própria disposição expressa contida no art. 5º da Lei n. 5.492/1988, segundo a qual a "base de cálculo do imposto [ITBI] é o valor dos bens ou direitos transmitidos ou cedidos, no momento da transmissão ou cessão".

O Tribunal de Justiça do Estado de Minas Gerais, em diversas oportunidades, manifestou-se sobre o tema:

> EMENTA: APELAÇÃO CÍVEL – REMESSA NECESSÁRIA – MANDADO DE SEGURANÇA – TRIBUTÁRIO – ITBI – AQUISIÇÃO DE LOTE – POSTERIOR CONSTRUÇÃO – BASE DE CÁLCULO – VALOR VENAL – IMPOSSIBILIDADE DE SE COMPUTAR A EDIFICAÇÃO.
>
> – É correta a via do Mandado de Segurança quando o Impetrante instrui a inicial com a prova pré-constituída do alegado, restando a ser discutida matéria de direito.
>
> – Conforme legislação tributária, o fato gerador do ITBI é a transmissão do imóvel e sua base de cálculo incide sobre o valor venal dos bens ou direitos a serem transmitidos.
>
> – A edificação erguida no imóvel não pode ser computada no valor para cobrança do ITBI, pois não existia ao tempo da aquisição do terreno[7].

---

7 BRASIL. Tribunal de Justiça de Minas Gerais. Processo: Ap Cível/Reex Necessário 1.0707.11.028620 0/001. Relatora: Des. Alice Birchal. Órgão Julgador/Câmara: 7ª Câmara Cível. Data de Julgamento: 19/06/2018. Data da publicação: 25/06/2018.

> EMBARGOS INFRINGENTES – ITBI – BASE DE CÁLCULO – BENS E DIREITOS EFETIVAMENTE TRANSMITIDOS
>
> – A base de cálculo do ITBI é o valor dos bens e direitos efetivamente transmitidos ou adquiridos, de modo que, constatada, por laudo técnico da própria municipalidade, a conclusão de 20% da construção a ser erigida no imóvel, este deve ser o percentual do valor da edificação a ser acrescido ao do terreno, para compor a base de cálculo do mencionado tributo.
>
> V.V. 1. O ITBI incide sobre o imóvel transmitido ao adquirente, excluída a construção que ele próprio tenha edificado. 2. No Município de Belo Horizonte, a base de cálculo do ITBI incidente na compra e venda de imóvel para entrega futura, sem prova de que o adquirente tenha assumido o ônus da construção, por conta própria ou de terceiros, é o valor venal do imóvel pronto. 3. O ITBI somente incidirá sobre o valor venal do terreno acrescido do valor venal proporcional à construção se provada a assunção do ônus da construção pelo contribuinte. (Des. Oliveira Firmo)[8].

Sobre a questão, é oportuno destacar, ainda, o entendimento do Supremo Tribunal Federal exposto no enunciado das Súmulas n. 110 e n. 470, que se encontram plenamente válidas:

> Súmula 110 – O imposto de transmissão 'inter vivos' não incide sobre a construção, ou parte dela, realizada pelo adquirente, mas sobre o que tiver sido construído ao tempo da alienação do terreno.
>
> Súmula 470 – O imposto de transmissão 'inter vivos' não incide sobre a construção, ou parte dela, realizada, inequivocamente, pelo promitente comprador, mas sobre o valor do que tiver sido construído antes da promessa de venda.

A apuração e recolhimento do ITBI pelo valor venal do imóvel efetivamente adquirido (lote vazio) é direito do contribuinte e constitui um planejamento tributário válido e legítimo[9]. A uma, porque há previsão expressa na

---

[8] BRASIL. Tribunal de Justiça de Minas Gerais. Processo: Embargos Infringentes 1.0024.11.004486-4/007. Relator: Des. Wilson Benevides. Órgão Julgador/Câmara: 7ª Câmara Cível. Data de Julgamento: 03/11/2015. Data da publicação: 11/11/2015.

[9] O CARF reconheceu, em 11/04/2012, o direito de o contribuinte fazer planejamento tributário lícito. Destaca-se trecho do voto do Conselheiro Carlos Eduardo de Almeida Guerreiro, segundo o qual: –Em direito tributário não existe o menor problema em a pessoa agir para reduzir sua carga tributária, desde que atue por

legislação municipal; a duas, porque a finalidade deste tipo de aquisição imobiliária não visa exclusivamente a diminuição da base de cálculo do ITBI e, consequentemente, a redução do imposto devido ao Ente Municipal.

Os contribuintes adquirem imóveis em grupos formados por amigos e familiares para posteriormente bancarem a construção de edifícios residenciais por várias razões: para garantir a proximidade entre parentes, para poder determinar os detalhes do projeto arquitetônico, para construir os imóveis de acordo com suas necessidades e com padrão de acabamento personalizado; Enfim, para obter condições difíceis de conseguir quando se adquire uma unidade autônoma em algum empreendimento imobiliário.

Assim, considerando que a aquisição de fração ideal de terreno para futura construção às próprias custas não tem por finalidade exclusiva a economia no recolhimento de tributo, e considerando, ainda, que o ITBI deve ter por base de cálculo o valor venal do bem efetivamente adquirido, não poderia o Município de Belo Horizonte limitar a produção de provas aptas a demonstrar o ônus construtivo suportado pelo adquirente.

Os documentos elencados nos incisos do § 1º do art. 16, da Lei n. 5.492/88, embora se prestem a fazer prova da assunção do ônus construtivo, não são os únicos meios de prova aptos a demonstrar que os adquirentes assumiram o ônus econômico pela edificação no terreno adquirido.

Outros elementos probantes podem – e devem – ser admitidos e analisados pelo Fisco Municipal tais como: extratos bancários, comprovantes de depósito, comprovantes de transferências, cheques, atas de reunião com empreiteiros e arquitetos e outros documentos que demonstrem que os adquirentes financiam direta e *pro rata* os custos com a edificação.

Em outras palavras, qualquer documento capaz de demonstrar que os adquirentes disponibilizam numerário para o pagamento dos custos com mão-de-obra, materiais de construção, obtenção de licenças, desenvolvimento de projetos arquitetônico, estrutural, elétrico e hidráulico devem ser considerados para a comprovação do ônus construtivo.

Note-se que a situação dos adquirentes de frações ideais de terreno para futura edificação é distinta dos adquirentes de unidades imobiliárias

---

meios lícitos. Inclusive, é de se esperar que as pessoas façam isso, sendo recriminável exatamente a conduta oposta. A grande infração em tributação é agir intencionalmente para esconder do credor os fatos tributáveis (sonegação), mas isso não ocorreu no caso concreto.

individuais (p. ex. apartamentos). Isso porque, no primeiro caso, os adquirentes custeiam a obra diretamente, enquanto no segundo caso, os adquirentes ou compram o imóvel na planta à vista, e não desembolsam mais nenhum centavo, ou pagam uma prestação mensal fixa, que não reflete os custos com a edificação, que é feita por uma Construtora, que almeja a obtenção de lucro com a alienação de unidades imobiliárias individualizadas.

Assim, as maneiras de provar a assunção do ônus construtivo pelos adquirentes de frações ideais de terrenos vazios são diversas e devem ser examinadas caso a caso, não podendo ser limitadas apenas àquelas eleitas pelo Legislador de Belo Horizonte. Nesse sentido, a lição de James Marins[10]:

> A busca pela verdade material é princípio de observância indeclinável da Administração tributária no âmbito de suas atividades procedimentais e processuais. [A Administração Pública] Deve fiscalizar em busca da verdade material; deve apurar e lançar com base na verdade material.

Mas, de acordo com a previsão legal, como pode ser constituída a ideia de verdade material e qual e a sua importância no processo de acertamento do tributo?

Desde que licitamente produzidas e apresentadas em conformidade com a teoria das provas quaisquer meios probantes devem ser avaliados e considerados para a demonstração da assunção do ônus construtivo, em homenagem à verdade real, conforme ensina Alberto Xavier[11]:

> A instrução do procedimento tem como finalidade a descoberta da verdade material no que toca ao seu objeto com os seus corolários da livre apreciação das provas e da admissibilidade de todos os meios de prova. Daí a lei fiscal conceder aos seus órgãos de aplicação meios instrutórios vastíssimos que lhes permitam formar a convicção da existência e conteúdo do fato tributário. Essa convicção é, porém, uma livre convicção, no sentido de que não está limitada à existência de regras legais de prova, antes os meios probatórios têm, em princípio, o valor que corresponder à sua idoneidade como elementos da referida convicção.

---

10 MARINS, James. *Direito Processual Tributário Brasileiro*. São Paulo: Dialética, 2003, p. 179-180.

11 XAVIER, Alberto. *Do Lançamento no Direito Tributário Brasileiro*. 3. ed. Rio de Janeiro: Forense, 2005, p. 134.

Portanto, a verdade material impõe sejam utilizados os mais amplos e diversos meios probatórios possíveis, inadmitindo as restrições impostas pela utilização exclusiva de determinadas provas, ainda que prescritas pelo legislador. É que a busca dos fatos tributáveis ou da demarcação de seus contornos não pode ser limitada, ao bem do princípio da legalidade e do interesse público.

3. A verdade material e o princípio da legalidade

Tradicionalmente, a Doutrina aborda a "verdade material" em oposição à "verdade formal", sob o argumento de que a primeira é a tentativa de se alcançar o contexto fático havido "exatamente" como ele ocorreu, enquanto a segunda seria apenas a reflexão sobre os eventos que foram efetivamente trazidos ao processo pelas partes, segundo regras determinadas. A "verdade material" seria própria ao processo administrativo, enquanto a "verdade formal" afeita ao processo judicial[12]. A distinção é encontrada em autores de boa cepa, como Alberto Xavier[13] e James Marins[14], por exemplo, sendo comum na obra de inúmeros estudiosos[15].

A doutrina tradicional, portanto, considera que a busca da verdade material deve ser a busca do "Real", que para ser atingido em sua completude deve valer-se dos mais amplos instrumentos cognitivos aptos para captarem vasta gama de eventos. De outro lado, "a verdade formal" aceitaria, em regra, apenas aqueles fatos colacionados pelas partes, segundo critérios mais rígidos de forma, oportunidade, prazo etc.

---

12 FIGUEIREDO, Lucia Valle. Curso de Direito Administrativo. 5. ed. São Paulo: Malheiros, 2001, p. 424.

13 XAVIER, Alberto. *Do Lançamento no Direito Tributário Brasileiro*. 3. ed. Rio de Janeiro: Forense, 2005.

14 MARINS, James. *Direito Processual Tributário Brasileiro*. São Paulo: Dialética, 2003.

15 Por todos, confira-se Sérgio Ferraz e Adilson Abreu Dallari: "Em oposição ao princípio da verdade formal, inerente aos processos judiciais, no processo administrativo se impõe o princípio da verdade material. O significado deste princípio pode ser compreendido por comparação: no processo judicial normalmente se tem entendido que aquilo que não consta nos autos não pode ser considerado pelo juiz, cuja decisão fica adstrita às provas produzidas nos autos; no processo administrativo o julgador deve sempre buscar a verdade, ainda que, para isso, tenha que se valer de outros elementos além daqueles trazidos aos autos pelos interessados". (DALLARI; FERRAZ, 2003).

Quase sempre a distinção acima é apresentada sem maior problematização, de forma filosoficamente ingênua. Por isso, com razão Guilherme Marinoni e Sérgio Arehart, quando explicam que:

> Esta visão, típica de uma filosofia vinculada ao paradigma do objeto, embora tenha todos os seus pressupostos já superados pela filosofia moderna, ainda continua a guiar os estudos da maioria dos processualistas modernos. Não obstante todas as lições da moderna filosofia combatendo duramente essa visão do conhecimento, o direito permanece recorrendo a esse paradigma para explicar sua função e o processo continua apoiando-se nessa vetusta ideia para legitimar sua função[16].

A crítica acima parte do suposto de que a ideia de verdade como representação do "Real", como possibilidade de apreensão do conteúdo de eventos tal como eles se deram, encontra pouquíssimos defensores atualmente.

De fato, influenciadas pelo denominado "giro hermenêutico", toda a sorte de teorias críticas, as teorias relativistas e outros quejandos teóricos mostraram, cada qual a seu modo, a ingenuidade de se acreditar possível o acesso à realidade, tal como ela é. Antes, o que se consegue apreender do mundo é um corte balizado por nossas condições linguísticas e pelo horizonte das pré-compreensões de vida compartilhadas. Assim, imaginar que haveria uma verdade a ser acessada, em sua completude, que haveria um mundo a ser representado por correspondência é algo relativamente pouco confiável na teoria do conhecimento.

Por isso, foram sendo construídas alternativas para a discussão sobre a verdade, dentre elas as teorias do pragmatismo[17] e a verdade como consenso, nas teorias discursivas[18]. Obviamente, a discussão sobre o tema não cabe neste pequeno trabalho, com propósito mais modesto. Para a questão ora enfrentada, basta a ideia de verdade como representação linguística consensual de certos eventos, que é colocada à prova de maneira intersubjetiva, e sempre de modo parcial.

---

16 MARINONI, Guilherme; ARENHART, Sérgio Cruz. *Processo de Conhecimento*: 6. ed. São Paulo: Revista dos Tribunais, 2007, p. 249.

17 Confira-se: RORTY, Richard. *Objetivismo, relativismo e verdade*: escritos filosóficos I. Tradução de Marco Antônio Casanova. Rio de Janeiro: Relume Dumará, 1997.

18 HABERMAS, Jurgen. *Teoria do Agir Comunicativo*: Racionalidade da Ação e Racionalização Social. São Paulo: WMF, 2012.

De todo modo, o que se pretende sublinhar é que é impossível uma representação do real por correspondência, de modo a tentar apreendê-lo e reproduzi-lo pelo que ele é. O que se pode fazer é representar linguisticamente os eventos, eles mesmos construídos também de modo linguístico para que se tornem fatos importantes ao direito, a partir de enunciados válidos juridicamente, como bem lembra a obra de Paulo de Barros Carvalho[19].

A partir desse contexto, pode-se tentar uma reconstrução do princípio da verdade material como aquele que prescreve em linguagem normativa a busca dos eventos havidos de forma mais ampla, permitindo-se o seu ingresso no discurso jurídico pela sua reconstrução como fatos jurígenos relevantes para a incidência tributária. No processo judicial, as condições para que o evento (sempre representado linguisticamente por alguém) ingresse no mundo jurídico são controladas, em princípio, por regras mais rígidas, exigentes de formalidades, condições, prazos e outros condicionantes. Já no processo administrativo, especialmente no processo tributário, as condições para que os eventos trazidos pelo Fisco e pelos contribuintes devem ser mais maleáveis e permissivas, de modo a garantir que surjam sempre mais fatos jurígenos, capazes de contribuir em nível máximo ou ótimo, embora nunca total, para a construção dialógica da realidade[20].

Essa exigência, na verdade, é simples, mas relevante, decorrência do próprio Princípio da Legalidade, corolário do Sistema Tributário Nacional. Veja como Alberto Xavier é claro ao relacionar o princípio da verdade material com o respeito à legalidade tributária, discorrendo sobre o fenômeno da incidência normativa:

> O procedimento tributário de lançamento tem como finalidade central a investigação dos fatos tributários, com vista à sua prova e caracterização; respeita à premissa menor do silogismo de aplicação de lei. Como, porém, proceder à investigação e valoração dos fatos?
>
> A este quesito a resposta do Direito Tributário é bem clara. Dominado todo ele por um princípio da legalidade, tendente à proteção da esfera privada contra os arbítrios do poder, a solução

---

19 CARVALHO, Paulo de Barros. *Direito Tributário, Linguagem e Método.* 2.ed. São Paulo: Noesis, 2008, p. 823-845.

20 Sobre o tema é importante notar que há várias críticas sobre a distinção entre a –verdade material– e a –verdade formal–. Uma das mais interessantes é aquela produzida por Tárek Moysés Mousallem, confira-se: MOUSALLEN, Tárek Moysés. *Fontes do Direito Tributário.* São Paulo: Max Limonad, 2001, p. 39.

> não poderia deixar de consistir em submeter a investigação a um princípio inquisitório e a valoração dos fatos a um princípio da verdade material[21].

O Princípio da Legalidade material exige a previsão legal mínima do conteúdo mínimo da conduta que foi jurisdicizada pelo legislador. Em outros termos: a norma tributária deve descrever com clareza os fatos que darão origem à prescrição normativa, uma vez ocorridos na realidade fenomênica e vertidos em linguagem jurídica própria. No entanto, não basta que haja previsão normativa clara e definição do conteúdo material da conduta a ser valorizada juridicamente. Esse é apenas um dos polos do círculo hermenêutico que se estabelece na aplicação do Direito. É necessário ainda que haja uma adequada compreensão dos fatos que ocorreram. Sem ela, a legalidade não se confirma e grassa a insegurança, afinal, normas são previstas para serem aplicadas à vista da ocorrência de determinados fatos. Se há dúvida em relação a eles, como saber se a norma prevista na ordem jurídica deve ser aplicada?

Por isso mesmo, é extremamente importante a busca dos mais amplos meios para se averiguar a natureza, extensão e efeitos dos fatos ocorridos. Só assim é possível construir a "Realidade" ao nível máximo ou ótimo (nunca total, lembre-se) de modo a que se possa analisar se ao contexto fático estabelecido imputa-se determinadas consequências jurídicas. Desta forma, quanto mais ampla for a preocupação com a verdade material maior probabilidade haverá da determinação dos eventos efetivamente havidos, que serão vertidos em fatos jurídicos importantes ao Direito. Neste sentido, a verdade material é garantia da legalidade.

4. A teoria das provas

Sempre que se fala em provas é importante registrar a plurisignificância do termo, como bem demonstrou a imperdível obra de Fabiana Del Padre Tomé[22], onde se vê mais de cinco sentidos para o termo.

---

21 XAVIER, Alberto. *Do Lançamento no Direito Tributário Brasileiro*. 3. ed. Rio de Janeiro: Forense, 2005, p. 131.

22 TOMÉ, Fabiana Del Padre. *A prova no Direito Tributário*. 3. ed. São Paulo: Noesis, 2011/2012, p. 73-100.

No caso, o que mais se amolda ao tema tratado no presente trabalho é aquele que define a prova como meio de demonstração[23], abrangendo: "(...) quaisquer recursos capazes de atestar a veracidade de um fato" englobando desde demonstrações matemáticas até argumentos retóricos, todos direcionados ao "convencimento do destinatário acerca da certificação de um fato".

No Direito Tributário, a prova assume a função de ser o meio pelo qual o contribuinte tenta demonstrar e convencer o julgador de que a autuação fiscal não deve subsistir, seja porque determinado fato não se amolda à norma impositiva, seja pela ocorrência da decadência, ou por qualquer outra razão.

Ocorre que os fatos que se pretende provar deverão ser apresentados à autoridade julgadora exclusivamente através dos instrumentos ou veículos de produção de atos probatórios previstos no direito positivo[24], pois as provas são os instrumentos de que dispõe o Direito para constituir a verdade.

Segundo Fabiana Del Padre Tomé[25], não obstante a função da prova seja a de persuadir "com relação ao fato alegado, a tarefa de convencer o julgador visa a atingir determinada finalidade orientada à constituição ou desconstituição do fato jurídico em sentido estrito".

Segundo Juliana Leite Kirchner[26], levando-se em conta que devem ser utilizadas as provas admitidas pelo Direito, *enquanto enunciados linguísticos*, todos os meios de prova podem ser utilizados no processo administrativo tributário, à exceção dos elementos probantes produzidos ilicitamente[27].

---

23 TOMÉ, Fabiana Del Padre. *A prova no Direito Tributário*. 3. ed. São Paulo: Noesis, 2011/2012, p. 96.

24 ESTEVES, Maria do Rosário. A prova do fato jurídico no processo administrativo tributário..., 2005, p. 143.

25 TOMÉ, Fabiana Del Padre. *A prova no Direito Tributário*. 3. ed. São Paulo: Noesis, 2011/2012, p. 264.

26 KIRCHNER, Juliana Leite. Teoria das provas e fatos jurídicos no processo administrativo tributário... 2012.pp. 202-204.

27 O próprio texto constitucional (art. 5º, inciso LVI) nega reconhecimento às provas coletadas ilicitamente ao firmar que "são inadmissíveis, no processo, as provas obtidas por meios ilícitos". Segundo Fabiana Del Padre Tomé a "ilicitude não é qualificativo da prova, mas do meio pelo qual esta foi produzida ou do modo de sua utilização. Esse caráter não recai sobre o conteúdo veiculado no documento probatório, mas sobre outro fato, relatado no antecedente da norma geral e

Assim, a Teoria das Provas se revela como importante garantia para que o contribuinte goze de todas as prerrogativas constitucionais, para que somente seja gravado nos exatos termos da lei tributária. Nesse sentido, Edvaldo Brito[28] afirma que:

> (...) nenhuma pessoa pode ter o "dever jurídico" de pagar um tributo se não tiverem ocorrido duas circunstâncias: 1ª) um fato descrito em uma norma legal como sendo aquele capaz de "gerar" a obrigação, da qual decorre esse dever e, 2ª) o desempenho de uma "atividade administrativa" objetivando investigar a ocorrência desse fato da qual, por isso, resulte o nascimento do "direito de exigir" o cumprimento desse dever.

Ainda que as provas tenham de ser produzidas observando os parâmetros legais (documental, testemunhal, pericial), seu conteúdo não pode ser restringido, nem limitado, sob pena de cerceamento de defesa. As provas devem ser produzidas de maneira lícita e buscando refletir sempre que possível (e no melhor nível) a realidade fática, pelo que se mostra imprescindível a obediência à verdade material, seja para comprovar a ocorrência do fato imponível que sustenta a exigência do tributo, seja para infirmá-lo.

4.1. Processo administrativo tributário, provas e verdade material

Embora o surgimento da obrigação tributária independa da manifestação de vontade do contribuinte, a execução forçada de seus bens não pode prescindir da oportunidade de que se manifeste sobre os créditos de sua responsabilidade, antes de se ver diante de atos executivos. O consentimento do contribuinte manifesta-se na oportunidade de discutir o crédito tributário antes de sofrer os efeitos da inadimplência. A busca da consensualidade noticiada deve ser feita por instrumentos

---

concreta que configura instrumento introdutor da prova. Trata-se de vício na enunciação e, por conseguinte, nas marcas por esta deixada (enunciação-enunciada), devendo ser rejeitada a prova cujo processo de produção tenha desrespeitado determinação legal". (TOMÉ, Fabiana Del Padre. *A prova no Direito Tributário*. 3. ed. São Paulo: Noesis, 2011/2012, p. 167.)

28 BRITO, Edvaldo. Lançamento. Revista de Direito Tributário. São Paulo. v. 11. n. 42. out./dez. 1987. P. 186.

adequados a permitir a participação dos cidadãos, dando lugar ao estabelecimento de espaços decisórios que se regem pela lógica da "processualidade"[29].

A exigência do processo administrativo não decorre apenas do querer doutrinário, pois foi assumida pelo próprio Texto Constitucional, que prescreve haja sempre oportunidade de manifestação do administrado no processo administrativo perante os órgãos da Administração Pública, como, por exemplo, a Fazenda Pública, o Banco Central, a Fiscalização Ambiental e outros. A Constituição da República é clara ao prescrever o direito ao processo administrativo, qualificado com o contraditório e a ampla defesa: "LV – aos litigantes, em processo judicial ou administrativo, e aos acusados em geral são assegurados o contraditório e ampla defesa, com os meios e recursos a ela inerentes;"[30].

Na trilha seguida em outros países, como Itália[31] e Portugal[32], o ordenamento jurídico brasileiro buscou na processualização da atividade administrativa a legitimidade do agir estatal, como forma de garantir a sua democratização:

> Um dos traços mais marcantes dessa tendência à democratização é o fenômeno que se convencionou chamar de processualização da atividade administrativa. Tal termo é designativo da preocupação crescente com a disciplina e democratização dos procedimentos formativos da vontade administrativa, e não apenas do ato administrativo final. Busca-se, assim, (i) respeitar o direito dos interessados ao contraditório e à ampla defesa; (ii) incrementar o nível de informação da Administração acerca das repercussões fáticas e jurídicas de uma medida que se alvitra implementar, sob a ótica dos administrados, antes de sua implementação;

---

29 MOREIRA NETO, Diogo de Figueiredo. *Mutações no direito administrativo*. Rio de Janeiro: Renovar, 2000, p. 199-201.

30 BRASIL. *Constituição Federal de 1988*, de 05 de outubro de 1988. Disponível em: <www.planalto.gov.br/ccivil_03/Constituicao/Constituiçao.htm>. Acesso em: 10 ago. 2020.

31 PINTO e NETTO, Luísa Cristina. *A contratualização da função pública*. Belo Horizonte: Del Rey, 2005, p. 75-80.

32 SILVA, Vasco Manuel Dias Pereira da.*Para um Contencioso Administrativo dos Particulares*: esboço de uma teoria subjetivista do recurso contencioso de anulação. Coimbra: Almedina, 1989.

(iii) alcançar um grau mais elevado de consensualidade e legitimação das decisões da Administração Pública[33].

Portanto, a oportunidade de participação do contribuinte na formação do dever jurídico que poderá ser inscrito em dívida ativa cobre o déficit de legitimidade do título executivo extrajudicial, formado sem manifestação expressa do devedor, que permita a utilização do processo de execução.

Obviamente, cabe à legislação infraconstitucional definir os trâmites ordinários pelos quais desenvolver-se-á o processo administrativo, estipulando prazos, fases, atos, instâncias etc. No entanto, a noção de processo há de ser preservada no que tem de nuclear e essencial, apartando-a dos inúmeros procedimentos pelos quais se preparam alguns dos atos estatais.

Na trilha de Elio Fazzalari[34], Aroldo Plínio Gonçalves considera que os procedimentos são preparatórios de atos estatais, considerados como provimentos, cuja origem pode ser qualquer dos poderes da República:

> O procedimento é uma atividade preparatória de um determinado ato estatal, atividade regulada por uma estrutura normativa, composta de sequência de normas, de atos e de posições subjetivas, que se desenvolvem em uma dinâmica bastante específica, na preparação de um provimento. O provimento é um ato do Estado, de caráter imperativo, produzido pelos seus órgãos no âmbito de sua competência, seja um ato administrativo, seja um ato legislativo ou um ato jurisdicional[35].

A necessidade de que o provimento estatal seja precedido por determinado procedimento reside no fato de que o primeiro gera efeitos imperativos que atingem a esfera dos direitos dos administrados, emanados pelo Estado no cumprimento de suas funções, inclusive a administrativa[36]. Visto por perspectiva mais atual, o procedimento tem a finalidade

---

33 BINENBOJM, Gustavo. *Uma teoria do direito administrativo*: direitos fundamentais, democracia e constitucionalização. Rio de Janeiro: Renovar, 2006, p. 77.

34 FAZZALARI, Elio. *Instituições de Direito Processual*. Tradução Elaine Nassif. Campinas, 2006. 781 p.

35 GONÇALVES, Aroldo Plínio. *Técnica processual e Teoria do Processo*. Rio de Janeiro: Aide, 1992, p. 102.

36 GONÇALVES, Aroldo Plínio. *Técnica processual e Teoria do Processo*. Rio de Janeiro: Aide, 1992, p. 103.

de preparar os provimentos estatais, e não pode ser tido como mera sucessão de atos ou modo de mover-se dos atos processuais, na lição de Moacyr Amaral Santos[37]. Assim, transforma-se também a sua relação com o processo, pois ambos – processo e procedimento – são finalísticos. A distinção entre eles não pode mais ser feita com base neste critério, já que o procedimento também possui uma finalidade e não apenas o processo. A finalidade deixa de servir como diferença específica, a extremá-los[38].

Por isso, para Elio Fazzalari, processo e procedimento possuem a finalidade de preparar provimentos estatais que gerarão efeitos em relação aos administrados[39]. A noção de procedimento é resgatada, pois não se encontra diluída na de processo[40] que, segundo a doutrina clássica, pode ser constituído de uma multiplicidade de procedimentos.

Ao revés de inserir o procedimento no processo, propõe-se raciocínio oposto: "o processo é um procedimento, mas não qualquer procedimento; é o procedimento de que participam aqueles que são interessados no ato final, de caráter imperativo, por ele preparado (...)"[41]. De fato, Fazzalari traça a distinção essencial entre processo e procedimento caracterizando o primeiro com a diferença específica do contraditório, pois "o processo é um procedimento do qual participam (são habilitados a participar) aqueles em cuja esfera jurídica o ato final é destinado a desenvolver os seus efeitos: em contraditório e de modo que o autor não possa obliterar as suas atividades"[42].

Deste modo, o processo é o procedimento que se desenvolve com a presença do contraditório, que requer seja ofertada a simétrica oportunidade de participação dos interessados no provimento estatal[43].

---

37 SANTOS, Moacyr Amaral. *Primeiras Linhas de Direito Processual Civil*. v. II. 17. ed. São Paulo: Saraiva, 1995, p. 84-85.

38 GONÇALVES, Aroldo Plínio. *Técnica processual e Teoria do Processo*. Rio de Janeiro: Aide, 1992, p. 64-66.

39 FAZZALARI, Elio. *Instituições de Direito Processual*. Tradução Elaine Nassif. Campinas, 2006. 781 p. 109-128.

40 GONÇALVES, Aroldo Plínio. *Técnica processual e Teoria do Processo*. Rio de Janeiro: Aide, 1992, p. 102-111.

41 GONÇALVES, Aroldo Plínio. *Técnica processual e Teoria do Processo*. Rio de Janeiro: Aide, 1992, p. 68.

42 FAZZALARI, Elio. *Instituições de Direito Processual*. Tradução Elaine Nassif. Campinas, 2006. 781 p. 118-119.

43 FAZZALARI, Elio. *Instituições de Direito Processual*. Tradução Elaine Nassif. Campinas, 2006. 781 p. 123.

Para que a participação do contribuinte seja efetivamente paritária na preparação do provimento estatal é necessário que sejam admitidas as provas por ele colacionadas, desde que produzidas de modo lícito. Muitas vezes um fato pode ser comprovado de inúmeras maneiras e não há sentido em que o legislador ou o administrador público eleja uma delas em detrimento das demais.

É importante ressaltar que certas provas se prestam de modo mais certeiro do que outras para representar a ocorrência de determinados eventos, que serão vertidos em linguagem jurídica. Portanto, o legislador pode elegê-las como representações preferenciais de determinados fatos/eventos. O que não pode ser admitido é que tais representações sejam as únicas formas de comprovarem um fato, quando há outros meios que podem também se prestar a fazê-lo.

A liberdade de produção probatória, nesta senda, é garantia que haja empenho da Administração Pública no reconhecimento de todos os fatos que possam lançar luzes na construção do contexto fático analisado.

A busca pela verdade material, que reflete os fatos havidos (embora nunca em sua totalidade), é inafastável e deve orientar a Administração Pública na condução do processo administrativo tributário, porque lhe são conferidas faculdades procedimentais e processuais que se apresentam como instrumentos mais eficazes e apropriados para a aproximação com a verdade real. Veja-se a lição de Aurélio Pitanga Seixas Filho[44]:

> (...) o princípio da verdade material significa que os fatos suficientes e necessários para a ocorrência do fato gerador serão investigados e avaliados [pela Administração Pública] na maior conformidade possível com a sua existência real.

Neste sentido, a Autoridade administrativa pode e deve agir de ofício, promovendo todas as diligências averiguatórias e probatórias que contribuam para a revelação da verdade material. Deve, sempre que necessário, assumir a produção de provas sempre que o contribuinte não lograr êxito em esclarecer os fatos sobre os quais recai determinada

---

44 SEIXAS FILHO, Aurélio Pitanga. A função do lançamento tributário. *Revista de Direito Tributário*, São Paulo, ano 14, n. 53, p. 70, jul.-set. 1990.

norma tributária. Sobre o tema, é precisa a exposição do professor Hugo de Brito Machado Segundo[45]:

> (...) nas demais situações em que o conhecimento dos fatos for *possível*, e o contribuinte simplesmente não conseguir comprová-los a tempo, ou não lograr fazê-lo através de *meio* que a Administração deseja, o Fisco não poderá valer-se da sanável insuficiência dos elementos fornecidos pelo contribuinte para tributá-lo, ou por qualquer meio prejudicá-lo, em face apenas dessa sua falta de diligência na demonstração da verdade. Imagine-se que agentes fiscais a comprovação de certas despesas escrituradas como dedutíveis para fins de imposto de renda. A assinatura do *Diário da Justiça* por parte de um escritório de advocacia, por exemplo. A Administração constata que tais *Diários da Justiça* foram realmente adquiridos, estão todos na biblioteca do escritório, e são indispensáveis ao exercício da atividade produtora da renda (advocacia). Mas a Administração –exigel que a despesa relativa à assinatura do *Diário da Justiça* seja comprovada por meio de determinada nota fiscal, com determinado formato e cor, e o escritório só dispõe do recibo fornecido pela Imprensa Oficial, que, imune, não emite notas fiscais. Dispõe, ainda, de cópia do cheque utilizado para pagar dita assinatura. Mas não da nota fiscal exigida. É da maior evidência que no exemplo acima, estando demonstrada a efetiva ocorrência da despesa dedutível da base de cálculo do Imposto de Renda, a Administração não pode se recusar a admiti-la ante o argumento de que deveria ser apresentada nota fiscal, e não outros meios de prova (ainda que mais contundentes e irrefutáveis!). Do contrário, estar-se-á exigindo Imposto de Renda não por conta a inocorrência da despesa (que se sabe que houve), mas por conta da ausência de determinado meio de prova.
>
> O princípio da verdade real aplica-se, igualmente, aos processos administrativos contenciosos, nos quais a Administração exerce de modo excepcional e atípico a função julgadora.

Além de assumir a iniciativa probatória quando necessário, a Autoridade administrativa deve examinar todas as provas apresentadas

[45] MACHADO SEGUNDO, Hugo de Brito. Processo Tributário. São Paulo: Atlas, 2004, p.49.

pelo contribuinte, ainda que não relacionadas na lei, para acatá-las sempre que comprovarem a versão dos fatos apresentada pelo contribuinte.

Hugo de Brito Machado Segundo defende a ampla possibilidade de que o contribuinte demonstre suas alegações mediante a apresentação de meio probatório diverso daquele exigido pelo Fisco, bem como sustenta a impossibilidade de limitar a comprovação de determinado fato a apenas um meio de prova. Veja-se:

> Assim, não pode a Administração exigir que determinada afirmação sobre um fato só se considere provada através do meio de prova "x", se através de outros meios de prova a Administração consegue chegar à certeza de que aquele mesmo fato ocorreu. A esse respeito, o Conselho de Contribuintes do Ministério da Fazenda tem decidido que:
>
> "(...) Sendo o interesse substancial do Estado a justiça, é dever da autoridade utilizar-se de todas as provas e circunstâncias de que tenha conhecimento, nas busca da verdade material. Diante da impossibilidade do contribuinte de apresentar os documentos que se extraviaram, e tendo ele diligenciado junto aos seus fornecedores para obter a prova da efetividade do passivo registrado, deve a autoridade utilizar-se dessas provas, desde que elas reúnam condições para demonstrar a verdade real dos fatos.
>
> "Recurso provido em parte"[46].

Deste modo, embora a legislação possa determinar provas preferenciais para a representação de determinados fatos, é importante ressaltar que deve admitir e sopesar todas as outras que puderem ser produzidas pelos contribuintes. Como afirma Paulo de Barros Carvalho há "direito a que toda prova, razoavelmente proposta, seja produzida"[47], como a análise de toda a sorte de documentos, a oitiva de testemunhas, a análise de perícias técnicas.

Desde que licitamente produzidas[48] e apresentadas em conformidade com a teoria das provas quaisquer meios probantes devem ser

---

46 BRASIL. Ministério da Fazenda. Acórdão unânime da 1ª Câmara do 1º Conselho de Contribuintes – n. 101-92-819 – Relatora Conselheira Sandra Maria Faroni – julgamento em 15.09.1999 – DOU-e de 23.11.1999, p. 3.

47 CARVALHO, Paulo de Barros. *Direito Tributário, Linguagem e Método.* 2.ed. São Paulo: Noesis, 2008, p. 795.

48 Cândido Rangel Dinamarco é contra a opção do texto constitucional por extirpar do processo a prova colhida com infração às regras estabelecidas para sua

avaliados e considerados para a demonstração da assunção do ônus construtivo, em homenagem à verdade real, conforme ensina Alberto Xavier[49]:

> A instrução do procedimento tem como finalidade a descoberta da verdade material no que toca ao seu objeto com os seus corolários da livre apreciação das provas e da admissibilidade de todos os meios de prova. Daí a lei fiscal conceder aos seus órgãos de aplicação meios instrutórios vastíssimos que lhes permitam formar a convicção da existência e conteúdo do fato tributário. Essa convicção é, porém, uma livre convicção, no sentido de que não está limitada à existência de regras legais de prova, antes os meios probatórios têm, em princípio, o valor que corresponder à sua idoneidade como elementos da referida convicção.

Portanto, a verdade material impõe sejam utilizados os mais amplos e diversos meios probatórios possíveis, inadmitindo as restrições impostas pela utilização exclusiva de determinadas provas, ainda que prescritas pelo legislador. É que a busca dos fatos tributáveis ou da demarcação de seus contornos não pode ser limitada, ao bem do princípio da legalidade e do interesse público.

5. Conclusões

A verdade material é de extrema importância para o Direito Tributário e deve, ao lado do princípio da legalidade, ser considerada como direito subjetivo do contribuinte, que não pode ser forçado, pelo extremo formalismo da fiscalização, a se submeter à obrigação tributária desvinculada da concretização do seu fato gerador.

---

produção, pois, "exigir que o juiz finja não conhecer os fatos seguramente comprovados, só por causa da origem da prova" faz com que "a parte, que nem sempre será o sujeito responsável pela ilicitude (mais ainda que o fosse)" invariavelmente suporte "essa restrição ao seu direto de prova, ao julgamento segundo a verdade e à tutela jurisdicional a que eventualmente tivesse direito". Ousamos discordar deste posicionamento, uma vez que é o próprio ordenamento jurídico o responsável por dispor como deve se dar a construção das realidades aceitas pela ordem jurídica, o que precisa ocorrer sempre em estrito cumprimento aos procedimentos e às limitações constantes na legislação de regência.

49 XAVIER, Alberto. *Do Lançamento no Direito Tributário Brasileiro*. 3. ed. Rio de Janeiro: Forense, 2005, p. 134.

Ainda que a lei restrinja a comprovação de determinado fato apenas a alguns meios probatórios, deve o julgador administrativo receber e avaliar todas as provas produzidas pelo contribuinte e afastar a exação tributária caso fique demonstrada não ter ocorrido a subsunção entre a norma tributária geral e abstrata e a situação fenomênica de fato havida.

Não cabe ao Fisco invalidar um regular planejamento tributário (tal como o autorizado pela lei de Belo Horizonte quanto à redução da base de cálculo de ITBI na aquisição de imóvel, ou fração ideal, para posterior edificação) quando não for constatada fraude ou simulação e quando o único motivo para tanto for a ausência de determinadas provas exigidas pelo Fisco em detrimento da análise do restante do conjunto probatório apresentado pelo contribuinte.

Neste sentido, somente se afigura legítima a recusa da Autoridade Administrativa com relação a provas apresentadas pelos contribuintes que tiverem sido produzidas ilicitamente, em desacordo com a legislação vigente e com o próprio texto constitucional (art. 5º, LVI), segundo o qual tais provas são inadmissíveis. Assim, elementos probatórios obtidos de maneira ilícita não podem ser considerados sequer como protoprovas[50], na medida em que sua rejeição é medida obrigatória, e para o processo é como se nunca tivessem existido, devendo ser ignoradas pelo julgador.

Caso o contribuinte não se desincumba do ônus probatório que lhe cabe, não pode a Administração Pública simplesmente considerar que o lançamento do tributo foi realizado de forma hígida e que a cobrança deve prosseguir. Nessas situações, deve a Autoridade Administrativa, agir de ofício, empregando todo o aparato estatal à sua disposição para diligenciar e encontrar, sempre que possível, a verdade dos fatos construída num nível máximo ou ótimo (nunca total, lembre-se).

A Administração Pública, na condução do processo administrativo tributário, deve se pautar pela busca da verdade material, que reflete os fatos havidos (embora nunca em sua plenitude), como forma também de materializar o Princípio da Legalidade, que não autoriza a tributação ao arrepio das balizas normativas delimitadas pelo legislador como forma de garantia contra os arbítrios e excessos arrecadatórios do Estado.

---

50 Considerando a definição de Fabiana Del Padre Tomé segundo a qual "A protoprova não se qualifica, propriamente, como prova. Trata-se de mera *proposta de prova*, cuja produção pode ou não ser aceita pelo destinatário". (TOMÉ, Fabiana Del Padre. *A prova no Direito Tributário*. 3. ed. São Paulo: Noesis, 2011/2012, p. 95).

Assim, se a Administração Pública não conseguir demonstrar a subsunção dos fatos à norma, não poderá tributar o contribuinte, devendo arquivar o procedimento administrativo e cancelar a autuação, pois, se não há certeza com relação aos fatos não há como aplicar a norma prevista na ordem jurídica, sob pena de ilegalidade.

Conclui-se daí que a verdade material garante a devida e justa tributação, ao mitigar a presunção de validade dos atos administrativos – dentre os quais se destaca o lançamento – condicionando-a ao dever da Administração Pública em comprovar a efetiva ocorrência do fato gerador para que seja possível a exigência do tributo.

Especialmente no processo administrativo tributário, a verdade material serve como garantia de condições mais maleáveis e menos rígidas a fim de que a maior quantidade de fatos jurígenos seja apresentada e analisada, permitindo assim a construção dialógica da realidade no nível mais próximo possível do "Real", que, obviamente, encontra limites nas próprias restrições de sua conversão em linguagem jurídica.

E isso se mostra bastante acertado, pois em função da busca da verdade material recai sobre a Autoridade administrativa mais do que o simples *ônus probatório*, mas sim o verdadeiro *dever probatório*, entendido como a obrigação inafastável de produzir a prova necessária para esclarecer os fatos, seja para confirmar a exigência do tributo, seja para infirmá-la, uma vez que a Autoridade Administrativa não está a serviço do Ente Federativo, mas a serviço da sociedade, sendo sua responsabilidade, portanto, cuidar dos interesses de ordem pública.

Referências

ÁVILA, Humberto. A Prestação de Serviços Personalíssimos por Pessoas Jurídicas e sua Tributação: o Uso e Abuso do Direito de criar Pessoas Jurídicas e o Poder de desconsiderá-las. *In*: ROCHA, Valdir de Oliveira (Coord). *Grandes questões atuais do direito tributário*, v. 17. São Paulo: Dialética, 2013.

BALEEIRO, Aliomar. *Limitações Constitucionais ao Poder Tributar.* Atual. Mizabel Abreu Machado Derzi. 7. ed. Rio de Janeiro: Forense, 1997.

BARROS, Washington de Monteiro; PINTO, Ana Cristina de Barros Monteiro França. *Curso de direito civil 1.* Parte geral. 42. ed. São Paulo: Saraiva, 2009.

BINENBOJM, Gustavo. *Uma teoria do direito administrativo*: direitos fundamentais, democracia e constitucionalização. Rio de Janeiro: Renovar, 2006.

BRASIL. Conselho Administrativo de Recurso Fiscais. Processo n. 10680.724392/2010-28. Recurso n. Voluntário. Acórdão n. 1101-00.708 – 1ª Câmara / 1ª Turma Ordinária. Sessão de 11 de abril de 2012.

BRASIL. *Constituição Federal de 1988*, de 05 de outubro de 1988. Disponível em: <www.planalto.gov.br/ccivil_03/Constituicao/Constituiçao.htm>. Acesso em: 10 set. 2013.

BRASIL. Lei n. 5.492, de 28 de dezembro de 1988. Institui o Imposto sobre Transmissão de Bens Imóveis por Ato Oneroso "Inter Vivos" Disponível em: <http://www.fazenda.pbh.gov.br/internet/legislacao/formkey.asp?key=17>. Acesso em: 10 set. 2013.

BRASIL. Tribunal de Justiça de Minas Gerais. Processo: Ap Cível/Reex Necessário 1.0707.11.028620 0/001. Relatora: Des. Alice Birchal. Órgão Julgador/Câmara: 7ª Câmara Cível. Data de Julgamento: 19/06/2018. Data da publicação: 25/06/2018.

BRASIL. Tribunal de Justiça de Minas Gerais. Processo: Embargos Infringentes 1.0024.11.004486-4/007. Relator: Des. Wilson Benevides. Órgão Julgador/Câmara: 7ª Câmara Cível. Data de Julgamento: 03/11/2015. Data da publicação: 11/11/2015.

BRITO, Edvaldo. Lançamento. *Revista de Direito Tributário*. São Paulo. v. 11. n. 42. out./dez. 1987.

CARVALHO, Paulo de Barros. *Direito tributário, linguagem e método*. 2. ed. São Paulo: Noesis, 2008.

DALLARI, Adilson Abreu; FERRAZ, Sérgio. *Processo administrativo*. 2. ed. São Paulo: Malheiros, 2003.

DEMO, Pedro. *Pesquisa e informação qualitativa*. Campinas: Papirus, 2001.

DINAMARCO, Cândido Rangel. *Instituições de direito processual civil*. 2. ed. São Paulo: Malheiros, 2002. v. 3.

ESTEVES, Maria do Rosário. *A prova do fato jurídico no processo administrativo tributário*. 2005. 234 fl. Tese (Doutorado em Direito) – Direito, Direito do Estado, Direito Tributário. Pontifícia Universidade Católica de São Paulo, São Paulo, 2005.

FAZZALARI, Elio. *Instituições de direito processual*. Tradução de Elaine Nassif. Campinas, 2006.

FIGUEIREDO, Lucia Valle. *Curso de direito administrativo*. 5. ed. São Paulo: Malheiros, 2001.

GAMA, Tácio Lacerda. *Competência tributária*: fundamentos para uma teoria da nulidade. São Paulo: Noesis, 2009.

GONÇALVES, Aroldo Plínio. *Técnica processual e teoria do processo*. Rio de Janeiro: Aide, 1992.

10

A RECLASSIFICAÇÃO CONTÁBIL DE IMÓVEIS E SEUS EFEITOS TRIBUTÁRIOS

UMA ANÁLISE DA JURISPRUDÊNCIA DO CARF

João Victor Araujo Dande
Vitória Soares João Günther

RESUMO

O presente estudo possui como recorte metodológico a análise de casos envolvendo sociedades que exercem atividade imobiliária e que apuram o IRPJ e a CSLL sob a sistemática do lucro presumido. Nesse regime de apuração, a receita decorrente da alienação de bens imóveis varia conforme sua classificação contábil no ativo circulante ou no ativo não circulante. Estando o imóvel alienado contabilizado no ativo circulante, a receita será contabilizada enquanto receita operacional. Por outro lado, caso o imóvel esteja registrado no ativo não circulante, a receita auferida com a alienação desse bem será tributada enquanto ganho de capital. É nesse aspecto que ganha relevância a discussão a respeito dos efeitos tributários decorrentes da reclassificação contábil anterior à venda do imóvel. Assim, de forma mais específica, o presente estudo analisa o tratamento tributário conferido à alienação de imóveis anteriormente classificados no ativo não circulante e, quando vislumbrada a intenção de venda, reclassificado para o ativo circulante, pela jurisprudência do CARF. Nesse sentido, verificou-se que, por vezes, a jurisprudência administrativa não admitiu os efeitos da reclassificação contábil, determinando seja a alienação do imóvel tributada enquanto ganho de capital.

Palavras-chave: Reclassificação contábil. Lucro presumido. Imposto sobre a renda da Pessoa Jurídica. Contribuição social sobre o lucro líquido. Ativo imobilizado.

ABSTRACT

The present study's methodology is the analysis of cases involving companies engaged in real estate activity and that calculate Income Tax and Social Contribution on Net Income based on presumed income. In that calculation form, the taxed revenue resulting from the sale of real estate goods depends on it's accounting classification as current assets or as fixed assets. When the sold real estate goods are classified as current assets, the revenue will be considered as operational revenue. On the other hand, in the cases where the goods are registered as fixed assets, the revenue received with it's selling will be taxed as capital gain. In this regard, the discussion about the tax effect following the accounting reclassification that precedes the real estate selling gains importance. Therefore, in a more specific manner, the present study analyses the tax treatment given to the sale of real estate goods previously classified as property and reclassified as current assets when the intention of selling is envisioned, in CARF's jurisprudence. In this regard, it was concluded that the Administrative Court's jurisprudence often does not recognize the effects of the accounting reclassification, determining that the good's sale be taxed as capital gain.

Keywords: Accounting reclassification. Presumed income. Income Tax of Legal Entities. Social Contribution on Net Income. Fixed assets.

1. Introdução

O presente artigo buscará estudar os efeitos tributários decorrentes da reclassificação contábil de um imóvel, inicialmente registrado no ativo não circulante, para o ativo circulante, no contexto de uma sociedade que exerce atividade imobiliária, segundo a jurisprudência do Conselho Administrativo de Recursos Fiscais (CARF).O estudo será feito considerando casos concretos julgados pelo mencionado tribunal administrativo envolvendo companhias que apuram o Imposto de Renda das Pessoas Jurídicas (IRPJ) e, por consequência, a Contribuição Social sobre o Lucro Líquido (CSLL) sob a sistemática do lucro presumido, segundo a qual determinadas receitas integram a base de cálculo sobre a qual aplica-se o percentual de presunção, enquanto outras receitas são adicionadas diretamente à base de cálculo do imposto.

Transpondo essas considerações ao tema sob exame, caso se entenda que a reclassificação contábil de um imóvel deve ser considerada para fins tributários ou, em outras palavras, ao admitir-se que foi feita a alienação de imóvel contabilizado no ativo circulante, sobre a receita decorrente de referida alienação, enquanto receita operacional da sociedade, aplica-se o percentual de presunção da base de cálculo do IRPJ e da CSLL. Ao contrário, caso a reclassificação contábil de um imóvel seja desconsiderada para fins tributários, o que significa dizer que considera-se alienado bem do ativo não circulante, a receita decorrente deve ser tributada enquanto ganho de capital, sobre o qual não se aplica o percentual de presunção da base de cálculo do IRPJ e da CSLL, mas que é adicionado diretamente à base de cálculo dos tributos.

Sendo assim, inicialmente será analisada a tributação do IRPJ e da CSLL no lucro presumido, identificando-se quais receitas integram a base de cálculo presumida e quais são acrescidas diretamente à base. Em seguida, será feita uma breve introdução a respeito da reclassificação contábil, considerando-se, para tanto, as normas contábeis aplicáveis.

Na sequência, serão analisados casos concretos envolvendo a alienação de bens contabilizados no ativo circulante precedidos de reclassificação contábil a partir de Soluções de Consulta da Receita Federal do Brasil (RFB) e julgados do Conselho Administrativo de Recursos Fiscais (CARF). A partir disso, objetiva-se identificar os principais pontos levados em consideração pelo órgão para fins de (des)consideração da reclassificação contábil de imóveis.

2. Reclassificação contábil e efeitos tributários

A legislação de regência permite que pessoas jurídicas de determinado porte optem pela apuração do IRPJ e da CSLL com base no lucro presumido, desde que não obrigadas expressamente à apuração com base no lucro real, nos termos do art. 14 da Lei n. 9.718/1998. Para fins do presente estudo, como já antecipado, as seguintes ponderações são feitas considerando sociedades que optam pela apuração do IRPJ e da CSLL na sistemática do lucro presumido.

Nesse aspecto, consoante previsão do art. 25 da Lei n. 9.430/1996, o lucro presumido será o montante determinado pela soma *(i)* do valor resultante da aplicação dos percentuais de que trata o art. 15 da Lei n. 9.249/1995, sobre a receita bruta definida pela art. 12 do Decreto-Lei n. 1.598/1977, auferida no período de apuração de que trata o art. 1º, deduzida das devoluções e vendas canceladas e dos descontos incondicionais concedidos; e *(ii)* os ganhos de capital, os rendimentos e ganhos líquidos auferidos em aplicações financeiras, as demais receitas, os resultados positivos decorrentes de receitas não abrangidas pelo inciso I, com os respectivos valores decorrentes do ajuste a valor presente de que trata o inciso VIII do *caput* do art. 183 da Lei n. 6.404/1976[1], e demais valores determinados nesta mesma Lei, auferidos naquele mesmo período.

O mencionado art. 12 do Decreto-Lei n. 1.598/1977 define receita bruta como sendo: *(i)* o produto da venda de bens nas operações de conta própria; *(ii)* o preço da prestação de serviços em geral; *(iii)* o resultado auferido nas operações de conta alheia; e *(iv)* as receitas da atividade ou objeto principal da pessoa jurídica não compreendidas nos incisos I a III.

O lucro presumido, então, corresponde à soma do valor resultante da aplicação dos percentuais de presunção (variáveis de acordo com a atividade exercida, nos termos do art. 15 da Lei n. 9.249/1995) sobre a receita bruta auferida no período de apuração (art. 12 do Decreto-Lei n. 1.598/1977) e dos ganhos de capital, dos rendimentos e ganhos líquidos auferidos em aplicações financeiras, das demais receitas e dos resultados positivos decorrentes de receitas não incluídas no conceito de receita bruta e demais valores determinados na Lei n. 8.981/1995, auferidos no mesmo período.

Nesse cenário, caso haja a alienação de imóvel contabilizado no ativo não circulante, a receita decorrente será mensurada pelo ganho obtido, sendo diretamente acrescida à base de cálculo. Diferentemente, caso haja a alienação de um imóvel registrado no ativo circulante, a receita advinda dessa operação será reconhecida como decorrente do objeto social do contribuinte e submetida, portanto, aos percentuais de presunção do referido regime (art. 15 da Lei n. 9.249/1995). Com efeito, a submissão de receitas à base presumida deriva de sua relação com o objeto social da pessoa jurídica em questão ou, em outras palavras, os efeitos tributários dependem do efetivo exercício de atividade relacionada ao objeto social.

---

1 Art. 183. No balanço, os elementos do ativo serão avaliados segundo os seguintes critérios: (...) VIII – os elementos do ativo decorrentes de operações de longo prazo serão ajustados a valor presente, sendo os demais ajustados quando houver efeito relevante.

A título ilustrativo, veja-se que o Pronunciamento Técnico CPC 00 (R2) – Estrutura Conceitual para Elaboração e Divulgação de Relatório Financeiro[2], emitido pelo Comitê de Pronunciamentos Contábeis (CPC), conceitua "ativo" em seus itens 4.3 e 4.4:

> 4.3 Ativo é um recurso econômico presente controlado pela entidade como resultado de eventos passados.
>
> 4.4 Recurso econômico é um direito que tem o potencial de produzir benefícios econômicos.

Assim, a classificação de um ativo não considera unicamente a atividade desempenhada pela sociedade nos termos do seu objeto social, mas envolve, também, a destinação que a entidade atribui a esse ativo. Nesse sentido, a Lei das Sociedades por Ações[3] (LSA), em seu art. 178[4], esclarece que os ativos são divididos em ativo circulante e não circulante, este último composto por ativo realizável a longo prazo, investimentos, imobilizado e intangível. O art. 179, da Lei n. 6.404/1976, por sua vez, traz a definição de cada uma das espécies de ativo acima identificadas:

> Art. 179. As contas serão classificadas do seguinte modo:
>
> I – no ativo circulante: as disponibilidades, os direitos realizáveis no curso do exercício social subsequente e as aplicações de recursos em despesas do exercício seguinte;
>
> II – no ativo realizável a longo prazo: os direitos realizáveis após o término do exercício seguinte, assim como os derivados de vendas, adiantamentos ou empréstimos a sociedades coligadas ou controladas (artigo 243), diretores, acionistas ou participantes no lucro da companhia, que não constituírem negócios usuais na exploração do objeto da companhia;

---

2 Aprovado pela Deliberação n. 835/2019 da Comissão de Valores Mobiliários (CVM) e pela Resolução n. 2019/NBCTGEC do Conselho Federal de Contabilidade (CFC).

3 Lei n. 6.404/1976

4 Art. 178. No balanço, as contas serão classificadas segundo os elementos do patrimônio que registrem, e agrupadas de modo a facilitar o conhecimento e a análise da situação financeira da companhia.
§ 1º No ativo, as contas serão dispostas em ordem decrescente de grau de liquidez dos elementos nelas registrados, nos seguintes grupos:
I – **ativo circulante**; e
II – **ativo não circulante, composto por ativo realizável a longo prazo, investimentos, imobilizado e intangível**. (...). (destaque nosso).

> III – em investimentos: as participações permanentes em outras sociedades e os direitos de qualquer natureza, não classificáveis no ativo circulante, e que não se destinem à manutenção da atividade da companhia ou da empresa;
>
> IV – no ativo imobilizado: os direitos que tenham por objeto bens corpóreos destinados à manutenção das atividades da companhia ou da empresa ou exercidos com essa finalidade, inclusive os decorrentes de operações que transfiram à companhia os benefícios, riscos e controle desses bens;
>
> VI – no intangível: os direitos que tenham por objeto bens incorpóreos destinados à manutenção da companhia ou exercidos com essa finalidade, inclusive o fundo de comércio adquirido.

Em função de uma mudança no contexto operacional da sociedade, pode surgir a necessidade de se alterar a destinação inicialmente atribuída a determinado bem, o que deve impactar o seu registro contábil. Dito de forma mais clara, diante da mudança de perspectiva da entidade quanto à finalidade de determinado bem, inicialmente classificado como ativo não circulante, ele poderá vir a ser reclassificado enquanto bem do ativo circulante, sendo a recíproca igualmente verdadeira.

Segundo o Pronunciamento Técnico CPC 31, que trata do Ativo Não Circulante Mantido para Venda e Operação Descontinuada, a entidade deve reclassificar determinado ativo, inicialmente registrado no ativo não circulante, para o ativo circulante quando forem observados, cumulativamente, os seguintes requisitos: *(a)* a entidade tiver a intenção de vender o ativo, *(b)* ele estiver disponível para venda imediata nas condições atuais e *(c)* a venda for concluída no período máximo de um ano. É o que se infere dos itens 6 e 7 do Pronunciamento Técnico CPC 31:

> Classificação de ativo não circulante como mantido para venda
>
> 6. A entidade deve classificar um ativo não circulante como mantido para venda **se o seu valor contábil vai ser recuperado, principalmente, por meio de transação de venda em vez do uso contínuo**.
>
> 7. Para que esse seja o caso, o ativo ou o grupo de ativos mantido para venda deve estar **disponível para venda imediata em suas condições atuais**, sujeito apenas aos termos que sejam habituais e costumeiros para venda de tais ativos mantidos para venda. Com isso, a sua venda deve ser altamente provável.

> 8. Para que a venda seja altamente provável, o nível hierárquico de gestão apropriado deve estar comprometido com o plano de venda do ativo, e deve ter sido iniciado um programa firme para localizar um comprador e concluir o plano. Além disso, o ativo mantido para venda deve ser efetivamente colocado à venda por preço que seja razoável em relação ao seu valor justo corrente. **Ainda, deve-se esperar que a venda se qualifique como concluída em até um ano a partir da data da classificação**, com exceção do que é permitido pelo item 9, e as ações necessárias para concluir o plano devem indicar que é improvável que possa haver alterações significativas no plano ou que o plano possa ser abandonado. (destaque nosso).

Feitos esses esclarecimentos a respeito dos efeitos tributários decorrentes da reclassificação contábil de ativo destinado a venda, identificando-se qual o regime de tributação, no lucro presumido, a ser aplicada a depender da receita identificada – operacional ou não operacional – passa-se à análise dos casos concretos analisados pela RFB e pelo CARF.

3. Estudo de casos

A análise da jurisprudência administrativa revela que a reclassificação contábil de ativos para fins de oferecimento à tributação, no lucro presumido, da receita decorrente de sua venda tem sido problemática. É dizer que os julgados não negam a possibilidade de reclassificação no registro contábil, o que nem poderia ocorrer, dado que os critérios para a escrituração mercantil pertencem à legislação societária, a qual impõe a observância das normas contábeis (art. 177 da Lei n. 6.404/76[5]), mas se valem da reclassificação contábil como elemento indiciário para a desconsideração do registro contábil para fins tributários. Passa-se, nesse sentido, à análise dos casos concretos.

3.1. Caso Mofarrej Empreendimentos

O *Caso Mofarrej* (Acórdão n. 1102001.085), julgado em abril de 2014 e o mais antigo analisado no presente trabalho, destoa, em parte, da

---

5 Art. 177. A escrituração da companhia será mantida em registros permanentes, com obediência aos preceitos da legislação comercial e desta Lei e aos princípios de contabilidade geralmente aceitos, devendo observar métodos ou critérios contábeis uniformes no tempo e registrar as mutações patrimoniais segundo o regime de competência.

jurisprudência majoritária atual do CARF. Trata o caso de sociedade cujo objeto social envolve atividade de compra, venda e incorporações imobiliárias. Na ocasião da aquisição dos dois únicos imóveis que compunham seu patrimônio, a companhia registrou-os originalmente no ativo permanente (não circulante), auferindo receita com sua locação. Anos depois, diante da possibilidade de venda desses bens, efetuou a reclassificação para o ativo circulante, em conta de estoque, alienando-os pouco depois. Ofereceu, assim, o produto da alienação à tributação pelos percentuais de 8% para o IRPJ e 12% para a CSLL, ou seja, como receita operacional.

A fiscalização considerou que, em razão do fato de os imóveis gerarem receita de locação, estaria impedida sua reclassificação para o ativo circulante, pelo que autuou a sociedade considerando a receita da operação, deduzidos o custo de aquisição, como ganho de capital. O Tribunal Administrativo, no entanto, validou unanimemente a reclassificação, ressaltando que é direito do contribuinte a liberdade de condução de seus negócios, de forma que a alteração contábil seria plenamente válida, tendo ainda em vista que as atividades empresariais abarcavam a compra e venda de imóveis. Entenderam os julgadores, também, que a obtenção de receita de locação não seria suficiente para afastar a classificação do imóvel no ativo circulante e, consequentemente, a tributação como receita operacional e não como ganho de capital.

Afirma-se que esse julgamento se destaca entre os demais aqui apresentados primeiramente porque, mesmo a reclassificação contábil do bem tendo se dado em data muito próxima à sua venda, tal fato não foi utilizado pelo tribunal para ratificar a autuação do contribuinte. Além disso, não se basearam os julgadores na intenção inicial do contribuinte para com o imóvel, argumento decisivo em alguns dos casos apresentados a seguir. Pelo contrário, apontaram que a mudança da intenção do contribuinte não impediria a alteração na classificação do bem nem representaria fraude[6].

3.2. Casos Agropecuária Matipó e Agropesa Agropecuária

No acórdão n. 1302-002.033, o CARF analisou o *Caso Agropecuária Matipó*, julgado em sessão de janeiro de 2017. O quadro fático apresentado

---

6 Conforme apontado no acórdão, "no presente caso, se a recorrente decidiu em abril de 2006 explorar efetivamente sua atividade econômica de compra e venda de imóveis, iniciando com seus próprios imóveis, até mesmo como forma de capitalização, não representa isso nenhuma conduta fraudulenta."

a julgamento tratava de sociedade originalmente constituída com o objetivo social de produção agrícola e pecuária que apresentou faturamento incluindo o valor decorrente da venda de uma fazenda.

Antes da realização da venda do imóvel, contudo, a companhia promoveu alteração em seu contrato social para incluir como objeto social a compra e venda de imóveis próprios[7], bem como transferiu a fazenda objeto do contrato de compra e venda, que originalmente estava registrada em contas do ativonão circulante, para o ativo circulante. Dessa forma, a sociedade considerou o resultado da compra e venda como receita decorrente de sua atividade – receita operacional – para fins de apuração do Imposto de Renda.

A fiscalização desconsiderou tanto a alteração no objeto social como a reclassificação do imóvel. Baseou-se, para tanto, no fato de que a única atividade concreta praticada pela companhia relacionada à compra e venda de bens imóveis foi a operação objeto da autuação, bem como o fato de que a alteração do objeto social, a reclassificação contábil e a venda do bem se deram em momentos muito próximos[8]. A reclassificação contábil promovida teria se dado, portanto, com base em critérios subjetivos, em infração ao disposto no art. 179 da Lei n. 6.404/1976, de forma que foi considerada como mero formalismo promovido pelo contribuinte com o objetivo único de diminuir a carga tributária incidente sobre a operação. Dessa forma, a Receita Federal apurou e lançou o IRPJ e a CSLL considerando o produto da compra e venda como ganho de capital auferido na venda de imóvel considerado como integrante do ativo não circulante, baseando-se, respectivamente, no art. 521, § 1º, do Decreto n. 3.000/1999[9], e no art. 29, inciso II, da Lei n. 9.430/1996.

No julgamento do Recurso Voluntário, por unanimidade, o CARF endossou os fundamentos da autuação. Os principais pontos apontados foram: *(i)* a falta de atividade imobiliária da empresa, com exceção da compra e venda objeto da autuação; *(ii)* a alteração do objeto social em momento próximo da operação de compra e venda; *(iii)* a inexistência de provas no sentido de que a empresa tinha a intenção de efetivamente

---

7 CNAE 68.10-2/01.

8 A alteração no Contrato Social foi registrada em setembro do exercício de 2008, enquanto o contrato de compra e venda foi firmado dois meses antes. A reclassificação do imóvel se deu no mesmo exercício.

9 Corresponde ao art. 595, § 1º, do Decreto n. 9.580/2018.

exercer a atividade imobiliária; e *(iv)* o fato de que o imóvel não havia sido adquirido pela empresa autuada com o objetivo de revenda. No que se refere especificamente aos dois últimos pontos, a análise do CARF evidencia uma forte vinculação entre a validade da reclassificação e uma análise subjetiva da intenção do contribuinte em, primeiramente, efetivamente praticar a atividade imobiliária e, em segundo lugar, ter adquirido o imóvel com o objetivo de revendê-lo.

De maneira muito semelhante, no *Caso Agropesa Agropecurária* (acórdão n. 1402-003.859), julgado em abril de 2019, o Tribunal Administrativo considerou a alteração do objeto social e a posterior reclassificação contábil de imóvel como meras formalidades, insuficientes para alterar a tributação da operação. No caso, decidido por meio do voto de qualidade[10], o voto vencedor consignou que o propósito que fundamentou a operação praticada pelo contribuinte não pode ser puramente tributária, visando a economia de tributos, mas deve ser, ainda, revestida de propósito negocial[11]. Nesse sentido, pontuou que a sociedade nunca havia exercido, efetivamente, a atividade imobiliária, motivo pelo qual a alteração contratual não deveria produzir efeitos para fins tributários, nos mesmos moldes do entendido pela fiscalização, de forma a submeter os valores percebidos com a alienação à tributação pelo ganho de capital.

O voto do Relator, por outro lado, apontou que a transação, ocorrida aproximadamente um ano após a alteração no objeto social, se deu em consonância com a nova atividade praticada pela companhia – inexiste vedação legal à substituição da atividade por meio da livre deliberação dos sócios –, bem como com a classificação contábil atualizada do imóvel[12]. No que se refere à reclassificação contábil, o Relator também entendeu essa como válida, já que revelou a intenção de que o imóvel rural

---

10 Neste ponto, necessário pontuar que o voto de qualidade deixou de existir em 2020.

11 Sobre a utilização da teoria do propósito negocial para o controle de planejamentos tributários, aponta Godoi (2018) que parte relevante da jurisprudência administrativa revela o entendimento de que o fato de o contribuinte optar por determinada forma negocial por motivo unicamente ou preponderantemente de economia tributária caracterizaria tal forma, por si só, como abusiva, de forma que caberia à Administração desconsiderá-la para fins de lançamento tributário.

12 Observou o Relator que "não pode ficar uma empresa *condenada* à imutabilidade da exploração de determinadas atividades operacionais, sendo livre e garantida a alteração de seu objeto para se enveredar por outras iniciativas, valendose do patrimônio que já possui".

fosse comercializado em consonância com as atividades atribuídas da sociedade, tendo em vista ainda que a reclassificação não se deu abruptamente nem tampouco quando a venda já havia sido acertada.

3.3. Caso Salvadori

Em julgamento datado de 16 de maio de 2018, a 3ª Câmara da 1ª Turma Ordinária do Conselho Administrativo de Recursos Fiscais julgou o *Caso Salvadori* (acórdão n. 1301003.022), que revela situação, de certa forma, contrastante em relação às demais já analisadas. No caso, a sociedade Salvatori Incorporações e Participações Ltda. foi autuada pela RFB em razão da venda de imóvel registrado no ativo imobilizado da sociedade e empregado, até a data da alienação, em uma de suas atividades, qual seja, a locação imobiliária. Apesar de ter sido o imóvel registrado em contas do ativo imobilizado, o produto da venda foi oferecido à tributação como receita financeira, por ter a empresa entendido que a compra e venda de imóveis abrangia seu objeto social.

A RFB promoveu, contudo, a cobrança do IRPJ e da CSLL como ganho de capital sobre a venda do imóvel. Tal autuação foi motivada no fato de o imóvel ter sido alocado no ativo não circulante, bem como de que, por ter sido locado, sua destinação final não era a venda, mas a locação imobiliária. A fiscalização interpretou também que a deterioração havida no imóvel durante o período da locação revela que não se tratava, na verdade, de produto em estoque e destinado à venda.

No acórdão, os julgadores analisaram se o objeto social da empresa envolvia a compra e venda de imóveis, bem como se as atividades efetivamente praticadas pela empresa refletiam esse mesmo objeto. Concluindo que sim, entenderam, por maioria, que a mera locação do imóvel não é o bastante para afastar a finalidade de venda. O relator ressalta, com o objetivo de demonstrar que o contrato social e a atuação real da empresa eram consonantes, que o contribuinte não promoveu qualquer alteração do objeto social às vésperas da venda a fim de evitar tributação mais gravosa. Dessa forma, ainda que o bem tenha sido registrado contabilmente como imobilizado, entendeu o CARF que esse registro, por si só, não é capaz de trazer reflexos no que se refere ao IRPJ e à CSLL. Isso revela uma priorização da *substância econômica* dos ativos no contexto operacional da empresa, não se prendendo à sua classificação contábil.

3.4. Caso Cremer

A mesma análise da substância econômica aplicada pelo CARF no caso anterior foi utilizada no julgamento do *Caso Cremer* (acórdão n. 1401-002.832), dessa vez para validar exação contrária aos interesses do contribuinte. No caso, houve a integralização de diversos bens imóveis no capital social do contribuinte, em cujo objeto social consta a administração, aluguel e a compra de bens imóveis próprios. Originalmente, tais imóveis foram contabilizados enquanto ativo imobilizado, período durante o qual permaneceram alugados à Controladora. Posteriormente, quando havia certeza da venda dos bens, foram eles reclassificados para o ativo circulante, sob a alegação do contribuinte de que a intenção de venda era presente desde a sua aquisição, oferecendo o resultado à tributação como receita operacional.

A Receita entendeu, contudo, que os bens eram componentes, em realidade, do ativo imobilizado da sociedade, porque compunham originalmente seu parque fabril, bem como porque foram assim contabilizados inicialmente. Assim, apesar de constar no objeto social do contribuinte as atividades de compra e venda de imóvel, os bens em questão não poderiam ter sido reclassificados de maneira a se amoldar a essa atividade, já que não teriam sido adquiridos com esse fim, ou seja, não faziam parte da operacionalização de tal atividade, mas da manutenção da operação da companhia.

Mais uma vez, o cerne da questão analisada pelo CARF é a natureza e a função econômica atribuída aos imóveis na estrutura da sociedade, bem como na consecução e suas atividades. Nesse âmbito, entenderam os conselheiros, por unanimidade, que a reclassificação contábil não foi o bastante para afastar a verdadeira natureza econômica dos bens alienados, que não foram adquiridos com o objetivo de venda, pouco importando a inclusão desse tipo de operação de compra e venda imobiliária nas atividades típicas da empresa, motivo pelo qual o resultado deve ser tributado pelo IRPJ e CSLL como ganho de capital. Mais uma vez, concluiu o órgão julgador que a locação dos imóveis não é fato hábil a modificar a natureza econômica original do imóvel na estrutura da empresa, que deve ser analisada com base tanto nas suas atividades regulares como na destinação dada ao bem a partir de sua aquisição[13].

---

13 Nesse sentido, apontou o acórdão que "De fato, os imóveis são bens integrantes do ativo imobilizado e sua vinda para a controlada não mudou a sua essência, pois,

3.5. Solução de Consulta Cosit n. 251/2018

Na *Solução de Consulta Cosit n. 251/2018*, de 12/12/2018, o consulente informou que pretendia promover a reclassificação contábil de imóvel alugado do ativo não circulante para o circulante para realizar a venda e questionou se a receita decorrente dessa alienação seria tributada como receita imobiliária. Na ocasião, a RFB entendeu que "as alienações de imóveis do ativo imobilizado são tributadas na forma do art. 222, do RIR/2018, ainda que tenha havido reclassificação de tais bens para o ativo circulante em virtude da modificação da destinação do mesmo bem.". Para tanto, considerou que, nos termos do art. 215 da Instrução Normativa (IN) RFB n. 1.700/17[14], ainda que haja a reclassificação dos ativos para o grupo circulante com a finalidade de venda, considera-se o bem no ativo não circulante e a tributação deve se dar na forma do ganho de capital.

3.6. Caso Niko Negócios

Merece destaque o *Caso Niko Negócios* (acórdão n. 1402-004.061), no qual certos imóveis foram integralizados no capital social da sociedade e permaneceram contabilizados no ativo não circulante de 2005 a 2009. Em 2010, promoveu-se a reclassificação contábil dos imóveis para o ativo circulante, tendo ocorrido a alienação em 2014. Considerando a previsão, em seu contrato social da atividade de revenda de imóveis, as receitas decorrentes de sua alienação foram oferecidas à tributação enquanto receita operacional.

---

apesar de transferir a sua propriedade (na integralização de capital, ressalte-se), continuaram a executar as mesmas funções econômicas na própria controladora. Até mesmo após a alienação dos imóveis para a CSHG Logística, os imóveis não perderam a sua característica essencial, uma vez que na negociação contratual a Controladora figurou como Anuente, ocasião em que ficou estabelecido que a compradora (CSGH) se obrigaria a alugar tais imóveis à Controladora por cinco anos."

14 Art. 215. O lucro presumido será determinado mediante aplicação dos percentuais de que tratam o *caput* e os §§ 1° e 2° do art. 33 sobre a receita bruta definida pelo art. 26, relativa a cada atividade, auferida em cada período de apuração trimestral, deduzida das devoluções e vendas canceladas e dos descontos incondicionais concedidos. § 14. O ganho de capital nas alienações de ativos não circulantes classificados como investimento, imobilizado ou intangível, ainda que reclassificados para o ativo circulante com a intenção de venda, corresponderá à diferença positiva entre o valor da alienação e o respectivo valor contábil estabelecido no § 1° do art. 200.

Nesse caso, o entendimento firmado, por voto de qualidade[15], foi no sentido de que a reclassificação contábil não teria desnaturado a essência dos fatos, pois o bem efetivamente pertencia ao ativo imobilizado e visava a obtenção de rendimentos de aluguéis. Nesse aspecto, a reclassificação se deu apenas para que a sociedade se beneficiasse de uma tributação substancialmente inferior. Além disso, o CARF considerou o fato de a atividade de venda de imóveis ter sido exercida de forma excepcional (apenas três vezes no caso).

Por oportuno, confira-se trechos da decisão:

> Nesse cenário, como bem apontado pela Fiscalização, toda a atividade da recorrente circulou por essa linha, ou seja, rendimentos e receitas obtidas em torno de dez anos pelo recebimento dos aluguéis dos bens de que dispunha, incluindo o objeto desta discussão.
>
> **Somente em três ocasiões, desde a sua constituição, é que a recorrente procedeu à venda de imóveis de sua propriedade**, o que bem demonstra a baixa frequência deste tipo de evento e ratifica o entendimento fiscal de que sua atividade não era a relativa a compra e venda de imóveis (assim fosse, a regularidade de tais eventos seria muito mais presente) e sim, a de locação de bens imóveis (...).
>
> Como se vê, a própria recorrente admite que não havia intenção de colocá-los à venda quando foram adquiridos, muito ao revés, foram alocados e mantidos no Imobilizado como fonte geradora de receitas (que efetivamente se concretizou durante anos).
>
> Com isso, data vênia ao entendimento da recorrente, penso que somente quando visualizou a possibilidade de vender referido bem (repita-se, pertencente ao seu Imobilizado) é que engendrou a conduta de reclassificar o imóvel para o Circulante e assim dar cores de que se estaria diante de uma "mercadoria" para revenda, no caso, "Estoques de Imóveis" e com isso **fugir de uma tributação substancialmente maior a que se submeteria se assumido o "ganho de capital"**.
>
> Nessa toada, a alienação do imóvel aqui tratada, em 31/01/2014, tem **nítido e insofismável caráter excepcional, posto que tal procedimento, até pelo histórico da empresa, é absoluta exceção, de tal**

---

15 Faz-se, neste ponto, o mesmo comentário anterior de que o voto de qualidade deixou de existir em 2020.

> **modo que o que se tem,** *in casu*, **é autêntica operação de venda de ativo imobilizado, sujeita à incidência de ganho de capital – 24%.** (destaque nosso).

Os posicionamentos administrativos acima citados parecem deixar claro que o registro contábil é importante e pode influenciar os efeitos tributários. De todo modo, modificações nos critérios de contabilização, ainda que em conformidade com as normas de escrituração mercantil, podem ser desconsideradas quando a sua presença indicar a busca por um caminho fiscalmente menos oneroso. Dada a ausência de objetividade desse critério, pode-se indicar os elementos temporal (contemporaneidade entre a modificação na escrita e a ocorrência da alienação) e quantitativo (escassez de operações de alienação) como indicativos da abusividade da conduta do contribuinte.

4. Conclusão

Em análise à jurisprudência já formada pelo CARF, verifica-se que são três os principais pontos de análise nas situações em que o contribuinte promove a reclassificação de bens imóveis para a venda. O primeiro deles se refere ao objeto social da empresa; o segundo à intenção do contribuinte quando da incorporação do imóvel ao seu patrimônio; e, em terceiro lugar, a existência de *substância econômica* na reclassificação contábil promovida pelo sujeito passivo.

Quanto ao objeto social, é pacífico o entendimento de que é indispensável que as atividades envolvendo a compra e venda de imóveis constem do objeto social da empresa para que o resultado da venda de tais bens seja considerado como receita operacional, já que para ser classificado o rendimento decorrente da operação como receita, deve este fazer parte das atividades operacionais da sociedade[16]. Para além disso, contudo, a jurisprudência do CARF aponta no sentido de que o histórico de operações da empresa deve refletir o objeto social, tendo esse objeto – no caso, as atividades imobiliárias – sido exercido de maneira recorrente durante o período em que a sociedade se manteve ativa. Dessa forma, desconsideram-se alterações contratuais voltadas exclusivamente para a venda de um imóvel.

---

16 Conforme dispõe Andrade Filho (2016), "nas sociedades empresárias, as receitas derivam da exploração do objeto social". (p. 143).

No que se refere ao segundo ponto analisado, qual seja, a intenção do contribuinte quando da incorporação original do bem imóvel ao seu patrimônio, a jurisprudência administrativa muitas vezes entende como necessário que essa intenção seja evidenciada pelo histórico do bem na empresa, desde o momento de sua aquisição. A intenção de venda é recorrentemente descaracterizada pelos julgadores, por exemplo, nos casos em que o bem abrigou em algum momento alguma central de operações da empresa (por exemplo, seu parque fabril), sob a alegação de que o bem foi adquirido para compor, verdadeiramente, o ativo imobilizado da empresa, e não para revenda, buscando privilegiar o princípio da primazia da realidade econômica sobre a forma jurídica. Em grande parte dos acórdãos se observa, ainda, que essa intenção inicial quando da aquisição do bem determina como ele será tratado até sua alienação.

Nesse aspecto, parte da doutrina apresenta conclusões análogas à dos julgadores administrativos no que se refere à utilização da intenção inicial como determinante para a tributação incidente sobre o produto da alienação do bem. Messias e Lucci (2019), por exemplo, observam que *"uma vez classificado um bem imóvel segundo a intencionalidade inicial da pessoa jurídica, esse imóvel terá de se manter com a mesma classificação até o momento de sua alienação"*. (p. 104).

Intrinsecamente relacionado a tal consideração, se insere o terceiro ponto mencionado: a existência de *substância econômica* na classificação contábil do bem. Mais uma vez, procura o CARF analisar, tanto pela intenção com que o imóvel foi adquirido como pelo seu histórico durante o funcionamento, se a classificação contábil originalmente atribuída a ele foi adequada e considerava os princípios da contabilidade geralmente aceitos. Atribui-se, portanto, grande relevância à correta aplicação das normas contábeis à contabilização dos ativos quando da apreciação do tema[17].

Em conclusão, concordamos com a afirmação de que "no âmbito do Carf há uma certa predileção pela realidade que subjaz a classificação contábil na condução dos julgamentos" (Holanda, 2020). Faz-se necessária, portanto, uma análise geral da empresa, suas atividades e operações,

---

17 A título de exemplo, os itens 6 e 8 do Pronunciamento Técnico CPC n. 16, que estabelecem que os ativos mantidos para venda no curso normal dos negócios – o que compreenderia a real atividade da empresa – são classificados como estoque. Nos casos em que tais ativos não tiverem sido originalmente adquiridos com o objetivo de venda, não poderiam ser registrados sob tal classificação.

bem como do histórico de operações que envolveram seus imóveis durante a atividade social, tendo como ponto central a identificação da intenção da sociedade para com seus ativos, de forma a determinar as efetivas consequências da reclassificação.

Referências

ALMEIDA, J. B. de; ANDRADE, A. B. de; Teixeira, J. E. Planejamento tributário aplicado às empresas de construção civil. *Revista Tributária e de Finanças Públicas*, vol. 126, p. 215-234, jan.-fev. 2016.

ANDRADE FILHO, E. O. (2016). *Imposto de renda das empresas*. (12a ed.) São Paulo: Atlas.

GODOI, M. S. de. Caso Unilever. Desmembramento do objeto social e sua atribuição a outras pessoas jurídicas, tendo como único motivo a redução de tributos. Uso e abuso desta antiga forma de planejamento tributário, à luz dos possíveis conceitos de simulação. *In:* M. S. de GODOI; S. A. ROCHA (org.). *Planejamento Tributário:* limites e desafios concretos (p. 285-316). Belo Horizonte: D'Plácido, 2018.

HOLANDA, R. S. (2020). A venda de imóveis no lucro presumido. [Artigo]. *Jota*. Recuperado a partir de https://www.jota.info/paywall?redirect_to=//www.jota.info/opiniao-e- analise/artigos/venda-de-imoveis-no-lucro-presumido-26102020.

MESSIAS, A. L. B; LUCCI, L. (Re)classificação de bens entre ativo não circulante e ativo circulante e a tributação sobre a renda em caso de venda. *Revista de Direito Tributário Contemporâneo*, v. 20, p. 87-115, ago./set. 2019.

11

HIPÓTESES RESTRITIVAS PARA REVISÃO DE LANÇAMENTO ANTERIOR DE IPTU

ERRO DE FATO, FRAUDE OU FALTA FUNCIONAL

João Paulo Fanucchi de Almeida Melo

RESUMO

O trabalho tem como objeto estudo crítico analisando as hipóteses taxativas que o fisco municipal pode realizar revisão do lançamento tributário e cobrar Imposto Predial e Territorial Urbano (IPTU) suplementar: erro de fato ou no caso de simulação ou falta funcional. Essa conclusão é alcançada numa interpretação amparada na segurança jurídica e da previsão expressa contida no art. 149, VIII e IX do Código Tributário Nacional.

Palavras-Chaves: IPTU. Revisão. Cobrança suplementar. Hipóteses restritivas.

ABSTRACT

The work has as object a critical study analyzing the taxative hypotheses that the municipal tax authorities can review the tax assessment and charge supplementary Property Tax and Urban Territorial (IPTU): factual error or in the case of simulation or functional lack. This conclusion is reached in an interpretation supported by legal certainty and the express provision contained in art. 149, VIII and IX of the National Tax Code.

Keywords: IPTU. Review. Additional charge. Restrictive hypoteheses.

Homenagem Ao Professor Valter Lobato

Fiquei feliz quando fui procurado pelos amigos Luís Paulo Bambirra e João Paulo Kalil para, em conjunto, organizarmos o livro tratando de aspectos jurídicos, notadamente do Direito Tributário, voltados para o mercado imobiliário.

Inicialmente, o momento não era o ideal, tendo em vista compromissos anteriormente assumidos, em especial, a elaboração da minha tese de doutorado. Tinha prometido a mim que manteria o foco e deixaria de assumir outros compromissos acadêmicos.

Contudo, não poderia deixar de atender convite do amigo Bambirra, com quem tive a oportunidade de trabalhar há alguns anos em uma banca de advocacia em Belo Horizonte.

Quando Kalil e Bambirra revelaram o homenageado, Professor Valter Souza Lobato, conclui, com muita convicção, que deveria entrar no projeto.

Uma justa e oportuna homenagem.

Conheci Lobato no ano de 2007, quando cursei a minha pós-graduação da Milton Campos. Foi meu professor e pude aprender com o grande conhecedor de PIS e COFINS.

Com o término do Curso, encontrava esporadicamente com Lobato em eventos da área tributária. Em 2013, voltamos a nos rever com maior frequência, quando passamos a concretizar projetos institucionais da OAB/MG, onde presidia a Comissão de Direito Tributário, e ABRADT que, posteriormente, a seu convite, passei a ser diretor.

Com isso, o professor e parceiro de projetos institucionais virou amigo e, por conseguinte, a relação certamente transcendeu a esfera profissional.

Lobato merece esta justa homenagem, proposta por Bambirra e Kalil, à qual, honradamente, aderi.

Trata-se de profissional exemplar, na advocacia e na academia.

Como pessoa, Lobato, dentre várias qualidades que tem, possui algumas que tanto prezo: coração gigante, transparente, direto, justo e leal.

Registro, assim, a minha admiração e carinho ao professor, advogado e, desde 2013, amigo.

1. Introdução

Imagine-se dois imóveis localizados em Belo Horizonte/MG.

O primeiro, no ano de 2017, era ocupado para fins comerciais. No ano de 2018, o imóvel foi demolido, sem nenhuma comunicação à Prefeitura, e passou a ser totalmente vago, consistindo meio ou instrumento para fins de especulação imobiliária. O Município lançou o Imposto Predial e Territorial Urbano (IPTU), em 2019, se valendo dos critérios que tinha conhecimento de acordo com os seus cadastros, ou seja, imóvel construído e usado para fins comerciais. Sem comunicação por parte do contribuinte, por conta própria, o Município tomou conhecimento da modificação real do imóvel em 2020, e, por conseguinte, revisou o lançamento do IPTU de 2019 e, de forma suplementar, cobra diferença do imposto. Dessa feita, com alíquota majorada de 3% (três porcento), por se tratar de imóvel vago, embora a base de cálculo tenha sido reduzida, por ter sido acertadamente desconsiderada a construção que anteriormente existia.

Sem conhecimento da mudança realizada no imóvel, o Município poderia fazer a revisão do lançamento?

Antecipa-se que a resposta é positiva, desde que observado o prazo decadencial, nos termos do art. 149 do Código Tributário Nacional [CTN] (1966), que será adiante transcrito e analisado.

Em outros termos, o lançamento realizado pelo fisco municipal levando em conta informações cadastrais desatualizadas, em razão da ausência de comunicação pelo contribuinte, abre espaço para cobrança de diferença de IPTU por meio de lançamento de revisão ou suplementar.

Esse imóvel, primeiro exemplo, pode ser rotulado como caso simples e que conduz à conclusão jurídica de ser possível lançamento suplementar. Parece inexistir maiores controvérsias, levando em conta o contexto trazido.

Agora, no que se refere ao segundo imóvel, adota-se exemplo real, que servirá de parâmetro para toda a exposição que aqui se propõe.

Este exemplo que ora se propõe servirá de base para toda reflexão deste trabalho.

Pois bem.

Até 2003, o Esporte Clube Ginástico, localizado entre as avenidas Afonso Pena e do Contorno, em Belo Horizonte, tinha ginásio esportivo utilizado para o seu famoso time de basquete.

Com a expansão do mercado imobiliário, que passou a construir prédios com ampla e completa área social – piscinas, academias, saunas etc., os clubes associativos, inclusive o Ginástico, perderam muitos adeptos, o que resultou na perda de receita.

Para minimizar o impacto negativo na obtenção de recursos, optou-se por remodelar o ginásio para empreendimento ou galpão comercial, o que viabilizaria a pactuação de aluguel do espaço a terceiros. Os recursos dos aluguéis passaram a ser direcionados para os propósitos do clube, permitindo a continuidade das suas atividades.

Assim, todo o trâmite administrativo necessário foi providenciado para fazer a modificação da estrutura do imóvel. Em síntese:

a) em 2003, foi dada entrada em Processo Administrativo junto ao Município de Belo Horizonte para, com base na Lei n. 6.097 de 1992, realizar a edificação comercial;
b) após as obras necessárias e concretização do contrato de aluguel com o supermercado Super Nosso, em 2007 foi concedido Alvará de Funcionamento, o que, nos termos da lei, presume-se que o Município tomou providências prévias, como, por exemplo, análise de viabilidade de exercício de atividade econômica no local, impacto de trânsito, impacto na vizinhança, questões sanitárias, níveis de ruídos etc.;
c) em 2008 foi concedido "Baixa e Habite-se" pelo Município de Belo Horizonte, após o término da construção do imóvel comercial no lugar do antigo ginásio poliesportivo.

O IPTU de 2010 foi lançado. Houve o pagamento parcelado do crédito tributário durante esse ano calendário.

Em 2011, o Município fez lançamento suplementar, cobrando diferença de tributo, sob o argumento que, no primeiro ato administrativo, foi exigido tributo considerando que ainda havia ginásio, e não empreendimento comercial.

Com esse delineamento fático, exsurge a pergunta a ser perseguida neste artigo: a pretensão municipal merece prosperar?

2. Cabimento do lançamento e revisão de ofício

Os tributos poderão ser lançados de ofício, por declaração e por homologação.

O IPTU é sujeito a lançamento de ofício. Nesse caso, cabe ao fisco identificar o fato gerador e o sujeito passivo, calcular o tributo, observando a situação fática identificada e, nos termos da lei, realizar a subsunção correta para aferir a base de cálculo e alíquota. Em seguida, deve realizar a notificação regular, nos termos do art. 145 do CTN, que deve ser de forma direta e pessoal.

O art. 149 do CTN (1966) prevê os requisitos para o lançamento de ofício:

> Art. 149. O lançamento é **efetuado e <u>revisto</u>** de ofício pela autoridade administrativa nos seguintes casos:
>
> I – quando a lei assim o determine;
>
> II – quando a declaração não seja prestada, por quem de direito, no prazo e na forma da legislação tributária;
>
> III – quando a pessoa legalmente obrigada, embora tenha prestado declaração nos termos do inciso anterior, deixe de atender, no prazo e na forma da legislação tributária, a pedido de esclarecimento formulado pela autoridade administrativa, recuse-se a prestá-lo ou não o preste satisfatoriamente, a juízo daquela autoridade;
>
> IV – quando se comprove falsidade, erro ou omissão quanto a qualquer elemento definido na legislação tributária como sendo de declaração obrigatória;
>
> V – quando se comprove omissão ou inexatidão, por parte da pessoa legalmente obrigada, no exercício da atividade a que se refere o artigo seguinte;
>
> VI – quando se comprove ação ou omissão do sujeito passivo, ou de terceiro legalmente obrigado, que dê lugar à aplicação de penalidade pecuniária;
>
> VII – quando se comprove que o sujeito passivo, ou terceiro em benefício daquele, agiu com dolo, fraude ou simulação;
>
> VIII – quando deva ser apreciado fato não conhecido ou não provado por ocasião do lançamento anterior;
>
> IX – quando se comprove que, no lançamento anterior, ocorreu fraude ou falta funcional da autoridade que o efetuou, ou omissão, pela mesma autoridade, de ato ou formalidade especial.
>
> Parágrafo único. A revisão do lançamento só pode ser iniciada enquanto não extinto o direito da Fazenda Pública. (destaque-se)

As hipóteses de lançamento de ofício estão arroladas entre as hipóteses elencadas nos incisos I a IX.

Contudo, no que tange à revisão do lançamento de ofício, diferentemente do que se pode alcançar numa leitura rápida ou apressada, as possibilidades são restritas aos incisos VIII e IX.

Com amparo no princípio da segurança jurídica, o ato administrativo de lançamento apenas poderá ser revisado em situações excepcionais, tais como são a ausência do conhecimento de fato ou em razão de fraude ou ilícito praticado.

É incompatível com a segurança jurídica admitir revisão de ato administrativo em razão de mera comodidade ou por falhas do ente tributante, especialmente quando o crédito tributário foi extinto, tal como no exemplo usado como paradigma neste trabalho.

Ora, o fato gerador ocorreu, o lançamento foi realizado e o tributo pago, sendo, portanto, extinto o crédito tributário, nos termos do art. 156, I do CTN. Pode-se dizer que se tem o ato jurídico perfeito.

Adicionalmente, verifica-se que os incisos VIII e IX são as únicas hipóteses que tratam de "lançamento anterior". Com isso, a melhor exegese conduz ao raciocínio que apenas se revisa – *caput* do art. 149 do CTN, algo que anteriormente foi realizado, no caso, lançamento, conforme se depreende dos incisos destacados.

Em outros termos, aponta-se que o lançamento de ofício pode ocorrer em qualquer uma das hipóteses elencadas nos incisos do art. 149 do CTN; contudo, a revisão, que depende obviamente de lançamento anterior, somente terá vez nas hipóteses restritas dos incisos VIII e IX. Os demais incisos do art. 149 do CTN não tratam de lançamento anterior e, em conclusão, não abrem espaço para revisão.

A conclusão aqui externada está amparada na segurança jurídica, ou melhor, interpretação do dispositivo à luz do princípio em questão, e/ou em razão da previsão expressa dos incisos VIII e IX do CTN.

3. RESP 1.130.545/RJ – Tema 387 STJ e o caso ginástico esporte clube

No REsp 1.130.545/RJ (2011), o Superior Tribunal de Justiça (STJ) foi instado a se manifestar acerca da seguinte controvérsia: "questão referente à alteração de dados cadastrais do imóvel não constitui erro de fato apto a ensejar a revisão do lançamento do IPTU, à luz do disposto nos artigos 146 e 149, do CTN."

Na origem, o contribuinte ajuizou ação anulatória em face do Município objetivando a anulação de débito fiscal atinente à diferença de IPTU progressivo, resultante da aplicação de alíquota diferenciada, referente ao exercício de 1998, incidente sobre o imóvel dos autores, contribuintes. A sentença julgou procedente em parte o pedido para "nulificar, ante a inconstitucionalidade reconhecida, o lançamento fiscal relativo ao IPTU, apenas no que tiver excedido à alíquota mínima de 0,15%, incidente sobre o valor venal, eis que imóvel residencial".

Ambas as partes, autor e réu, apresentaram recurso de apelação que foram parcialmente providos.

No voto condutor do Acórdão do Tribunal de Justiça do estado do Rio de Janeiro (TJRJ), aplicando o artigo 145 do CTN, suscitou que a revisão do lançamento não se deu por erro de fato, mas por erro de direito. Destacou também que o recadastramento no imóvel foi posterior ao primeiro lançamento, e que após a notificação e pagamento do tributo pelo contribuinte, tempestivamente, estaria configurado o ato jurídico perfeito. Na oportunidade, consignou-se ainda, a Súmula 227 (1986) do antigo Tribunal Federal de Recursos (TFR).

O Recurso Especial aviado pelo Município do Rio de Janeiro teve como consectário jurídico a violação aos artigos 145 e 149, incisos I e VIII, do CTN, defendo a ocorrência de erro de fato detectado no recadastramento predial, "que identificou que a área suscetível de tributação correspondia a metragem em muito superior àquela objeto do lançamento tributário em causa".

O Município argumentou, também, que

> no presente caso, o lançamento complementar não decorreu de ignorância ou errada compreensão de lei, nem de alteração de critério jurídico ou de modificação de interpretação de lei; mas, sim, de um verdadeiro erro de fato, qual seja, erro na área do imóvel, na sua tipologia, posição ou utilização.

Com o julgamento, a tese alcançada teve o seguinte teor:

> A retificação de dados cadastrais do imóvel, após a constituição do crédito tributário, autoriza a revisão do lançamento pela autoridade administrativa (desde que não extinto o direito potestativo da Fazenda Pública pelo decurso do prazo decadencial), quando decorrer da apreciação de fato não conhecido por ocasião do lançamento anterior, ex vi do disposto no artigo 149, inciso VIII, do CTN.

A tese ou conclusão pode ser segregada em duas partes relevantes: (1) observado o prazo decadencial, é possível ocorrer a revisão de lançamento anterior, caso ocorra a retificação de dados cadastrais no município, atualizando-os; (2) desde que se trate de fato não reconhecido por ocasião do lançamento anterior.

O resultado do julgamento paradigma foi desfavorável ao contribuinte, tendo em vista que, no caso concreto, o município do Rio de Janeiro não tinha conhecimento das mudanças fáticas realizadas no imóvel.

No exemplo tratado neste trabalho, conforme exposto no anterior, o município de Belo Horizonte/MG tinha conhecimento "dos fatos", tanto que, em síntese: (1) autorizou a reforma do ginásio, oportunidade em que passou a ser empreendimento comercial; (2) concedeu "Baixa e Habite-se"; e, após o devido processo administrativo, (3) concedeu Alvará de Funcionamento para o supermercado Super Nosso.

Portanto, com pleno conhecimento da situação de fato, não caberia ao Município de Belo Horizonte realizar o lançamento suplementar, ou melhor, a revisão. Isso porque não há hipótese de revisão do lançamento anterior, uma vez inexistente: (1) fato não conhecido ou não provado – art. 149, VIII do CTN; (2) qualquer tipo de acusação de fraude ou falta funcional – art. 149, IX do CTN.

Embora o caso concreto tenha conclusão diversa daquela obtida pelo contribuinte no RESP paradigma, os fundamentos jurídicos ali desenvolvidos são tranquilamente aqui adotados.

Com isso, o Tribunal de Justiça de Minas Gerais, acertadamente manteve sentença de primeiro grau e anulou a cobrança do IPTU suplementar na Apelação Cível n. 1.0000.17.095198-2/001 (2018), caso Ginástico Esporte Clube x Município de Belo Horizonte:

> APELAÇÃO CÍVEL – DIREITO TRIBUTÁRIO – EMBARGOS À EXECUÇÃO FISCAL – PRELIMINAR – INÉPCIA DA PETIÇÃO INICIAL – REJEIÇÃO – IPTU – LANÇAMENTO TRIBUTÁRIO COMPLEMENTAR – MODIFICAÇÕES REALIZADAS DO IMÓVEL – CONHECIMENTO DA AUTORIDADE ADMINISTRATIVA ANTES DO LANÇAMENTO ANTERIOR – ERRO DE FATO – AUSÊNCIA DE CARACTERIZAÇÃO – ACOLHIMENTO DO PEDIDO – EXTINÇÃO DA EXECUÇÃO – HONORÁRIOS ADVOCATÍCIOS DE SUCUMBÊNCIA – PARÂMETROS – CORREÇÃO.

- Para que a autoridade administrativa efetue a revisão de ofício do lançamento tributário, deve haver desconhecimento do erro de fato quando da constituição do crédito tributário. Tese firmada no âmbito de julgamento de recurso repetitivo pelo Superior Tribunal de Justiça (STJ – REsp: 1130545 RJ 2009/0056806-7, Relator: Ministro Luiz Fux, Data de Julgamento: 09/08/2010, Primeira Seção, DJe 22/02/2011).

- Hipótese em que a Prefeitura de Belo Horizonte já tinha conhecimento das alterações realizadas no imóvel e não providenciou as alterações cadastrais correspondentes, efetuando o lançamento tributário com base em informações ultrapassadas, o que impede a revisão e o lançamento complementar sob a justificativa de erro de fato.

- Na fixação dos honorários advocatícios de sucumbência nas causas em que a Fazenda Pública for parte devem ser observados os limites impostos pelo § 3º do art. 85 do Código de Processo Civil de 2015.

- Preliminar rejeitada. Recurso provido em parte.

Após as tentativas de recursos do Município ao Superior Tribunal de Justiça, o processo transitou em julgado.

4. Conclusões

Em tópicos, conclui-se o seguinte:

1.1. O lançamento de ofício terá vez em qualquer uma das hipóteses elencadas no art. 149 do CTN.

1.2. A revisão do lançamento de ofício caberá nas situações em que não for apreciado fato não conhecido ou no caso de fraude ou falta funcional, conforme art. 149, VIII e IX do CTN. Essa afirmativa tem apoio na interpretação das regras em destaque, de acordo com princípio da segurança jurídica, bem como da redação objetiva e expressa contida nos referidos incisos. Só se revisa algo que tenha ocorrido; o art. 149 do CTN só trata de lançamento anterior nas hipóteses em destaque, incisos VIII e IX.

1.3. Caso o contribuinte consiga demonstrar que o município tinha conhecimento de todos os elementos fáticos para realização do lançamento, cujo ônus é seu, a revisão do lançamento não poderá acontecer. Como corolário lógico, caso o contribuinte providencie modificações sem levar ao conhecimento do fisco, especialmente descumprindo comandos normativos dos segmentos urbanísticos, administrativos e regulação urbana, a revisão poderá ocorrer e seria defensável o lançamento sumplementar.

1.4. No caso utilizado como exemplo neste artigo, o Ginástico Esporte Clube trouxe importante caderno probatório de que o Município, não só tinha conhecimento das mudanças do imóvel, como autorizou o regular exercício da atividade econômica ligada ao setor supermercadista. Logo, pela segurança jurídica e com fulcro no art. 149 do CTN, a tentativa de revisão de lançamento e cobrança suplementar de tributo é indevida.

Referências

Apelação Cível n. 1.0000.17.095198-2/001. (2018, 8 de maio). Relator: Des.(a) Luís Carlos Gambogi. Relator do Acordão: Des.(a) Luís Carlos Gambogi. Data do Julgamento: 04/05/0018. Belo Horizonte. Recuperado em 2 de maio, 2020, de https://www5.tjmg.jus.br/jurisprudencia/pesquisaNumeroCNJEspelhoAcordao.do?numeroRegistro=1&totalLinhas=1&linhasPorPagina=10&numeroUnico=1.0000.17.095198-2%2F001&pesquisaNumeroCNJ=Pesquisar.

Código Tributário Nacional. Lei n. 5.172, de 25 de outubro de 1966. (1966). Dispõe sobre o Sistema Tributário Nacional e institui normas gerais de direito tributário aplicáveis à União, Estados e Municípios. Brasília, DF. Recuperado em 2 de maio, 2020, de http://www.planalto.gov.br/ccivil_03/leis/l5172.htm.

Recurso Especial n. 1.130.545/RJ (2011, 28 de junho). Relator Ministro Luiz Fux. Brasília, DF. Recuperado em 2 de maio, 2020, de https://ww2.stj.jus.br/processo/pesquisa/.

Súmula 227 do extinto Tribunal Federal de Recursos (TFR). (1986, 24 de novembro). A mudança do critério jurídico adotado pelo fisco não autoriza a revisão de lançamento. Brasília, DF. Recuperado em 2 de maio, 2020, de https://www.legjur.com/sumula/busca?tri=tfr&num=227.

12

EVOLUÇÃO JURISPRUDENCIAL A RESPEITO DA DEDUÇÃO DOS MATERIAIS EMPREGADOS NA CONSTRUÇÃO CIVIL NA BASE DE CÁLCULO DO ISS

PASSADO, PRESENTE E FUTURO

Juselder Cordeiro da Mata
José Antonino Marinho Neto

Sumário

Inicialmente, nossas primeiras palavras não poderiam deixar de ser em cumprimento aos organizadores da presente obra. Louvamos a iniciativa e agradecemos pela lembrança quanto à nossa modesta contribuição. Contudo, os maiores encômios a que fazem jus os organizadores deste *liber amicorum* dizem respeito à escolha do homenageado, o pranteado Valter de Souza Lobato.

Em texto publicado na Revista *"O Cruzeiro"*, no ano de 1957, João Guimarães Rosa afirmou que *"Minas Gerais é muitas. São, pelo menos, várias Minas"*. Tal fenômeno também se dá com o jurista mineiro Valter Lobato: é muitos. Há o advogado, o professor, o acadêmico e o amigo. Quanto a todos esses aspectos que compõem a figura unitária de Valter Lobato, podemos dar os melhores testemunhos.

O advogado Valter Lobato é respeitado por seus clientes e admirado por seus colegas de trabalho. Exemplo de ética profissional, vê a advocacia como algo superior ao seu próprio ofício: encarna o sacerdócio. Defende os interesses de seus clientes com qualidade, altivez e muita luta.

Compreende perfeitamente, no âmbito profissional, aquilo que Augustín Gordillo dizia sobre o Direito Público sob a perspectiva teórico-dogmática: a luta constante entre o poder e a liberdade.

O Professor Valter Lobato é querido tanto por seus alunos de graduação quanto pelos seus orientandos nos cursos de Mestrado e Doutorado. Todos eles chegam a um verdadeiro consenso: trata-se de verdadeiro mestre, preocupado com o desenvolvimento e o aprendizado de seus discípulos. Ensina, pergunta, enfim, instiga-lhes o raciocínio.

O Acadêmico Valter Lobato é inquieto. Possui altíssima produção científica, consubstanciada em sua longa e incessante lista de artigos e capítulos de livros. Combina o domínio das categorias gerais do Direito, sem se descurar das questões diuturnas enfrentadas pela tributarística nacional. Para mais, conduz com maestria a tradicional Escola Mineira de Direito Tributário, na presidência da Associação Brasileira de Direito Tributário (ABRADT), levando o nome das alterosas como estandarte, aqui e alhures.

Por fim, o Amigo Valter Lobato é uma grande figura humana. Amigo de seus amigos, dedica-lhes lealdade, carinho, compreensão e muito respeito. Somos todos muito gratos pela sua amizade.

Por todas essas razões, a ideia de uma obra em seu louvor é escolha feliz, justa e muito pertinente. Celebremos, pois, o filho exemplar, o pai de família cuidadoso, o advogado, o professor, o acadêmico e o amigo Valter Lobato!

1. Introdução

Em recentíssima decisão, inclusive ocorrida quando da elaboração deste trabalho, o STF julgou o Agravo Regimental no RE 603.497/MG, sob a relatoria da Ministra Rosa Weber. Na oportunidade, a Suprema Corte aguçou um debate que muito agitou doutrina e jurisprudência em nosso país durante décadas: a questão da dedução dos materiais empregados nas prestações de serviço de construção civil na base de cálculo do ISS.

O tema, para além da inegável importância de que se reveste do ponto de vista estritamente acadêmico, adquire supino relevo na prática tributária, em virtude dos milhares processos que tramitam no Poder Judiciário e que têm este assunto por objeto. Não se pode descurar da importância deste tema também sob o prisma econômico, porque afeta diretamente a tributação das pessoas jurídicas prestadoras de serviços no setor da Construção Civil, ramo deveras central na economia nacional.

O presente estudo tem por objetivo analisar a jurisprudência que se desenvolveu em torno do tema ao longo dos últimos 20 anos, tanto no STF quanto no STJ. Para tanto, pretende-se, inicialmente, fixar o panorama histórico-normativo no qual o debate se insere.

Logo após, inicia-se a análise jurisprudencial desses Tribunais Superiores ao longo do tempo, valendo-se como ponto de inflexão o julgamento do RE 603.497/MG, em 2010. Nesse sentido, intenta-se apresentar o entendimento do STJ e do STF a respeito da matéria até esta data. Após, debruça-se sobre supracitado julgado. Em seguida, demonstra-se como o STJ e o STF aplicaram o que nele foi decidido. Por fim, apresenta-se o julgamento do Agravo Regimental no RE 603.497/MG e as consequências que ele trouxe para o debate.

2. Panorama histórico-normativo do debate

Para que se possa compreender os posicionamentos exarados pelo STF e pelo STJ quanto à dedução da base de cálculo dos materiais empregados no setor da construção civil da base de cálculo do ISS, é necessária a contextualização histórico-normativa do debate. Somente após essa digressão é que se torna possível a análise dos paradigmas jurisprudenciais desenvolvidos no âmbito de cada um daqueles Tribunais Superiores.

Datado de 1966, o CTN cuidava do Imposto Sobre Serviços – criado pela Emenda n. 18/65 à Constituição de 1946 – entre os seus artigos 71 e 73. No que diz respeito à base de cálculo deste imposto municipal, dispunha o art. 72, em sua redação original:

> Art. 72. A base de cálculo do imposto é o preço do serviço, salvo:
>
> I – quando se trate de prestação de serviço sob a forma de trabalho pessoal do próprio contribuinte, caso em que o imposto será calculado, por meio de alíquotas fixas ou variáveis, em função da natureza do serviço e outros fatores pertinentes, não compreendida nestes a renda proveniente da remuneração do próprio trabalho;
>
> II – quando a prestação do serviço tenha como parte integrante operação sujeita ao impôsto de que trata o artigo 52, caso em que êste impôsto será calculado sôbre 50% (cinquenta por cento) do valor total da operação.

Contudo, tal redação teve vigência curtíssima. Isso porque o referido dispositivo fora modificado pelo Ato Complementar 34, de 30 de janeiro de 1967, que alterando a redação do inciso II, nele acrescentou o inciso III, iniciando a celeuma sobre a qual o presente trabalho se debruça. É ver a redação do Digesto Tributário após o AC 34/67, dispondo sobre a base de cálculo do ISS quanto ao setor da construção civil:

> Art. 72. A base de cálculo do imposto é o preço do serviço, salvo:
>
> I – quando se trate de prestação de serviço sob a forma de trabalho pessoal do próprio contribuinte, caso em que o imposto será calculado, por meio de alíquotas fixas ou variáveis, em função da natureza do serviço e outros fatores pertinentes, não compreendida nestes a renda proveniente da remuneração do próprio trabalho;
>
> II – Nas operações mistas a que se refere o § 2° do artigo anterior, caso em que o impôsto será calculado sôbre o valor total da operação, deduzido da parcela que serviu de base ao cálculo do impôsto sôbre circulação de mercadorias, na forma do § 3° do artigo 53.
>
> *III – Na execução de obras hidráulicas ou de construção civil, caso em que o impôsto será calculado sôbre o preço total da operação deduzido das parcelas correspondentes:*
>
> *a) ao valor dos materiais adquiridos de terceiros, quando fornecidos pelo prestador do serviço;*
>
> *b) do valor das subempreitadas, já tributadas pelo impôsto.*

Vida longa no mundo jurídico não logrou o tratamento conferido ao ISS pelo CTN. Logo no ano subsequente à referida modificação, os arts. 71 a 73 foram revogados pelo Decreto-Lei n. 406/68. Este diploma normativo, saliente-se, é o antecessor das Leis Complementares n. 87/96 e 116/03, uma vez que dispunha sobre normas gerais relativas ao ICM e o ISS, respectivamente.

Em sua redação original, o § 2° do art. 9° do DL 406/08 detinha idêntica redação do inciso III do art. 72 do CTN. Entretanto, sobreveio o Decreto-Lei n. 834/69, que passou a lhe conferir, ao menos para o que interesse para os fins do presente estudo, a seguinte redação:

> Art 9° A base de cálculo do impôsto é o preço do serviço.
>
> (...)

> § 2º Na prestação dos serviços a que se referem os itens 19 e 20 da lista anexa o impôsto será calculado sôbre o preço deduzido das parcelas correspondentes:
>
> a) ao valor dos materiais fornecidos pelo prestador dos serviços;
>
> b) ao valor das subempreitadas já tributadas pelo impôsto.

Os serviços a que se referiam os itens 19 e 20 (32 e 34)[1] da lista anexa ao DL 406/68 – com a redação dada pelo DL 834/69 – eram os seguintes:

> 32. Execução por administração, empreitada ou subempreitada, de construção civil, de obras hidráulicas e outras obras semelhantes e respectiva engenharia consultiva, inclusive serviços auxiliares ou complementares (exceto o fornecimento de mercadorias produzidas pelo prestador de serviços, fora do local da prestação dos serviços, que fica sujeito ao ICM);
>
> 34. Reparação, conservação e reforma de edifícios, estradas, pontes, portos e congêneres (exceto o fornecimento de mercadorias produzidas pelo prestador dos serviços fora do local da prestação dos serviços, que fica sujeito ao ICM);

Após o advento da Constituição de 1988, foi editada a Lei Complementar 116/03, que passou a dispor sobre as normas gerais relativas ao ISS. Muito embora não tenha revogado o art. 9º do DL 406/68, o referido diploma legal cuida da matéria em seu art. 7º, § 2º, cuja licença rogamos para reproduzir:

> Art. 7º A base de cálculo do imposto é o preço do serviço.
>
> (...)
>
> § 2º Não se incluem na base de cálculo do Imposto Sobre Serviços de Qualquer Natureza:
>
> I – o valor dos materiais fornecidos pelo prestador dos serviços previstos nos itens 7.02 e 7.05 da lista de serviços anexa a esta Lei Complementar;
>
> II – (VETADO)

Os serviços a que faz referência o dispositivo, possuem teor normativo de todo semelhante com aqueles constantes do DL 406/68, é ver:

---

[1] Tais serviços passaram a ser os itens 32 e 34 da lista anexa de serviços, por força da Lei Complementar n. 56, de 1987.

> 7.02 – Execução, por administração, empreitada ou subempreitada, de obras de construção civil, hidráulica ou elétrica e de outras obras semelhantes, inclusive sondagem, perfuração de poços, escavação, drenagem e irrigação, terraplanagem, pavimentação, concretagem e a instalação e montagem de produtos, peças e equipamentos (exceto o fornecimento de mercadorias produzidas pelo prestador de serviços fora do local da prestação dos serviços, que fica sujeito ao ICMS).
>
> 7.05 – Reparação, conservação e reforma de edifícios, estradas, pontes, portos e congêneres (exceto o fornecimento de mercadorias produzidas pelo prestador dos serviços, fora do local da prestação dos serviços, que fica sujeito ao ICMS).

O escorço histórico-normativo, portanto, é de grande valia não só para a definição do objeto do presente estudo, como também já denota as possibilidades interpretativas a seguir expostas: a dedução da base de cálculo a que faz jus o contribuinte do ISS prestador dos serviços referidos pelo art. 9º, § 2º, a do DL 406/68 e art. 7º, § 2º, I da LC 116/03 diz respeito aos materiais fornecidos por terceiros ou apenas àqueles fabricados pelo próprio prestador em local diverso da prestação do serviço, porque sujeitos ao ICMS?

3. A jurisprudência do STJ anterior ao julgamento do RE 603.497/MG

No STJ, a questão da dedução dos materiais empregados na construção civil teve início como se conflito de competência entre ICMS e ISS fosse. Prevalecendo o imposto municipal, o Tribunal da Cidadania chegou a editar a Súmula 167, segundo a qual "*o fornecimento de concreto, por empreitada, para construção civil, preparado no trajeto até a obra em betoneiras acopladas a caminhões, é prestação de serviço sujeitando-se apenas à incidência do ISS*"[2-3]. Por via de consequência, o STJ veio a sedimentar seu

2 São os precedentes formadores da Súmula: STJ, Segunda Turma, REsp 8.296/RJ, Rel. Min. José de Jesus Filho, jul. 16/03/1992, DJ 13/04/1992; STJ, Segunda Turma, REsp 29.858/RJ, Rel. Min. Antônio de Pádua Ribeiro, jul. 20/05/1996, DJ 10/06/1996; STJ, Primeira Turma, REsp 49.401/RJ, Rel. Min. Humberto Gomes de Barros, jul. 16/11/1994, DJ 12/12/1994.

3 Aplicando a Súmula a outros casos concretos: STJ, Primeira Turma, REsp 219.588/CE, Rel. Min. Garcia Vieira, jul. 02/09/1999, DJ 11/10/1999; STJ, Primeira Turma, REsp 150.932/RS, jul. 17/11/1998, DJ 08/03/1999; STJ, Primeira Seção, EREsp

entendimento no sentido de que o setor da Construção Civil presta atividades pertinentes ao âmbito dos serviços, estando as empresas atuantes nesse ramo econômico sujeitas à tributação a título de ISS[4].

Posteriormente, o STJ, por entender que *"a base de cálculo do ISSQN é o custo do serviço em sua totalidade, não devendo ser deduzido o valor dos materiais adquiridos de terceiros"*[5], passou a enfrentar mais detidamente o tema das deduções dos materiais. Com efeito, por meio do REsp 256.210/MG[6], o STJ manifestou-se no sentido de que a dedução dos materiais empregados na construção civil somente diria respeito àqueles materiais sujeitos ao ICMS, e não aos adquiridos de terceiros pelo prestador. Nesse sentido, o custo da aquisição dos materiais já estaria incluído no cômputo do preço do serviço, única e verdadeira base de cálculo do imposto municipal, *"não sendo admitido subtrair da base de cálculo do tributo o montante referente às subempreitadas e aos materiais utilizados pela construtora"*[7].

Contudo, a expressão mais bem acabada do entendimento do STJ quanto à matéria diz respeito ao REsp 926.339/SP[8], sob a relatoria da Ministra Eliana Calmon. A proeminência deste julgado se justifica não só por condensar e sedimentar todos argumentos daquele tribunal a que aludimos alhures, mas também porque serviu de molde para os demais arestos que se seguiriam a este respeito naquela Corte até 2010[9], ano do

---

149.946/MS, Rel. Min. Ari Pargendler, Redator p/ acórdão Min. José Delgado, jul. 06/12/1999, DJ 20/03/2000; STJ, Primeira Seção, EREsp 57.478/RJ, Rel. Min. Aldir Passarinho Junior, jul. 23/09/1998, DJ 30/11/1998.

4 STJ, Segunda Turma, REsp 328.427/PR, Rel. Min. Franciulli Netto, jul. 04/11/2003, DJ 02/02/2004.

5 STJ, Primeira Turma, REsp 242.335/PR, Rel. Min. Garcia Vieira, jul. 29/06/2000, DJ 21/08/2000.

6 STJ, Primeira Turma, REsp 256.210/MG, Rel. Min. José Delgado, jul. 15/08/2000, DJ 25/09/2000.

7 STJ, Segunda Turma, AgRg no REsp 658.265/RJ, jul. 03/08/2006, DJ 12/09/2006.

8 STJ, Segunda Turma, REsp 926.339/SP, Rel. Min. Eliana Calmon, jul. 03/05/2007, DJ 11/05/2007.

9 Como exemplos, vale citar: STJ, Primeira Turma, AgRg no REsp 917.751/MG, Rel. Min. Francisco Falcão, jul. 05/06/2007, DJ 21/06/2007; STJ, Segunda Turma, AgRg no REsp 1.002.693/RS, Rel. Min. Castro Meira, jul. 25/03/2008, DJe 07/04/2008; STJ, Segunda Turma, AgRg no REsp 1.020.749/RN, Rel. Min. Herman Benjamin, jul. 02/09/2008, DJe 17/03/2009; STJ, Segunda Turma, AgRg no REsp 1.085.475/PR, Min. Herman Benjamin, jul. 09/12/2008, DJe 17/03/2009; STJ, Primeira Turma, REsp 974.265/RS, Rel. Min. Denise Arruda, jul. 23/06/2009, DJe 26/08/2009; STJ, Primeira Turma, AgRg no Ag 1.257.286/RS, Rel. Min. Benedito Gonçalves, jul.

julgamento do RE 603.497/MG, pelo STF. Por tal razão, confira-se a ementa do REsp 926.339/SP:

> PROCESSUAL CIVIL E TRIBUTÁRIO. CONSTRUÇÃO CIVIL. ISS. BASE DE CÁLCULO. DEDUÇÃO DOS MATERIAIS EMPREGADOS. IMPOSSIBILIDADE – OMISSÃO INEXISTENTE.
>
> 1. Em nosso sistema processual, o juiz não está adstrito aos fundamentos jurídicos apontados pelas partes. Exige-se apenas que a decisão seja fundamentada, aplicando o magistrado, ao caso concreto, a legislação por ele considerada pertinente. Inocorrência de violação ao art. 535 do CPC.
>
> 2. A jurisprudência uniforme desta Corte é no sentido de que a base de cálculo do ISS é o custo integral do serviço, não sendo admitida a subtração dos valores correspondentes aos materiais utilizados e às subempreitadas. Precedentes.
>
> 3. A mudança de disposição, na lista do ISS, do serviço de execução de obras de construção civil do item 19 para o 32, conforme a redação da LC 56/87 é circunstância inteiramente desinfluente. Isso porque tanto ao tempo da vigência do DL 834/69 quanto da LC 56/87 a dedução dos materiais empregados, por prescrição dos itens 19 e 32, respectivamente, restringia-se ao fornecimento de mercadorias produzidas pelo prestador de serviços fora do local da prestação de serviço.
>
> 4. Os referidos itens criaram, em relação ao § 2° do art. 9° do DL 406/68, uma regra de dedução ainda mais específica, que não admitia o abatimento de outros valores que não aqueles correspondentes aos materiais expressamente consignados, sobre os quais se fez recair a incidência do ICMS.
>
> 5. Tal orientação não sofreu abalo nem mesmo com a vinda da LC 116/2003, porque os serviços discutidos, agora definidos no item 7.02 da lista mais recente, mantiveram-se submetidos à mesma sistemática outrora imposta.
>
> 6. Recurso especial improvido.

Nesse sentido, o que se depreende da jurisprudência do STJ é que a dedução autorizada legalmente diz respeito às mercadorias que estejam

---

25/05/2010, DJe 08/06/2010; STJ, Primeira Turma, AgRg no REsp 1.189.255/RS, Rel. Min. Luiz Fux, jul. 05/08/2010, DJe 18/08/2010.

sujeitas ao ICMS, ou seja, aquelas produzidas pelo prestador fora do local da prestação de serviço. O que se percebe, portanto, é a importância conferida ao STJ à referência legal aos itens constante da lista anexa de serviço – seja a constante do DL 406/68, seja a da LC 116/03, pois neles é que se encontra prevista a regra de dedução específica quanto aos materiais empregados nos serviços de construção civil, que escapam à regra geral segundo a qual a base de cálculo do ISS é o custo integral do serviço. Este era o entendimento do Tribunal da Cidadania anterior ao julgamento do RE 603.497/MG.

4. O RE 603.497/MG como consolidação do entendimento do STF

Como sói ocorrer, a temática tornou-se objeto de análise do STF. Sob a sistemática da Repercussão Geral – Tema 247, reconhecida em 05.02.2010 – a Suprema Corte discutiu a constitucionalidade da incidência do ISS sobre os materiais empregados na Construção Civil, nos autos RE 603.497/MG. Em decisão monocrática de 31/08/2010, a Ministra Ellen Gracie, relatora do feito, evidenciando jurisprudência consolidada da Corte, deu provimento ao Recurso Extraordinário aviado pelo contribuinte. Fixou-se, na oportunidade, a seguinte tese: *"O art. 9º, § 2º, do DL n. 406/1968 foi recepcionado pela ordem jurídica inaugurada pela Constituição de 1988"*. A decisão não transitou em julgado, tendo o Município de Betim interposto Agravo Regimental, que será objeto de análise pormenorizada adiante.

Contudo, para que se compreenda o entendimento do STF na primeira assentada do RE 603.497/MG, é necessário analisar qual o entendimento consolidado do STF quanto à matéria.

Em 1999, nos autos do RE 236.604/PR[10], o STF entendeu pela recepção do art. 9º, §§ 1º e 3º do DL 406/68[11]. O caso concreto dizia respeito à

---

10 STF, Pleno, RE 236.604/PR, Rel. Min. Carlos Velloso, jul. 26/05/1999, DJ 06/08/1999.

11 *"Art 9º A base de cálculo do impôsto é o preço do serviço.*
§ 1º Quando se tratar de prestação de serviços sob a forma de trabalho pessoal do próprio contribuinte, o impôsto será calculado, por meio de alíquotas fixas ou variáveis, em função da natureza do serviço ou de outros fatores pertinentes, nestes não compreendida a importância paga a título de remuneração do próprio trabalho. (...)
§ 3º Quando os serviços a que se referem os itens 1, 4, 8, 25, 52, 88, 89, 90, 91 e 92 da lista anexa forem prestados por sociedades, estas ficarão sujeitas ao imposto na forma do § 1º, calculado em relação a cada profissional habilitado, sócio, empregado ou não, que preste

tributação sobre um regime fixo anual, a que se sujeitava determinada sociedade de advogados. Naquela oportunidade, a Suprema Corte asseverou que a disposição sobre a base de cálculo do imposto municipal caberia à lei complementar, nos termos do art.146, III, a da CR/88 – espécie normativa a que fazia às vezes o DL 406/68[12]. Por isso mesmo, não sendo incompatível com a Constituição, por não configurar hipótese de isenção heterônoma – de todo vedada pelo art. 151, III, da Carta Magna[13] – o dispositivo teria sido recepcionado pela CR/88, nos termos do art. 34, § 5°, do ADCT.

Idêntico raciocínio foi aplicado pelo STF ao versar sobre o art. 9°, § 2° do DL 406/68, objeto do presente estudo. Asseverou-se que o referido dispositivo não configuraria hipótese de isenção heterônoma e que, portanto, o dispositivo seria constitucional. É ver a ementa do RE 214.414 AgR/MG, *leading case* quanto à matéria:

> EMENTA: CONSTITUCIONAL. TRIBUTÁRIO. ISS. CONSTRUÇÃO CIVIL. D.L. 406/68, art. 9°, § 2°, a e b. I. – Dedução do valor dos materiais e subempreitadas no cálculo do preço do serviço. D.L. 406/68, art. 9°, § 2°, a e b: dispositivos recebidos pela CF/88. Citados dispositivos do art. 9°, § 2°, cuidam da base de cálculo do ISS e não configuram isenção. Inocorrência de ofensa ao art. 151, III, art. 34, ADCT/88, art. 150, II e 145, § 1°, CF/88. RE 236.604-PR, Velloso, Plenário, 26.5.99, RTJ 170/1001. II. – RE conhecido e provido. Agravo improvido[14].

A importância deste julgado é enorme para a discussão. A expressiva jurisprudência a que se seguiu a partir dele, no STF, consignou expressamente isto: a Suprema Corte limitou-se a dizer que o art. 9°, § 2° do DL 406/68 era constitucional[15]. Não concordamos com a Min. Cármen Lúcia,

---

serviços em nome da sociedade, embora assumindo responsabilidade pessoal, nos termos da lei aplicável".

12 STF, Pleno, RE 149.922/SP, Rel. Min. Ilmar Galvão, jul. 23/02/1994, DJ 29/04/1994.

13 *"Art. 151. É vedado à União: (...) III – instituir isenções de tributos da competência dos Estados, do Distrito Federal ou dos Municípios".*

14 STF, Segunda Turma, RE 214.414 AgR/MG, Rel. Min, Carlos Velloso, jul. 05/11/2002, DJ 29/11/2002.

15 Entre decisões monocráticas e colegiadas, é conferir: STF, RE 279.424/MG, Rel. Min. Carlos Velloso, jul. 20/03/2002, DJ 05/06/2002; STF, RE 355.859/MG, Rel. Min. Carlos Velloso, jul. 03/02/2003, DJ 27/02/2003; STF, RE 279.689/MG, Rel. Min. Carlos Velloso, jul. 26/04/2004, DJ 07/05/2004; STF, RE 399.650/MG, Rel. Min. Carlos Britto, jul. 30/11/2004, DJ 09/02/2005; STF, RE 390.621/MG, Rel. Min.

que afirmou, nos autos do RE 431.891 AgR/MG[16], que *"o Supremo Tribunal Federal firmou o entendimento de que o valor de materiais de construção adquiridos de terceiros e de subempreitadas não integra a base de cálculo do Imposto sobre Serviços-ISS, uma vez que reconhecida a constitucionalidade do art. 9º do Decreto-Lei n. 406/68"*. Da pesquisa jurisprudencial que fizemos e da jurisprudência que citamos no presente trabalho, não se deparou com decisão que enfrentou o tema nos moldes enfrentados pelo STJ anteriormente. O Pretório Excelso, frise-se, limitou-se a declarar a recepção do dispositivo, porque este não configuraria espécie de isenção heterônoma.

5. A jurisprudência do STJ e do STF posterior ao RE 603.497/MG

De posse das considerações até então tecidas no presente trabalho, cumpre analisar como o STJ e o STF enfrentaram a questão debatida após a decisão do STF nos autos do RE 603.497/MG.

O STJ, a partir do julgamento do REsp 976.486/RS[17] e do AgRg no AgRg no REsp 1.228.175/MG[18], reviu seu entendimento, para *"reconhecer a possibilidade de dedução da base de cálculo do ISS dos materiais empregados na construção civil"*[19]. Com efeito, o Tribunal da Cidadania pretendeu ado-

---

Sepúlveda Pertence, jul. 23/05/2005, DJ 14/06/2005; STF, Primeira Turma, RE 438.166 AgR/MG, Rel. Min. Carlos Britto, jul. 18/10/2005, DJ 28/04/2006; STF, AI 552.114/SP, Rel. Min. Gilmar Mendes, jul. 29/03/2006, DJ 26/04/2006; STF, RE 212.202/MG, Rel. Min. Eros Grau, 12/06/2006, DJ 30/06/2006; STF, Primeira Turma, AI 619.095 AgR/SP, Rel. Min. Sepúlveda Pertence, jul. 25/06/2007, DJe 16/08/2007; STF, Primeira Turma, RE 262.598/PR, Rel. Min. Ilmar Galvão, Relator (a) p/ Acórdão: Min. Cármen Lúcia, jul. 14/08/2007, DJe 27/09/2007; STF, Segunda Turma, RE 362.666 AgR/RJ, Rel. Min. Gilmar Mendes, jul. 04/03/2008, DJe 27/03/2008; STF, Segunda Turma, RE 239.360 AgR/MG, Rel. Min. Eros Grau, jul. 17/06/2008, DJe 31/07/2008; STF, AI 720.338/MG, Rel. Min. Joaquim Barbosa, jul. 13/02/2009, DJe 25/02/2009; STF, RE 575.684, Rel. Min. Cezar Peluso, jul. 25/08/2009, DJe 25/09/2009; STF, RE 602.618/SP, Rel. Min. Celso de Mello, jul. 31/08/2009, DJe 16/09/2009.

16 STF, Primeira Turma, RE 431.891 AgR/MG, Rel. Min. Cármen Lúcia, jul. 20/10/2009, DJe 19/11/2009.

17 STJ, Resp 976.486/RS, Rel. Min. Teori Zavascki, jul. 05/08/2011, Dje 10/08/2011.

18 STJ, Segunda Turma, AgRg no AgRg no REsp 1.228.175/MG, Rel. Min. Humberto Martins, jul. 23/08/2011, DJe 01/09/2011.

19 No mesmo sentido: STJ, Primeira Turma, AgRg no AgRg no Ag 1.410.608/RS, Rel. Min. Benedito Gonçalves, jul. 18/10/2011, DJe 21/10/2011; STJ, Primeira Turma, AgRg no AREsp 155.292/ES, Rel. Min. Napoleão Nunes Maia Filho, jul. 16/10/2012,

tar posicionamento supostamente consentâneo com o proferido pelo STF no julgamento do RE 603.497/MG, julgado sob a sistemática da Repercussão Geral, e, por isso mesmo, vinculante a todos os demais órgãos integrantes do Poder Judiciário. Ou seja, o STJ interpretou o julgado do STF como se fosse contrário ao seu entendimento anterior.

O STF, por sua vez, possuiu entendimento aparentemente contraditório entre suas decisões. No julgamento do RE 599.582 AgR/RJ[20], do ARE 757.079/RJ[21], do ARE 728.060/RJ[22] e do ARE 958.421/RJ[23], o Supremo manteve a tese segundo a qual seria possível a dedução da base de cálculo do ISS o valor relativo aos materiais empregados na construção.

Contudo, interessante foi o decidido nos autos do RE 662.125/RJ[24]. Nesta oportunidade, a Segunda Turma da Suprema Corte entendeu que o conceito de material fornecido, constante do art. 9º, § 2º, 'a' do DL 406/68, diria respeito a matéria infraconstitucional, razão pela qual *"inaplicáveis à espécie os precedentes desta Corte, mencionados no extraordinário e no agravo regimental, que firmaram a recepção daquela norma*

DJe 22/10/2012; STJ, Primeira Turma, AgRg no Ag 1.422.997/RJ, Rel. Min. Arnaldo Esteves Lima, jul. 25/10/2011, DJe 28/10/2011; STJ, Segunda Turma, REsp 1.327.755/RJ, Rel. Min. Herman Benjamin, jul. 18/10/2012, DJe 05/11/2012; STJ, Primeira Seção, AgRg nos EAREsp 113.482/SC, Rel. Min. Diva Malerbi (Desembargadora convocada TRF 3ª região), jul. 27/02/2013, DJe 12/03/2013; STJ, Primeira Turma, EDcl no AgRg no REsp 1.189.255/RS, Rel. Min. Napoleão Nunes Maia Filho, jul. 17/10/2013, DJe 05/11/2013; STJ, Primeira Turma, AgRg no AREsp 409.812/ES, Rel. Min. Ari Pargendler, jul. 01/04/2014, DJe 11/04/2014; STJ, Primeira Turma, AgRg no AREsp 493.703/ES, Rel. Min. Napoleão Nunes Maia Filho, jul. 08/05/2014, DJe 21/05/2014; STJ, Primeira Turma, AgRg no AREsp 520.626/MG, Rel. Min. Sérgio Kukina, jul. 05/08/2014, DJe 13/08/2014, STJ, Segunda Turma, AgRg no AREsp 182.462/RJ, Rel. Min. Og Fernandes, jul. 02/12/2014, DJe 11/12/2014; STJ, Primeira Seção, AgRg nos EREsp 1.360.375/ES, Rel. Min. Benedito Gonçalves, jul. 10/12/2014, DJe 16/12/2014; STJ, Segunda Turma, AgRg no AREsp 634.871/RJ, Rel. Min. Humberto Martins, jul. 05/03/2015, DJe 11/03/2015.

20 STF, Segunda Turma, RE 599.582 AgR/RJ, Rel. Min. Ayres Britto, jul. 29/03/2011, DJe 28/06/2011.

21 STF, Segunda Turma, ARE 757.079 AgR/RJ, Rel. Min. Cármen Lúcia, jul. 15/10/2013, DJe 28/10/2013.

22 STF, Primeira Turma, ARE 728.060 AgR/RJ, Rel. Min. Roberto Barroso, jul. 29/04/2014, DJe 28/05/2014.

23 STF, Segunda Turma, ARE 958.421 AgR/RJ, Rel. Min. Celso de Mello, jul. 29/04/2014, DJe 28/05/2014.

24 STF, Segunda Turma, RE 662.125/RJ, Rel. Min. Ricardo Lewandowski, jul. 17/04/2012, DJe 02/05/2012.

legal pela Carta de 1988, inclusive o entendimento assentado no RE 603.497-RG/MG, Rel. Min. Ellen Gracie".

Este é o *punctum saliens* da discussão, objeto de discussão do Agravo Regimental no RE 603.497/MG, que passamos desde já a abordar. Também nossas considerações a respeito do tema serão expostas no tópico que se segue.

6. À guisa conclusiva: o objeto do agravo regimental no RE 603.497/MG: fim da controvérsia?

O tópico anterior versou a respeito da jurisprudência do STJ e do STF após o julgamento do mérito do RE 603.497/MG. Contudo, tal decisão não havia transitado em julgado. Isso porque restava pendente de julgamento um Agravo Regimental, que discutia exatamente a polêmica que o presente trabalho analisa. Antes que se dê um passo à frente é necessário dar um passo atrás, porém.

Antes de chegar à Suprema Corte, sob o registro de RE 603.497/MG, o processo, envolvendo o Município de Betim e uma importante empresa mineira atuante no ramo da construção civil, tramitou no STJ sob a numeração REsp 968.051/MG. No Tribunal da Cidadania, prevaleceu o entendimento favorável à tese fiscal, assim ementado como AgRg no REsp 968.051/MG:

> TRIBUTÁRIO – ISS – CONSTRUÇÃO CIVIL – BASE DE CÁLCULO – MATERIAL EMPREGADO – DEDUÇÃO – IMPOSSIBILIDADE.
>
> A jurisprudência desta Corte pacificou o entendimento de que a base de cálculo do ISS é o preço total do serviço, de maneira que, na hipótese de construção civil, não pode haver a subtração do material empregado para efeito de definição da base de cálculo. Precedentes de Corte. Agravo regimental improvido[25].

Muito embora mal ementado, o acórdão faz referência ao REsp 926.339/SP a que tantas vezes já se aludiu neste estudo, exemplo mais bem acabado do entendimento do STJ à época, qual seja, a de que a dedução permitida pelo DL 406/68 e pela LC 116/03 quanto aos serviços relativos à construção civil diria respeito apenas aos materiais fabricado pelo

25 STJ, Segunda Turma, AgRg no REsp 968.051/MG, Rel. Min. Humberto Martins, jul. 17/02/2009, DJe 24/03/2009.

prestador dos serviços fora do local da prestação, uma vez que tais mercadorias se sujeitam ao ICMS.

Chegando ao STF e tendo sua Repercussão Geral reconhecida, sobreveio o julgamento monocrático pela Ministra Ellen Gracie, então relatora do feito. Conforme salientado alhures, a Ministra consignou que a jurisprudência consolidada da Corte era no sentido da recepção do art. 9º, § 2º, do DL 406/1968 pela CR/88.

Contra esta decisão é que foi interposto o aludido Agravo Regimental que, conduzido pela Ministra Rosa Weber, que assumiu a vaga no STF em razão da aposentadoria da Ministra Ellen Gracie, somente restou julgado recentemente, em 26/06/2020. Pois bem.

O Município de Betim interpôs Agravo Regimental em face da decisão da Min. Ellen Gracie que, em seu dispositivo, ao dar provimento ao Recurso Extraordinário do contribuinte, reformou a decisão do STJ, reestabelecendo a sentença proferida em primeira instância, que autorizava a dedução ampla e irrestrita dos materiais empregados na prestação do serviço da base de cálculo do ISS. Ou seja, restaria plenamente agasalhada a pretensão da Empresa.

Em apertada síntese, alegou o ente municipal que a decisão do STF, para além de violar a competência do STJ – uma vez que se cuidava da análise de matéria infraconstitucional – contrariava o próprio entendimento do Tribunal da Cidadania, que jamais reputou inconstitucional o art. 9º, § 2º, "a", do DL 406/68. Por via de consequência, a pretensão deduzida pela Empresa em juízo representaria uma ampliação ilegal das hipóteses de dedução dos materiais empregados na prestação do serviço na base de cálculo do ISS.

O contribuinte, por sua vez, aduziu que a matéria possuiria cariz constitucional, a cuja competência incumbe ao STF dar a última palavra. Para mais, argumentou que a ausência de restrição das hipóteses de dedução pela Suprema Corte equivaleria a violar a própria jurisprudência do tribunal. Atestou, para tanto, a própria modificação jurisprudencial no STJ a respeito do tema, em obediência à decisão proferida pela Min. Ellen Gracie. E sustentou a interpretação ampla das hipóteses de dedução com base nos princípios da legalidade, da igualdade e em regras hermenêuticas.

Em suma: o que discutiu no RE 603.497 AgR/MG foi justamente qual a extensão da dedução autorizada legalmente pelo DL 406/68 e pela LC 116/03: se ampla ou restrita aos materiais sujeitos à incidência do ICMS. O que decidiu o STF?

Julgada a celeuma pelo Plenário Virtual entre 19/06/2020 e 26/06/2020, o acórdão restou de tal modo ementado:

> DIREITO TRIBUTÁRIO. IMPOSTO SOBRE SERVIÇOS DE QUALQUER NATUREZA. CONSTRUÇÃO CIVIL. BASE DE CÁLCULO. MATERIAL EMPREGADO. DEDUÇÃO. RECEPÇÃO DO ART. 9º, § 2º, "A", DO DL 406/1968. ACÓRDÃO DO SUPERIOR TRIBUNAL DE JUSTIÇA QUE NÃO DESTOA DA JURISPRUDÊNCIA DO SUPREMO TRIBUNAL FEDERAL.
>
> 1. A jurisprudência deste Supremo Tribunal Federal, reafirmada na decisão agravada, circunscreve-se a a asseverar recepcionado, pela Carta de 1988, o art. 9º, § 2º, "a", do DL 406/1968, sem, contudo, estabelecer interpretação sobre o seu alcance nem analisar sua subsistência frente à legislação que lhe sucedeu – em especial, a LC 116/2003 –, tarefas de competência do Superior Tribunal de Justiça.
>
> 2. No caso, o acórdão do Superior Tribunal de Justiça, objeto do recurso extraordinário, não destoou da jurisprudência desta Suprema Corte, porque, sem contrariar a premissa de que o art. 9º, § 2º, "a", do DL 406/1968 foi recepcionado pela atual ordem constitucional, e considerada, ainda, a superveniência do art. 7º, § 2º, I, da LC 116/2003, restringiu-se a delimitar a interpretação dos referidos preceitos infraconstitucionais, para concluir pela ausência, na espécie, dos requisitos para a dedução, da base de cálculo do Imposto sobre Serviços de Qualquer Natureza (ISSQN), de materiais utilizados no fornecimento de concreto, por empreitada, para construção civil.
>
> 3. Agravo interno conhecido e parcialmente provido, para, reafirmada a tese da recepção do art. 9º, § 2º, do DL 406/1968 pela Carta de 1988, assentar que sua aplicação ao caso concreto não enseja reforma do acórdão do STJ, uma vez que aquela Corte Superior, à luz do estatuído no art. 105, III, da Constituição da República, sem negar a premissa da recepção do referido dispositivo legal, limitou-se a fixar-lhe o respectivo alcance[26].

Da leitura do acórdão, pode-se concluir que o STF ratificou a jurisprudência do STJ anterior ao julgamento do RE 603.497/MG. A uma,

---

26 STF, Pleno, RE 603.497/MG AgR, Rel. Min. Rosa Weber, jul. 26/06/2020, Dje 13/08/2020.

porque em nenhum momento o Tribunal da Cidadania afirmou que o dispositivo não teria sido recepcionado pela CR/88; a duas, porque o STF reestabeleceu o acórdão proferido pelo STJ, ou seja, entendeu que o alcance da dedução legalmente permitida corresponderia a matéria infraconstitucional, a cuja competência a Constituição determinou ao STJ dar a última palavra.

Antes de expor nossa posição a respeito do tema, é necessário tecer uma crítica ao STJ e ao STF. Com a devida licença, os referidos Tribunais Superiores foram os verdadeiros responsáveis pela celeuma instaurada, talvez por insensibilidade jurisprudencial. Explica-se.

A afirmativa se justifica pela própria evolução jurisprudencial a que se aludiu no presente estudo: o STJ em nenhum momento decidiu pela inconstitucionalidade dos dispositivos pertinentes à dedução da base de cálculo do ISS. Apenas determinou-lhe o alcance: os contribuintes do ISS prestadores de serviço de construção civil fazem jus à dedução da base de cálculo do imposto municipal apenas no que diz respeito àqueles materiais produzidos pelo prestador fora do local de prestação do serviço, porque sujeitos ao ICMS. Os materiais adquiridos de terceiros, portanto, estariam incluídos na base de cálculo do ISS. Desde já, uma primeira crítica ao Tribunal da Cidadania: esta constatação apenas é possível quando se estuda a jurisprudência a Corte em sua perspectiva histórica. Ordinariamente, para negar provimento às pretensões das Empresas, os acórdãos limitavam-se a dizer a respeito da impossibilidade de dedução de materiais. Este foi, inclusive, o caso do acórdão do STJ que deu origem ao RE 603.497/MG. O que se quer dizer com isso é: muito embora a jurisprudência do Tribunal da Cidadania de fato fosse extremamente consolidada no sentido a que nos referimos, a redação de um número considerável de acórdãos poderia levar à interpretação em sentido oposto, se descontextualizados da evolução jurisprudencial daquela Corte.

A segunda crítica diz respeito à decisão monocrática proferida pela Ministra Ellen Gracie no RE 603.497/MG. Custa-nos fazê-lo, contudo, haja vista a qualidade técnica que a Ministra sempre empregou em suas decisões. Em verdade, a jurisprudência do STF, conforme pudemos analisar, evoluiu no sentido da recepção do art. 9º, § 2º, do DL n. 406/68 pela CR/88. Nada mais do que isso. O que o Supremo Tribunal Federal havia sedimentado era a tese segundo a qual o referido dispositivo não configuraria isenção heterônoma, porque fazia as vezes de norma geral sobre a matéria. Ou seja, a Suprema Corte, longe de discutir o alcance da dedução legalmente prevista, apenas se limitou a dizer que ela estaria em conformidade com a Constituição. Do que se conclui, portanto, que, até 2010, as jurisprudências do STJ e do STF não conflitavam entre si: eram complementares, cada qual em seu respectivo âmbito de competência.

Ademais, no caso concreto, ao reestabelecer a sentença, a Min. Ellen Gracie acabou por modificar a jurisprudência do STJ. Muito longe, portanto, de reafirmar uma posição que restaria sedimentada no STF, cuidou-se de verdadeira inovação quanto à matéria. Esta crítica é cabível também ao STJ. Com efeito, este Tribunal passou a aplicar o entendimento do STF – a partir de seu dispositivo. Contudo, esta razão não foi salientada em nenhum dos acórdãos a que tivemos acesso. Pelo contrário, o Tribunal da Cidadania interpretou o julgado da Suprema Corte como se a razão da mudança estivesse contida na própria tese que ali se firmou. Não nos parece que tenha sido o caso. Some-se a isto o próprio fato de que a decisão sequer havia transitado em julgado, porque atacada por Agravo Regimental – que discutia, justamente, a posição do STF em face da jurisprudência do STJ. Queremos com essas críticas sustentar temerária a mudança de entendimento levada a cabo pelo STJ.

Outra crítica não poderia deixar de ser feita quanto à mora do STF em julgar o Agravo Regimental. Em se tratando de Repercussão Geral, e, sobretudo, da discussão pendente de julgamento, o lapso temporal de 10 anos para se reafirmar que a decisão não disse o que se supôs que ela teria dito é, no mínimo, inconveniente. A consequência imediata desse prejuízo foi uma mudança jurisprudencial no âmbito do STJ terá sido, de todo, desnecessária. Afinal de contas, o que prevaleceu após o julgamento deste recurso não foi outra coisa senão o que anteriormente estava posto, na jurisprudência das duas casas: no âmbito do STF, a constitucionalidade do art. 9º, § 2º, 'a' do DL 406/68 e, no STJ, o alcance do dispositivo que o Tribunal da Cidadania havia consolidado antes da decisão monocrática do RE 603.497/MG.

Quanto ao mérito da questão, entendemos que a vetusta jurisprudência do STJ havia interpretado a dedução positivamente posta de forma correta, no âmbito infraconstitucional.

Senão, é ver o que dispõe o indigitado dispositivo e os respectivos itens a que ele faz referência (e na mesma toada o faz a LC 116/03), após as redações que lhe deram o DL 834/69 e a LC 56/87:

> Art 9º A base de cálculo do impôsto é o preço do serviço.
>
> (...)
>
> § 2º Na prestação dos serviços a que se referem os itens 19 e 20 da lista anexa o impôsto será calculado sôbre o preço deduzido das parcelas correspondentes:
>
> a) ao valor dos materiais fornecidos pelo prestador dos serviços;
>
> (...)
>
> 32. Execução por administração, empreitada ou subempreitada, de construção civil, de obras hidráulicas e outras obras semelhantes e respectiva engenharia consultiva, inclusive serviços auxiliares ou complementares (exceto o fornecimento de mercadorias produzidas pelo prestador de serviços, fora do local da prestação dos serviços, que fica sujeito ao ICM);
>
> 34. Reparação, conservação e reforma de edifícios, estradas, pontes, portos e congêneres (exceto o fornecimento de mercadorias produzidas pelo prestador dos serviços fora do local da prestação dos serviços, que fica sujeito ao ICM);

Com efeito, a regra geral é a de que a base de cálculo do ISS é o preço do serviço. Contudo, na prestação dos serviços no setor da construção civil – a que a lei complementar remete diretamente à redação dos itens – permite-se a dedução das parcelas relativas ao valor dos materiais fornecidos pelo prestador dos serviços. As exceções, ainda mais específicas, constantes dos itens, nos parece não deixar dúvidas: o direito à dedução a que fazem jus os contribuintes diz respeito aos materiais que se encontram sujeitos à incidência do ICMS, ou seja, aqueles que são produzidos pelo prestador fora do local da prestação dos serviços. Dessa forma, os materiais adquiridos de fornecedores encontram-se incluídos na base de cálculo do ISS.

Ademais, uma questão nos parece fundamental: o gasto com a aquisição dos materiais empregados pode ser incluído no preço do serviço. Muito embora o ISS não seja um tributo não cumulativo (porque lhe faltam os requisitos da plurifasia e do direito ao creditamento), ele é indireto, permitindo a repercussão do ônus financeiro do tributo ao tomador dos serviços.

Contudo, uma terceira hipótese se nos afigura: e no caso dos materiais produzidos pelo prestador do serviço no próprio local da prestação? Nos parece que neste caso o contribuinte do ISS faz jus ao direito à dedução, porque foge da exceção constante da redação dos subitens, mas se enquadra no que dispõe a alínea 'a' do § 2° do art. 9° do DL 406/68 (art. 7°, § 2°, I da LC 116/03). Este é, em verdade, o verdadeiro material "fornecido" pelo prestador.

Em suma, a decisão proferida pelo STF no julgamento do Agravo Regimental no RE 603.497/MG nos parece correta. A Suprema Corte, ao final, cumpriu seu papel uniformizador da jurisprudência: reiterou a constitucionalidade do art. 9°, § 2°, 'a' do DL 406/68 e respeitou a competência do STJ para conferir a interpretação a respeito do alcance do dispositivo, prevalecendo a anterior ao próprio RE 603.497/MG, com a qual concordamos.

Resta saber como o STJ interpretará a decisão do STF: espera-se que retome sua jurisprudência anterior. Para mais, discussões advirão a respeito de modulações de efeitos e daquelas que, ainda não transitadas em julgado, foram julgadas sobre o entendimento pós-RE 603.497/MG, que acreditamos não mais ser aplicável. A despeito dessas observações, a controvérsia tende a caminhar para o seu fim. Ao menos é o que se espera de um sistema tão preocupado com a segurança jurídica, como é o caso do ordenamento jurídico brasileiro.

13

CONTRIBUIÇÕES PREVIDENCIÁRIAS E OS PROGRAMAS DE PARTICIPAÇÃO NOS LUCROS E RESULTADOS – PLR

Junia Roberta Gouveia Sampaio

RESUMO

O presente trabalho procura analisar a motivações utilizadas pela fiscalização para invalidar os planos de Participação nos Lucros e Resultados – PRL. Boa parte das objeções apontadas nos trabalhos fiscais decorrem de interpretação extensiva das restrições legalmente previstas. Diante desse quadro, é fundamental a análise do posicionamento do Conselho Administrativo de Recursos Fiscal sobre esses diversos temas como forma de garantir a segurança jurídica na realização desses planos. Por fim, analisaremos quais os reflexos da reforma trabalhista introduzida pela Lei n. 13.467/2017 impõe ao tema da PLR.

Palavras Chave: Contribuições Previdenciárias. Participação nos Lucros e Resultados. Jurisprudência. Conselho Administrativo de Recursos Fiscais – CARF.

1. Introdução

A Constituição Federal, em seu artigo 7°, inciso XI, estabeleceu como direito social fundamental dos trabalhadores a *"participação nos lucros e resultados, desvinculada da remuneração e, excepcionalmente, participação na gestão da empresa, conforme definido em lei"*.

A primeira grande controvérsia jurídica sobre o tema surgiu da discussão sobre a necessidade ou não de sua regulamentação legal para que pudessem ser implementados os planos de participação. Parte da doutrina e dos

Ministros do STF entendia que o direito à participação era autoaplicável e, assim, não precisaria de lei regulamentadora para ser implementado.

Tal discussão foi definitivamente solucionada pelo plenário do Supremo Tribunal Federal no julgamento do Recurso Extraordinário n 569441[1], submetido à sistemática da Repercussão Geral, cujo acórdão foi publicado em 03/02/2015. Na referida decisão, a maioria dos membros do tribunal, referendou as decisões que já haviam sido proferidas (RE 398.284 e RE 393.764) pelas turmas no sentido de que a natureza jurídica e o direito à participação nos lucros e resultados depende de previsão legal, o que somente se operou com a publicação da Medida Provisória 794/94.

Todavia, mesmo depois da sua regulamentação legal, a implantação do plano de PLR por parte das empresas continuou envolta em grande insegurança jurídica. Isso porque a MP 794/94 convertida, posteriormente, na Lei n. 10.101/01 possui dispositivos de conteúdo aberto cuja interpretação tem gerado grande divergência na fundamentação das autuações fiscais.

O objetivo desse artigo é sistematizar os diversos pontos que tem motivado as autuações fiscais e fazer um apanhado da jurisprudência do Conselho Administrativo de Recursos Fiscais – CARF sobre eles. Para isso procuraremos, em primeiro lugar, a analisar a sistemática constitucional e legal da PLR e a orientação do Supremo Tribunal Federal quanto a sua natureza jurídica. Em seguida, analisaremos os pontos controvertidos levantados nas diversas autuações fiscais e a jurisprudência do CARF sobre eles.

---

1 **Ementa:** CONSTITUCIONAL E PREVIDENCIÁRIO. PARTICIPAÇÃO NOS LUCROS. NATUREZA JURÍDICA PARA FINS TRIBUTÁRIOS. EFICÁCIA LIMITADA DO ART. 7º, XI, DA CONSTITUIÇÃO FEDERAL. INCIDÊNCIA DA CONTRIBUIÇÃO PREVIDENCIÁRIA SOBRE ESSA ESPÉCIE DE GANHO ATÉ A REGULAMENTAÇÃO DA NORMA CONSTITUCIONAL. 1. Segundo afirmado por precedentes de ambas as Turmas desse Supremo Tribunal Federal, a eficácia do preceito veiculado pelo art. 7º, XI, da CF – inclusive no que se refere à natureza jurídica dos valores pagos a trabalhadores sob a forma de participação nos lucros para fins tributários – depende de regulamentação. 2. Na medida em que a disciplina do direito à participação nos lucros somente se operou com a edição da Medida Provisória 794/94 e que o fato gerador em causa concretizou-se antes da vigência desse ato normativo, deve incidir, sobre os valores em questão, a respectiva contribuição previdenciária. 3. Recurso extraordinário a que se dá provimento. (Relator: Min. Dias Toffoli, Relator para Acórdão, Min. Teori Zavaski, DJ 09/02/2015)

Por fim, procuraremos analisar em que medida as alterações propostas pela Lei n. 13.467, de 13 de julho de 2017 (Reforma trabalhista) podem produzir reflexo na interpretação e regulamentação do instituto da Participação de Lucros e Resultados = PLR.

2. As decisões do STF e a interpretação da MP 794/94 e Lei n 10.101/01

Ao analisar as decisões do STF, podemos concluir que o entendimento do tribunal sobre a norma do artigo 7º, inciso XI da Constituição Federal é o de que o referido artigo não é autoaplicável. Como consequência desse entendimento os planos de PLR instituídos antes da regulamentação legal não estariam a salvo da incidência das contribuições previdenciárias.

No entanto, é importante uma análise mais detalhada dos votos que compõem essas decisões para nos ajudar a estabelecer algumas diretrizes interpretativas que entendemos importantes na análise das normas regulamentadoras da PLR.

No julgamento do RE 398.284/RJ o Ministro Marco Aurélio, embora acompanhe o voto vencedor, trouxe importante contribuição à interpretação dos dispositivos legais ao ressaltar que a expressão "desvinculada da remuneração" constante do artigo constitucional pretendia impedir que o empregador efetuasse uma compensação entre os valores devidos à título de remuneração e aqueles pagos em virtude da participação nos lucros e resultados, nestes termos:

> Creio que o preceito merece interpretação teleológica. A razão de ser da referência "desvinculação da remuneração" é única: não proceder o empregador a uma verdadeira compensação. Há uma intencional confusão considerada as rubricas: a rubrica participação nos lucros e a rubrica, diria, salário *strictu sensu*, o que, independentemente da existência ou não de lucros, ainda que a empresa dê prejuízo, deve ser satisfeito pelo empregador.

De acordo com o voto do Ministro, o que o constituinte quis, ao condicionar a instituição dos planos de PLR à regulamentação legal, foi impedir que as empresas substituíssem a remuneração dos empregados pela participação dos lucros, em razão da exoneração tributária.

Da mesma forma, a Ministra Rosa Weber, ao proferir o seu voto quando do julgamento do RE 569.441, fez questão de mencionar o tratamento conferido pelo TST nas demandas trabalhistas, nos seguintes termos:

> a jurisprudência do TST reconhecia a natureza salarial à participação nos lucros habitualmente paga. Assim, *em não se tratando paga a título de participação nos lucros de forma habitual, não se reconhecia natureza salarial*. Então nem lá havia uniformidade. Caso a caso, examinava-se a natureza jurídica da vantagem. (grifamos.)

Diante do exposto, é possível concluir que a norma regulamentadora dos planos de PLR tinha como objetivo estabelecer critérios que, uma vez obedecidos, permitiriam separar as remunerações das participações dos lucros. Em outras palavras, as regulamentações legais evitariam que se tivesse que discutir, caso a caso, se estaria ocorrendo a mencionada substituição. Nesse sentido, não seria exagerado afirmar que as mencionadas normas seriam normas antielisão.

Tais observações serão importantes na análise dos diversos dispositivos legais que regulamentam o pagamento da Participação nos Lucros e Resultados.

3. A regulamentação da PLR pela Lei n. 10.101/2000

A Constituição Federal, ao tratar dos direitos conferidos aos trabalhadores assegurou, em seu artigo 7º[2], dentre outros, o direito a Participação nos Lucros e Resultados.

Trata-se, como já definido pelo STF, de norma de eficácia limitada, cuja regulamentação se deu por meio da Medida Provisória (MP) n. 794, de 29 de dezembro de 1994.

De forma harmônica com a Constituição Federal, a Lei n. 8.212, de 24 de julho de 1991, também determinou, seu artigo 28[3], que a participação

---

2 "Art. 7º São direitos dos trabalhadores urbanos e rurais, além de outros que visem à melhoria de sua condição social:
(...)
XI- participação nos lucros, ou resultados, desvinculada da remuneração, e, excepcionalmente, participação na gestão da empresa, conforme definido em lei;

3 "Art. 28. Entende-se por salário de contribuição:

nos lucros ou resultados da empresas somente não integraria o salário de contribuição, quando paga ou creditada de acordo com lei específica.

A Lei n. 10.101, de 19 de dezembro de 2000, determina os requisitos da participação dos trabalhadores nos lucros ou resultados da empresa, tendo resultado da conversão em lei da já citada Medida Provisória n. 794, de 1994, após sucessivas reedições. São esses os termos da lei reguladora:

> Art. 1° Esta Lei regula a participação dos trabalhadores nos lucros ou resultados da empresa como instrumento de integração entre o capital e o trabalho e como incentivo à produtividade, nos termos do art. 7°, inciso XI da Constituição.
>
> Art. 2° A participação nos lucros ou resultados *será objeto de negociação entre a empresa e seus empregados*, mediante um dos procedimentos a seguir descritos, escolhidos pelas partes de comum acordo:
>
> *I comissão escolhida pelas partes*, integrada, também, *por um representante indicado pelo sindicato da respectiva categoria;*
>
> *II convenção ou acordo coletivo.*
>
> § 1° Dos instrumentos decorrentes da negociação deverão constar regras claras e objetivas quanto à fixação dos *direitos substantivos da participação e das regras adjetivas*, inclusive mecanismos de aferição das informações pertinentes ao cumprimento do acordado, periodicidade da distribuição, período de vigência e prazos para revisão do acordo, *podendo ser considerados*, *entre outros*, os seguintes critérios e condições:
>
> I – índices de produtividade, qualidade ou lucratividade da empresa;

I para o empregado e trabalhador avulso: a remuneração auferida em uma ou mais empresas, assim entendida a totalidade dos rendimentos pagos, devidos ou creditados a qualquer título, durante o mês, destinados a retribuir o trabalho, qualquer que seja a sua forma, inclusive as gorjetas, os ganhos habituais sob a forma de utilidades e os adiantamentos decorrentes de reajuste salarial, quer pelos serviços efetivamente prestados, quer pelo tempo à disposição do empregador ou tomador de serviços nos termos da lei ou do contrato ou, ainda, de convenção ou acordo coletivo de trabalho ou sentença normativa;

(...)

§ 9° Não integram o salário de contribuição para os fins desta Lei, exclusivamente:

(...)

j) a participação nos lucros ou resultados da empresa, quando paga ou creditada de acordo com lei específica;

> II – programas de metas, resultados e prazos, pactuados previamente.
>
> § 2º O instrumento de acordo celebrado *será arquivado na entidade sindical dos trabalhadores*.
>
> (...)
>
> Art. 3º *A participação de que trata o art. 2º não substitui ou complementa a remuneração devida a qualquer empregado*, nem constitui base de incidência de qualquer encargo trabalhista, não se lhe aplicando o princípio da habitualidade.
>
> (...)
>
> § 2º *É vedado o pagamento de qualquer antecipação ou distribuição de valores a título de participação nos lucros ou resultados da empresa em periodicidade inferior a um semestre* civil, ou mais de duas vezes no mesmo ano civil. (grifamos)

A leitura dos artigos acima transcritos nos permite verificar a existência de normas prescritivas (determinam a conduta a ser observada) e normas permissivas. Essa distinção, a nosso ver, é fundamental para interpretação da obediência ou não do plano de PLR ao estabelecido na mencionada lei.

Em primeiro lugar, observa-se que o artigo 1º da lei é norma de conteúdo programático, ou seja, trata da finalidade da lei que seria, em suas palavras, *"integração entre o capital e o trabalho" "incentivo à produtividade"*

O artigo 2º traz uma norma prescritiva ao determinar que a participação deverá ser objeto de negociação coletiva realizada por comissão paritária, acordo ou convenção coletiva.

O § 1º do artigo 2º, por sua vez, traz normas prescritivas e permissivas ao determinar que *"dos instrumentos decorrentes da negociação deverão constar regras claras e objetivas quanto à fixação dos direitos substantivos da participação e das regras adjetivas"* e que, para essa finalidade poderão ser considerados, dentre outros, os índices de produtividade, qualidade ou lucratividade da empresa, bem como os programas de metas, resultados e prazos, pactuados previamente.

Da leitura do referido parágrafo constata-se que a norma prescritiva nele prevista refere-se a imposição de regras claras e objetivas. Tais regras podem utilizar como parâmetro a produtividade, a lucratividade ou a realização de programas de metas e resultados a depender da especificidade do setor econômico e do tipo de negociação realizada. Em outras palavras, a lei não determinou quais as regras deveriam constar do Programa de Participação dos Lucros. Apenas exigiu que tais regras fossem claras e objetivas.

A norma do artigo 3º, § 2º, veda, expressamente, que o pagamento seja feita em periodicidade inferior à 6 (seis) meses. A referida norma, é especialmente importante porque busca garantir a ausência de habitualidade no pagamento das parcelas.

Em resumo, da análise dos dispositivos legais acima transcritos é possível identificar as seguinte normas impositivas à validade de um plano de PLR:

a) Intervenção dos sindicatos e participação dos empregados na formulação do plano;

b) Presença de regras claras e objetivas para distribuição dos valores;

c) Arquivamento do acordo;

d) Periodicidade semestral do pagamento das parcelas relativas à Participação nos Lucros e Resultados.

Todavia, o que se percebe, na prática, é que a fiscalização tem utilizado, na análise dos planos de PLR, de diversas restrições que não foram expressamente previstas na lei. O objetivo desse artigo é fazer uma análise dessas restrições, bem como da jurisprudência do CARF sobre a matéria[4].

3.1. Participação dos sindicatos

Como visto acima, a participação dos sindicatos vem expressamente prevista no artigo 2º, incisos I e II. Essa participação poderá se dar por meio de comissão interna ou pelos instrumentos coletivos de negociação (convenção ou acordo coletivo).

Todavia, a fiscalização tem invalidado planos de PLR em razão da exigência de documentos que não estão previstos em lei, como, por exemplo, a ata de eleição dos membros representantes dos empregados. A

---

[4] Valiosa a pesquisa realizada por Janssen Murayama, Caius Henrique Lisboa e Igor Daher no livro *"O Plano de PLR à luz dos Precedentes do CARF"* ed. Lumen Juris.

referida restrição extrapola o comando legal e as autuações a ela relativas têm sido invalidadas no CARF, conforme se verifica pelas decisões proferidas nos Acórdãos 2301-00545 e 9202-003.369. De acordo com as mencionadas decisões, a exigência de ata de eleição e das reuniões não são provas suficientes da ausência de negociação entre as partes, especialmente quando estas assinaram os termos aditivos.

Dois outros pontos importantes em relação à participação dos sindicatos referem-se aos acordos celebrados com sindicatos que não tem competência para atuar na base territorial dos empregados e invalidação dos planos que não possuem participação sindical, mesmo que constem provas de que esses foram intimados e não compareceram.

Em relação ao primeiro ponto, a jurisprudência do CARF[5] tem entendido que os programas só possuem validade em relação aos trabalhadores filiados à entidade sindical da base territorial em que o acordo foi firmado, não produzindo efeitos em relação aos sindicatos de outras regiões. Todavia, a Câmara Superior de Recursos Fiscais, admitiu exceção a essa regra no caso de transferência temporária dos empregados para locais distintos da base territorial do sindicato. É o que se verifica no Acórdão 9202.-02.079, que recebeu a seguinte ementa:

> PREVIDENCIÁRIO. PARTICIPAÇÃO NOS LUCROS OU RESULTADOS. OBSERVÂNCIA DA LEGISLAÇÃO REGULAMENTADORA.
>
> Para que não haja incidência de contribuições previdenciárias, a PLR paga a empregados deve resultar de negociação entre a empresa e seus empregados, por comissão escolhida pelas partes, integrada, também, por um representante indicado pelo sindicato da respectiva categoria; e/ou por convenção ou acordo coletivo.
>
> O enquadramento sindical deve levar em consideração a base territorial do local da prestação de serviços. Esta regra deve ressalvada quando se tornar necessária a observância dos princípios constitucionais que prescrevem a irredutibilidade de salários e do direito adquirido e, ainda, na hipótese de transferência temporária do empregado.
>
> A extensão da PLR pactuada em acordo coletivo de trabalho para trabalhadores da empresa que prestam serviço em locais

5 Acórdão 2302-001.972

distintos daqueles da base territorial do sindicato, não é, por si só, fato que altere a natureza jurídica do pagamento efetuado.

Em relação ao segundo ponto (ausência de participação sindical, quando comprovado que o sindicato, mesmo intimado, se recusou a comparecer à negociação), a assinatura do representante sindical no instrumento de participação nos lucros é a prova indispensável da tutela do interesse dos trabalhadores na negociação do plano. Todavia, não é incomum que, mesmo comprovadamente intimado, o representante sindical não compareça. Nesse caso, há que se questionar se tal fato supriria a ausência da participação sindical. Conforme se constata pela decisão proferida no Acórdão n 2401-003.670, o CARF possuía decisões no sentido de que não seria razoável a desconsideração do Plano de Participação no Lucros e Resultados quando comprovada a recusa deliberada do sindicato em indicar representantes para participar das negociações:

> PARTICIPAÇÃO NOS LUCROS E RESULTADOS. RECUSA DO SINDICATO EM PARTICIPAR DAS NEGOCIAÇÕES PARA PAGAMENTO DA PLR. COMPROVAÇÃO. EFEITOS.
>
> Tendo a Recorrente comprovado que o representante do sindicato se recusou a participar da negociação do plano de participação nos lucros e resultados, a razoabilidade impõe que se reconheça a imunidade sobre os pagamentos efetuados a título de PLR, desde que cumpridos os demais requisitos legais.

Esclarecedor o voto da Conselheira Relatora Carolina Wanderley Landim:

> É importante registrar, de início, que o Recorrente conseguiu comprovar que convocou a participação do Sindicato dos Trabalhadores das Indústrias Metalúrgicas e de Material Elétrico de Três Marias, mediante a juntada de correspondências encaminhadas ao referido Sindicato, informando o início das negociações para elaboração das regras do PPR e solicitando a indicação de representante.
>
> (...)
>
> A necessidade de participação de representante do sindicato na elaboração do Acordo de PPR foi criada pelo legislador justamente com o objetivo de assegurar a efetiva participação nas negociações, assegurando o seu direito de interferir na elaboração das regras para distribuição da PPR.

> Entretanto, diante das nuances do caso concreto, entendo que tal requisito deve ser afastado, em face da recusa deliberada do Sindicato dos Trabalhadores das Indústrias Metalúrgicas e de Material Elétrico de Três Marias em indicar representante para participar das negociações para criação das regras que seriam estabelecidas para viabilizar a distribuição dos resultados.
>
> É importante esclarecer que não sustento a possibilidade de desconsiderar o cumprimento dos requisitos previstos na Lei n. 10.101/2000, mas, sim, a necessidade interpretá-los e aplicá-los, de acordo com as especificidades do caso concreto e com o princípio da razoabilidade, pois não se pode exigir do empregador que obtenha a aprovação do Sindicato quanto ao plano proposto, se o Sindicato deliberadamente se nega a negociar.
>
> Registro, ainda, que, no caso em análise, a Recorrente adotou a postura correta ao convocar o representante do sindicato para compor a Comissão de Negociação, o qual se negou em participar, sem sequer analisar as propostas trazidas pela empresa e pela comissão de empregados.

No entanto, a Câmara Superior de Recursos Fiscais, no julgamento do Acórdão 9202.004.307, ocorrido na sessão de 20/05/2016 e relatado pelo Conselheiro Luiz Eduardo Oliveira Santos, reverteu o posicionamento acima transcrito ao concluir que:

> A eventual escusa dos sindicatos de participar da celebração do plano de PLR não é excludente da exigência estatuída no Diploma Legal ora em foco, uma vez que o Ordenamento Jurídico prevê caminhos alternativos de sanatória de tal ausência, fixados no art. 616 da Consolidação das Leis do Trabalho.
>
> (...)
>
> Nessa esteira, não atendendo os sindicatos à convocação levada a efeito pela Recorrente, deveria esta ter dado ciência do fato ao órgão governamental competente que lhe faça as vezes, para que procedesse à convocação de terceiros.

Como bem demonstrado, não há razoabilidade em imputar penalidade (desconsideração dos planos) a quem não deu causa (no caso, a empresa) à infração apontada. Isso porque, é noção elementar de direito que não existe culpa (nem mesmo a objetiva) sem a comprovação do nexo de causalidade. Portanto, se a empresa se desincumbiu de todas as providências que estavam a seu encargo, por meio da convocação do sindicato, não deveria ser penalizada pela recursa deliberada e comprovada deste em participar da negociação.

Todavia, como visto, a câmara superior entendeu que tais situações poderiam ser solucionadas por meio da convocação compulsória previsto no Art. 616, § 1º, que assim dispõe:

> Art. 616 (...)
> § 1º Verificando-se **recusa à negociação coletiva**, cabe aos sindicatos ou empresas interessadas dar ciência do fato, conforme o caso, ao Departamento Nacional do Trabalho ou aos órgãos regionais do Ministério do Trabalho, para convocação compulsória dos Sindicatos ou empresas recalcitrantes. (grifamos)

Apesar da mencionada decisão não ter sido objeto de embargos de declaração, ela padece de clara omissão. Isso porque, no caso analisado, a PLR tinha sido firmada (como faculta a lei) por meio de comissão. Sendo assim, não seria aplicável o artigo 616, § 1º à hipótese ali tratada, uma vez que este se refere à negociação coletiva, a qual se dá por meio **de acordos os convenções coletivas**.

No entanto, ainda que a mencionada norma fosse aplicável, ela não poderia servir para fundamentar a descaracterização do plano de PLR por parte da fiscalização, uma vez que esta carece de penalidade específica. Nesse sentido esclarecedoras as observações de GABRIEL SAAD[6]:

> 5) Recusa à negociação coletiva: Reza o § 1º, do art. 616, que, ocorrendo a recusa à negociação coletiva, cabe ao sindicato ou à empresa dar ciência do fato à Superintendência Regional do Trabalho ou Emprego – SRTE (antiga DRT) ou à Secretaria das Relações do Trabalho do MTB para convocar compulsoriamente, aquele que se recusa a discutir a convocação compulsória – na hipótese – limita-se a uma intimação expedida como de praxe. *A desobediência, porém, a esse convite compulsório não acarreta para o infrator qualquer penalidade porque a lei não previu* (grifamos)

---

[6] SAAD, Eduardo Gabriel, *"Consolidação das Leis do Trabalho Comentada"*, *p. 787*, 45 edição, São Paulo, Editora Ltr.

Além disso, embora não mencionado na decisão da Câmara Superior de Recursos Fiscais, é importante esclarecer que o art. 4º[7] da Lei 10.101/2000 também não se aplica ao caso de recursa de comparecimento por parte do sindicato. Isso porque, os procedimentos previstos no mencionado artigo se aplicam quando existe uma negociação visando a participação nos lucros ou resultados e essa resultar em impasse. Neste caso, a recorre-se à mediação, cujo mediador auxiliará as partes envolvidas para que estas cheguem a um acordo.

No entanto, no caso em que o sindicato se recusa a comparecer na reunião de negociação, não há que se falar em litígio no curso da negociação, uma vez que esta sequer iniciou.

3.2. Regras claras e objetivas

Como já visto, uma das normas impositivas previstas na Lei n 10.101/2000 é a de que os planos de PLR contenham regras claras e objetivas. Antes de mais nada, é importante observar que, embora tenha conteúdo prescritivo, a própria norma dá margem a interpretação distinta por parte dos aplicadores ao usar termos de significação aberta tais como "regras claras e objetivas". Sendo assim, não é despropositado imaginar que determinado programa contenha metas que são perfeitamente compreensíveis para os empregados envolvidos sujeitos a um setor específico (setor da construção civil, por exemplo) e não sejam necessariamente clara para a autoridade fiscal ou julgadora. Conforme decidido no Acórdão 2302-00256, relatado pelo Conselheiro Marco André Ramos Vieira:

---

7 Art. 4º Caso a negociação visando à participação nos lucros ou resultados da empresa resulte em impasse, as partes poderão utilizar-se dos seguintes mecanismos de solução do litígio:
I- mediação;
I- mediação;
II – arbitragem de ofertas finais.
§ 1º Considera-se arbitragem de ofertas finais aquela em que o árbitro deve restringir-se a optar pela proposta apresentada, em caráter definitivo, por uma das partes.
§ 2º O mediador ou o árbitro será escolhido de comum acordo entre as partes.
§ 3º Firmado o compromisso arbitral, não será admitida a desistência unilateral de qualquer das partes.
§ 4º O laudo arbitral terá força normativa, independentemente de homologação judicial.

> As regras claras e objetivas quanto ao direito substantivo referem-se à possibilidade de os trabalhadores conhecerem previamente, no corpo do próprio instrumento de negociação quanto irão receber à depender do lucro auferido ou do resultado obtido pelo empregador se os objetivos forem cumpridos.

No entanto, o que se percebe é que as autoridades fiscais têm se utilizado eventual ausência dos critérios exemplificativos previstos no art. 2°, § 1° da Lei n 10.101/2000 (tais como programa de metas, índices de produtividade, qualidade) para motivar a desconsideração dos planos de PLR. Como já exposto, os critérios estabelecidos pela lei não são normas prescritivas. Em outras palavras, os critérios para fixação dos direitos de participação na empresa devem ser fixados soberanamente entre as partes, podendo ser adotados outros critérios que não aqueles mencionados na lei[8].

Por fim, é importante registrar que algumas autuações invalidam planos de participação que não contemplam todos os empregados, alcançando tão somente os "efetivos". Tal exigência, além de não constar da lei regulamentadora da matéria, vai de encontro a própria lógica do instituto da Participação no Lucros e Resultados. Isso porque, como bem afirmou o Conselheiro Elias Sampaio Freire, relator do Acórdão 9202-01.607 da Câmara Superior de Recurso Fiscais:

> Diferentemente do que ocorre nas hipóteses acima mencionadas, o legislador não fez previsão de exigência no sentido de que as parcelas pagas a título de participação de lucros ou resultados fossem extensivas a todos os empregados da empresa para que houvesse a não incidência de contribuição previdenciária. Aliás, nem poderia ser diferente. No caso do não cumprimento de metas estabelecidas por determinada unidade, setor ou trabalhador, haveria obrigatoriedade de pagamento de PLR a todos os empregados da empresa?

A jurisprudência do CARF tem sido no sentido de que não existe exigência legal de pagamento de PLR a todos os trabalhadores de uma empresa. Nesse sentido, cite-se os Acórdãos 205-01.178, 2401-00.828, 9202-00.503.

---

8 Nesse sentido mencione-se as seguintes decisões da Câmara Superior de Recursos Fiscais constante dos Acórdãos 9202-002.826 e 9202-002485.

3.3. Data da assinatura e arquivamento

Outro argumento frequentemente utilizado pelas auditorias fiscais para invalidar os planos de PLR é o fato do contribuinte assinar os acordos coletivos somente ao final do ano. Tal argumento, contudo, não vinha sendo aceito pela Câmara Superior de Recursos Fiscais por entender que:

a) a data de assinatura dos acordos coletivos não desnatura sua validade, tampouco retira a natureza jurídica do pagamento da rubrica.

b) o rateio do lucro entre os empregados pressupõe o conhecimento prévio das metas do programa;

c) A norma regulamentadora não estabelece momento exato para a assinatura dos acordos coletivos referente à participação nos lucros.

Em face das razões acima expostas, a 2ª Turma da Câmara Superior de Recursos Fiscais, no julgamento do Acórdão 9202002.484, ocorrido na sessão de 29 de janeiro de 2013, concluiu que:

> *A legislação regulamentadora da PLR não veda que a negociação quanto a distribuição do lucro, seja concretizada após sua realização, é dizer, a negociação deve preceder ao pagamento,* mas não necessariamente advento do lucro obtido.

Tal posicionamento, contudo, também foi alterado pela nova composição da Câmara Superior de Recursos Fiscais, no julgamento do Acórdão 9202.004.307, ocorrido na sessão de 20/05/2016 e relatado pelo Conselheiro Luiz Eduardo Oliveira Santos, nestes termos:

> Com relação à data de assinatura do PLR, acompanho o entendimento do voto do relator da decisão recorrida. Com efeito, entendo que a assinatura do acordo em data posterior à do período de apuração dos lucros ou resultados a serem distribuídos, retira da verba paga uma de suas características essenciais, a recompensa pelo esforço conjunto entre o capital e o trabalho, para alcance de metas, o que traria competitividade à empresa e, em última análise ao país.
>
> (...)
>
> Antes do início do período de apuração necessitam ter o claro e preciso conhecimento de quanto e quando irão ganhar, sob que forma, e como serão avaliados, para poderem decidir se vale ou não a pena se empenhar de maneira excessiva à ordinária e comum. São as tais das REGRAS CLARAS E OBJETIVAS quanto aos direitos substantivos dos trabalhadores.

Entendo, no entanto, que, dependendo do critério adotado (como a lucratividade, por exemplo), não há que se falar em desvirtuamento do instituto em razão do momento da assinatura do plano. Isso porque concluir que não houve negociação prévia antes da assinatura da convenção significa tomar o produto (convenção) pelo processo (negociação). Conforme esclarece AMAURI MASCARO NASCIMENTO[9] em sua obra Direito Sindical:

> "Negociação *é um procedimento de discussões sobre divergências trabalhistas entre as partes visando um resultado.* Convenção *é o resultado desse procedimento, o produto acabado da negociação. A negociação pode ou não ser bem sucedida. Se frustrada, não haverá convenção. O conflito terá outra forma de composição. A negociação é obrigatória. A convenção é facultativa. Assim, como há norma e o seu processo de elaboração, há convenção e negociação. A relação entre as duas é de meio e fim, sendo a negociação o meio que produzi o fim.*

Além disso, é até mesmo natural que, uma vez eleito o critério da lucratividade como parâmetro da PLR, os sindicatos se esforcem para concluir as negociações em período próximo ao final no ano, quando poderão aferir com maior precisão o lucro que servirá de parâmetro para a participação.

3.4. Periodicidade da distribuição das parcelas de PLR

Em relação à periodicidade semestral, a fiscalização tem adotado o entendimento de que o pagamento adicional ao limite imposto descaracterizaria toda a distribuição do plano de participação nos lucros e resultados. Dessa forma, se foram pagas, por exemplo, três parcelas todas elas são tributadas como remuneração e não apenas a parcela excedente.

No entanto, a jurisprudência CARF tem refutado a tese da desconsideração de todas as parcelas pagas como participação no lucro, conforme se verifica pelas decisões constante dos Acórdãos 9202.003192 (Câmara Superior), 2401-003895, 2402-002.861, 2402-002.507, 2302-001.972 e 2302-002.023. De acordo com tais decisões, as parcelas pagas dentro do limite semestral devem ser preservadas da incidência das contribuições previdenciárias, desqualificando apenas as parcelas pagas fora de tais limites.

---

9 NASCIMENTO, Amauri Mascaro – Direito Sindical – ed. Saraiva, p. 316.

4. A Reforma Trabalhista e a Participação nos Lucros e Resultados

Um dos objetivos da reforma trabalhista implementada pela Lei n. 13.467, de 13 de julho de 2017, foi a introdução do princípio, aplicável aos acordos coletivos, de que o negociado prevalece sobre o legislado. Esse princípio foi expressamente previsto no artigo 611-A da CLT:

> Art. 611-A. A convenção coletiva e o acordo coletivo de trabalho têm prevalência sobre a lei quando, entre outros, dispuserem sobre:
>
> (...)
>
> XV – Participação nos lucros e resultados da empresa.

Diante da referida alteração legislativa, surgiram questionamentos quanto aplicação do referido princípio e seus eventuais efeitos sobre as discussões envolvendo a PLR. A principal dúvida suscitada é a seguinte: Tendo em vista o disposto no art. 611-A, poderiam os sindicatos e empresas firmarem convenções e acordos coletivos com regras distintas das previstas na Lei n. 10.101/2000?

A leitura isolada da norma prevista no artigo 611-A leva à conclusão de que a resposta seria afirmativa. No entanto, o artigo 611 –B, inciso XXIV estabelece que

> Art. 611-B. Constituem objeto ilícito de convenção ou acordo coletivo do trabalho, exclusivamente, a supressão ou a redução dos seguintes direitos:
>
> (...)
>
> XXIX – tributos e outros créditos de terceiros.

Sendo assim, como a Lei n. 10.010/2000 estabelece os requisitos para que o pagamento da PLR esteja fora da incidência da contribuição previdenciária, é razoável entender que não é possível estabelecer critérios distintos dos ali previstos. Em outras palavras, como se trata de norma que dispõe sobre exoneração de tributos, os requisitos nela previstos não poderiam ser alterados por meio de convenções ou acordos coletivos.

5. Conclusões

O legislador constitucional buscou incentivas a implementação da Participação nos Lucros e Resultados pelas empresas ao estabelecer, expressamente, sua desvinculação do conceito de remuneração.

A MP 794/94 e a Lei n 10.101/2000 estabeleceram regras necessárias à impedir que o empregador substituísse a remuneração pela participação nos lucros em razão da exoneração tributária atribuída a esta última. As referidas normas, não trazem regras detalhadas sobre os planos, exatamente porque privilegiam a participação dos empregados, seja indiretamente através dos respectivos sindicatos, seja diretamente através de comissão escolhidas por eles. Com isso procura-se preservar a liberdade necessária a fixação das condições por meio do instrumento negocial.

Infelizmente, boa parte das autuações fiscais relativas a desconsideração dos planos procuram trazer restrições que o não constam da legislação e que, na prática, envolvem o instituto da Participação nos Lucros e Resultados em grande insegurança jurídica.

Esse artigo procurou evidenciar as objeções trazidas nos trabalhos fiscais e demonstrar que, boa parte delas, tem sido rejeitadas pelo Conselho Administrativo de Recursos Fiscais – CARF.

O princípio da prevalência do negociado sobre o legislado introduzido no artigo 611-A da CLT pela Lei n. 13.467, de 13 de julho de 2017 não se aplica para alteração, por meio de convenções e acordos coletivos, das regras de Participação de Lucros e Resultados prevista na Lei n. 10.101/2000. Isso porque, nos termos do artigo 611-B introduzido pela mesma lei constitui objeto ilícito de convenção coletiva ou acordo coletivo do trabalho, exclusivamente, a supressão ou redução de tributos ou crédito de terceiros.

14

A ALTERAÇÃO DO CRITÉRIO JURÍDICO NAS OPERAÇÕES IMOBILIÁRIAS

IMPACTOS NO ITBI

Lílian Cláudia de Souza
Mariane de Sousa Assis Resende

RESUMO

O presente artigo tem como objetivo discutir os critérios jurídicos utilizados na tributação das operações imobiliárias, sobretudo, seus reflexos no ITBI, importante imposto incidente nestas operações, e os impactos das constantes alterações destes critérios pelas municipalidades, em especial, pelo Município de Belo Horizonte/MG. Por questões constitucionais e infraconstitucionais, defende-se, neste trabalho, a tese segundo a qual a alteração desmotivada – e com efeitos retroativos – dos critérios jurídicos de tais operações viola o princípio da segurança jurídica e, portanto, o ordenamento jurídico como um todo.

Palavras Chave: ITBI, Operações imobiliárias, Belo Horizonte, Segurança Jurídica

1. Introdução

Uma das premissas do Estado Democrático de Direito – EDD – é o respeito aos princípios da Segurança Jurídica e a confiança sistêmica pautada em uma união harmoniosa entre as relações institucionais, a consagração de direitos sociais e a autonomia dos entes federativos, o que pressupõe a arrecadação de tributos, uma vez que somente há autonomia política quando presente autonomia financeira dos entes.

Todavia, tal arrecadação – exatamente para a satisfação dos objetivos de um Estado Democrático de Direito – deve obedecer a um grau mínimo de previsibilidade das relações jurídicas a partir da criação de um sistema estável e seguro, tutelando assim garantias fundamentais como o princípio da não surpresa e da boa-fé objetiva, que norteiam tanto as relações jurídicas abstratas quanto as concretas.

De acordo com estudo realizado pelo i. professores LOBATO, "a confiança seria, nos dizeres do autor INGO WOLFGANG SARLET pressuposto do Estado Democrático de Direito (LOBATO, 2012, p. 6):

> A) no que diz com a importância do princípio (fundamental) da proteção da confiança, diretamente deduzido do princípio do Estado de Direito, este – de acordo com o entendimento majoritário na doutrina alemã – apenas alcança significado autônomo para a problemática da proteção das posições jurídicas sociais, na medida em que estas não se encontram abrangidas pelo âmbito de proteção da garantia da propriedade. Como concretização do princípio da segurança jurídica, o princípio da proteção da confiança serve como fundamentação para a limitação de leis retroativas que agridem situações fáticas já consolidadas (retroatividade própria), ou que atingem situações fáticas atuais, acabando, contudo, por restringir posições jurídicas geradas no passado (retroatividade imprópria), já que a ideia de segurança jurídica pressupõe a confiança na estabilidade de uma situação legal atual. Com base no princípio da proteção da confiança, eventual intervenção restritiva no âmbito de posições jurídicas sociais, exige uma ponderação entre a agressão (dano) provocada pela lei restritiva à confiança individual e a importância do objetivo almejado pelo legislador para o bem da coletividade.
>
> B) Vinculado ao princípio da proteção da dignidade da pessoa humana, tal como plasmado no art. 4º., inc. I, da LF, também pode ser tida como limite ao retrocesso na esfera da legislação social, a preservação de um mínimo indispensável para uma existência digna, no sentido de que as restrições no âmbito das prestações sociais não podem, em hipótese alguma, ficar aquém deste limite, pena de ofensa ao princípio da dignidade da pessoa humana. Independentemente disto, há que considerar que – de acordo com a doutrina e a jurisprudência – a própria cláusula geral do Estado Social (art. 20, inc. I, da LF) já fundamenta uma obrigação do poder público no sentido de promover a assistência aos necessitados.

> Foi justamente neste contexto que a doutrina e jurisprudência alemãs desenvolveram, a partir de uma exegese criativa calcada na interligação entre o princípio da dignidade da pessoa humana (art. 1°, inc. I), do direito à vida (art. 2°, inc. I) e do princípio do Estado Social (art. 20, inc. I), um direito fundamental não escrito à garantia das condições materiais mínimas para uma existência digna.
>
> ....
>
> C) Também o princípio do Estado Social (art. 20, inc. I, da LF), costuma ser utilizado como fundamento para uma proteção constitucional de posições jurídicas sociais, ainda que neste contexto, não lhe seja outorgada significação autônoma, já que a partir do princípio do Estado Social não se podem deduzir direitos subjetivos individuais e prestações legislativas determinadas, de tal sorte que a princípio apenas (o que não é pouco) fornece, como critério hermenêutico, diretrizes para a avaliação de constitucionalidade de restrições legislativas na esfera dos sistemas prestacionais vigentes.
>
> ....
>
> D) Por derradeiro, também ao princípio geral de isonomia (art. 3°, inc. I, da LF) poderá ser atribuída uma importância relativamente limitada no que diz com a problemática da proibição de retrocesso social na Alemanha, isto pelo fato de que o princípio isonômico basicamente é utilizado como parâmetro para a aferição da constitucionalidade de medidas legislativas que dizem respeito a outro grupo de pessoas. Neste sentido, é necessário que, na hipótese de uma intervenção legislativa em posições jurídicas vigentes, a restrição resultante para todos os segurados (considerados individualmente ou em grupos) seja compatível com as exigências do princípio da igualdade, de tal sorte que este, atuando como mandado de uma restrição igualitária, cumpre a função de claro limite para a arbitrária tomada de medidas restritivas ou impositivas de encargos, de modo especial por parte do legislador. (SARLET, 2009, p. 385).

Diante desse contexto algumas garantias constitucionais foram delimitadas no ordenamento jurídico, tais como os princípios da irretroatividade, anterioridade, legalidade tributária, respeito ao ato jurídico perfeito, ao direito adquirido e a coisa julgada, dentre inúmeras outras premissas capazes de assegurar a instrumentalização e o respeito do princípio da confiança.

E, é sob tais pilares que o presente estudo se alicerça: na necessidade de preservação destes princípios como meios de se assegurar a manutenção do EDD e não violação de direitos e garantias básicas nas relações tributárias, em especial, a impossibilidade de alteração do critério jurídico anteriormente estabelecido pela Fiscalização em situações similares.

Assim, o que se pretende é demonstrar que, à luz do princípio da proteção da confiança, o artigo 146 do CTN deve ser aplicável sempre que o ato administrativo ou qualquer prática reiterada da Fiscalização leve a criação de uma justa expectativa por parte do contribuinte que as seguiu, não sendo possível a aplicação de novo critério a situação anterior àquela em que o fato ocorreu.

Para tanto, foram analisadas algumas situações concretas nas quais tal ponto foi o cerne da discussão, em especial, as alterações das relações estabelecidas entre Fisco e sujeito passivo relativas ao ITBI no que tange as operações imobiliárias e relevante alteração legislativa realizada pelo Município de Belo Horizonte/MG.

Passemos, pois, ao estudo do ITBI e, posteriormente, ao dos princípios constitucionais em análise a partir do estudo do mencionado caso concreto.

2. A regulamentação legal do ITBI e seus contornos nas operações imobiliárias

Historicamente, no Brasil, o precursor do ITBI surgiu em meados do século XIX por meio do Decreto de 30 de maio de 1809, o qual instituía a "Sisa dos Bens de Raiz", cuja etimologia remonta a palavra latina "excisio", que significa separar, extirpar. Assim, a SISA incidia sobre a venda de bens de raiz (bens imóveis) e a meia SISA sobre a venda de escravos ladinos (bens móveis).

A SISA consistia em uma taxa de 10% sobre o valor da compra, venda, arrematação ou adjudicação de bens de raiz, e a meia SISA correspondia a um tributo de 5% do valor dos escravos ladinos comercializados, ou seja, os que não eram comprados diretamente de comerciantes de escravos.

Posteriormente, em 1867, a Lei n. 1.507 de 23 de setembro de 1.867 passou a denominar o tributo como Imposto Sobre Transmissão da Propriedade "Inter Vivos" e "Causa Mortis", o que perdurou até a Constituição de 1934.

Com o advento da aludida Constituição, o imposto foi cindido em duas materialidades: i) o Imposto sobre a transmissão causa mortis, previsto no Art. 8º, I, b da CF; e ii) o imposto sobre a transmissão de propriedade imobiliária *"inter vivos"* com previsão no Art.8º, I, c do texto constitucional, ambos de competência dos Estados, razão pela qual o CTN, lei 5.172/66 regula, em seus artigos 35 a 42, o que hoje conhecemos como ITCD e ITBI de forma simultânea.

O ITBI, atualmente de competência dos Municípios, encontra previsão no Art. 156, II, CF, incide sobre a transmissão de bens imóveis *"inter vivos"*, seja a qualquer título – por ato oneroso, por natureza ou cessão física – na instituição de direitos reais sobre imóveis, excluindo os de garantia, bem como a cessão de direitos de sua aquisição.

Ou seja, é indispensável para a materialização da hipótese de incidência do tributo que ocorra um ato oneroso na transmissão, em vida, de bens imóveis, o que pressupõe uma relação entre sujeitos em que há recíproca relação de redução e elevação patrimonial, uma vez que a doação, negócio jurídico gratuito, está sob o campo de incidência do ITCD, de competência Estadual.

Assim sendo, em razão da materialidade da hipótese de incidência o ITBI tal imposto se faz muito presente nas operações imobiliárias e, um aspecto muito discutido, na doutrina e na jurisprudência pátria diz respeito ao seu aspecto temporal.

Pautando-se no Art. 1.245 do Código Civil, cumulado com o Art. 110, CTN, o STJ[1] firmou posicionamento que o fato gerador do ITBI

---

[1] TRIBUTÁRIO. ITBI. FATO GERADOR. OCORRÊNCIA. REGISTRO DE TRANSMISSÃO DO BEM IMÓVEL.
1. Rechaço a alegada violação do art. 458 do CPC, pois o Tribunal a quo foi claro ao dispor que o fato gerador do ITBI é o registro imobiliário da transmissão da propriedade do bem imóvel. A partir daí, portanto, é que incide o tributo em comento.
2. O fato gerador do imposto de transmissão (art. 35, I, do CTN) é a transferência da propriedade imobiliária, que somente se opera mediante registro do negócio jurídico no ofício competente.
Precedentes do STJ.
3. Agravo Regimental não provido.
(AgRg no AREsp 215.273/SP, Rel. Ministro HERMAN BENJAMIN, SEGUNDA TURMA, julgado em 02/10/2012, DJe 15/10/2012)
No mesmo sentido:
PROCESSUAL CIVIL E TRIBUTÁRIO. ITBI. RECURSO ESPECIAL INTERPOSTO PELA ALÍNEA "B" DO ART. 105, III, DA CF/88, APÓS A ENTRADA EM VIGOR DA EC 45/2004. ART. 148 DO CTN. SÚMULA 211/STJ. ITBI. FATO GERADOR.
1. Com a nova redação dada ao permissivo constitucional pela Emenda Constitucional n. 45/2004, transferiu-se ao Supremo Tribunal Federal a competência para julgamento de recurso contra decisão que julgar válida lei local contestada em face de lei federal (art. 102, III, "d" da CF).

ocorre no momento do registro do título no Cartório de Imóveis, momento no qual a propriedade do bem imóvel é transferida.

Entretanto, para que o imposto seja cobrado, é indispensável, em atenção ao princípio da Legalidade Tributária, insculpido no Art. 150, I, CF que seja editada lei municipal pelo ente federativo, a qual deve prescrever com clareza quais são os seus elementos, e claro, deve ainda respeitar as demais limitações do poder de tributar, tais como os princípios da irretroatividade, segurança jurídica, boa-fé, confiança do sujeito passivo e tantos outros que perpassam a temática da alteração dos critérios jurídicos do tributo. Tema que passamos ao estudo.

3. Alteração do critério jurídico tributário na cobrança de tributos

Inicialmente, importante a definição do que seria critério jurídico. Seriam os contornos delimitados pela Administração para a realização de um determinado ato jurídico. Na esfera tributária, caso haja alteração de tais critérios os efeitos decorrentes da mudança de entendimento da fiscalização somente poderão produzir efeitos para o futuro.

SCHOUERI, deixa claro que:

> Se não há fato jurídico novo a ser apreciado, mas apenas um argumento jurídico novo, caracterizando então, uma mudança de opinião por parte da autoridade, ou uma nova valoração jurídica dos fatos já conhecidos, então não cabe novo lançamento em relação a fatos anteriores à mudança de critério jurídico. Neste caso, nem mesmo a lei, valendo-se da faculdade do inciso I do artigo 145, CTN, poderia determinar a revisão, já que contraria o que dispõe o artigo 146, do CTN:

---

2. Aplicável a Súmula 211/STJ quando o Tribunal de origem, a despeito da oposição de embargos de declaração, não se pronuncia sobre tese suscitada em recurso especial.
3. O fato gerador do Imposto de Transmissão de Bens Imóveis ocorre com o registro da transferência da propriedade no cartório imobiliário, em conformidade com a lei civil. Precedentes.
4. Recurso especial conhecido em parte e, nessa parte, provido.

(REsp 771.781/SP, Rel. Ministra ELIANA CALMON, SEGUNDA TURMA, julgado em 12/06/2007, DJ 29/06/2007, p. 540)

> Art. 146. A modificação introduzida, de ofício ou em consequência de decisão administrativa ou judicial, nos critérios jurídicos adotados pela autoridade administrativa no exercício do lançamento somente pode ser efetivada, em relação a um mesmo sujeito passivo, quanto a fato gerador ocorrido posteriormente à sua introdução (SCHOUERI, 2018, p. 643)

Assim, tem-se que o que pretende o art. 146 do CTN é preservar os efeitos dos critérios jurídicos que foram considerados para o trato tributário de fatos geradores passados e que acabaram por induzir o contribuinte a se comportar de determinada maneira.

Ou seja, os critérios jurídicos anteriormente esposados devem ser respeitados em prol da segurança jurídica e da proteção da confiança, de modo que os novos critérios somente poderão ser aplicados aos lançamentos relativos a fatos geradores posteriores à sua propagação que demonstrará ao contribuinte de forma inequívoca a mutação da legislação.

Ante o exposto é possível afirmar que tal dispositivo legal tutela a confiança do sujeito passivo, ao delimitar que atos individuais e concretos antes praticados pela Administração Tributária junto ao contribuinte, embasados em determinados critérios jurídicos, ainda que tais atos não sejam lançamentos tributários, sejam efetivamente respeitados pelo Estado, não podendo os critérios de uma determinada relação jurídico obrigacional tributária ser revisados em ato posterior.

Luciano Amaro delimita que:

> O que o texto legal de modo expresso proíbe não é a mera revisão do lançamento com base em novos critérios jurídicos; é a aplicação desses novos critérios a fatos geradores ocorridos antes de sua introdução (que não necessariamente já terão sido objeto de lançamento). Se, quanto ao fato gerador de ontem, a autoridade não pode, hoje, aplicar novo critério jurídico (diferente do que, no passado, tenha aplicado em relação a outros fatos geradores atinentes ao mesmo sujeito passivo), a questão não se refere (ou não se resume) à revisão de lançamento (velho), mas abarca a consecução de lançamento (novo). É claro que, não podendo o novo critério ser aplicado para lançamento novo com base em fato gerador ocorrido antes da introdução do critério, com maior razão este não poderá também ser aplicado para rever lançamento

> velho. Todavia, o que o preceito resguardaria contra a mudança de critério não seriam apenas lançamentos anteriores, mas fatos geradores passados (AMARO, 2008, p. 351-352).

No mesmo sentido a lição de Misabel Derzi:

> ... o princípio da irretroatividade (do Direito) não deve ser limitada às leis, mas estendido às normas e atos administrativos ou judiciais. O que valer para o legislador precisa valer para a Administração e os Tribunais. O que significa que a Administração e o Poder Judiciário não podem tratar os casos que estão no passado de modo a se desviarem da prática até então utilizada, e na qual o contribuinte tinha confiado. Exatamente por tais razões, o CTN atenua os efeitos bruscos da mudança de critérios por parte da Administração, quer no art. 146, quer no art. 100, ao estabelecer que a observância dos atos normativos das autoridades administrativas, das decisões de seus órgãos e das práticas administrativas reiteradas exclui a imposição de penalidades, a cobrança de juros de mora e a atualização do valor monetário da base de cálculo do tributo.
>
> O que distingue o art. 146 do art. 100 é que o primeiro proíbe a retroação do ato, por mudança de critério jurídico, em relação ao mesmo fato gerador e contribuinte, enquanto o art. 100 é genérico e independe de ter havido lançamento. As consequências também são diferentes. O art. 146 proíbe que se edite outro ato administrativo individual, como o lançamento, relativamente ao mesmo fato gerador, uma vez aperfeiçoado e cientificado o contribuinte. Se a mudança de critério jurídico levaria à cobrança de tributo ou à sua majoração, em relação àquele mesmo fato jurídico, novo lançamento não poderá ser efetuado, nem mesmo para cobrar o singelo valor do tributo (como autoriza o art. 100, em se tratando de ato normativo) (DERZI, 1999, p. 812).

Em última análise, a proteção recai sobre a confiança gerada no contribuinte a partir de atos da Administração que apontam determinado critério jurídico como válido e eficaz. Nesse sentido, citamos, mais uma vez, Luís Eduardo Schoueri, que ao tratar do assunto, salienta que *"não seria aceitável que o contribuinte, instruído pela própria Administração acerca do modo de agir, em atividade de lançamento, tivesse agora tributação com a qual não podia, legitimamente, contar"* (SCHOUERI, 2018, p. 644).

Deste modo, pode-se afirmar que, para fins de proteção de todo o ordenamento, a alteração dos critérios jurídicos de uma relação somente pode abranger fatos geradores futuros, posteriores à sua introdução, e jamais recair sobre os fatos geradores passados, sobretudo nos casos em que há mudança da própria legislação, tendo em vista o princípio da irretroatividade tributária previsto no Art. 150, III, a, CF segundo o qual é proibido aos entes federativos cobrar tributo em relação a fatos geradores ocorridos antes do início da vigência da lei que os houver instituído ou aumentado.

Agir de modo diverso seria a operacionalização de verdadeiro *venire contra factum propium*, de modo que a administração pública muda as regras do jogo, desdizendo o que antes havia sido pactuado, contrariando sua conduta anterior na qual o contribuinte pautou toda a sua atuação.

A boa-fé depositada em todas as relações jurídicas é presumida, sobretudo quando uma das partes é a Administração Pública. Admitir qualquer situação em sentido contrário implica em absurda inversão – e desrespeito – de toda a lógica protetiva do ordenamento jurídico.

Mesmo na esfera administrativa é possível verificar a preocupação dos julgadores com a aplicação do aludido princípio. Destaca-se trecho do voto vencido do acórdão de n. 23.015/18/3ª[2] do Conselho de Contribuintes do Estado de Minas Gerais:

> Com relação à alteração de critério jurídico pela autoridade administrativa, entendemos ser impossível se admitir a possibilidade de retroação do novo entendimento fiscal que modificou o anteriormente proferido pelo Fisco Mineiro na Solução de Consulta de n. 183/2014, por mais que a referida consulta não tenha sido formulada pelo ora Autuado Explica-se.
>
> A reformulação da Consulta de Contribuintes n. 183/2013 foi realizada no dia 21/02/2014, isto é, em época que ainda estava vigente a antiga redação do item 43, Parte 1 do Anexo IV do RICMS/02 (efeitos de 30/09/2003 a 30/09/2014) e, portanto, o entendimento do Fisco Mineiro naquela ocasião foi determinante para a adoção das práticas realizadas pelo Contribuinte, que pautou toda a sua política fiscal na manifestação oficial do Estado de

2 http://www.fazenda.mg.gov.br/secretaria/conselho_contribuintes/acordaos/2018/3/23015183.pdf

Minas Gerais proferida por meio de Consulta à legislação tributária, realizada nos exatos termos da legislação vigente.

Salienta-se que a referida consulta foi publicada no DOEMG – Diário Oficial do Estado de Minas Gerais, representando, então, "prática reiteradamente observada pela autoridade administrativa", nos lindes do art.100, III, do CTN, ou seja, costume fiscal, adquirindo contornos normativos de efeitos concretos, visto que, apesar de ser norma complementar do Sistema Tributário Brasileiro, acaba por influenciar destinatários certos e determinados, além do próprio Consulente, que estejam em situação equivalente.

E se a interpretação jurídica originária, adotada pelo Fisco mineiro, referente à permissão de utilização da redução de base de cálculo do imposto para estabelecimentos que não sejam o fabricante da bebida alcoólica comercializada, engendrou uma legítima expectativa e confiança ao contribuinte, que se socorreu dela, em seu planejamento tributário elisivo, seria incoerente e de extrema má-fé pretender a retroação de seus efeitos jurídicos para solapar, contraditoriamente, o direito de creditamento, que a própria Administração Pública Estadual havia permitido, em primeiro lugar.

Portanto, há que se preservar a boa-fé do contribuinte, que agiu em conformidade com o entendimento do Fisco Estadual que fora, posteriormente modificado. Deste modo, a alteração de critério jurídico adotada pela Fiscalização não tem o condão de retroagir de modo a lesar o contribuinte de boa-fé, em respeito aos princípios constitucionais básicos como o da segurança jurídica e da confiança do sujeito passivo.

O ordenamento jurídico pátrio expressamente delimita a impossibilidade de aplicação retroativa dos novos critérios jurídicos adotados pela Autoridade Administrativa, é ver o disposto no Art. 146, CTN:

Art. 146. A modificação introduzida, de ofício ou em consequência de decisão administrativa ou judicial, nos critérios jurídicos adotados pela autoridade administrativa no exercício do lançamento somente pode ser efetivada, em relação a um mesmo sujeito passivo, quanto a fato gerador ocorrido posteriormente à sua introdução.

Admitir tal possibilidade de retroação de entendimento fiscal que prejudica o contribuinte seria admitir a nefasta lógica do "venire contra factum proprium".

Doutrina leciona que ocorre mudança de critério jurídico quando a autoridade administrativa simplesmente muda de interpretação, substitui uma interpretação por outra, sem que se possa dizer que qualquer das duas seja incorreta.

Nas palavras do professor Kyioshi Harada:

> Adotado um critério jurídico de interpretação pelo fisco ao longo do tempo para fiscalizar as atividades de determinado contribuinte concluindo pela regularidade de sua situação fiscal, não pode o mesmo fisco rever as atividades do passado para exigir tributos e aplicar sanções a pretexto de que a administração alterou seu entendimento acerca da matéria.
>
> Nesse sentido, importante também a transcrição dos ensinamentos do ilustre tributarista Hugo de Brito Machado a respeito da matéria
>
> Mudança de critério jurídico não se confunde com erro de fato nem mesmo com erro de direito, embora a distinção, relativamente a este último, seja sutil. Há erro de direito quando o lançamento é feito ilegalmente, em virtude de ignorância ou errada compreensão da lei. O lançamento, vale dizer, a decisão da autoridade administrativa, situa-se, neste caso, fora da moldura ou quadro de interpretação que a Ciência do direito oferece. Há mudança de critério jurídico quando a autoridade administrativa simplesmente muda de interpretação, substitui uma interpretação por outra, sem que se possa dizer que qualquer das duas seja incorreta. Também há mudança de critério jurídico, quando a autoridade administrativa, tendo adotado uma entre várias alternativas expressamente admitidas pela lei na feitura do lançamento, depois pretende alterar esse lançamento, mediante a escolha de outra das alternativas admitidas e que enseja a determinação de um critério tributário de valor diverso, geralmente mais elevado.
>
> Assim sendo, a definição de alteração de critério jurídico se amolda perfeitamente ao caso sub judice, uma vez que o Fisco Mineiro modificou seu entendimento anterior, contrariando a legítima expectativa do sujeito passivo e, ainda aplicou o entendimento mais gravoso de forma retroativa, o que não se pode admitir.

Muito embora o tributo analisado no trecho do voto acima transcrito seja diverso do ITBI, a lógica principiológica defendida no julgado é aplicável a todas as espécies tributárias e nas mais variadas esferas.

Não obstante, algumas situações atípicas – e imprevisíveis – acabam ocorrendo no mundo fenomênico, como o caso da alteração da legislação do Município de Belo Horizonte que alterou radicalmente o aspecto quantitativo do ITBI em seu território e, após ter emitido certidão de quitação do imposto a vários contribuintes realizou a revisão dos lançamentos anteriormente realizados para fins de cobrança de adicional de 0,5% do tributo, com efeitos retroativos, como passaremos a explicar.

4. Caso concreto analisado: a alteração da legislação do Município de Belo Horizonte e a aplicação retroativa da lei

Inicialmente, a redação do Art. 8° da Lei n. 5.492/88 do Município de Belo Horizonte foi alterado pelo Art. 9° da Lei n. 10.692/13 que majorou a alíquota do ITBI de Belo Horizonte de 2,5% para 3,0%. É ver:

> Art. 9° O art. 8° da Lei n. 5.492, de 28 de dezembro de 1988, passa a vigorar com a seguinte redação:
> "Art. 8° A alíquota do ITBI é de 3,0% (três por cento).
> Parágrafo Único – VETADO"

O citado dispositivo foi questionado por meio de Ação Direta de Inconstitucionalidade Estadual (ADI n° 1.0000.14.008921-0/000) ajuizada pelo Partido Ecológico Nacional (PEN/MG) perante o Órgão Especial do Tribunal de Justiça de Minas Gerais por ofensa à Constituição Estadual, mais precisamente aos Arts. 152, § 1° e 165 § 1°.

Importante salientar que, no bojo da referida ação foi realizado e concedida medida cautelar para "suspender a eficácia e aplicabilidade do art. 9° da lei n. 10.692 de 30 de dezembro de 2013, do Município de Belo Horizonte, até o julgamento final desta ação".

O cerne da discussão residia, fundamentalmente, na inconstitucionalidade formal da norma em questão, eis que o projeto de lei foi encaminhado à Câmara Municipal no dia 22 de novembro de 2013, afrontando o disposto no art. 152, parágrafo 1°, da Constituição Estadual, que veda apresentação de processo legislativo que visa instituir ou majorar tributos, antes de 90 dias do término da sessão legislativa.

É ver a redação do mencionado artigo da Constituição do Estado de Minas Gerais:

> Art. 152. É vedado ao Estado, sem prejuízo das garantias asseguradas ao contribuinte e do disposto no art. 150 da Constituição da República e na legislação complementar específica:
>
> I – instituir tributo que não seja uniforme em todo o território estadual, ou que implique distinção ou preferência em relação a Município em detrimento de outro, admitida a concessão de incentivo fiscal destinado a promover o equilíbrio do desenvolvimento socioeconômico entre as diferentes regiões do Estado;
>
> II – instituir isenção de tributo da competência do Município;
>
> III – estabelecer diferença tributária entre bens e serviços, de qualquer natureza, em razão de sua procedência ou destino.
>
> § 1° Não será admitida, no período de noventa dias que antecede o término da sessão legislativa, a apresentação de projeto de lei que tenha por objeto a instituição ou a majoração de tributo estadual. (Parágrafo acrescentado pelo art. 1° da Emenda à Constituição n. 41, de 8/11/2000.)
>
> § 2° O disposto no § 1° deste artigo não se aplica a projeto de lei destinado exclusivamente a adaptar lei estadual a norma federal. (Parágrafo acrescentado pelo art. 1° da Emenda à Constituição n. 41, de 8/11/2000.)

É fácil concluir que a preocupação do constituinte estadual foi o respeito a princípios constitucionais básicos aplicáveis, em regra, a todos os tributos, tais como a anterioridade do exercício financeiro e a nonagesimal previstas no Art. 150, III, "b" e "c", da Constituição Federal e, de trechos do voto do Desembargador Kildare Carvalho é possível chegar a mesma conclusão:

> Note-se, por oportuno, que, em verdade, a Constituição Estadual, sob a permissibilidade da Constituição Federal, materializada no art.150, *caput*", ampliou as garantias do contribuinte mineiro, ao vedar a apresentação de projeto de lei que tenha por objeto a instituição ou a majoração de tributo estadual, no período de noventa dias que antecede o término da sessão legislativa, o que é perfeitamente legítimo, por se tratar de garantias fundamentais análogas.
>
> Diga-se ainda que a questão relativa ao prazo nonagesimal possui conotação principiológica de proteção ao contribuinte, assim prevista na Constituição Federal de 1988 e também na Constituição do Estado de Minas Gerais, sendo, portanto, de observância obrigatória por parte dos Municípios.

Destacamos que a mencionada ADI estadual foi julgada improcedente e a norma em tela considerada constitucional. Nesse contexto o Município de Belo Horizonte passou a exigir o ITBI complementar com alíquota de 0,5% de diversos contribuintes que já haviam quitado o tributo e, inclusive recebido do ente municipal certidão de quitação do imposto.

Ora, não obstante a decisão final em sede da mencionada ADI tenha concluído pelo respeito aos princípios da anterioridade, a alteração do critério jurídico no *modus operandi* do Município de Belo Horizonte precisa ser problematizada e analisada à luz de todos os conceitos já delimitados até o momento, em especial, o da segurança jurídica.

Ademais, importante frisar que, como havia sido concedida medida cautelar na Ação Direta de Inconstitucionalidade, o ordenamento não permite a aplicação de legislação posterior – relativa a momento em que a lei em questão estava suspensa – exatamente para proteger os princípios da boa-fé, segurança jurídica, proteção do contribuinte e todos os demais atrelados à impossibilidade de alteração dos critérios jurídicos adotados pela Fiscalização.

A Lei 9.868/99 dispõe sobre o processo e julgamento da Ação Direta de Inconstitucionalidade (ADI) e da Ação Declaratória de Constitucionalidade (ADC). Em seu art. 11, § 2º a mencionada norma prescreve um efeito decorrente da concessão de medida cautelar no bojo de ADI ou ADC. É ver a redação do dispositivo, *verbis*:

> Art. 11. Concedida a medida cautelar, o Supremo Tribunal Federal fará publicar em seção especial do Diário Oficial da União e do Diário da Justiça da União a parte dispositiva da decisão, no prazo de dez dias, devendo solicitar as informações à autoridade da qual tiver emanado o ato, observando-se, no que couber, o procedimento estabelecido na Seção I deste Capítulo.
>
> (...)
>
> § 2º A concessão da medida cautelar torna aplicável a legislação anterior acaso existente, salvo expressa manifestação em sentido contrário.

Da leitura da legislação transcrita, nota-se que uma vez tendo sido concedida medida cautelar no curso de uma das ações regulamentadas por esta norma, torna-se aplicável a legislação anteriormente existente, exceto no caso de haver manifestação contrária. Isso porque a concessão da medida cautelar suspende a eficácia e a vigência da norma[3], conforme entendimento doutrinário e jurisprudencial, inclusive do Supremo Tribunal Federal:

> Outra questão delicada, vinculada à eficácia da decisão proferida em cautelar, refere-se à situação jurídica que há de subsistir em decorrência da concessão da liminar, especialmente no que tange ao direito que deveria ter sido revogado ou superado pela norma questionada em sede de cautelar. A orientação pacífica do Supremo Tribunal Federal encaminhou-se no sentido de reconhecer que, deferida a liminar que suspende a aplicação da norma questionada, é de se aplicar, integralmente, o direito anterior." (Rcl 2.256-MC, rel. min. Gilmar Mendes, decisão monocrática, julgamento em 9-4-2003, DJ de 22-4-2003.)
>
> Os efeitos da decisão concessiva de cautelar, no processo de controle abstrato de normas, operam-se nos planos de eficácia e vigência da norma. A concessão de liminar acarreta necessidade de suspensão dos julgamentos que envolvam aplicação da lei cuja vigência restou suspensa. Natureza objetiva dos processos de controle abstrato de normas. Eficácia erga omnes e efeito vinculante das decisões proferidas em processo de controle abstrato. Aplicação de norma suspensa por órgão ordinário de jurisdição implica afronta à decisão desta Corte." (Rcl 935, rel. min. Gilmar Mendes, julgamento em 28-4-2003, DJ de 17-10-2003.)

Portanto, a partir do momento em que foi concedida a medida cautelar, é incabível a realização de ato que tenha como base norma cuja vigência foi suspensa, aplicando-se a legislação anterior.

Como se não bastasse, o Código Tributário Nacional delimita, em seu Art. 144 a máxima do *tempus regit actum*, de modo que o lançamento se reporta à lei vigente à data da ocorrência do fato gerador.

Pois bem, em um primeiro momento o Município de Belo Horizonte fixou o critério jurídico – aspecto quantitativo do mandamento da norma jurídica – junto ao contribuinte segundo o qual a alíquota do

---

[3] Cf. "Deferida a liminar pelo STF determinando a suspensão *ex nunc* da eficácia do § 2° do art. 276 da Lei n° 10.098/94, faz se incabível a realização de ato pela Administração com base na norma suspensa" (STJ – 5ª Turma – RMS n. 7.724/0/RS – Rel. Min. Edson Vidigal, *Diário da Justiça*, Seção I, 18 agosto de 1997, *Ementário STJ* 19/146.

ITBI devida era de 2,5%. Posteriormente à ocorrência dos fatos geradores para os quais já havia, inclusive, sido emitida certidão de quitação do imposto, foi alterada a norma municipal elevando a alíquota do tributo para o patamar de 3% do valor da operação.

Logo, a introdução posterior de novo critério jurídico pela decisão final na ADI que entendeu pela constitucionalidade da alíquota de 3% não pode ser utilizada para revisar lançamento anterior. Isso porque o lançamento foi realizado sem qualquer ressalva de que poderia vir a ser revisado com base no julgamento final da ADI. É exatamente essa a vedação expressa no art. 146 do CTN:

> Art. 146. A modificação introduzida, de ofício ou em consequência de decisão administrativa ou judicial, nos critérios jurídicos adotados pela autoridade administrativa no exercício do lançamento somente pode ser efetivada, em relação a um mesmo sujeito passivo, quando a fato gerador ocorrido posteriormente à sua introdução.

Segundo a melhor doutrina, o art. 146 do CTN é expressão absoluta da proteção da boa-fé e da confiança do contribuinte, que paga o tributo de acordo com ato individual e concreto da própria Fazenda Pública:

> O art. 146 citado é o melhor exemplo da aplicação da teoria da aparência no Direito Tributário. Sabe-se que a teoria da aparência é fundada e justificada na responsabilidade pela confiança gerada. O contribuinte deve poder confiar nos atos administrativos individuais praticados pela Administração tributária. Se houve erro porque se baseava em lei benéfica, que se revelou inconstitucional ou em jurisprudência que se alterou, a chancela da Fazenda Pública cria a responsabilidade pela aparência, em favor do contribuinte. (DERZI, 2009, p. 484-5.)

Reforça o argumento o fato de que na mencionada ADI não discute qualquer direito subjetivo dos contribuintes, mas sim a constitucionalidade abstrata da norma tributária, de modo que a única conclusão possível é de que o contribuinte não pode ser surpreendido com uma exigência retroativa para a qual não se fez nenhuma ressalva no lançamento anterior, prevenindo-o quanto à possibilidade de exigência complementar.

Mais uma vez, nos dizeres de DERZI:

> O art. 146 é o melhor exemplo da aplicação da teoria da aparência do Direito Tributário. Sabe-se que a teoria da aparência é fundada e justificada na responsabilidade pela confiança gerada. O contribuinte deve poder confiar nos atos administrativos individuais praticados pela Administração Tributária. Se houve erro porque se baseava em lei benéfica, que se revelou inconstitucional ou em jurisprudência que se alterou, a chancela da Fazenda Pública cria a responsabilidade pela aparência, em favor do contribuinte. (DERZI, 2009, p. 484-5.)

Seja como for, a Administração tributária deve incorporar, em seu trabalho de formalização do crédito e de fiscalização não apenas o teor das leis vigentes, como ainda a jurisprudência assentada. Obedecer normas legais e judiciais é fundamental, sob pena de se desencadear a responsabilidade civil do Estado, cujas consequências ainda não foram profundamente examinadas pela Dogmática.

Ademais, importante frisar que o erro de direito não é hipótese de revisão de lançamento, por não estar previsto no art. 149 do CTN, que regula as hipóteses em que o crédito tributário já constituído pode ser revisto, conforme entendimento da jurisprudência[4]:

Em conclusão, a revisão do lançamento somente é permitida nos casos do art. 149 do CTN dentro do prazo decadencial, e, nenhum deles contempla a hipótese ora em análise, e por outro incide ao caso a norma expressamente proibitiva do art. 146 do CTN. Segundo Misabel Derzi, essa conjugação de normas:

> Proíbe que se edite outro ato normativo individual, como o lançamento, por exemplo, relativamente ao mesmo fato gerador, uma vez aperfeiçoado e cientificado ao contribuinte. Se a mudança de critério jurídico levar à cobrança de tributo ou à sua majoração, em relação àquele mesmo fato jurídico, novo lançamento não poderá ser efetuado, nem mesmo para cobrar singelo valor do tributo (DERZI, 2013, p. 1214).

---

4 *REsp 1079383/SP, Rel. Ministra ELIANA CALMON, SEGUNDA TURMA, julgado em 18/06/2009, DJe 01/07/2009*

Ademais, flagrante é a ofensa ao ato jurídico perfeito, cuja proteção é dada pelo art. 5º, inciso XXXVI da Constituição Federal. O ato jurídico perfeito pode ser entendido como o ato que sob a égide de uma determinada norma, em consonância com a ordem jurídica, reuniu todos os elementos necessários à sua formação e está apto a produzir efeitos.

A tentativa de cobrança retroativa dos valores pela Municipalidade é expressamente vedada pela Constituição Federal de 1988 em razão da impossibilidade de retroatividade de norma por serem intangíveis situações jurídicas definitivamente consolidadas.

Entender o contrário é ferir de morte o princípio da segurança jurídica, balizador das obrigações oriundas das relações jurídico-tributárias. Ao conceder a quitação, o Município considerou por extinta a obrigação tributária, não lhe sendo legitimo exigir mais do que foi lançado, sobretudo ao ter concedido certidões de quitações do tributo.

5. Conclusão

Os grandes sustentáculos do Estado Democrático de Direito residem no respeito a princípios constitucionais básicos.

No Direito Tributário tal lógica é facilmente identificada, sobretudo, a partir dos mais variados conflitos e revoluções ocorridas ao longo da História que acabaram por culminar na conquista e manutenção desses direitos. É ver alguns deles:

i) A máxima do princípio da legalidade teria surgido da insatisfação popular após o aumento constante de tributos para o financiamento de uma guerra externa travada pela Inglaterra durante o reinado de João Sem Terra contra a França, o que desagua, em 1215 na edição da Magna Carta e no famoso brocardo *"no taxation without representation"*;

ii) Como causas da Revolução Francesa – marco temporal que inaugura a Idade Contemporânea – podem ser elencadas a grande desigualdade social entre o Primeiro, Segundo e Terceiro Estados, o aumento dos tributos para o elevado custeio de uma monarquia em declínio e ainda, a concessão de isenções de tributos para as duas primeiras classes e cobranças abusivas do terceiro setor, bastante heterogêneo no qual se destacava uma incipiente burguesia. A partir de tal eventos os ideais de liberdade, igualdade e fraternidade se disseminam – inclusive na tributação, fazendo com que o Estado contivesse sua sanha arrecadatória em respeito ao princípio do não confisco, outro importante direito fundamental dos contribuintes conquistado a duras penas;

Diversas outras insurgências – como a Inconfidência Mineira ocorrida em terras tupiniquins – tiveram como pano de fundo não apenas a insatisfação popular com os abusos perpetrados pelo Poder Central, mas principalmente, o combate a abusos tributários e representam a luta pela conquista de direitos indissociáveis de um Estado Democrático.

Mas, tão importante quanto a conquista de tais direitos é a sua manutenção no ordenamento jurídico e sua efetiva aplicação.

A violação de princípios básicos como a segurança jurídica, a irretroatividade da norma tributária, o desrespeito ao ato jurídico perfeito e aos princípios da não surpresa e da confiança do sujeito passivo podem levar a rupturas no sistema incapazes de serem contidas futuramente, sobretudo quando alicerçadas em decisões proferidas pelo próprio Poder Judiciário, como no caso estudado.

Por todo o exposto o presente trabalho conclui pela impossibilidade de alteração do critério jurídico do ITBI nas relações jurídicas obrigacionais tributárias nas operações imobiliárias tomando como base o caso concreto do Município de Belo Horizonte/MG, não devendo situações como a analisada serem admitidas no Direito sob pena de subvertermos séculos de luta e de conquistas jurídicas e sociais.

Referências

Acesso em 03/08/2020.

AMARO, Luciano. *Direito tributário brasileiro*. 14. ed. São Paulo: Saraiva, 2008.

CONSTITUIÇÃO FEDERAL DE 1988. http://www.planalto.gov.br/ccivil_03/constituicao/constituicao.htm Acesso em 05/08/2020

DECRETO DE 30 DE MAIO DE 1809. https://www.camara.leg.br/internet/infdoc/conteudo/colecoes/legislacao/Legimp-A3_20.pdf.

DERZI, Misabel Abreu Machado. *Modificações da jurisprudência*: proteção da confiança, boa-fé objetiva e irretroatividade como limitações constitucionais ao poder judicial de tributar. São Paulo: Noeses, 2009.

DERZI, Misabel de Abreu Machado. *In*: BALEEIRO, Aliomar. *Direito tributário brasileiro*. 11. ed. revista e complementada por Misabel de Abreu Machado Derzi. Rio de Janeiro: Forense, 1999.

DERZI, Misabel. Notas de atualização à obra de BALEEIRO, Aliomar. *Direito tributário brasileiro*. 12. ed. Rio de Janeiro: Forense, 2013.

Lei 1.507/1867. Disponível em: http://www.planalto.gov.br/ccivil_03/leis/lim/LIM1507.htm#:~:text=LEI%20N%C2%BA%201.507%2C%20DE%2026,69%2C%20e%20d%C3%A1%20outras%20providencias.&text=%C2%A7%201%C2%BA%20O%20Governo%20poder%C3%A1,15%25%20dos%20direitos%20de%20importa%C3%A7%C3%A3o. Acesso em 03/08/2020.

Lei 5.492/88. Disponível em: http://www.fazenda.pbh.gov.br/internet/legislacao/formkey.asp?key=17. Acesso em 17/08/2020.

LOBATO, Valter de Souza. O princípio da confiança retratado no Código Tributário Nacional. A aplicação dos artigos 100 e 146 do CTN. A análise de casos concretos. 2012.

SARLET, Ingo Wolfgang. O Estado Social de Direito, a Proibição de Retrocesso e a Garantia Fundamental da Propriedade, *apud* DERZI, Misabel de Abreu Machado. *Modificações da jurisprudência no direito tributário*: proteção da confiança, boa-fé objetiva e irretroatividade como limitações constitucionais do poder judicial de tributar. São Paulo: Noeses, 2009.

SCHOUERI, Luís Eduardo. *Direito tributário*. 8. ed. São Paulo: Saraiva Educação, 2018.

15
A IMUNIDADE DO ITBI NA EXTINÇÃO DA PESSOA JURÍDICA

Luis Fernando Amaral Bednarski

1. Introdução

O objetivo deste artigo é abordar a disciplina constitucional e a legislação infraconstitucional a nível nacional que tratam da imunidade do ITBI na extinção da pessoa jurídica, dando especial ênfase às polêmicas e controvérsias existentes sobre este tema.

As normas relacionadas à imunidade do ITBI na hipótese de extinção da pessoa jurídica, a nível nacional, encontram-se na Constituição da República ("CR/88") e no Código Tributário Nacional ("CTN"). Elas gozam de um privilégio pouco comum na legislação tributária brasileira: a constância e a permanência no tempo. As normas constitucionais têm a mesma redação desde a promulgação da CR/88 e as normas do CTN também se mantêm iguais desde 1966, ano de publicação do código.

Naturalmente, a nível municipal – visto que, a teor do art. 156, II, da CR/88, a competência para instituição do ITBI é dos municípios – a legislação é variada e múltipla no tempo. Assim, há alterações de posicionamento do legislador municipal, com posturas mais ou menos agressivas na interpretação da imunidade prevista constitucionalmente. No entanto, como sabidamente a legislação municipal deve se conformar, em relação à imunidade, aos preceitos estabelecidos na CR/88 e no CTN, tais preceitos devem constituir o foco da análise. Compreendido o seu conteúdo, será possível ao intérprete avaliar, nas normas municipais, se há ou não vícios de inconstitucionalidade ou ilegalidade.

Era de se esperar que, como as normas da CR/88 e do CTN permanecem há muito tempo com a mesma redação, a maioria das controvérsias tratadas adiante já tivesse sido sanada pelos tribunais. Contudo, o que se observa após um estudo jurisprudencial é que as principais delas ainda não foram pacificadas em tribunais superiores de modo a se conferir segurança jurídica aos contribuintes. Este fato dá testemunho da tradicional morosidade do Poder Judiciário no Brasil, circunstância nacional que tanto prejudica o ambiente de negócios e o desenvolvimento econômico.

A ausência de solução das polêmicas por parte dos tribunais superiores faz com que municípios insistam em manter determinadas práticas que não são as mais adequadas de acordo com a melhor doutrina e a técnica jurídica mais exata. Nestes casos, caberá ao contribuinte identificar que se encontra diante de uma pretensão injustificada de cobrança e fazer recurso aos tribunais, infeliz e forçosamente ampliando a já grande litigiosidade entre fisco e contribuintes no Brasil, na esperança inclusive de socorro pelas cortes superiores.

Pautado nesse cenário, este artigo traz a seguinte estrutura para estudar a imunidade do ITBI na extinção da pessoa jurídica:

1) Análise das normas constitucionais de imunidade do ITBI
2) Análise das normas relacionadas à imunidade previstas no CTN
3) Posicionamentos sobre as principais controvérsias identificadas nas análises, com remissão a decisões judiciais dos tribunais superiores e locais

Evidentemente, este artigo não pretende tratar, com a maior amplitude possível, todo o tema e todas as respectivas controvérsias. Seu objetivo, mais do que ser uma peça doutrinária, é ser, para o intérprete, um manual abrangente que lhe sirva de recurso frente a situações concretas. Sobre algumas das controvérsias mencionadas adiante, trabalhos mais extensos foram escritos e certamente a doutrina aqui referenciada não é única sobre o tema.

Se o leitor concluir a leitura deste artigo e de imediato souber mapear, com clareza, os principais aspectos e polêmicas relativas à imunidade do ITBI na extinção da pessoa jurídica, sinto que o artigo terá atingido seu propósito. De um ponto de vista prático, se o leitor – da área jurídica ou não – puder objetivamente identificar que está diante de uma cobrança ou de uma pretensão municipal que fere a imunidade, para que se insurja contra o indevido avanço do Estado sobre o seu patrimônio, sinto que terei contribuído para reduzir a opressão tributária que hoje se exerce sobre os indivíduos e as empresas.

2. Análise das Normas Constitucionais de Imunidade do ITBI

Como prelúdio, é importante relembrar brevemente o que se entende por imunidade tributária. Polêmicas doutrinárias à parte – muitas das quais revolvem em torno do entendimento da imunidade como limitação constitucional ao poder de tributar, norma delimitadora de competência tributária ou hipótese de não incidência – é possível adotar um viés pragmático na compreensão do instituto.

Nesse sentido, pode-se entender a norma de imunidade como uma situação jurídica que não pode ser alcançada pela tributação no momento em que o legislador respectivo exercer sua competência de instituição do tributo. A lição de Sacha Calmon Navarro Coelho de que imunidades constituem situações que, em regra, seriam tributadas, mas não o são por força da expressa previsão constitucional, é louvável pela sua praticidade[1].

Deste modo, o ITBI, por força do art. 156, II, via de regra poderá incidir, de acordo com a vontade do legislador municipal, sobre transmissão "inter vivos", a qualquer título, por ato oneroso, de bens imóveis, por natureza ou acessão física, e de direitos reais sobre imóveis, exceto os de garantia, bem como cessão de direitos a sua aquisição.

A própria CR/88, porém, no art. 156, § 2°, I, trouxe certas transmissões que não podem ser alvo de cobrança por parte do legislador municipal. Transcrevemos aqui o texto do referido inciso pela importância da sua releitura para as próximas considerações:

> *§ 2° O imposto previsto no inciso II:*
>
> *I – não incide sobre a transmissão de bens ou direitos incorporados ao patrimônio de pessoa jurídica em realização de capital, nem sobre a transmissão de bens ou direitos decorrente de fusão, incorporação, cisão ou extinção de pessoa jurídica,* salvo se, *nesses casos,* a atividade preponderante do *adquirente* for a compra e venda desses bens ou direitos, locação de bens imóveis ou arrendamento mercantil;

---

1 COELHO, Sacha Calmon Navarro. *Curso de direito tributário brasileiro.* 9. ed. Rio de Janeiro: Forense, 2007. p. 287-190.

As polêmicas decorrentes dessa norma constitucional, a meu ver, são exemplo de como o legislador – seja ele o constitucional ou o infraconstitucional – deveria ser mais ponderado e exato no uso das palavras e na atenção aos institutos jurídicos, especialmente no ramo do Direito Tributário, cujo apreço pelo princípio da legalidade implica em um grande rigor na exegese das palavras e dos conceitos trazidos nos textos normativos. Elas poderiam ter sido evitadas se, na técnica de redação, o constituinte tivesse expressado seu intento de forma mais objetiva.

Os trechos sublinhados acima são aqueles que trazem as maiores controvérsias. Tratemo-los separadamente.

2.1. Fusão, incorporação, cisão ou extinção da pessoa jurídica

A primeira impropriedade resulta do fato de que o constituinte misturou gênero e espécies ao listar as operações societárias as quais, se implicarem em transmissão de bens imóveis ou direitos sobre bens imóveis, não poderão ser tributadas. Com efeito, fusão, incorporação e cisão são espécies de extinção da pessoa jurídica.

Na legislação, as hipóteses de extinção[2] da pessoa jurídica estão previstas nos artigos 1.033, 1.116 a 1.122 do Código Civil ("CC/02"), e 206 e 219 da Lei 6.404/76 (Lei de Sociedades por Ações ou "LSA"). Tais hipóteses podem ser categorizadas de modo exemplificativo com base em suas causas em quatro categorias: (i) convencional (em decorrência da vontade dos sócios); (ii) administrativa (por cancelamento da autorização administrativa para funcionamento); (iii) judicial (por provocação de credor que requer sua falência ou por sócio que demanda judicialmente a sua dissolução, por exemplo) e (iv) fato natural (morte dos sócios sem que haja continuidade da pessoa jurídica pelos herdeiros).

A fusão é uma modalidade de extinção da pessoa jurídica pela categoria convencional. Conceituada no art. 1.119 do CC/02 e no art. 228 da LSA,

---

[2] É bem verdade que existe uma diferença conceitual entre o momento de dissolução da pessoa jurídica (ou seja, o momento em que, em decorrência de determinado fato, sela-se o destino da pessoa jurídica em direção à extinção) e o momento da extinção da pessoa jurídica. Estes dois momentos são intermediados pela fase de liquidação e apuração de haveres, nos casos extintivos em que há a necessidade de distribuição do patrimônio líquido a um ou mais sócios, de forma total ou parcial. Para fins deste artigo, porém, essa diferenciação conceitual, que é tanto oportuna quanto exata, não tem relevância.

ela determina a extinção das sociedades que se unem, para formar sociedade nova, que a elas sucederá nos direitos e obrigações. O conceito legal é felizmente autoexplicativo: duas ou mais pessoas jurídicas se unem, formando uma outra pessoa jurídica e concomitantemente desaparecendo ambas, em decorrência da vontade dos seus sócios ou acionistas. A pessoa jurídica criada sucede àquelas extintas de forma universal. Logicamente, portanto, se as pessoas jurídicas extintas possuíam bens ou direitos imobiliários, tais bens ou direitos são transmitidos, com a fusão, à nova pessoa jurídica criada. A imunidade constitucional almeja impedir a tributação dessa transmissão dos bens e direitos à nova pessoa jurídica resultante da fusão.

A incorporação é outra modalidade de extinção da pessoa jurídica por causa convencional, tratada no art. 1.116 do CC/02 e no art. 227 da LSA. Na incorporação, uma ou mais sociedades são absorvidas por outra, que lhes sucede em todos os direitos e obrigações. A distinção entre a incorporação e a fusão reside em que, enquanto na fusão ambas as pessoas jurídicas fusionadas são extintas e cria-se uma nova, na incorporação a pessoa jurídica incorporada extingue-se, porquanto é absorvida pela sociedade incorporadora; mas a sociedade incorporadora, que já existia, continua regularmente existindo com a sua mesma personalidade. Aqui também ocorre, como na fusão, sucessão universal da pessoa jurídica incorporada pela pessoa jurídica incorporadora, tendo a imunidade constitucional o objetivo de obstar a tributação da transmissão de bens e direitos imobiliários decorrente dessa sucessão.

De maneira geral, por permitir a continuidade da existência da pessoa jurídica incorporadora, a incorporação é dotada de facilidade práticas e comerciais que a tornam o instrumento de mutação societária utilizado de forma mais frequente em reorganizações societárias e combinações de negócios. Em obra coordenada pelo Ministro Cezar Peluso, o professor Marcelo Fortes Barbosa Filho destaca que:

> A incorporação distingue-se, como forma de mutação societária, por resultar na extinção da personalidade jurídica de uma ou mais sociedades personificadas, cujo patrimônio é inteiramente absorvido por outra sociedade personificada preexistente. As primeiras são chamadas de incorporadas, enquanto a última, de incorporadora. Entre as pessoas jurídicas, opera-se uma sucessão universal, assumindo a incorporadora, sem exceção, a titularidade de todos os débitos e créditos das incorporadas, bem como as

> operações sociais em andamento, somando-se tais relações àquelas já mantidas pela sociedade remanescente. Nova pessoa jurídica não é criada, subsistindo, com os acréscimos patrimoniais decorrentes, apenas a incorporadora[3].

A cisão, por sua vez, também representa uma terceira hipótese de extinção da pessoa jurídica por motivo convencional. Embora ela seja referenciada no Código Civil, ele não a conceitua. A sua definição precisa ser buscada na LSA, no art. 229: na cisão, a pessoa jurídica transfere parcelas do seu patrimônio para uma ou mais sociedades, constituídas para esse fim ou já existentes, extinguindo-se a companhia cindida, se houver versão de todo o seu patrimônio, ou dividindo-se o seu capital, se parcial a versão.

Pela definição legal, observa-se que a cisão pode (1) representar versão do patrimônio da pessoa jurídica cindida para sociedades existentes ou novas e (2) resultar ou não na extinção da pessoa jurídica cindida, conforme há versão integral ou parcial do seu patrimônio nas novas sociedades. Modesto Carvalhosa assim classifica as cisões:

> O direito brasileiro admite duas modalidades de cisão: a cisão total, quando ocorre versão de todo o patrimônio da cindida, que se extingue sem se dissolver (art. 219, II), e a cisão parcial, quando há versão de parte do patrimônio da cindida, que se mantém com seu capital diminuído (...). Sob outro ângulo, a lei de 1976 admite a multiplicidade de sociedades envolvidas. Assim, será simples a cisão quando apenas uma sociedade recebe o patrimônio transferido (cisão parcial). Será múltipla quando mais de uma sociedade recebe tal patrimônio. Também, admite a nossa lei que a transferência do patrimônio seja em favor de sociedade existente ou especialmente constituída. No primeiro caso, é considerada cisão imprópria. No segundo, cisão própria[4].

Para os fins de que trata este artigo, é importante a distinção entre cisão total e cisão parcial. Vimos que a cisão total é espécie de extinção da pessoa jurídica. Portanto, a menção à extinção da pessoa jurídica no art.

---

3 PELUSO, Cezar (coord.). *Código Civil comentado*: doutrina e jurisprudência. Barueri: Manole, 2015. p. 1031-1032.

4 CARVALHOSA, Modesto. *Comentários à Lei de Sociedade Anônimas*. 5. ed. São Paulo: Saraiva, 2011. 4º Volume, Tomo I. p. 326.

156, § 2º, I da CR/88 já torna totalmente dispensável a menção, no mesmo inciso, da incorporação, da fusão e da cisão total. Elencá-las todas em sequência é redundante.

No entanto, a cisão também pode ser parcial e não resultar na extinção da pessoa jurídica cindida, a qual continua existindo com a parcela remanescente do seu patrimônio. De tal modo, pergunta-se: a menção à cisão no art. 156, § 2º, I da CR/88 abrange também a hipótese de cisão parcial, ou somente a hipótese de cisão total?

É possível ir mais além para explorar essa ambiguidade conceitual. Comumente, utiliza-se o vocábulo extinção em sentido ordinário para designar o fim absoluto de determinada entidade, o seu desaparecimento completo. Mas, na doutrina jurídica, frequentemente utiliza-se a expressão extinção parcial para designar o ato de dissolução da pessoa jurídica frente a um de seus sócios ou acionistas. Utiliza-se essa expressão naqueles casos em que a pessoa jurídica, apesar de não ser objetivamente extinta (no sentido que ela não desaparece do mundo jurídico), é subjetivamente extinta em relação a um (ou mais de um) de seus sócios, porque a relação societária existente entre ambos deixa de existir. Em alguns casos, a expressão extinção parcial também é utilizada para designar os próprios casos de cisão parcial e de redução de capital (neste último caso, parte da pessoa jurídica se extingue por haver retorno a sócio de uma parcela de sua participação no capital social).

Dito de outra forma, muito embora o vocábulo extinção seja normalmente utilizado para designar a dissipação total de certa entidade, na técnica jurídica pode-se conceber a palavra extinção como gênero que comporta as espécies total ou parcial (conforme se trata de fim objetivo da pessoa jurídica ou de retirada da pessoa jurídica de parte de seu patrimônio, seja por fim dos liames da pessoa jurídica frente a um de seus sócios ou acionistas, seja por cisão parcial). O problema surge quando não é possível depreender da literalidade do texto constitucional se o intento do constituinte era utilizar o vocábulo no sentido ordinário ou no sentido técnico-jurídico.

Consolidando tais dúvidas interpretativas, é possível formular o primeiro questionamento polêmico sobre a imunidade do ITBI na extinção das pessoas jurídicas:

1) O art. 156, § 2º, I da CR/88 aplica-se somente às situações de extinção total da pessoa jurídica ou engloba também situações nas quais a pessoa jurídica transmitente dos bens e direito imobiliários

continua objetivamente existindo, naqueles casos comumente denominados de extinção parcial (como, por exemplo, nas situações de cisão, dissolução parcial, ou redução de capital)?

O constituinte teria sido muito mais feliz se, ao invés de escrever *"a transmissão de bens ou direitos decorrente de fusão, incorporação, cisão ou extinção de pessoa jurídica"*, tivesse escrito *"a transmissão de bens ou direitos decorrente de extinção total de pessoa jurídica"*, caso quisesse deixar claro seu intento de estender a imunidade somente aos casos em que a pessoa jurídica transmitente desaparece objetivamente; ou *"a transmissão de bens ou direitos decorrente de extinção, total ou parcial, de pessoa jurídica"*, na hipótese em que pretendesse estender também a imunidade aos casos nos quais a pessoa jurídica transmitente continua a existir. Uma técnica redacional mais apurada evitaria a necessidade de o intérprete utilizar métodos hermenêuticos diversos, os quais podem muitas vezes levar a conclusões opostas e contribuindo para a litigiosidade fiscal.

2.2. Casos aos quais se aplica o critério de atividade preponderante

O texto do art. 156, § 2º, I da CR/88 pode ser dividido em duas partes: (1) a parte inicial, que detalha os casos aos quais se aplica a imunidade, e cuja redação vai até o início da expressão "salvo se"; e (2) a parte final, que traz uma exceção à aplicação da imunidade. O início do inciso, então, postula a regra geral da imunidade, ao detalhar os casos de transmissão de bens e direitos imobiliários que não poderão ser tributados pelo ITBI, e o final do inciso traz a exceção a essa regra geral, explicitando que a imunidade não existirá quando a atividade preponderante do adquirente for a compra e venda de bens ou direitos imobiliários, locação de bens imóveis ou arrendamento mercantil (em geral, coloquialmente denominadas atividades imobiliárias).

Por sua vez, o texto da parte inicial, que explicita as transmissões de bens e direitos imobiliários não atingidas pelo ITBI, é subdividido em dois tipos de transmissão: (1.A) transmissão em decorrência de incorporação de bens e direitos ao patrimônio de pessoa jurídica e (1.B) transmissão em decorrência de extinção da pessoa jurídica. Os dois tipos de transmissão são separados, no texto do inciso, pela conjunção "nem".

A segunda polêmica relacionada ao art. 156, § 2º, I da CR/88 reside na utilização da expressão "nesses casos" para ligar a parte inicial do inciso à sua parte final. Como a parte inicial do artigo traz duas hipóteses de transmissão que não poderão ser atingidas pelo ITBI, a parte final do inciso, introduzida pela expressão "nesses casos" e contendo a regra de exceção à imunidade, refere-se a ambas as hipóteses ou a somente uma delas? Reformulando a controvérsia:

2) A exigência de que o adquirente não exerça atividades imobiliárias para fins de gozar da imunidade do ITBI aplica-se aos casos de transmissão em decorrência de (i) incorporação de bens e direitos ao patrimônio de pessoa jurídica; ou (ii) de extinção da pessoa jurídica, ou (iii) a ambos?

Novamente, aqui o constituinte poderia ter sido mais feliz na estrutura do texto constitucional. Muitas vezes, nós – juristas, intérpretes, magistrados, advogados, legisladores – somos culpados de uma atenção e uma dedicação especial à estética linguística. Nos impressionamos com utilização de expressões em latim, gostamos de desenvolver períodos complexos e orações extensas. Não raro somos avessos à utilização de símbolos ou recursos visuais (travessões, listas de itens, separação de linhas e parágrafos) para distinguir ideias ou deixar pensamentos mais claros.

Na doutrina, pode-se até argumentar que isto deixa o texto mais fluido e a leitura, portanto, mais agradável e interessante. O legislador, porém, deve se preocupar mais com a clareza e objetividade de sua expressão que com a estética. Quanto mais evidente for o texto, mais precisa for a relação entre o preceito e a sanção jurídica, mais exatos os conceitos empregados – ou seja, quanto mais for algorítmica ou computacional a necessidade entre causa e consequência prevista na norma – tanto mais haverá segurança jurídica, ainda que para isso seja necessário repetir textos ou dividir períodos.

Teria sido mais útil que o constituinte tivesse dividido o período do inciso em orações mais curtas. Ele postularia assim a regra geral de imunidade: "*não incide sobre (1) a transmissão de bens ou direitos incorporados ao patrimônio de pessoa jurídica em realização de capital, nem sobre (2) a transmissão de bens ou direitos decorrentes de fusão, incorporação, cisão ou extinção de pessoa jurídica*". Ao descrever a exceção à regra geral, ele poderia ter afirmado, conforme sua real pretensão de extensão da imunidade:

- "*O disposto nesse inciso não se aplica se a atividade preponderante do adquirente for a compra e venda desses bens ou direitos, locação de bens imóveis ou arrendamento mercantil*"; ou

- *"O disposto no item (1) / no item (2) não se aplica se a atividade preponderante do adquirente for a compra e venda desses bens ou direitos, locação de bens imóveis ou arrendamento mercantil".*

2.3. Adquirente dos bens e direitos imobiliários

Vimos que a exceção à regra geral da imunidade tributária existirá quando o adquirente dos bens ou direitos imobiliários realiza preponderantemente atividades imobiliárias. Nesta hipótese, a vedação a que o legislador municipal exerça seu poder de tributar desaparece por força do comando do próprio texto constitucional. Trata-se da própria CR/88 delineando os aspectos da imunidade que pretendeu instituir.

O art. 156, § 2º, I da CR/88 refere-se, em sua redação, a operações envolvendo pessoas jurídicas. De fato, como leciona grande parte da doutrina, o objetivo da imunidade é incentivar a atividade econômica, a movimentação empresarial e a formalização de entidades, vedando a imposição do ônus fiscal sempre que houver operações imobiliárias envolvendo pessoas jurídicas. Considera-se que imóveis são essenciais para a execução de atividades produtivas, operacionais, e de interesse da sociedade civil como um todo. Exemplificativamente, ensina o professor Ricardo Alexandre:

> (...) optou o legislador constituinte originário por imunizar as operações listadas no inciso I do § 2º do art. 156 da CF/1988. Trata-se de uma imunidade tributária objetiva, que visa a estimular a capitalização e o crescimento das empresas e a evitar que o ITBI se transformasse num estímulo contrário à formalização dos respectivos negócios[5].

Como o objetivo da norma constitucional se relaciona com o papel fundamental das pessoas jurídicas nas engrenagens da economia e da sociedade civil, é legítimo se perguntar:

3) No caso de extinção de pessoas jurídicas, a exceção à imunidade do art. 156, § 2º, I, aplica-se somente quando o adquirente é pessoa jurídica ou também quando ele é pessoa física?

Observe-se que esse questionamento não se coloca em relação à primeira parte do art. 156, § 2º, I. Como ela trata da imunidade do ITBI

---

5 ALEXANDRE, Ricardo. *Direito tributário esquematizado.* 3. ed. São Paulo: Método, 2009. p. 610.

na incorporação de bens e direitos imobiliários ao patrimônio de pessoa jurídica em realização de capital, por definição nesta hipótese o adquirente dos bens e direitos é pessoa jurídica. Entretanto, no caso de extinção de pessoas jurídicas, a utilização da palavra "adquirente" pelo constituinte representa um silêncio eloquente, no sentido de que não importa a natureza jurídica do destinatário dos bens e direitos imobiliários, representando um caso de interpretação literal do texto constitucional, ou trata-se de um caso de interpretação sistêmica, no qual o intérprete, ao captar o sentido do texto constitucional pretendido pelo constituinte originário, deveria qualificar a imunidade acrescentando a ele requisito não expressamente previsto?

Novamente, teria sido mais feliz o legislador se tivesse se valido de conceitos mais exatos para externalizar suas intenções, delimitando os destinatários da norma constitucional de maneira inequívoca.

3. Análise das normas previstas no CTN relacionadas à imunidade

Antes de analisar especificamente o texto do CTN que se relaciona à imunidade prevista no art. 156, § 2°, I, é necessária uma pequena contextualização histórica.

O CTN data de 1966. À época de sua edição, o sistema tributário nacional havia sido completamente reformado pela Emenda Constitucional 18/1965, promulgada sob a égide da Constituição de 1946. O hoje chamado ITBI, então, era de competência dos Estados e a imunidade do atual art. 156, § 2°, I encontrava espelho no art. 9°, § 2° da Emenda 18/1965:

> § 2° O impôsto não incide sôbre a transmissão dos bens ou direitos referidos neste artigo, para sua incorporação ao capital de pessoas jurídicas, salvo o daquelas cuja atividade preponderante, como definida em lei complementar, seja a venda ou a locação da propriedade imobiliária ou a cessão de direitos relativos à sua aquisição.

Como se vê, o art. 9°, § 2° da Emenda 18/1965 atribuía expressamente à lei complementar o dever de regulamentar o conceito de atividade preponderante, para fins de se delinear a limitação à imunidade constitucional então instituída. O texto do art. § 2° da Emenda 18/1965 foi mantido no art. 24, § 3°, da Constituição de 1967:

> § 3º O imposto a que se refere o n. I não incide sobre a transmissão de bens incorporados ao patrimônio de pessoa jurídica nem sobre a fusão, incorporação, extinção ou redução do capital de pessoas jurídicas, salvo se estas tiverem por atividade preponderante o comércio desses bens ou direitos, ou a locação de imóveis.

A menção à lei complementar desapareceu na Constituição de 1967, mas, assim como prevê a atual CR/88 em seu art. 146, II, aquela Constituição continha dispositivo genérico atribuindo à lei complementar competência para regular as limitações constitucionais ao poder de tributar (art. 19, § 1º). Desse modo, é pacífica a compreensão de que o CTN, editado à época da Constituição de 1946, foi recepcionado tanto pela Constituição de 1967 como pela CR/88 com o *status* de lei complementar, trazendo a regulação legal das normas constitucionais que delimitam a pretensão tributária dos entes federativos. Tendo sempre em vista que, desde a Emenda 18/1965 até o advento da CR/88 (quando o ITBI foi transferido à esfera municipal) a competência para instituição de imposto sobre a transmissão de bens e direitos imobiliários era dos Estados, a redação do CTN é a seguinte:

> Art. 36. Ressalvado o disposto no artigo seguinte, o imposto não incide sobre a transmissão dos bens ou direitos referidos no artigo anterior:
> I – quando efetuada para sua incorporação ao patrimônio de pessoa jurídica em pagamento de capital nela subscrito;
> II – quando decorrente da incorporação ou da fusão de uma pessoa jurídica por outra ou com outra.
> Parágrafo único. O imposto não incide sobre a transmissão *aos mesmos alienantes*, dos bens e direitos adquiridos na forma do inciso I deste artigo, em decorrência da sua desincorporação do patrimônio da pessoa jurídica a que foram conferidos.
> Art. 37. O disposto no artigo anterior não se aplica quando a pessoa jurídica adquirente tenha como atividade preponderante a venda ou locação de propriedade imobiliária ou a cessão de direitos relativos à sua aquisição.
> § 1º Considera-se caracterizada a atividade preponderante referida neste artigo quando mais de 50% (cinquenta por cento) da receita operacional da pessoa jurídica adquirente, nos 2 (dois) anos

> anteriores e nos 2 (dois) anos subsequentes à aquisição, decorrer de transações mencionadas neste artigo.
>
> § 2° Se a pessoa jurídica adquirente iniciar suas atividades após a aquisição, ou menos de 2 (dois) anos antes dela, apurar-se-á a preponderância referida no parágrafo anterior levando em conta os 3 (três) primeiros anos seguintes à data da aquisição.
>
> § 3° Verificada a preponderância referida neste artigo, tornar-se-á devido o imposto, nos termos da lei vigente à data da aquisição, sobre o valor do bem ou direito nessa data.
>
> § 4° O disposto neste artigo não se aplica à transmissão de bens ou direitos, quando realizada em conjunto com a da totalidade do patrimônio da pessoa jurídica alienante.

É sabido e dispensa maiores comentários o fato de que a lei complementar, muito embora possa regular as limitações constitucionais ao poder de tributar, não pode, no exercício dessa sua atribuição, ferir a extensão da imunidade pretendida constitucionalmente. Assim, o CTN, quando recepcionado pela CR/88, deve ser lido de forma a se conformar com os contornos da nova Constituição, onde possível, e deve ser desprezado quando seu texto os contrariar de forma absolutamente incompatível e contraditória.

Assim é que, por exemplo, muito embora o art. 36, II, do CTN não mencione expressamente as hipóteses de extinção e cisão da pessoa jurídica, não por isso o contribuinte deixará de fazer jus à imunidade nesses casos. Igualmente, muito embora o art. 37, *caput*, do CTN não mencione as atividades de arrendamento mercantil, como o art. 156, § 2°, I da CR/88 o faz na parte em que disciplina a exceção à imunidade do ITBI, também tal objeto social deve ser considerado para fins de avaliação de atividade preponderante do contribuinte.

De forma igual aos itens antecedentes, sublinhamos o trecho que gera as maiores controvérsias relacionadas à imunidade do ITBI na extinção das pessoas jurídicas.

3.1. Necessidade de identidade entre alienantes e adquirentes

O art. 36, § único, do CTN, trata da hipótese de aplicação da imunidade no caso de redução de capital de pessoas jurídicas. Esse fato representa um indicativo de que a imunidade constitucional também se estende a extinções parciais de pessoa jurídica, conforme questionamento levantado no item 2.1 acima. Isso será tratado no momento adequado, mais adiante. Em qualquer caso, assumindo a aplicação da imunidade tributária a extinções parciais, o CTN determina que, em caso de desincorporação de bens e direitos imobiliários do patrimônio da pessoa jurídica, a não tributação está condicionada ao bem ou direito retornar ao patrimônio da mesma pessoa que o transferiu à pessoa jurídica em incorporação de capital.

Salta aos olhos que tal requisito não consta expressamente do texto constitucional. Portanto, o cerne da controvérsia reside em saber se a lei complementar, ao exigir a identidade entre alienante e adquirente, exerceu licitamente sua atribuição de regular a limitação constitucional ao poder de tributar, ou se a excedeu. Em outras palavras:

4) A imunidade do art. 156, § 2º, I, autoriza que o CTN exija identidade entre adquirente e alienante, nos casos de desincorporação de bens e direitos do patrimônio da pessoa jurídica?

4. Abordagem das controvérsias e posicionamento jurisprudencial

Sendo o ITBI um imposto de competência municipal, existem tantas legislações sobre o imposto quantos são os municípios brasileiros. Há, portanto, pelo menos cerca de 5.500 legislações municipais que dispõem sobre o tributo, cada qual abordando a imunidade do art. 156, § 2º, I da CR/88 a seu modo, embora naturalmente existam convergências de entendimentos fiscalistas.

Na prática diária do ITBI, talvez a controvérsia mais relevante se volte para a determinação da atividade preponderante do adquirente dos bens e direitos imobiliários, conforme os requisitos do art. 37, §§ 1º e 2º do CTN. Contribuinte e fisco litigam acerca de certas atividades que podem ou não ser consideradas imobiliárias, considerando a definição constitucional do que seriam tais atividades (compra e venda de bens ou direitos imobiliários, locação de bens imóveis ou arrendamento mercantil). Discutem também sobre a caracterização e a apuração das receitas de tais atividades, abordando a situação concreta de cada contribuinte e as provas apresentadas.

A exceção à regra de imunidade, relacionada à atividade preponderante do adquirente, está prevista no art. 156, § 2º, I, da CR/88 e vimos que sua regulação, por meio de lei complementar, encontra guarida no art. 146,

II, da CR/88. O CTN efetuou a regulação por meio do art. 37, que deve ser interpretado conforme o art. 156, § 2º, I, da CR/88, ou desprezado, quando absolutamente incompatível. Nesse sentido, aspectos fáticos relacionados à apuração das atividades imobiliárias do contribuinte e à determinação do valor das receitas de tais atividades de fato tendem a não encontrar guarida ou pacificação no Supremo Tribunal Federal ("STF") ou no Superior Tribunal de Justiça ("STJ"), em decorrência, respectivamente, das Súmulas 279 e 7. Cabe destacar alguns julgados nesse sentido:

> Agravo regimental no recurso extraordinário com agravo. Direito Tributário. ITBI. Integralização do capital social. Imunidade. Atividade preponderante. Fatos e provas. Reexame. Impossibilidade. Legislação infraconstitucional. Ofensa reflexa. Precedentes. 1. Inadmissível, em recurso extraordinário, o reexame dos fatos e das provas dos autos (Súmula n. 279/STF), bem como da legislação infraconstitucional. (...) (ARE 1237915 AgR, Relator(a): Min. DIAS TOFFOLI (Presidente), Tribunal Pleno, julgado em 20/12/2019, PROCESSO ELETRÔNICO DJe-051 DIVULG 09-03-2020 PUBLIC 10-03-2020)
>
> Agravo regimental em recurso extraordinário com agravo. 2. Direito Tributário. 3. ITBI. Imunidade. Transferência de imóveis em integralização de capital social. 4. Necessidade de reexame do acervo probatório. Súmula 279 do STF. Precedentes. 5. Ausência de argumentos capazes de infirmar a decisão agravada. 6. Agravo regimental a que se nega provimento. (ARE 1219344 AgR, Relator(a): Min. GILMAR MENDES, Segunda Turma, julgado em 29/11/2019, PROCESSO ELETRÔNICO DJe-272 DIVULG 09-12-2019 PUBLIC 10-12-2019)
>
> PROCESSUAL CIVIL E TRIBUTÁRIO. ITBI. VENDA E LOCAÇÃO DE IMÓVEIS. INCIDÊNCIA. REQUISITOS PARA A FRUIÇÃO DA IMUNIDADE TRIBUTÁRIA. REEXAME DE PROVA. IMPOSSIBILIDADE. (...) 2. Verificada que a atividade empresarial é a venda e a locação de imóveis, as transmissões de propriedade e de direitos reais serão, regularmente, tributadas, sendo que, caso não seja esse o fim da sociedade empresária, ocorrendo o fato gerador, o fisco deve apurar a composição da receita operacional, "nos 2 (dois) anos anteriores e nos 2 (dois) anos subsequentes à aquisição" ou, se iniciada a atividade após a

> aquisição, ou menos de 2 anos antes, "nos 3 primeiros anos seguintes à data da aquisição". 3. Hipótese em que o recurso especial encontra óbice na Súmula 7 do STJ, porquanto o órgão julgador a quo, após análise das provas dos autos, concluiu que a recorrente, por ocasião do fato gerador, atuava no mercado de imóveis, não sendo necessária, dessa forma, a investigação a respeito da preponderância da atividade societária. (...) (AgInt no REsp 1533249/SC, Rel. Ministro GURGEL DE FARIA, PRIMEIRA TURMA, julgado em 08/08/2017, DJe 13/09/2017)

Tais decisões parecem se revelar corretas. Com efeito, não cabe aos tribunais superiores cotejar a situação fática de cada contribuinte com os contornos da imunidade trazidos no CTN e na CR/88. Não obstante, é sempre importante relembrar que a legislação municipal não pode se desviar de tais contornos. Desse modo, nos parece que os tribunais superiores deveriam abordar controvérsias relacionadas à imunidade do ITBI sempre que elas se relacionarem à interpretação da legislação local frente ao CTN ou à CR/88, ainda que se mantendo alheios aos aspectos fáticos envolvendo as atividades *in concreto* desenvolvidas por cada contribuinte.

Entretanto, a pesquisa jurisprudencial feita para este artigo parece indicar que a frequência de pretensões de contribuintes e dos fiscos de rever aspectos fáticos junto aos tribunais superiores parece contaminá-los em relação à revisão de aspectos abstratos e que dependem de mera análise de textos normativos. A persistência de tentativas de revisão de aspectos fáticos junto ao STF e ao STJ parece reunir as cortes superiores em torno de uma jurisprudência defensiva que acaba por impedir a pacificação de controvérsias relacionadas à imunidade do ITBI e por inviabilizar a criação de um cenário de segurança jurídica.

Isso será visto especificamente com relação a algumas das polêmicas listadas acima e tratadas adiante. A resistência em relação à admissibilidade de recursos especiais e extraordinários por parte dos tribunais superiores leva, inclusive, a que o número de acórdãos com decisões de mérito sobre a imunidade do art. 156, § 2º, I, seja bastante reduzido, enquanto decisões monocráticas de rejeição dos recursos sejam abundantes.

4.1. ITBI e extinção parcial da pessoa jurídica

Foi visto que a menção à incorporação, à fusão e à cisão de empresas no art. 156, § 2º, I, era desnecessária, visto que o texto constitucional se valeu também do conceito de extinção de pessoa jurídica. No entanto, ao não qualificar o tipo de extinção a que se refere, a norma de imunidade trouxe insegurança ao não explicitar se ela seria aplicável também ao caso de extinção parcial da pessoa jurídica.

A questão é particularmente controvertida e interessante porque a extinção parcial da pessoa jurídica tende a ser mais comum, no contexto empresarial, do que a extinção total da pessoa jurídica. Cremos que eventos de cisão parcial e, especialmente, de dissolução parcial de pessoas jurídicas, que resultam no retorno a um ou mais sócios da parte que lhes compete no capital social, sejam mais frequentes que eventos de extinção total. Reduções de capital, que não implicam dissolução parcial da pessoa jurídica frente a um sócio (i.e., o sócio recebe bens ou direitos em troca de parte da sua participação no capital social, mas continua sócio da pessoa jurídica), também são hipóteses de extinção parcial. São transações que envolvem movimentação de patrimônio, saídas e entradas de sócios. E sempre que tal movimentação envolver bens ou direitos imobiliários, a questão da imunidade se imporá, porquanto os cartórios necessariamente exigirão o comprovante de quitação ou não incidência do ITBI para efetuar o registro da transmissão dos bens ou direitos.

Ressaltamos que a delimitação da abrangência do conceito de extinção é o primeiro passo para se avaliar o enquadramento de determinada operação sob o prisma da imunidade constitucional. Se se entender que a imunidade abrange somente extinções totais, então, no caso de extinções parciais, automaticamente a imunidade é rejeitada. Se se entender que a imunidade abrange também extinções parciais, passa-se então à análise dos demais requisitos (natureza do adquirente, atividade preponderante do adquirente, etc.), os quais também deverão ser preenchidos para fins do gozo da não tributação.

Quem aborda essa controvérsia de forma bem clara, e cujas conclusões nos parecem as mais sensatas, é o professor Roque Antônio Carrazza:

> Entendemos que também está abrangida pela imunidade a redução do capital (desincorporação) de uma empresa, isto é, a restituição aos sócios (pessoas físicas ou jurídicas) de parte do valor de suas ações. (...)
>
> De fato, é incontroverso que a incorporação – que, em última análise, fortalece a sociedade – não sofre a incidência de ITBI. Esta é a própria dicção constitucional.

> Ora, a desincorporação – que a enfraquece – por muito maior razão (argumento a fortiori) também deve ser alvo do benefício constitucional em tela.
>
> Chega-se a esta conclusão até por uma questão de simetria jurídica. Se a Constituição protege a situação máxima (a incorporação, com o consequente fortalecimento da empresa) e a situação mínima (a extinção, com o automático desaparecimento da empresa), também protege a situação intermédia (a desincorporação, com o inevitável enfraquecimento da empresa)[6].

A argumentação do professor envolve argumentos de ordem lógica e teleológica. No campo da lógica, vemos o argumento *a maiori, ad minus*, coloquialmente referido como "quem pode o mais, pode o menos". Ao conferir inequivocamente imunidade ao evento de extinção total, não há razões para crer que o constituinte tenha excluído da imunidade eventos de extinção parcial, porque, a rigor, a extinção total é mais gravosa e representa uma perda maior de patrimônio para a sociedade que sua extinção parcial. No âmbito teleológico, reforça-se a ideia da imunidade como incentivo à formalização de negócios e ao fortalecimento da pessoa jurídica, não se justificando, portanto, que o constituinte tenha optado por imunizar o fortalecimento e punir o enfraquecimento. É de se lembrar, inclusive, que o STF, ao abordar o tema das imunidades constitucionais, reforça frequentemente que a sua interpretação deve maximizar a efetividade pretendida pela Constituição:

> RECURSO EXTRAORDINÁRIO. CONSTITUCIONAL. TRIBUTÁRIO. IMUNIDADE. HERMENÊUTICA. CONTRIBUIÇÃO AO PIS E COFINS. NÃO INCIDÊNCIA. TELEOLOGIA DA NORMA. EMPRESA EXPORTADORA. CRÉDITOS DE ICMS TRANSFERIDOS A TERCEIROS.
>
> I – Esta Suprema Corte, nas inúmeras oportunidades em que debatida a questão da hermenêutica constitucional aplicada ao tema das imunidades, adotou a interpretação teleológica do instituto, a emprestar-lhe abrangência maior, com escopo de assegurar à norma supralegal máxima efetividade. (...) (STF. PLENO. RE n. 606.107. Rel. Min. Rosa Weber. j. 22.5.2013).

---

6 CARRAZZA, Roque Antonio. *Curso de Direito Constitucional Tributário*. São Paulo: Malheiros, 30ª ed. Pp. 994-996.

Uma interpretação histórica também sustenta a aplicação da imunidade a extinções parciais de sociedade. Como se vê, o CTN, ao regular a imunidade constitucional traz, desde 1966, em seu art. 36, § único, a disciplina da imunidade do ITBI no caso de desincorporação de imóveis de pessoa jurídica. Ora, a lei complementar somente poderia regular a imunidade constitucional sob o prisma da extinção parcial se considerar que a própria extinção parcial está contemplada nas hipóteses constitucionais. Afinal, se fosse o caso de a extinção parcial não estar prevista no texto constitucional, então o CTN não poderia contemplá-la, pois estaria extrapolando o seu poder de regular as limitações constitucionais ao poder de tributar e instituindo verdadeira isenção – o que não poderia fazer, visto que o ITBI é tributo de competência municipal e somente aos municípios competiria instituir isenções.

Ademais, nas pesquisas, não foram identificadas decisões que tenham julgado inconstitucional *in totum* o art. 36, § único, do CTN, o que é indicativo de sua recepção pelos textos constitucionais posteriores – consequentemente apontando que a hipótese de extinção parcial nele tratada encontra guarida constitucional, ainda que de forma implícita. Vamos ainda mais além: o art. 36, § único, do CTN, foi mais que recepcionado – tornou-se simplesmente obsoleto com o advento da Constituição de 1967 e até hoje. Publicado sob a égide da Emenda Constitucional 18/1965, que não mencionava os casos de extinção da pessoa jurídica, o art. 36, § único do CTN passou a ser irrelevante ao disciplinar um caso específico de extinção parcial da pessoa jurídica a partir do momento em que a Constituição de 1967 trouxe para o texto constitucional a imunização dos casos de extinção como um todo.

Infelizmente, os tribunais superiores, quando defrontados com a controvérsia, inserem-se num impasse que impede a pacificação do tema. O STJ, baseando-se na ideia de que os acórdãos dos tribunais de origem que tratam do tema proferem suas decisões a partir exclusivamente na interpretação de texto constitucional, rejeitam os recursos especiais manejados pelos fiscos municipais e pelos contribuintes[7].

---

[7] Seguindo essa orientação: Agravo em Recurso Especial n. 1.429.154-RS (2019/0008845-4). Relator: Ministro Mauro Campbell Marques, Decisão de 21/02/2019; Agravo de Instrumento n. 1.235.766-RS (2009/0182808-6), Relator: Ministro Herman Benjamin, Decisão de 17/12/2009.

De outro lado, o STF incorre no erro de confundir a mera intepretação do conceito de extinção previsto no art. 156, § 2º, I, com a necessidade de análise fática de cada caso concreto para fins de determinação da imunidade. Mistura-se a análise constitucional com a ideia de verificação da atividade preponderante do contribuinte – que nada importa à esta controvérsia. Insistimos: avaliar se o conceito de extinção previsto na CR/88 refere-se somente à extinção total ou também à extinção parcial é tarefa de interpretação constitucional que não depende de qualquer análise fática. Basta, para fins de prequestionamento e admissibilidade dos recursos, que o tribunal de origem tenha bem delimitado a controvérsia e afirmado que a pretensão tributária de determinado município decorre exclusivamente do seu entendimento de inaplicabilidade da imunidade a extinções parciais. Reproduzimos a seguir exemplo de decisão monocrática rejeitando recurso que versa sobre esta polêmica:

> DECISÃO: O recurso extraordinário a que se refere o presente agravo foi interposto pelo Município do Rio de Janeiro/RJ contra acórdão que, confirmado em sede de embargos de declaração pelo E. Tribunal de Justiça local, está assim ementado: "Direito Tributário. Imposto sobre Transmissão de Bens Imóveis. ITBI. Extinção parcial de sociedade empresária. Mandado de Segurança impetrado com o objetivo de ver reconhecido o direito à imunidade tributária prevista no artigo 156, § 2º, I, da Constituição Federal, em operação de transferência de imóveis desincorporados de pessoa jurídica e revertidos aos patrimônios individuais de sócios retirantes. Sentença denegatória da ordem. Dispositivo constitucional que estabelece imunidade tributária sobre transferência de bens imóveis a pessoa jurídica em decorrência de fusão, incorporação, cisão ou extinção da mesma. Hipótese que revela que a transmissão dos imóveis decorreu de extinção parcial da sociedade. O dispositivo contido no artigo 156, § 2º, I, da Constituição Federal não distingue para efeito de imunidade se a transferência envolve imóvel incorporado, ou não, por sócio e admite interpretação segundo a qual a não incidência do ITBI deve ser observada também nos casos de extinção parcial da sociedade. Recurso provido." (...) observo que a suposta ofensa ao texto constitucional, caso existente, apresentar-se-ia por via reflexa, eis que a sua constatação

> reclamaria – para que se configurasse – a formulação de juízo prévio de legalidade, fundado na vulneração e infringência de dispositivos de ordem meramente legal. (...) Cabe registrar, de outro lado, que o recurso extraordinário revela-se insuscetível de conhecimento, eis que incide, na espécie, o enunciado constante da Súmulas 279/STF, que assim dispõe: "Para simples reexame de prova, não cabe recurso extraordinário." (grifei) (...) (ARE 1175864, Relator(a): Min. CELSO DE MELLO, julgado em 30/11/2018, publicado em PROCESSO ELETRÔNICO DJe-261 DIVULG 04/12/2018 PUBLIC 05/12/2018)[8].

Infelizmente, em que pese a redação constante no tempo das normas referentes à imunidade do ITBI na extinção parcial de pessoas jurídicas, os tribunais superiores se esquivam de pacificar o tema, deixando o contribuinte à mercê das oscilações de jurisprudência verificadas nos diversos tribunais estaduais e dos diversos entendimentos dos municípios sobre a questão – impedindo, a meu ver, que a melhor solução para a questão (i.e., garantir a imunidade também aos casos de extinção parcial) se consolide no ordenamento nacional[9].

4.2. Exercício de atividades imobiliárias e imunidade

A segunda controvérsia, que se relaciona à estrutura gramatical do período do art. 156, § 2º, I, da CR/88, consiste em saber se a condição para a fruição da imunidade – não exercer preponderantemente atividades imobiliárias – aplica-se somente (1.A) à transmissão em decorrência de incorporação de bens e direitos ao patrimônio de pessoa jurídica, e/ou (1.B) à transmissão em decorrência de extinção da pessoa jurídica.

---

8 No mesmo sentido: ARE 1131528, Relator (a): Min. Dias Toffoli, julgado em 21/05/2018, publicado em Processo Eletrônico DJe-109 divulg 01/06/2018 PUBLIC 04/06/2018; ARE 1028172, Relator (a): Min. Gilmar Mendes, julgado em 24/02/2017, publicado em Processo Eletrônico DJe-039 divulg 01/03/2017 public 02/03/2017; ARE 1012783, Relator (a): Min. Rosa Weber, julgado em 05/12/2016, publicado em Processo Eletrônico DJe-017 DIVULG 31/01/2017 public 01/02/2017; AI 858188 AgR, Relator(a): Min. Cármen Lúcia, Segunda Turma, julgado em 12/11/2013, Acórdão Eletrônico DJe-228 DIVULG 19-11-2013 public 20-11-2013.

9 Interessante trabalho sobre o tema também é: VIDIGAL, Isabella Maria de Azevedo. Aplicabilidade da Imunidade Tributária do ITBI nas Extinções Parciais de Sociedades. São Paulo: INSPER, 2019. Disponível em: http://hdl.handle.net/11224/2362. Acesso em 27/03/2020.

Para introduzir o tema, é interessante relembrar a distinção entre imunidades tributárias incondicionadas e imunidades tributárias condicionadas, proposta por Regina Helena Costa:

> Se se trata de norma constitucional de eficácia plena e aplicabilidade direta e imediata a imunidade é incondicionada, posto independer de outro comando para produzir integralmente os seus efeitos (...). Se, diversamente, a norma constitucional acolhedora da imunidade tributária qualificar-se como de eficácia contida e aplicabilidade imediata, mas passível de restrição, estar-se-á diante de uma imunidade condicionável aos termos da lei complementar. Preferimos o termo 'condicionável' ao vocábulo 'condicionada', comumente utilizado pela doutrina, porque, como afirmamos anteriormente, a imunidade tributária não se abriga em normas constitucionais de eficácia limitada, que demandam, necessariamente, a intervenção do legislador infraconstitucional. Assim, parece-nos incorreto falar-se em imunidade condicionada, já que, cuidando-se de uma norma de eficácia contida, o condicionamento para a fruição do benefício poderá ou não ser estatuído pelo legislador complementar. Em decorrência desse raciocínio, a eventual hipótese de omissão legislativa não implicará a inviabilização da fruição da exoneração fiscal[10].

As imunidades tributárias incondicionadas, portanto, são aquelas dotadas de aplicabilidade plena e imediata, trazendo no próprio texto constitucional todos os elementos necessários a que os contribuintes dela gozem. Elas não podem ser limitadas por norma infraconstitucional. Por sua vez, as imunidades tributárias condicionadas permitem regulação por parte do legislador infraconstitucional, autorizando que ele module aspectos e determine certos requisitos para o gozo da imunidade por parte dos contribuintes (ainda que, evidentemente, tais aspectos e requisitos não possam se afastar da finalidade da norma constitucional). Até, porém, que o legislador infraconstitucional regularmente exerça sua competência limitadora, a imunidade condicionada produz seus efeitos em amplitude máxima, vista sua natureza de norma constitucional de

---

10 COSTA, Regina Helena. *Imunidades tributárias*. São Paulo: Malheiros, 2001. p. 133-134.

eficácia contida. Casos comumente citados de imunidades condicionadas são aqueles do art. 150, VI, 'c'[11], e do art. 195, § 7º[12], da CR/88.

Em síntese, a questão versa sobre definir se as hipóteses de (1.A) transmissão em decorrência de incorporação de bens e direitos ao patrimônio de pessoa jurídica, e (1.B) transmissão em decorrência de extinção da pessoa jurídica, são imunidades incondicionadas ou encontram-se condicionadas pelo critério de atividade preponderante, disciplinado no CTN.

A bem da verdade, a leitura gera mais dúvida em relação à hipótese de incorporação de bens e direitos ao patrimônio de pessoa jurídica que em relação à hipótese de extinção. Havendo somente esses dois casos previstos no art. 156, § 2º, I, da CR/88, é evidente que a condição referente à atividade preponderante forçosamente aplica-se a pelo menos uma delas, vista a compreensão geral de que o texto constitucional não traz palavras ou disposições inúteis. A partir dessa ideia, é forçoso reconhecer que, pela proximidade gramatical, a utilização da expressão "nesses casos" refere-se pelo menos à segunda hipótese elencada no art. 156, § 2º, I, da CR/88 – justamente a de extinção das pessoas jurídicas.

De fato, entendemos que não há como fugir à lógica de que a imunidade do ITBI na extinção das pessoas jurídicas é condicionada, devendo observar o critério da atividade preponderante do adquirente. Não nos parece que o constituinte originário tivesse qualquer motivo ou finalidade específica em mente para deixar de aplicar a condição às hipóteses de extinção da pessoa jurídica, visto que a finalidade da imunidade é reforçar as atividades das pessoas jurídicas atuantes na economia e na sociedade civil, e não incentivar o exercício de atividades econômicas especificamente no mercado imobiliário.

Questão diversa diz respeito à aplicação da condição para a primeira hipótese do art. 156, § 2º, I – incorporação de bens e direitos ao patrimônio de pessoa jurídica. Ainda que o escopo deste artigo se restrinja às hipóteses de extinção da pessoa jurídica, nos parece interessante fazer

---

11 Art. 150. Sem prejuízo de outras garantias asseguradas ao contribuinte, é vedado à União, aos Estados, ao Distrito Federal e aos Municípios: (...)VI – instituir impostos sobre: (...) c) patrimônio, renda ou serviços dos partidos políticos, inclusive suas fundações, das entidades sindicais dos trabalhadores, das instituições de educação e de assistência social, sem fins lucrativos, atendidos os requisitos da lei.

12 § 7º São isentas de contribuição para a seguridade social as entidades beneficentes de assistência social que atendam às exigências estabelecidas em lei.

uma digressão para dizer que existem posicionamentos doutrinários para ambos os lados. Entre os que afirmam que a condição não se aplica à incorporação de bens e direitos ao patrimônio de pessoa jurídica, podemos citar Kiyoshi Harada[13] e Guilherme Traple, sendo que este último assim se explica:

> (...) o vocábulo 'nem' divide o dispositivo legal, criando situações distintas. (...) Como se pode ver, os casos que estão depois da conjunção aditiva 'nem', que, conforme dito anteriormente, separa o texto em duas hipóteses, e antecedem o vocábulo "nesses casos" são os casos de fusão, incorporação, cisão ou extinção da pessoa jurídica, desta forma, a exceção à imunidade somente é aplicável nesses casos. (...) Portanto, pela simples leitura do inciso I do parágrafo 2° do artigo 156 da CFRB/1988, pode-se concluir que a transmissão de bens ou direitos reais sobre imóveis à pessoa jurídica em realização de capital é absolutamente imune à cobrança de ITBI, não havendo qualquer exceção[14].

Em sentido contrário, afirmando que a condição prevista no art. 156, § 2°, I, *in fine*, aplica-se de forma indistinta a todas as hipóteses previstas anteriormente no artigo temos Roque Antonio Carrazza[15] e Sacha Calmon Navarro Coelho[16]. De todo modo, em nossa pesquisa não identificamos acórdãos ou decisões dos tribunais superiores abordando referida tese. Assim, embora a aplicação da condição à hipótese de extinção da pessoa jurídica esteja razoavelmente clara, igual clareza não existe na sua aplicação à hipótese de incorporação de bem ou direito a patrimônio de pessoa jurídica, havendo ainda controvérsia doutrinária a ser testada e pacificada judicialmente.

---

13 HARADA, Kiyoshi. *Imunidade condicionada do ITBI*. Disponível em: http://www.haradaadvogados.com.br/imunidade-condicionada-do-itbi/. Acesso em 27/03/2020. HARADA, Kiyoshi. Parecer Jurídico de 17/06/2019. Disponível em: http://www.haradaadvogados.com.br/parecer-juridico/. Acesso em 27/03/2020.

14 TRAPLE, Guilherme. A imunidade absoluta à cobrança do ITBI em transmissão de bens ou direitos incorporados ao patrimônio de pessoa jurídica em realização de capital. *Revista Dialética de Direito* Tributário, São Paulo, n. 203, ago./2012.

15 CARRAZZA, Roque Antonio. *Curso de direito constitucional tributário*. 30. ed. São Paulo: Malheiros, p. 994.

16 COELHO, Sacha Calmon Navarro. *Curso de direito tributário brasileiro*. 10. ed. Rio de Janeiro: Forense, p. 353.

4.3. Adquirente pessoa física

Debate-se também sobre se, para fins de gozo da imunidade, é necessário que o adquirente seja pessoa jurídica ou se pode ele ser também pessoa física. A dúvida existe pelo fato de o art. 156, § 2º, I, da CR/88 tratar explicitamente de várias operações nas quais o adquirente do imóvel é pessoa jurídica (i.e., incorporação ao patrimônio, incorporação, fusão e cisão de empresas), ao passo que operações envolvendo pessoa físicas somente seriam possíveis na hipótese de extinção de empresas (dissolução total ou parcial, com redução de capital).

A dúvida é amplificada pelo fato de o CTN, ao regular a condição da parte final do art. 156, § 2º, I, da CR/88 (condição, como visto acima, aplicável, à extinção de pessoas jurídicas) utilizar como critério de apuração a "receita operacional da pessoa jurídica adquirente". A rigor, portanto, a regulação do CTN restringe, por via reflexa, o conceito de adquirente previsto na CR/88 a adquirentes pessoas jurídicas, excluindo as pessoas físicas.

Para solucionar o tema, entendo relevante relembrar alguns conceitos de Direito Privado, seguindo inclusive os mandamentos dos arts. 109 e 110 do CTN. As atividades mencionadas na parte final do art. 156, § 2º, I da CR/88 parecem ser típicas atividades de empresa, visto que a doutrina societária de maneira geral caracteriza a atividade empresarial como o exercício de atividade econômica organizada para a produção de bens ou oferta de serviços, valendo-se da conjugação dos fatores capital e trabalho.

A atividade empresarial pode ser exercida tanto por pessoa física (o empresário individual de que trata o art. 966 do Código Civil), quando por pessoa jurídica, por meio da figura da sociedade empresária de que tratam os artigos 981 e 982 do Código Civil. Como, de um ponto de vista jurídico, não há óbice a que as atividades listadas na parte final do art. 156, § 2º, I do CTN sejam exercidas por pessoas físicas, também não haveria óbice a que o adquirente a que se refere o texto constitucional seja pessoa física.

Em outra linha argumentativa, o fato de o CTN regular a condição para fruição da imunidade instituindo critérios para a determinação da atividade preponderante por parte de pessoa jurídica, sem instituir critérios semelhantes para os casos em que o adquirente é pessoa física, não significa que a imunidade não se aplica a adquirentes pessoas físicas.

Dito de outra forma, o fato de a imunidade tributária ser condicionada não significa que ela não tem aplicabilidade imediata. Como explicitado nos trechos da obra de Regina Helena Costa já destacados acima, normas de imunidade podem ser classificadas como incondicionadas ou condicionadas, mas mesmo as imunidades condicionadas se caracterizam por ser normas constitucionais de eficácia contida. Feição das normas constitucionais de eficácia contida é produzir efeitos de forma imediata e irrestrita até que eles sejam limitados pelo legislador infraconstitucional por meio de lei complementar. Se o legislador não lhe tiver imposto nenhuma limitação através de lei complementar, a norma de imunidade condicionada produz efeitos irrestritos, atraindo para si amplitude máxima.

É possível, dessa maneira, extrair duas conclusões de ambos os raciocínios. O primeiro é que o constituinte não trouxe nenhuma qualificação para o substantivo "adquirente", deixando sua amplitude aberta de forma proposital, visto que as atividades listadas na parte final do art. 156, § 2º, I, podem ser exercidas tanto por pessoa física quanto por pessoa jurídica. Ao mesmo tempo, o constituinte permitiu que o legislador complementar regulasse a condição para fruição da imunidade ao dispor sobre o conceito de atividade preponderante – para adquirentes de quaisquer natureza. O legislador complementar o fez em relação às pessoas jurídicas, mas não em relação às pessoas físicas. Destarte, o adquirente pessoa jurídica, para gozar da imunidade, deverá observar o art. 37 do CTN. Mas o adquirente pessoa física goza da imunidade sem sujeição a nenhuma condição, porque a lei complementar se omitiu em relação a ele. Portanto, no caso de extinção de pessoas jurídicas, não só a imunidade abrange o adquirente pessoa física, como perquirir acerca da sua atividade preponderante é irrelevante.

É de se pontuar, porém, que na ausência de lei complementar que disponha sobre a regulação da atividade preponderante de adquirente pessoa física, o município poderá exercer competência tributária plena sobre o tema e promover referida regulação. Sobrevindo lei complementar sobre o tema, a legislação municipal perde validade, mas enquanto não houver referida lei complementar, o município pode legislar sobre a regulação da limitação constitucional do poder de tributar. Uma abordagem geral sobre esse tópico, com conclusões similares, encontra-se na dissertação de José Alberto Oliveira Macedo[17].

---

17 MACEDO, José Alberto Oliveira. *ITBI:* aspectos constitucionais e infraconstitucionais. Dissertação de Mestrado, Faculdade de Direito, Universidade de São Paulo, São Paulo, 2009. Disponível em https://teses.usp.br/teses/disponiveis/2/2133/tde-11112011-114342/pt-br.php. Acesso em 27/03/2020.

Infelizmente, também aqui observamos que os tribunais superiores adotam posicionamentos que impedem uma solução da controvérsia. O STJ, em única decisão monocrática encontrada (posteriormente mantida em sede colegiada), argumenta que lhe falta competência para análise da questão, porquanto os acórdãos de origem necessariamente abordam a abrangência da imunidade com fulcro no texto constitucional. No STF, por sua vez, foi identificada também uma única decisão monocrática do Ministro Barroso sobre o tema – a qual faz referência à decisão do STJ e se inclina a favor dos contribuintes.

> AGRAVO EM RECURSO ESPECIAL N. 55.873 – RS (2011/0160962-5) RELATOR: MINISTRO HUMBERTO MARTINS. PROCESSUAL CIVIL. TRIBUTÁRIO. ITBI. IMUNIDADE. MATÉRIA ANALISADA PELA CORTE DE ORIGEM À LUZ DE DISPOSITIVOS CONSTITUCIONAIS. IMPOSSIBILIDADE DE APRECIAÇÃO. COMPETÊNCIA DO STF. AGRAVO CONHECIDO. RECURSO ESPECIAL A QUE SE NEGA SEGUIMENTO.
>
> Cuida-se de agravo interposto pelo MUNICÍPIO DE PORTO ALEGRE contra decisão que obstou a subida de recurso especial, em demanda relativa a ITBI. Extrai-se dos autos que o agravante interpôs recurso especial, com fundamento no art. 105, III, "a" e "c", da Constituição Federal, contra acórdão do Tribunal de Justiça do Estado do Rio Grande do Sul que negou provimento ao recurso de apelação do agravante nos termos da seguinte ementa (e-STJ fls. 179/190): "(...) Ademais, oportuno fazer referência ao posicionamento adotado pelo magistrado de primeiro grau, quando afirma que 'a exceção à regra imunitória, no que diz respeito à atividade preponderante do adquirente, somente deve ser levada em consideração se este é pessoa jurídica, o que não é o caso dos autos, já que se trata de pessoa física, sócia da empresa extinta. Portanto, impertinente é a análise da atividade exercida pelo adquirente". (...) Com efeito, segundo se observa dos fundamentos que serviram para a Corte de origem apreciar a controvérsia, o tema foi dirimido no âmbito constitucional, de modo a afastar a competência desta Corte Superior de Justiça para o deslinde do desiderato contido no recurso especial. (...). Brasília (DF), 25 de novembro de 2011.

Decisão: Trata-se de agravo cujo objeto é decisão que negou seguimento a recurso extraordinário interposto contra acórdão da 5ª Câmara Cível do Tribunal de Justiça do Estado de Minas Gerais, assim ementado: "(...) – ITBI – IMUNIDADE – ART. 156, § 2º, I, CF/88 – INCIDÊNCIA – EXTINÇÃO DE PESSOA JURÍDICA – BENS IMÓVEIS – TRANSFERÊNCIA AOS SÓCIOS – PESSOAS FÍSICAS – POSSIBILIDADE – SENTENÇA MANTIDA NO REEXAME NECESSÁRIO. (...) Para efeito da imunidade tributária prevista no art. 156, § 2º, I, da CF/88 é irrelevante quem seja o sócio destinatário dos bens imóveis por ocasião da extinção da pessoa jurídica. – A exceção da regra imunitória, no que diz respeito à atividade preponderante do adquirente, somente deve ser levada em consideração se este é pessoa jurídica de que trata o art. 37 do CTN, pois não faz nenhum sentido tê-la em consideração quando se trata de pessoa física, que se encontra albergada pelo art. 156, § 2º, I, da CF/88. – Sentença mantida no reexame necessário. (...) O recurso não merece ser provido, tendo em vista que as disposições do acórdão recorrido estão alinhadas à correta interpretação que se deve conferir à imunidade em questão. (...) No ARESP n. 55.873, o Ministro Humberto Martins, da 2ª Turma do STJ, analisou, concretamente, uma dissolução de sociedade com transferência de imóveis para seus sócios, atraindo a aplicação e interpretação do artigo 37, § 4º, do Código Tributário Nacional. O Ministro chegou à seguintes conclusões: (i) a imunidade não está condicionada à devolução do mesmo imóvel que o sócio integralizou na sociedade. Ou seja, não incidirá o ITBI na transferência imobiliária decorrente de dissolução da pessoa jurídica, ainda que o bem (ou bens) envolvido(s) não tenha(m) sido(s) integralizado(s) pelo sócio adquirente; (ii) a avaliação relativa à preponderância da atividade não se aplica para pessoa física, mas apenas para as pessoas jurídicas. Diante do exposto, com base no art. 21, § 1º, do RI/STF, nego seguimento ao recurso. Fica a parte vencida desonerada dos honorários advocatícios, nos termos da Súmula 512/STF. Publique-se. Brasília, 29 de agosto de 2016. Ministro Luís Roberto Barroso Relator. (ARE 764202, Relator(a): Min. ROBERTO BARROSO, julgado em 29/08/2016, publicado em DJe-188 DIVULG 02/09/2016 PUBLIC 05/09/2016)

Ainda, porém, há carência de decisões colegiadas que permitam aos fiscos orientarem sua política fiscal e aos contribuintes garantir segurança jurídica nos negócios.

4.4. Identidade entre bens, alienantes e adquirentes

Muitos municípios condicionam a fruição da imunidade do ITBI no caso de extinções (totais ou parciais) de pessoas jurídicas a que o bem ou direito transmitido para o sócio da pessoa jurídica seja o mesmo bem ou direito por ele incorporado ao patrimônio da pessoa jurídica. Isto é: segundo tal entendimento fiscalista, a imunidade somente ocorreria em havendo retorno do mesmo bem ou direito ao mesmo sócio que o alienou para a pessoa jurídica em momento anterior.

Inserta na prática fiscal municipal por força expressa de lei local, ou a partir de entendimentos exarados por parte das autoridades fiscais, tal posicionamento se funda no art. 36, § único, do CTN, cuja redação traz a expressão "aos mesmos alienantes". No entanto, cremos que a postura fiscal não se revela a mais adequada.

Em primeiro lugar, retomamos um argumento desenvolvido no item 4.1. acima. Vimos que a imunidade do art. 156, § 2º, I, da CR/88 abarca necessariamente tanto hipóteses de extinção parcial quanto de extinção total da pessoa jurídica. O art. 36, § único, do CTN, por sua vez, disciplina um caso específico de extinção parcial da pessoa jurídica – quando há desincorporação de bens do patrimônio da pessoa jurídica de bens adquiridos em virtude de incorporação em operação de pagamento de capital subscrito. Em termos práticos, a desincorporação de bens do patrimônio da pessoa jurídica geralmente ocorre nos casos de dissolução parcial de sociedade, onde a redução do capital social é acompanhada da devolução, ao sócio, do patrimônio da sociedade que lhe cabe, o qual certas vezes pode ser feita na forma de transmissão de um bem ou direito imobiliário.

Relembremos que a redação do CTN foi originalmente elaborada a partir do texto da Emenda Constitucional 18/1965. A Emenda não trazia, no texto constitucional, nenhuma menção a hipóteses de extinção da pessoa jurídica e abordava exclusivamente a não tributação da transmissão de bens em incorporação de capital. Ela também trazia uma exceção à imunidade valendo-se da figura de atividade preponderante. Nesse sentido, o CTN, no seu papel de lei complementar, veio para regular a imunidade então prevista na Emenda. O legislador complementar de 1966 situou a abrangência da sua regulação ao tratar de três pontos não expressamente previstos no texto constitucional: (1) disciplinar que a imunidade também era aplicável aos casos de incorporação ou fusão (o que, de certa forma, é corolário do texto constitucional então vigente, porque nesses casos também há incorporação de bens e direitos ao capital da pessoa jurídica adquirente); (2) conceituar atividade preponderante e (3) determinar que a desincorporação de bens e direitos com direção ao patrimônio daquele que fora proprietário deles também era imune, provavelmente amparado também num argumento de lógica *a maiori, ad minus*. Em relação a este item 3, pode-se inclusive debater se o legislador de então não excedeu os poderes de regulação que lhe foram outorgados pelo constituinte, instituindo verdadeira isenção heterônoma ao instituir hipótese de não tributação não prevista constitucionalmente[18].

Entretanto, a partir da Constituição de 1967, incluindo o atual texto da CR/88, a própria norma constitucional passou a trazer, em seu texto, a previsão de imunidade na extinção de pessoas jurídicas, delineando o âmbito de atuação do legislador complementar que passa a ficar restrito somente à possibilidade de disciplinar o conceito de atividade preponderante, porquanto os demais aspectos da imunidade não estão sujeitos a nenhuma condição (imunidade incondicionada). A partir do texto da Constituição de 1967, assim, a lei complementar fica restrita a atuar no campo da atividade preponderante, não lhe cabendo restringir as situações de operações societárias agraciadas com a imunidade.

No novo contexto constitucional, o art. 36, § único, do CTN, tornou-se obsoleto. Ele trata de uma hipótese específica de extinção parcial, e como os textos constitucionais a partir de 1967 passam a abranger todas as hipóteses de extinção da pessoa jurídica, ele em verdade seria completamente desnecessário. Não é o caso de dizer que ele foi integralmente revogado por não ter sido recepcionado pelas Constituições posteriores,

---

18 Inclusive, indagação parecida pode ser feita com relação ao art. 37, § 4º, do CTN. A CR/88 atribuiu à lei complementar a possibilidade de conceituar atividade preponderante, mas não de instituir novas hipóteses de não tributação. A lei complementar deve se ater à estrita função que lhe foi dada constitucionalmente. Ao conceituar atividade preponderante (art. 37, *caput*, §§ 2º e 3º) e, na sequência, instituir hipótese de não tributação à qual tal condição não se aplica (§ 4º), é possível argumentar que o CTN ampliou indevidamente a abrangência da imunidade constitucional, resultando na não recepção do art. 37, § 4º.

porque na maior parte do seu texto não há contradição, mas sim repetição de um caso trazido na norma constitucional. Entretanto, não podemos considerar que a sua recepção foi completa, porque parte do seu texto – a expressão "aos mesmos alienantes" – traz requisito não previsto em norma constitucional incondicionada.

É de se entender que o objetivo da norma do CTN foi evitar abuso de direito por parte de contribuintes, que poderiam se valer da imunidade na incorporação e na dissolução para simular negócios jurídicos de forma a escapar à tributação. Seria o caso de uma compra e venda de imóvel entre pessoas físicas que se valem de uma pessoa jurídica existente, operacional e dotada de receitas de atividades produtivas não imobiliárias, para realizar a transação, incorporando na pessoa jurídica o imóvel e o dinheiro e posteriormente realizando dissolução parcial com redução de capital invertendo o fluxo dos bens. Contudo, o fisco dispõe de institutos jurídicos diversos para combater fraudes e simulações – a exemplo do art. 116, § único, do CTN – não podendo jamais instituir norma geral limitadora de imunidades incondicionadas, atingindo a todos os contribuintes, e esquivando-se de analisar os casos concretos com indícios de ilicitude. É esse também o entendimento de Sacha Calmon Navarro Coelho:

> Questão interessante consiste em sabe se o sócio que dá em colação bens imóveis ao capital de sociedade só fruirá a imunidade a extinção se receber de volta a sua parte em imóveis ou o mesmo imóvel com que entrou. A interpretação fiscalista é nesse sentido. Entendemos em sentido contrário, embora o CTN pareça favorecer a interpretação do Fisco. Ao nosso sentir, se não houve intuito de fraude, cujo dolo haverá de ser cumpridamente demonstrado, não há inconveniente em se entrar com imóvel e sair com dinheiro de contado e vice-versa. A fraude não se presume. O CTN, a nosso sentir, extrapola o ditado constitucional. As presunções em Direito Tributário material jamais podem ser absolutas[19].

Em pesquisa jurisprudencial no âmbito do STJ, além do ARESP 55.873 acima transcrito, foi identificada outra decisão monocrática determinando a incompetência do STJ para analisar a controvérsia em virtude

---

19 COELHO, Sacha Calmon Navarro. *Curso de direito tributário Brasileiro*. 10. ed. Rio de Janeiro: Forense, p. 353.

de sua abordagem ter necessariamente cunho constitucional[20]. Do mesmo modo, no STF encontramos decisões monocráticas recusando a análise da matéria sob o pretexto da Súmula 279[21].

5. Conclusão

O tema da imunidade do ITBI na extinção das pessoas jurídicas é árido, porque demanda um rigor técnico incomum em sua análise. O fato de prevalecer ainda a redação original do CTN, elaborada sob a égide da Emenda Constitucional 18/1965, obriga o intérprete à ingrata tarefa de determinar a dimensão em que o texto da lei complementar foi recepcionado pela CR/88, por meio de análise histórica. A utilização de conceitos atinentes ao Direito Societário demanda conhecimentos interdisciplinares e familiaridade com institutos de Direito Privado. É necessário o domínio de ferramentas de Direito Constitucional para compreender a caracterização de imunidades como normas constitucionais de eficácia plena (imunidades incondicionadas) ou de eficácia contida (imunidades incondicionadas), bem como perspicácia para reconhecer as atecnias e captar a teleologia do constituinte. Reunindo com trabalho árduo estas competências, foi possível concluir que:

1) A imunidade do art. 156, § 2º, I da CR/88 aplica-se também às situações de extinção parcial da pessoa jurídica, o que engloba as hipóteses, por exemplo, de cisão parcial, dissolução parcial e redução de capital.
2) A condição da atividade preponderante, tal como regulada pelo CTN, aplica-se ao adquirente de bens e direitos imobiliários nos eventos de extinção da pessoa jurídica. A doutrina diverge sobre essa aplicação aos casos de incorporação de bens e direitos ao patrimônio de pessoa jurídica em realização de capital.
3) A imunidade independe de ser o adquirente pessoa jurídica ou pessoa física. Se o adquirente for pessoa jurídica, ele deve

---

20 Agravo em Recurso Especial N. 1.128.593 – SP (2017/0159478-7) Relator: Ministro Benedito GonçALVES, Decisão de 04/05/2018

21 O já mencionado acima ARE 764202. Além disso, ARE 1222087, Relator(a): Min. Ricardo Lewandowski, julgado em 05/08/2019, publicado em Processo Eletrônico DJe-172 divulg 07/08/2019 public 08/08/2019; ARE 1190759, Relator(a): Min. Celso de Mello, julgado em 22/03/2019, publicado em Processo Eletrônico DJe-064 divulg 29/03/2019 PUBLIC 01/04/2019.

observar a condição de atividade preponderante prevista no CTN. Se o adquirente for pessoa física, tal observância não é necessária, salvo se legislação municipal assim dispuser.

4) Para o gozo da imunidade em eventos de extinção, não é necessário haver identidade entre o alienante que incorporou o bem ou direito ao patrimônio da pessoa jurídica e o adquirente que o recebe.

Tais conclusões são possíveis através de um estudo teórico da CR/88, do CTN, e da doutrina. A análises destas teses não depende da averiguação de elementos fáticos de casos concretos. Não obstante, quando controvérsias relacionadas a estes temas são submetidas aos tribunais superiores, ainda que todo o contexto fático seja incontroverso e esteja devidamente descrito e prequestionado nos acórdãos dos tribunais locais, eles atuam defensivamente. O STJ, na maior parte dos casos, argumenta que os acórdãos locais resolvem a controvérsia sob o prisma constitucional. O STF, por sua vez, confunde a análise de requisitos fáticos com argumentos que visam trazer estabilidade na interpretação da imunidade constitucional.

Os contribuintes, portanto, infelizmente ainda se veem sujeitos a uma grande insegurança jurídica – com todas as consequências danosas decorrentes – e submetidos às pretensões dos fiscos municipais. Eles devem estar sempre atentos a posturas que representem uma invasão da tributação em seu patrimônio, fazendo recurso ao Poder Judiciário quando necessário, na esperança de que os tribunais locais, ainda que oscilantes, confiram à imunidade sua mais adequada interpretação, ou que os tribunais superiores, especialmente o STF, assumam um papel ativo e definitivo na estabilização das relações jurídicas.

16

CONTROVÉRSIAS ATUAIS ACERCA DA INCIDÊNCIA DO IPTU OU DO ITR SOBRE IMÓVEIS SITUADOS EM ÁREA URBANA

Luiz Henrique Nery Massara

1. Introdução

O Superior Tribunal de Justiça, quando do julgamento do Recurso Especial n. 1.112.646/SP, realizado em 26 de agosto de 2009 sob a sistemática dos recursos repetitivos (Tema 174), definiu que, para fins da identificação do imposto que grava uma determinada propriedade territorial situada em área *urbana*, a destinação do imóvel é fator que prepondera sobre a sua localização, tal como determinado expressamente pelo artigo 15 do Decreto-Lei n. 57, de 18 de novembro de 1966[1], de forma que deveria incidir o ITR, e não o IPTU, sobre o imóvel comprovadamente utilizado para a realização de atividade rural ou agroindustrial.

Este entendimento tem prevalecido no âmbito do Poder Judiciário não apenas porque manifestado em precedente que vincula os Juízes e Tribunais de instâncias inferiores, nos termos do artigo 927, inciso III, do Código de Processo Civil, mas também pela circunstância de que o Supremo Tribunal Federal reconhece a vigência formal do citado artigo do Decreto-Lei n. 57/66 e, ainda, tem se eximido de analisar a compatibilidade material deste preceito normativo com a Constituição Federal.

Na prática, o atual posicionamento do Judiciário se mostra favorável aos proprietários de imóveis localizados na zona urbana e comprovadamente

---

1 Art. 15. O disposto no art. 32 da Lei n. 5.172, de 25 de outubro de 1966, não abrange o imóvel de que, comprovadamente, seja utilizado em exploração extrativa vegetal, agrícola, pecuária ou agroindustrial, incidindo assim, sobre o mesmo, o ITR e demais tributos com o mesmo cobrados.

utilizados para a atividade rural ou agroindustrial, uma vez que a União não exerceu a possibilidade de tributação que trata o artigo 15 do Decreto-Lei n. 57/66, quando instituiu o ITR por meio da Lei Federal n. 9.393, de 19 de dezembro de 1996, ao deixar de prever a incidência deste imposto nesta situação.

Foi exatamente com fundamento nesta premissa jurídica que a Coordenação-Geral de Tributação da Secretaria da Receita Federal do Brasil editou a Solução de Consulta n. 198, de 5 de novembro de 2018, que conclui pela impossibilidade de cobrança do ITR sobre imóvel localizado na área urbana, independentemente de sua destinação. Vale registrar que a referida Solução de Consulta, atualmente vigente, tem efeito vinculante no âmbito da Secretaria da Receita Federal do Brasil, nos termos do artigo 9º da Instrução Normativa RFB n. 1.396, de 16 de setembro de 2013[2], de modo que deve ser obrigatoriamente observada por todos os agentes fiscais.

Isto resulta na singular situação em que a propriedade territorial situada na zona urbana, que comprovadamente seja utilizada para a realização de atividade rural ou agroindustrial, não fica sujeita à cobrança do IPTU, por força do artigo 15 do Decreto-Lei n. 57/66, e tampouco à exigência do ITR, já que a União renunciou à sua cobrança ao não incluir tal fato jurídico na hipótese de incidência tributária delineada pela Lei Federal n. 9.393/96.

Apesar da definição que atualmente vigora no Judiciário sobre a necessidade de conjugação *do critério topográfico* com o *critério da destinação* do imóvel, com a prevalência deste último para fins da incidência do IPTU ou do ITR sobre imóveis situados na área urbana, subsistem ainda relevantes controvérsias sobre o tema que, até o presente momento, não foram devidamente abordadas e resolvidas.

Precisamente, tem havido dúvida sobre qual desses tributos incide sobre determinada propriedade territorial localizada em área urbana quando nela for realizada atividade agropecuária *sem fins comerciais* ou, ainda, quando a destinação do imóvel não for exclusivamente rural ou agroindustrial, coexistindo outra atividade econômica autônoma de natureza diversa.

---

2 Art. 9º A Solução de Consulta Cosit e a Solução de Divergência, a partir da data de sua publicação, têm efeito vinculante no âmbito da RFB, respaldam o sujeito passivo que as aplicar, independentemente de ser o consulente, desde que se enquadre na hipótese por elas abrangida, sem prejuízo de que a autoridade fiscal, em procedimento de fiscalização, verifique seu efetivo enquadramento.

Estas questões controversas ganharam maior relevância no contexto atual, em que se tem tornado cada vez mais notório o rompimento da tradicional divisão conceitual entre campo e cidade, circunstância esta evidenciada, por exemplo, pela presença crescente em empreendimentos imobiliários citadinos (*shoppings centers*, condomínios residenciais, por exemplo) das denominadas "fazendas urbanas", que são espaços urbanos redesenhados para a produção agrícola, com ou sem fins comerciais, normalmente sustentável, livre de agrotóxicos e com certo grau de utilização de tecnologia voltada ao aumento do ganho de produtividade e à diminuição do desperdício.

Também tem ocorrido o aumento quantitativo de agroindústrias brasileiras, muitas delas situadas em zona urbanas, em consequência da crescente importância econômica do setor do agronegócio no país de um modo geral, o que reafirma a importância da matéria.

Portanto, o presente artigo tem por escopo a construção[3] do conteúdo, sentido e alcance da norma jurídica inserta artigo 15 do Decreto-Lei n. 57/66 para buscar resposta às questões controvertidas que ainda permeiam o tema.

2. A função extrafiscal do IPTU e do ITR

Importante elemento que deve ser considerado para a tarefa que se propõe neste artigo diz respeito à função extrafiscal dos tributos envolvidos na análise.

A Constituição Federal, ao tratar do IPTU e do ITR, não apenas traçou o arquétipo da *regra matriz de incidência tributária* destes impostos, delimitando o âmbito da competência legislativa da União e dos Municípios. Cuidou também o Texto Constitucional, desde a sua promulgação, de atribuir, além da finalidade arrecadatória, o caráter extrafiscal a estas espécies tributárias, especificamente para o fim de servirem como instrumentos de política pública tendentes à indução de comportamento dos proprietários para que cumpram a função social da propriedade territorial.

---

3 Fala-se em construção e não propriamente no descobrimento do significado do texto legal, pois a norma jurídica, segundo as proposições da teoria comunicacional do direito, deve ser entendida como a significação obtida pelo intérprete que tem contato com o texto legal, mediante processo intelectivo desenvolvido pela adoção de métodos interpretativos previamente selecionados.

Sobre a extrafiscalidade tributária são valiosas as lições do professor Roque Carraza[4]:

> Extrafiscalidade é o emprego dos meios tributários para fins não fiscais, mas ordinatórios (isto é, para disciplinar comportamentos de virtuais administrados, induzindo-os a fazer ou a deixar de fazer alguma coisa).

O artigo 5º da Constituição Federal, no inciso imediatamente seguinte ao que garante o direito à propriedade, estabelece limitação à esta prerrogativa dos cidadãos ao determinar que a propriedade atenderá a sua função social (inciso XXIII), de modo que o exercício do direito constitucional do particular deve ser compatibilizado com o interesse geral da sociedade.

O artigo 156, § 1º, da Constituição Federal, desde a sua redação original, já previa que o IPTU poderia ter alíquotas progressivas para assegurar a função social da propriedade urbana. O artigo 182, § 4º, da Carta Magna, por sua vez, dispõe que o Poder Público municipal poderá exigir do proprietário do solo urbano não edificado, subutilizado ou não utilizado, que promova seu adequado aproveitamento, sob pena aplicação do referido imposto municipal de forma progressiva no tempo.

Conforme prescreve o artigo 182, § 2º, da Constituição Federal, a propriedade urbana cumpre sua função social quando atende às exigências fundamentais de ordenação da cidade expressas no plano diretor. Este preceito constitucional foi regulamentado pela Lei Federal n. 10.257, de 10 de julho de 2001, cognominada "Estatuto da Cidade", que em seu artigo 39 estabeleceu a relação entre o cumprimento dos preceitos do plano diretor, que asseguram a função social da propriedade urbana, e o atendimento das necessidades dos cidadãos quanto à qualidade de vida, à justiça social e ao desenvolvimento das atividades econômicas.

O artigo 2º da citada Lei Federal dá ênfase à diretriz de "garantia do direito a cidades sustentáveis, entendido como o direito à terra urbana, à moradia, ao saneamento ambiental, à infraestrutura urbana, ao transporte e aos serviços públicos, ao trabalho e ao lazer, para as presentes e futuras gerações".

Portanto, prestigiando a função social do imóvel de servir à moradia ou de se destinar à exploração econômica, ao lazer, etc., o constituinte atribuiu ao IPTU o objetivo extrafiscal de desestimular, por meio da

4 CARRAZA, Roque Antônio. *ICMS*. 8. ed. São Paulo: Malheiros, 2002, p. 314.

adoção de alíquotas progressivas no tempo, a inutilização ou subutilização de imóveis, de forma a induzir o comportamento de edificação (construção) ou parcelamento (divisão do terreno em lotes) do imóvel.

A Emenda Constitucional n. 29, de 2000, introduziu a possibilidade de o IPTU variar também em função do valor e da localização do imóvel urbano (156, § 1°, I e II, CF/88), de forma a promover a redistribuição de riquezas com a atribuição de carga tributária mais elevada para o proprietário que, em tese, teria maior capacidade contributiva.

Com efeito, verifica-se que além da finalidade arrecadatória do IPTU, que é também de suma importância na medida em que constitui uma das principais fontes de receita dos Municípios, há também nítida função extrafiscal, que visa assegurar o cumprimento da função social da propriedade urbana.

O ITR também possui alta carga extrafiscal, eis que permeado de objetivos políticos e sociais. A utilização deste imposto como instrumento indutivo de comportamento é voltada ao desígnio constitucional de que toda a propriedade rural cumpra com a sua função social, nos termos da política agrícola e fundiária estabelecida pelo Governo Federal.

O artigo 186 da Constituição Federal estabelece que a função social propriedade rural é cumprida quando destinada ao aproveitamento racional e adequado, com correta utilização dos recursos naturais nela existentes, de forma sustentável ao meio ambiente, com a proteção das relações de trabalho e com a garantia do bem-estar dos proprietários e dos trabalhadores.

A Lei Federal n. 8.629, de 25 de fevereiro de 1993, por sua vez, esclarece que se considera racional e adequado o aproveitamento da propriedade territorial que atinja os graus de utilização da terra e de eficiência na exploração especificados na lei. A preocupação do Texto Constitucional com o grau de produtividade das propriedade rurais é justificado pela Lei n. 8.171, de 17 de janeiro de 1991, a denominada "Lei da Política Agrícola", que estabelece em seu artigo 2°, incisos II e IV, respectivamente, que "a agricultura deve proporcionar, aos que a ela se dediquem, rentabilidade compatível com a de outros setores da economia" e que "o adequado abastecimento alimentar é condição básica para garantir a tranquilidade social, a ordem pública e o processo de desenvolvimento econômico-social".

Ou seja, considera-se essencial a produção rural e agroindustrial tanto para a proteção socioeconômica do produtor rural, quanto para o abastecimento regular do mercado de produtos rurais, em especial dos alimentares, já que essenciais ao suprimento das necessidades mais elementares da sociedade.

O artigo 153, § 4º, da Constituição Federal, desde a sua redação primitiva, já estabelecia que o ITR teria alíquotas progressivas para desestimular a manutenção de propriedades improdutivas e, ainda, que as pequenas glebas rurais seriam imunes. Isto evidencia a utilização do tributo para fins de proteção do pequeno produtor rural e de garantia da produtividade da terra, essencial ao desenvolvimento econômico-social do país.

Nesse sentido também são as conclusões de Francisco Godoy Bueno[5]:

> (...) a Constituição de 1988 estabeleceu nova extra fiscalidade ao Imposto Territorial Rural, já que, além de estabelecer uma proteção ao pequenos proprietários e cultivadores diretos, o texto constitucional estabeleceu que é objetivo na tributação das propriedades rurais garantir a produtividade da terra, o que pode ser incentivado por uma progressividade de alíquotas, implicando tributação mais gravosa para as propriedades produtivas.

Especificamente quanto à finalidade do ITR de estimular a produtividade da terra, vale notar que a alíquota do imposto pode chegar a 20%, nos termos da Lei Federal n. 9.393/96, quando a propriedade possuir a área máxima e atingir o grau mínimo de utilização estipulados na lei, de forma que em cinco anos o valor pago a título da exação corresponderia à dimensão econômica integral do imóvel apontada pelo legislador tributário. Daí se verifica a destacada carga de extrafiscalidade que marca o tributo, neste aspecto, tendente a garantir a produtividade da terra.

Importante observar que a Emenda Constitucional n. 42, de 2003, passou a prever, além do repasse automático que já era determinado pelo artigo 158, inciso II, da Constituição Federal de 50% do resultado da arrecadação do ITR pela União para o Município onde o imóvel estiver situado, a possibilidade de transferência integral (100%) do valor obtido para o ente municipal, na hipótese deste optar pela sua fiscalização e cobrança,

5 BUENO, Francisco Godoy. Incentivos econômicos previstos pelo Código Florestal (Lei n. 12.651/2012) e o imposto territorial rural – ITR, *in* Agronegócio, Tributação e Questões Internacionais. São Paulo: Quartier Latin, 2019, p. 510.

na forma da lei[6], desde que isso não implique na redução do imposto ou em qualquer outra forma de renúncia fiscal.

Esta nova previsão constitucional, ao mesmo passo que demonstrou o que Juraci Mourão Lopes Filho[7] qualifica como "pouco apego da União à renda gerada" pelo ITR, também evidencia o intuito legislativo de manter com este ente federativo a competência tributária do imposto, dado a sua finalidade extrafiscal de servir como instrumento de política agrária e fundiária, que tema é reservado à União, na qualidade de assunto de interesse nacional.

Nas palavras de Juraci Mourão Lopes[8]:

> Tem-se, portanto, tributo federal, mas que pode ser exigido e fruído pelo Município onde está situado o bem se assim o desejar, bastando firmado convênio e não praticar qualquer sorte de minoração fiscal.
>
> Por outro lado, a União remanesce, sempre, com o poder político de lhe determinar por lei federal os contornos jurídicos e econômicos. Essa competência tributária, como qualquer outra, é irrenunciável especialmente porque correlata à competência federal em matéria fundiária a que serve como instrumento. (...)
>
> O Texto Constitucional conciliou, portanto, sobretudo após a Emenda Constitucional n. 42/2003, os interesses fiscais e extrafiscais. Permitiu que os Municípios – a princípio mais aptos a alcançar os mais diversos recantos rurais para exigir o imposto – desfrutassem da receita gerada, total ou parcialmente, mas também permitiu que a União pudesse impô-lo como desestímulo à manutenção de terras improdutivas.

Vale notar que Constituição Federal de 1967 já continha a previsão de destinação da totalidade do produto da arrecadação do ITR cobrado pela União para os Municípios em que situados os imóveis (art. 24, § 1º), inclusive

---

6 Atualmente, a Instrução Normativa n. 1.640/2016, da Secretaria da Receita Federal do Brasil, que regulamenta a Lei n. 11.250/2005, estabelece a necessidade celebração de convênio entre o órgão e o Município para que haja a transferência da capacidade tributária ativa do ITR.

7 FILHO, Juraci Mourão Lopes. Imposto Predial e Territorial Urbano e Imposto Territorial Urbano, *in* Série de Direito Tributário. São Paulo: Atlas, 2015, p. 72.

8 *Op. cit.* p. 73.

sem qualquer condicionante, o que refletia a função estritamente extrafiscal (não arrecadatória) do imposto do ponto de vista do Governo Federal.

Com efeito, a interpretação das normas relativas à delimitação da competência tributária relativa ao IPTU e ao ITR, o que inclui o artigo 15 do Decreto Lei n. 57/66, deve ser necessariamente referenciada pelo aspecto da extrafiscalidade destes tributos, pois este elemento, de viés constitucional, tem se mostrado o mais importante para a compreensão da lógica por de trás da demarcação do âmbito de incidência de tais impostos, sobretudo porque, do ponto de vista arrecadatório, a União já permite o integral repasse do produto da sua arrecadação para o Município.

Não se questiona, aqui, a importância da função arrecadatória dos referidos tributos. Ocorre que, como há a convergência de interesses do ponto de vista fiscal, posto que o resultado da arrecadação tanto do IPTU quanto do ITR será integralmente destinado ao Município, a depender exclusivamente da sua vontade, em última análise o componente extrafiscal de política social é o que justifica o interesse do legislador de deixar uma propriedade territorial sujeita a um ou ao outro imposto.

3. As materialidades do IPTU e do ITR e os critérios para a delimitação das respectivas competências tributárias

A Constituição Federal outorgou à União a competência para instituir o ITR e aos Municípios a competência para instituir o IPTU, em seus artigos 153, inciso VI, e 156, inciso I, respectivamente:

> Art. 153. Compete à União instituir impostos sobre:
>
> VI – propriedade territorial rural;
>
> (...)
>
> Art. 156. Compete aos Municípios instituir impostos sobre:
>
> I – propriedade predial e territorial urbana;

Ingressando-se no esquema lógico do critério material da hipótese de incidência dos referidos tributos, tem-se que o fato típico eleito pelo Texto Constitucional relevador de riqueza apta a permitir a exigência do IPTU é a *propriedade predial e territorial urbana* e o do ITR é a *propriedade territorial rural*.

Trata-se, com efeito, de espécies de impostos reais, que têm como pressuposto de incidência a circunstância de a pessoa física ou jurídica ser proprietária de bem imóvel (tributo *propter rem*). O artigo 1.228 do Código Civil define o conceito de propriedade ao dispor que "o proprietário tem a faculdade de usar, gozar e dispor da coisa, e o direito de reavê-la do poder de quem quer que injustamente a possua ou detenha". É esse feixe de direitos subjetivos que constitui o direito de propriedade suscetível a incidência do ITR e do IPTU.

Identificado o elemento comum do núcleo da hipótese de incidência do ITR e do IPTU (propriedade), passa-se a analisar seu complemento, que é justamente o que divisa a materialidade e o próprio critério espacial da regra matriz de incidência destes impostos, demarcando a competência tributária da União e dos Municípios.

Como visto, a Constituição Federal outorgou competência tributária à União para exigência de tributo sobre *propriedade imobiliária rural* e aos Municípios sobre *propriedade imobiliária urbana*, embora não tenha, pelos menos explicitamente, definido o que venha a ser "imóvel rural" e "imóvel urbano".

Aí reside uma importante discussão afeta ao tema. Para alguns doutrinadores, como Leandro Paulsen[9], Juraci Mourão Lopes Filho[10] e Leonardo Furtado Loubet[11], há um conceito geográfico implícito na Constituição Federal, pelo qual *propriedade imobiliária rural* seria aquela localizada na área rural e a *propriedade imobiliária urbana* a situada na área urbana, de forma que a legislação complementar não poderia adotar um conceito dissonante. Para outros, como Gabriel Lacerda Troianelli[12], o Texto Constitucional definitivamente não se preocupou em definir tais conceitos, deixando ampla margem para o legislador complementar.

Conforme será explicado mais adiante, em nosso entender a Constituição Federal traça sim as balizas para a delimitação do conceito

---

9 PAULSEN, Leandro. *Direito tributário* – Constituição e Código Tributário à luz da doutrina e da jurisprudência. 6. ed. Porto Alegre: Livraria do Advogado, 2004, p. 331.

10 *Op. cit.* p. 77.

11 LOUBET, Leonardo Furtado. *Tributação federal no agronegócio*. São Paulo: Noeses, 2017, p. 369.

12 TROIANELLI, Gabriel Lacerda. ITR ou IPTU? Critérios para definição da competência para tributas a propriedade, in Tributação no Agronegócio. São Paulo: Quartier Latin, 2005, p. 135.

de propriedade, porém estes contornos não estão ligados ao aspecto da localização geográfica, mas sim à sua função social.

De toda forma, para os que definem a existência de um conceito implícito na Constituição Federal ligado à ideia da localização física do imóvel, o legislador complementar somente poderia esmiuçar um critério topográfico (atinente à localização geográfica do imóvel) que demarcasse a competência tributária de cada ente federativo.

A este propósito, importante transcrever os artigos 29 e 32 do Código Tributário Nacional que, neste particular, assume a condição de lei complementar que dispõe sobre conflito de competência que envolva os referidos tributos:

> Art. 29. O imposto, de competência da União, sobre a propriedade territorial rural tem como fato gerador a propriedade, o domínio útil ou a posse de imóvel por natureza, como definido na lei civil, localização fora da zona urbana do Município.
>
> Art. 32. O imposto, de competência dos Municípios, sobre a propriedade predial e territorial urbana tem como fato gerador a propriedade, o domínio útil ou a posse de bem imóvel por natureza ou por acessão física, como definido na lei civil, localizado na zona urbana do Município.
>
> § 1º Para os efeitos deste imposto, entende-se como zona urbana a definida em lei municipal; observado o requisito mínimo da existência de melhoramentos indicados em pelo menos 2 (dois) dos incisos seguintes, construídos ou mantidos pelo Poder Público:
>
> I – meio-fio ou calçamento, com canalização de águas pluviais;
>
> II – abastecimento de água;
>
> III – sistema de esgotos sanitários;
>
> IV – rede de iluminação pública, com ou sem posteamento para distribuição domiciliar;
>
> V – escola primária ou posto de saúde a uma distância máxima de 3 (três) quilômetros do imóvel considerado.
>
> § 2º A lei municipal pode considerar urbanas as áreas urbanizáveis, ou de expansão urbana, constantes de loteamentos aprovados pelos órgãos competentes, destinados à habitação, à indústria ou ao comércio, mesmo que localizados fora das zonas definidas nos termos do parágrafo anterior.

Como se nota, o Código Tributário Nacional não definiu precisamente o conceito de imóvel rural e imóvel urbano, tendo estabelecido, para fins de distinção entre estes termos, uma relação de excludência recíproca entre os termos, dispondo que a propriedade rural é aquela localizada fora da área urbana do Município.

Atribuiu-se ao Município a competência para estabelecer, mediante lei própria, a definição do que seria zona urbana, em atenção à repartição constitucional dos poderes que outorga às Municipalidades o disciplinamento de assuntos de interesse local, dentre os quais está a definição de espaço urbano.

Isto não significa dizer que ao legislador municipal é conferida discricionariedade irrestrita para fixar a área urbana, pois deve necessariamente observar o requisito da existência de no mínimo dois itens de infraestrutura urbana que arrola o artigo 32, § 1º, do Código Tributário Nacional.

E, mesmo que o Código Tributário Nacional permita à lei municipal considerar área urbana ou de expansão urbana loteamentos aprovados pelos órgãos públicos, esta circunstância, como bem salienta Leonardo Furtado Loubet[13], não confere atuação ilimitada do legislador municipal, uma vez que há a dependência de aprovação de loteamento com a finalidade de se transformar uma área rural em urbana, de modo que IPTU serviria justamente para fazer frente às despesas do Município com as melhorias públicas naquela localidade.

Certo é que o artigo 32 Código Tributário Nacional, ao eleger o fator da localização como elemento de distinção entre a propriedade rural e a urbana, consagrou o *critério topográfico (ou geográfico)* como hábil à demarcar a competência tributária da União e dos Municípios, o que estaria em consonância com o arquétipo constitucional da regra matriz de incidência tributária do IPTU e do ITR, para aqueles autores que acreditam que há um conceito geográfico implícito na Constituição Federal.

Ocorre que, antes mesmo do artigo 32 do Código Tributário Nacional entrar em vigor, tal dispositivo foi alterado pelo artigo 15 do Decreto-Lei n. 57/66, que assim dispõe:

> Art. 15. O disposto no art. 32 da Lei n. 5.172, de 25 de outubro de 1966 (Código Tributário Nacional), não abrange o imóvel de que,

---

13 *Op. cit.*, p. 369.

> comprovadamente, seja utilizado em exploração extrativa vegetal, agrícola, pecuária ou agroindustrial, incidindo assim, sobre o mesmo, o ITR e demais tributos com o mesmo cobrados.

A referida norma acrescentou o *critério da destinação* do imóvel para fins de delimitação das competências municipal (IPTU) e federal (ITR). Ou seja, excepcionando a regra do Código Tributário Nacional, que estabelecia, por exclusão, que a propriedade rural seria apenas aquela situada fora da área urbana do Município, o Decreto-Lei n. 57/66 incluiu neste conceito também aqueles imóveis que, mesmo situados na zona urbana, tenham destinação rural ou agroindustrial.

Isso fez com que a localização em área urbana não fosse mais premissa absoluta para a cobrança do IPTU, de forma que o *critério topográfico* eleito pelo Código Tributário Nacional teria que ser conjugado com o *critério da destinação*, o qual prevalece para fins de identificação do tributo incidente sobre uma determinada propriedade situada em área urbana.

Importante mencionar que a União já havia tentado relativizar o critério topográfico, acrescentando o critério da destinação por meio do Decreto Federal n. 59.428, de 27 de outubro de 1966. Contudo, como o referido instrumento normativo era dotado de poder meramente regulamentar (art. 83, II, CF/46), de forma que não poderia ter estabelecido critério diverso do previsto no CTN para fins de caracterização de imóvel como rural ou urbano, fez-se necessária a promulgação do Decreto-Lei n. 57/66, que à época da Constituição Federal de 1946 detinha força de lei.

O mencionado Decreto-Lei, assim como o próprio Código Tributário Nacional, foi recepcionado como lei complementar pela Constituição Federal de 1967 e pela Emenda Constitucional de nº. 1/69. Por este motivo, o Supremo Tribunal Federal, ainda sob a égide da Constituição pretérita, reputou válido o artigo 15 do Decreto-Lei n. 57/66 e rechaçou a pretensão de certas Municipalidades de afastar a sua aplicação:

> Imposto Territorial Urbano. Não incide sobre o imóvel utilizado na exploração agropastoril, ainda que situado nos limites da zona urbana, definida em lei municipal. Negação de vigência, pelas instâncias ordinárias, ao art. 15 do DL 57, de 18.11.1966, modificador da norma contida no art. 32 do Código Tributário Nacional[14].

---

[14] RE 76.057/PR, julgado em 10 de abril de 1974, publicado em 07.06.1974.

Insatisfeitos com o resultado, os Municípios se mobilizaram para restringir o espectro de aplicação do critério da destinação. Desse esforço resultou a publicação da Lei Federal n. 5.868, de 12 de dezembro de 1976, que em seu artigo 6º estabelecia que somente haveria a incidência do ITR para os imóveis destinados à produção rural ou agroindustrial, situados na zona urbana, que tivessem área superior a um hectare. Por sua vez, o artigo 12 da citada Lei Federal revogava o artigo 15 do Decreto-Lei n. 57/66.

Contudo, o Supremo Tribunal Federal, no julgamento do Recurso Extraordinário 93.850-8/MG, sob a Relatoria do Ministro Moreira Alves, reputou inconstitucional o artigo 6º da Lei n. 5.868/76, sob o argumento de que lei ordinária não seria competente para dispor sobre a matéria, que somente poderia ser disciplinada por lei complementar:

> Imposto Predial. Critério para a caracterização do imóvel como rural ou como urbano.
>
> A fixação deste critério, para fins tributários, é princípio geral de direito tributário, e, portanto, só pode ser estabelecido por lei complementar.
>
> O C.T.N., segundo a jurisprudência do S.T.F., é lei complementar.
>
> Inconstitucionalidade do artigo 6º, e seu parágrafo único da Lei Federal n. 5.868, de 12 de dezembro de 1972, uma vez que, não sendo lei complementar, não poderia ter estabelecido critério, para fins tributários, de caracterização de imóvel como rural ou urbano diverso do fixado nos artigos 29 e 32 do C.T.N.
>
> Recurso Extraordinário conhecido e provido, declarando-se a inconstitucionalidade do artigo 6º e seu parágrafo único da Lei Federal n. 5.868, de 12 de dezembro de 1972[15].

Posteriormente, já sob a égide da Constituição Federal de 1988, o Supremo Tribunal Federal, em composição plenária, nos autos do Recurso Extraordinário n. 140.773-5/SP, relatado pelo Ministro Sydney Sanchez, também declarou a inconstitucionalidade do artigo 12 da Lei Federal n. 5.868/76, na parte em que revogou o artigo 15 do Decreto-Lei n. 57/66, também com fundamento na impossibilidade formal:

---

15 RE 93.850-8/MG, Tribunal Pleno, Relator Ministro Moreira Alves, julgado em 20/05/1982.

> DIREITO CONSTITUCIONAL, TRIBUTÁRIO E PROCESSUAL CIVIL. IMPOSTO PREDIAL E TERRITORIAL URBANO (I.P.T.U.). IMPOSTO TERRITORIAL RURAL (I.T.R.). TAXA DE CONSERVAÇÃO DE VIAS. RECURSO EXTRAORDINÁRIO.
>
> (...)2. R.E. conhecido, pela letra "b", mas improvido, mantida a declaração de inconstitucionalidade do art. 12 da Lei federal n 5.868, de 12.12.1972, no ponto em que revogou o art. 15 do Decreto- lei n 57, de 18.11.1966.
>
> 3. Plenário. Votação unânime[16].

Na sequência, foi editada a Resolução n. 9, de 2005, do Senado Federal, que suspendeu a execução o artigo 12 da Lei Federal n. 5.868/76, no ponto em que revogou o artigo 15 do Decreto-Lei n. 57/66, em vista da decisão de inconstitucionalidade do Supremo Tribunal Federal.

É com base na premissa de que o Supremo Tribunal Federal reconhece a atual vigência do artigo 15 do Decreto-Lei n. 57/66 que o Superior Tribunal de Justiça tem afirmado a aplicabilidade deste dispositivo para fins de delimitação da competência tributária relativa ao ITR e ao IPTU. Este entendimento, tal como dito na precedência, foi firmado inclusive sob a sistemática dos recursos repetitivos, quando do julgamento do Recurso Especial n. 1.112.646/SP, de relatoria do Ministro Herman Benjamin:

> TRIBUTÁRIO. IMÓVEL NA ÁREA URBANA. DESTINAÇÃO RURAL. IPTU. NÃO INCIDÊNCIA. ART. 15 DO DL 57/1966. RECURSO REPETITIVO. ART.543-C DO CPC.
>
> 1. Não incide IPTU, mas ITR, sobre imóvel localizado na área urbana do Município, desde que comprovadamente utilizado em exploração extrativa, vegetal, agrícola, pecuária ou agroindustrial (art. 15 do DL 57/1966).
>
> 2. Recurso Especial provido. Acórdão sujeito ao regime do art. 543-C do CPC e da Resolução 8/2008 do STJ[17].

Importante destacar, ademais, que o Supremo Tribunal Federal tem se eximido de analisar a questão referente à compatibilidade *material* do artigo 15 do Decreto-Lei n. 57/66 com os artigos 153, inciso VI, e 156,

---

16 RE 140.773/SP, Tribunal Pleno, Relator Ministro Sydney Sanches, publicado em 04/06/1999.

17 REsp 1.112.646/SP, Primeira Seção, Relator Ministro Herman Benjamin, publicado em 28/08/2009.

inciso I, da Constituição Federal, sob o argumento de que a matéria exigiria a análise da legislação infraconstitucional pertinente, bem como o reexame dos fatos e provas dos autos.

O Ministro Edson Fachin, em decisão monocrática proferida no Agravo em Recurso Extraordinário n. 1.097.285/PR asseverou que o Plenário do Supremo Tribunal Federal, quando do julgamento do citado Recurso Extraordinário n. 140.773-5/SP, "reafirmou sua compreensão iterativa segundo a qual o Decreto-lei 57/1966 foi recepcionado com *status* de lei complementar e não afronta a ordem constitucional, seja do ponto de vista formal, seja do *material*". Porém, isso não é inteiramente verdadeiro, posto que do voto-condutor do referido acórdão prolatado no Recurso Extraordinário n. 140.773-5/SP, de lavra do Ministro Sydney Sanchez, verifica-se que na ocasião foi analisada tão somente a condição *formal* em que recepcionada a referida norma (lei complementar) e a impossibilidade de lei ordinária revogá-la.

Vale lembrar que, para os autores que entendem que há um conceito implícito no Texto Constitucional do que seria "imóvel rural" (aquele localizado na área rural) e "imóvel urbano" (aquele localizado na área urbana), a legislação complementar não poderia adotar critério diverso do topográfico, de modo que o Decreto-Lei n. 57/66, ao fixar o critério da destinação do imóvel, seria inconstitucional.

Entendemos, porém, que o critério da destinação do imóvel é sim compatível com os preceitos da Constituição. O conceito de *propriedade imobiliária* a que aludem os artigos 153, inciso VI, e 156, inciso I, do Texto Constitucional não se prende ao aspecto da sua localização geográfica, estando vinculado, isto sim, à noção da função social da propriedade, que se preocupa com as garantias sociais e econômicas dos cidadão e da sociedade, tais como moradia, lazer, subsistência familiar, produtividade, etc. Nesse sentido, o critério da destinação econômica revela-se compatível com o Texto Constitucional na medida em que permite concretizar o seu desígnio de estabelecer tratamento jurídico-tributário diferenciado para determinado imóvel em razão da função social nele desempenhada.

Na Constituição Federal, a propriedade privada e a função social da propriedade são particularmente destacadas tanto no artigo 5°, que estabelece os direitos e as garantias sociais, quanto no artigo 170, que trata dos princípios gerais da atividade econômica, o que revela a importância destes espectros constitucionais para a compreensão do próprio conceito de propriedade indicado no capítulo do Texto Constitucional reservado à disciplina tributária.

Logo o conceito constitucional de propriedade privada está atrelado à sua função social (seu uso econômico) e, no âmbito tributário, repercute diretamente no objetivo extrafiscal dos tributos a ele relacionados. Portanto, o artigo 15 do Decreto-Lei n. 57/66 não extrapola os limites demarcados pela Constituição Federal no que diz respeito à competência tributária para a instituição do IPTU e do ITR, pelo contrário, reafirma-o.

De qualquer maneira, o entendimento manifestado pelo Superior Tribunal de Justiça firmado em recursos repetitivo no sentido de que não incide IPTU, mas ITR, sobre imóvel localizado na área urbana do Município, desde que comprovadamente utilizado em exploração extrativa vegetal, agrícola, pecuária ou agroindustrial (art. 15 do DL 57/1966), tem sido aplicado em todas as instâncias, inclusive por força da eficácia vinculante do precedente atribuída pelo artigo 927, inciso II, do Código de Processo Civil.

4. Controvérsias sobre a aplicação do artigo 15 do Decreto-Lei n. 57/66

Como dito na precedência, apesar de estar consolidado no Judiciário o entendimento pela aplicabilidade do critério da destinação previsto no artigo 15 do Decreto-Lei n. 57/66, ainda existem controvérsias sobre a abrangência de sua aplicação.

Não há definição na jurisprudência se a exploração agropecuária de que trata o mencionado dispositivo pressupões atividade rural *voltada ao comércio* e, ainda, se a norma é aplicável inclusive quando há a *utilização híbrida* da propriedade, como, por exemplo, quando um estabelecimento realiza a atividade rural ou agroindustrial em conjunto com outra atividade econômica de natureza diversa.

A análise que ora se propõe reclama, pois, a construção do conteúdo, sentido e alcance da referida norma jurídica, o que pressupõe a análise de todos os planos do enunciado linguístico em que se manifesta:

> Art. 15. O disposto no art. 32 da Lei n. 5.172, de 25 de outubro de 1966, não abrange o imóvel de que, comprovadamente, seja utilizado em exploração extrativa vegetal, agrícola, pecuária ou agroindustrial, incidindo assim, sobre o mesmo, o ITR e demais tributos com o mesmo cobrados.

Quanto ao plano literal, merece especial ênfase a locução *"exploração extrativa vegetal, agrícola, pecuária ou agroindustrial"*, que consubstancia o núcleo do substrato textual da norma.

O *extrativismo vegetal* corresponde à atividade de "extração e coleta de produtos vegetais nativos, não plantados, inclusive a exploração madeireira de florestas nativas", tal como bem definido pelo Decreto Federal n. 4.382, de 19 de setembro de 2002. As atividades *agrícola* e *pecuária* se referem ao cultivo do solo voltado à obtenção de produtos vegetais e à criação de animais.

O vocábulo *exploração*, que se liga às atividades acima descritas, é entendido como ato ou efeito de *explorar*, verbo este que, segundo o Dicionário Aurélio[18], significa "tirar partido ou proveito de; produzir" e também possui o sentido econômico de "desenvolver (um negócio ou indústria), empreender". Ao definir o termo *exploração*, o dicionário ainda o conceitua como "desenvolvimento de uma indústria, de um negócio, com fins especulativos".

De Plácido e Silva[19] indica que *exploração* tem o significado de "vantagem, proveito, utilização, aproveitamento, emprego vantajoso" e acrescenta que "economicamente, diz-se exploração para a atividade aplicada na produção de riquezas de qualquer natureza, isto é, agrícola, industrial ou mesmo comercial.", complementando que "com este sentido, a exploração se caracteriza ou se diz: exploração agrícola, exploração comercial, exploração industrial ou exploração de um negócio qualquer".

Como se pode ver, *exploração* é termo que não possui significado unívoco, podendo ser empregado para designar uma conduta voltada à obtenção de um proveito com ou sem fim comercial, muito embora este aspecto econômico seja muito associado ao termo.

O Tribunal de Justiça do Estado de São Paulo já se manifestou no sentido de que a redação da norma inserta no artigo 15 do Decreto-Lei n. 57/66 não estabeleceria a necessidade de que a exploração tivesse cunho comercial, de forma que a produção rural para subsistência familiar em imóvel urbano estaria alcançada pelo preceito legal:

---

18 *Novo Dicionário da Língua Portuguesa*. Rio de Janeiro: Editora Nova Fronteira, 1975, p. 600.

19 *Vocabulário Jurídico*. Atualizadores: Nagib Slaibi Filho e Priscila Pereira Vasques Gomes. 31. ed. Rio de Janeiro: Forense, 2014.

> Cumpre consignar que o laudo pericial (fls. 211/249) tem duas conclusões, cada qual suficiente, para a procedência da demanda: (i) o imóvel não são servidos por pelo menos dois dos cinco melhoramentos exigidos pelo CTN (cf. fls. 213); e (ii) e que o imóvel tinha destinação rural, notadamente a criação de gado de leite e plantação de hortaliças (fls. 214), concluindo tratar-se de uma área rural (fls. 218).
>
> Aliás, como já decidiu desta C. Câmara, em caso análogo:
>
>> Tributário. Ação anulatória. Discussão quanto ao tributo devido (IPTU x ITR). Interpretação conjunta dos critérios topográficos e de destinação do imóvel. Imóvel destinado à atividade rural. Comprovação. Incidência de ITR. Entendimento jurisprudencial do C. STJ. Recurso não provido. (Apelação Civil n. º 0021388-47.2010.8.26.0506, 18ª Câmara de Direito Público do Tribunal de Justiça de São Paulo, Rel. Des. Mourão Neto, j em 21/03/2013)
>
> Com efeito, se extrai desse referido acordão:
>
>> Cabe observar, a este respeito, que, ao contrário do suscitado pela apelante, a lei não exige a destinação econômica como um requisito para a não incidência do IPTU, sendo plenamente possível a exploração da terra pelo contribuinte somente para a subsistência de sua família. Situação está que se almolda ao caso concreto, tendo em vista que a perícia concluiu que "*a produção existente se destina ao consumo do proprietário e dos funcionários*" grifei fls. 217.
>
> Ademais, o artigo 15 da Decreto-lei n. 57/66 não traz essa obrigatoriedade, não podendo se confundir a exploração econômica com a "exploração extrativa vegetal, agrícola, pecuária ou agro -industrial", visto que estas podem estar relacionada à subsistência da família do contribuinte, sem cunho comercial"[20].

De fato, não há qualquer distinção no Decreto-Lei n. 57/66 neste sentido. Como visto, o termo *exploração* pode ter conotação econômica ou não, sempre dependendo do contexto em que empregada. Assim, verifica-se que a norma não trouxe em seu suporte textual a restrição de que somente seria afastado o IPTU para os imóveis utilizados para a consecução de atividade rural *voltada ao comércio.*

---

20 Apelação/Reexame Necessário 0563388-54.2008.8.26.0577, 14ª Câmara de Direito Público, Desembargador Maurício Fiorito, publicado em 03/02/2014.

Embora o método da interpretação literal/gramatical não seja suficiente para, de forma isolada, construir-se com segurança o verdadeiro sentido da norma jurídica, no ponto em exame o emprego deste instrumento interpretativo é afirmado pela sua utilização conjugada com os demais métodos de interpretação aplicáveis.

No presente caso, revela-se de suma importância a utilização dos métodos da interpretação *teleológico*, que visa identificar o sentido normativo tendo em vista o fim pela qual a lei foi elaborada, e o *sistemático*, que pressupõe a análise da norma jurídica em conjunto com as demais normas do sistema jurídico, de modo a concretizar a regra hermenêutica pelo qual nenhum preceito normativo deve ser interpretado de maneira isolada, mas sim dentro do arcabouço jurídico em que se insere.

Como já dito anteriormente, a interpretação das normas relativas à delimitação da competência tributária do ITR e do IPTU deve ser orientada pelos dispositivos constitucionais que atribuem a função extrafiscal a estes tributos. O aspecto arrecadatório, como dito, não parece influenciar esta questão, dado que o fruto da arrecadação, tanto do IPTU quanto do ITR, terá como destino os cofres do Município, se este assim o desejar.

Os autores Fernando Facury Scaff, Alexandre Coutinho da Silveira e Gabriel Hercos da Cunha[21] destacam que o próprio conceito de propriedade a que alude o Texto Constitucional deve se adequar aos preceitos constitucionais que apontam para a feição extrafiscal do ITR:

> O ITR, como visto, está intimamente ligado à atividade não apenas arrecadatória do Estado, mas à política fundiária, combatendo propriedades improdutivas e latifúndios que não cumprem com a função social da propriedade. Portanto, ao passo que a Lei instituidora não pode desvirtuar o conceito de propriedade referido no texto constitucional, deve adequá-lo, sistematicamente, aos demais preceitos constitucionais sobre o tema, aí se destacando aqueles dos arts. 184 a 191 (Título VII, Da Ordem Econômica e Financeira, Capítulo III, Da Política Agrícola e Fundiária e da Reforma Agrária).

---

21 SCAFF, Fernando Facury, SILVEIRA, Alexandre Coutinho da e CUNHA, Gabriel Hercos da. O ITR e alguns problemas relativos à sua base de cálculo, *in Agronegócio, Tributação e Questões Internacionais*. São Paulo: Quartier Latin, 2019. p. 376/388.

> (...) (a Constituição) ressaltou, em diversas passagens – e não para fins puramente de reforma agraria – que a 'propriedade' deve ser compreendida sempre ao lado de sua função, de seu uso econômico. Lembra-se, para assim concluir, que a "propriedade privada" e a "função social da propriedade" são mencionados como princípios da ordem econômica, na forma do art. 170 da CF/88.

O ITR, consoante demonstrado, tem por finalidade essencial servir de instrumento da política agrária e fundiária, justamente para fazer com que a propriedade cumpra a sua função social, tal como a proteção socioeconômica do produtor rural e de abastecimento regular do mercado de produtos rurais.

Portanto, em nosso entender, *o que justifica a opção do legislador externada artigo 15 do Decreto-Lei n. 57/66 é conferir tratamento diferenciado, do ponto de vista tributário, para os imóveis que estejam essencialmente destinados ao cumprimento da função social ínsita à propriedade territorial rural, independentemente de sua localização.* Neste sentido, importante destacar que o parágrafo único do 185 da Constituição Federal estabelece que "a lei garantirá tratamento especial à propriedade produtiva e fixará normas para o cumprimento dos requisitos relativos à sua função social".

Com isso, pode-se dizer que estão alcançados pela norma os imóveis em que a produção rural, essencialmente, *(i)* seja utilizada para subsistência do proprietário e de sua família ou, ainda, que *(ii)* se destine a abastecer o mercado com produtos rurais, industrializados ou não, incluindo os alimentares e não alimentares.

A inclusão dos imóveis agroindustriais no *rol* das propriedades territoriais localizadas em zona urbana como sujeitos à incidência do ITR nos parece reforçar o entendimento de que a referida norma de fato busca compatibilizar o critério espacial do imposto com a função social da propriedade.

Embora estes estabelecimentos não possuam características físicas propriamente rurais, assemelhando-se aos estabelecimentos industriais de outros setores da economia, as agroindústrias representam importante elo entre o produtor rural e os consumidores finais, consubstanciando importante segmento da cadeia produtiva do agronegócio. Daí a relevância da política agrária, do ponto de vista do regular abastecimento do mercado de produtos rurais industrializados, de atingir também o estabelecimento localizado em zona urbana que é voltado para tal atividade, por meio da aplicação das alíquotas diferenciadas do ITR em razão do grau de produtividade.

Então, vale pontuar. A função social do imóvel rural não implica na necessidade de que haja exploração agrícola com o intuito de comercialização. Dentre as propriedades territoriais alcançadas pelo artigo 15 do Decreto-Lei n. 57/66 estão aquelas em que realizada a agricultura de subsistência, em que a produção rural objetiva garantir a efetiva sobrevivência do agricultor e de sua família, suprindo suas necessidades alimentares e financeiras, assim como as hortas comunitárias, mesmo as que não tenham fins comerciais, pois realizam importante papel de abastecimento alimentar das comunidades que as cercam, desempenhando efetivamente a função social almejada pela Constituição Federal.

Por outro lado, mesmo que haja diminuta comercialização de produtos rurais em uma determinada propriedade, esta venda não será apta a atrair a incidência do ITR, quando a produção rural realizada no imóvel não for essencial para a subsistência do proprietário ou para o abastecimento do mercado consumidor.

Neste aspecto, importante mencionar trecho do voto-condutor do acórdão prolatado pelo Tribunal de Justiça do Estado do Rio Grande do Sul, que entendeu legítima a incidência do IPTU sobre imóvel em que continha pequena produção para consumo do proprietário e comercialização, mas que não representava sua fonte de subsistência, uma vez que este não seria o intuito da norma inserta no artigo 15 do Decreto-Lei n. 57/66:

> A pequena comercialização existente não pode ser considerada, maneira alguma, como exploração.
>
> Ora, o espírito da norma em comento é incentivar o pequeno produtor que se dedica à atividade agrícola, pecuária ou extrativa e dela depende para prover sua subsistência e a de sua família. Não serve como instrumento para que o proprietário opte pelo tributo que mais lhe convém, cultivando – ou não – uma horta em sua residência[22].

Assim, o preceito normativo do artigo 15 do Decreto Lei n. 57/66 não contempla a produção rural que não essencial para a sobrevivência do agricultor, não representando percentual expressivo da renda familiar, ou que não tenha papel importante na subsistência da comunidade que o cerca. Estão excluídos, assim, os imóveis em que a exploração

---

22 Apelação Cível 0250351-61.2015.8.21.7000, 2ª Câmara Cível, Relatora Lúcia de Fátima Cerveira, julgado em 25/11/2015.

agropecuária realizada seja economicamente inexpressiva ou que constitua atividade essencialmente lúdica do proprietário. Nestes casos, não se desnatura a destinação urbana do imóvel, já que possui função primordial de residência ou de recreação, atraindo, assim a incidência do IPTU, caso localizado em área urbana, urbanizável ou de expansão urbana.

No exemplo dado por Gabriel Lacerda Troianelli[23], "não incidirá, portanto, o ITR, se no imóvel localizado no imóvel urbano for criado um casal de cavalos para diversão do proprietário ou instalado um pequeno galinheiro para produzir ovos para consumo próprio e de amigos"[24].

O entendimento aqui exposto é corroborado pelo artigo 14 do Decreto Lei n. 57/66, que traz hipótese que excepciona a incidência do ITR:

> Art. 14. O disposto no art. 29 da Lei 5.172, de 25 de outubro de 1966, não abrange o imóvel que, comprovadamente, seja utilizado como "sítio de recreio" e no qual a eventual produção não se destine ao comércio, incidindo assim, sobre o mesmo imposto sobre a Propriedade Predial e Territorial Urbana, a que se refere o art. 32 da mesma lei.

Referido dispositivo legal foi revogado pelo artigo 12 da Lei n. 5.868/76. Importante lembrar que o artigo 12 da Lei n. 5.868/76 foi declarado inconstitucional pelo Supremo Tribunal Federal apenas na parte em que revogou o artigo 15 do Decreto-Lei n. 57/66, muito embora os mesmos argumentos adotados pela Corte Suprema na ocasião justifiquem também a invalidade da revogação do artigo 14 deste mesmo diploma legal.

Aliás, o Superior Tribunal de Justiça, ignorando a revogação do citado artigo, tem decidido reiteradamente que é "legal a cobrança do IPTU dos sítios de recreio (...), mesmo que não contenha os melhoramentos previstos no art. 32, § 1º, do CTN"[25], com base na interpretação conjunta do artigo 14 do Decreto-Lei n. 57/66 com artigos 29 e 32, § 1º, do Código Tributário Nacional.

---

23 *Op. cit.*, p. 135.

24 Embora o referido autor entenda pela necessidade de que a atividade rural seja voltada ao comércio, para fins de incidência do ITR sobre imóvel situado em área rural, de forma destoante da conclusão apontada no presente estudo, o exemplo também é válido para fins de ilustração de situação em que a atividade realizada no imóvel não seja essencialmente rural.

25 AgInt no AREsp 1197346/SP, Segunda Turma, Ministra Assusete Magalhães, publicado em 15/05/2018.

De toda forma, a redação do artigo 14 do Decreto-Lei n. 57/66 é muito importante para compreensão do conteúdo, sentido e alcance do artigo 15 do mesmo instrumento legal, posto que demonstra a intenção do legislador de deixar fora da incidência do ITR o imóvel que não cumpra, em sua essência, a função social da propriedade rural, ainda que contenha traços físicos tipicamente rurais.

Assim, o termo "utilizado" (em exploração extrativa vegetal, agrícola, pecuária ou agroindustrial) inserto no suporte textual do artigo 15 do Decreto-Lei n. 57/66 não deve ser entendido em sua estrita literalidade, de forma que não basta que haja a simples realização de atividade tipicamente rural em determinado imóvel urbano.

Nas palavras de Hugo de Brito Machado[26] "o elemento literal é de pobreza franciscana, e utilizado isoladamente pode levar a verdadeiros absurdos". De fato, segundo as proposições da teoria comunicacional do direito, não se pode dizer que o significado literal da norma jurídica é manifesto, explícito em sua literalidade, pois o sentido normativo sempre decorre do "resultado de um processo interpretativo no qual intervêm uma pluralidade de variáveis heterogêneas, linguísticas e não linguísticas"[27]. Com efeito, a interpretação literal deve ser considerada apenas como o ponto de partida de um percurso gerador de sentido da norma, e não como a interpretação definitiva em si.

Logo, em vista da extrema importância dada pela Constituição Federal à função social da propriedade, que acaba por demarcar os contornos a serem observados pelo legislador complementar na explicitação do conceito de *imóvel rural* e *urbano*, sobretudo para fins da delimitação da competência tributária do IPTU e do ITR – impostos estes de nítido caráter extrafiscal –, o domínio semântico do termo *utilizado*, a que alude a norma em comento, somente deve ser compreendido no sentido de *ser destinado*, ou seja, *utilizado essencialmente* na atividade rural ou agroindustrial.

Esta também deve ser a premissa para se resolver a controvérsia sobre qual tributo *propter rem* incide sobre estabelecimento que contém *utilização econômica híbrida*, ou seja, quando não tiver destinação

---

26 MACHADO, Hugo de Brito. *Curso de Direito Tributário*. 30. ed. São Paulo: Malheiros, 2009, p. 114.

27 MAZZARESE, Tecla. *Interpretación literal:* juristas y linguistas frente a frente. 2000, p. 620.

empresarial exclusivamente rural ou agroindustrial, coexistindo atividade econômica autônoma de natureza diversa.

Neste caso, incidirá o ITR caso a *destinação essencial* do imóvel seja a de produção rural ou agroindustrial. Assim, deve ser utilizado o *critério da preponderância* das receitas auferidas no imóvel, de forma que, se for aferido que a maioria das receitas obtidas na exploração econômica de uma determinada propriedade situada em área urbana tem origem na atividade rural ou agroindustrial, o Município não terá competência para cobrar o IPTU.

E, aqui, vale a advertência de que a norma do artigo 15 do Decreto-Lei n. 57/66 se volta à propriedade territorial em si. Assim, mesmo que uma pessoa jurídica tenha por objeto principal a consecução de atividade rural ou agroindustrial, não sendo ela realizada por intermédio de um determinado imóvel de sua propriedade situado em área urbana (estabelecimento em que desenvolve atividade meramente administrativa, por exemplo), sobre ele deverá recair a cobrança do IPTU. A recíproca também é verdadeira. O critério da preponderância deve levar em consideração as receitas obtidas *em relação ao imóvel*.

Feitas estas ponderações, vale manifestar nossa discordância com o que restou decido pelo Tribunal de Justiça do Estado do Rio Grande do Sul quando do julgamento da Apelação/Reexame Necessário n. 0328053-25.2011.8.21.7000[28], nos termos do voto-condutor do acórdão:

> No caso, conforme documentação juntada e colocação dos fatos (incontroversos), por ambas as partes, não se está a tratar de atividade agropecuária ou agroindustrial para fins de incidência do ITR, como faz crer o impetrante.
>
> Ora, o imóvel está localizado numa avenida na cidade de Bagé e possui como atividade preponderante o beneficiamento e a *comercialização* de arroz, como são informados na inicial.
>
> Portanto, **o fato de existir comercialização por si só afasta a existência de atividade rural sustentada pelo impetrante**, de sorte que inexiste direito líquido e certo a ser amparado na via mandamental. (destacou-se)

---

[28] Apelação/Reexame Necessário 0328053-25.2011.8.21.7000, Primeira Câmara Cível, Desembargador Relator Carlos Roberto Lofego Caníbal, publicado em 28.10.2011.

Como visto, a coexistência de atividade econômica diferente da rural ou agroindustrial, por si só, não afasta incidência do ITR. De toda forma, no caso analisado pelo TJRS, a comercialização do produto rural beneficiado realizada no próprio estabelecimento industrial consubstancia mera etapa da atividade agroindustrial, que compreende a aquisição da matéria-prima, quando a produção não for própria, a industrialização do produto rural (transformação, beneficiamento ou acondicionamento) e sua comercialização. A comercialização se insere, pois, no contexto do próprio processo agroindustrial. Assim, não há sequer que se falar em destinação híbrida nesta hipótese, sendo plenamente aplicável a regra do artigo 15 do Decreto-Lei n. 57/66.

Questão complexa se põe quando empreendimentos imobiliários urbanos como *shoppings centers*, condomínios residenciais, por exemplo, sejam integrados pelas denominadas "fazendas urbanas". Quando há matrícula específica para a área em que há produção rural, não há maiores dúvidas, posto que, neste caso, serão imóveis autônomos para fins fiscais, incidindo o ITR exclusivamente sobre aquele em que realizada a atividade agropecuária.

No entanto, não havendo separação de matrícula para a área voltada à produção agropecuária, entendemos que deverá prevalecer a cobrança do IPTU, dado que a destinação dos imóveis será essencialmente comercial (*shopping center*) ou residencial (*condomínio residencial*). O fato de um dos lojistas ou condôminos eventualmente realizar uma atividade rural ou agroindustrial não desnatura a destinação econômica primeira do imóvel.

Por fim, importante destacar que é equivocada a argumentação levada a efeito por alguns Municípios no sentido de que a apresentação de comprovante de pagamento de recolhimento do ITR e do Certificado de Cadastro de Imóvel Rural (CCIR) seria indispensável para se demonstrar a destinação rural do imóvel situado em área urbana.

Acontece que o eventual descumprimento de obrigações tributárias pelo proprietário e de outras providências de natureza administrativa não tem o condão de deslocar a competência tributária da União para o Município. O campo da atuação legislativa tributária dos entes políticos é delimitado pelas normas de estruturas fixadoras da competência tributária insertas no Texto Constitucional e desdobrado, explicitado, pelas normas gerais de direito tributário veiculadas em lei complementar.

Além do que, como visto, o ITR não é cobrado sobre imóveis situados em área urbana. Tal como reconhecido pela própria Receita Federal do Brasil, a União renunciou à possibilidade de tributação prevista no artigo 15 do DL 57/1966, ao deixar de prever a incidência do imposto nesta situação quando editou a Lei Federal 9.393/1996. Portanto, não há como se exigir do proprietário de imóvel situado na área urbana, com destinação econômica rural, o comprovante de recolhimento do ITR também pelo simples motivo de que este tributo não lhe é exigível. Vale registar que a renúncia fiscal da União não legitima aos Municípios extrapolarem o âmbito de sua competência legislativa e, assim, exigir o IPTU.

Portanto, a verificação da aplicabilidade do artigo 15 do Decreto-Lei n. 57/66 deverá ser feita levando em consideração as peculiaridades de cada caso concreto, precisamente, se o imóvel situado em zona urbana é essencialmente destinado ao cumprimento da função social ínsita à propriedade territorial rural.

5. Conclusões

Como visto, em que pese a definição que atualmente vigora no Judiciário sobre a necessidade de conjugação *do critério topográfico* com o *critério da destinação* do imóvel, com a prevalência deste último para fins da incidência do IPTU ou do ITR sobre imóveis situados na área urbana, tem havido dúvida sobre qual desses tributos incide sobre determinada propriedade territorial localizada na zona urbana quando nela for realizada atividade agropecuária *sem fins comerciais* ou, ainda, quando a destinação do imóvel não for exclusivamente rural ou agroindustrial.

A interpretação das normas gerais relativas à delimitação da competência tributária para a instituição do IPTU e do ITR, o que inclui o artigo 15 do Decreto Lei n. 57/66, deve ser necessariamente referenciada pelo aspecto da extrafiscalidade destes tributos, pois este elemento, de viés constitucional, tem se mostrado o mais importante para a compreensão da lógica por de trás da demarcação do âmbito de incidência de tais impostos, sobretudo porque, do ponto de vista arrecadatório, a União já permite o integral repasse do produto da sua arrecadação para o Município.

O conceito de *propriedade imobiliária* a que aludem os artigos 153, inciso VI, e 156, inciso I, do Texto Constitucional não se prende ao aspecto da sua localização geográfica, estando vinculado, na realidade, à noção da função social da propriedade, que se preocupa com as garantias sociais e econômicas dos cidadão e da sociedade, tais como moradia, lazer, subsistência familiar, produtividade, etc.. Nesse sentido, conclui-se que o critério da destinação econômica se compatibiliza com o Texto Constitucional, pois permite concretizar o seu desígnio de estabelecer tratamento jurídico-tributário diferenciado para determinado imóvel em razão da função social nele desempenhada.

Com base na construção do conteúdo, sentido e alcance da norma jurídica inserta no artigo 15 do Decreto-Lei n. 57/66 feita no presente estudo sobre, balizada pelo ideal da função social da propriedade, não será possível a cobrança de IPTU sobre o imóvel em que produção rural ou agroindustrial nele realizada (i) vise à efetiva subsistência do proprietário, de sua família e de sua comunidade, ou, ainda, (ii) se destine, essencialmente, ao abastecimento do mercado de produtos rurais, industrializados ou não, incluindo os alimentares e não alimentares.

A atividade rural não necessariamente deve ser voltada ao comércio (tal como ocorre na produção rural destinada à subsistência familiar e na realizada em hortas comunitárias, inclusive nas que não possuem fins lucrativos). Quando houver utilização econômica híbrida em um estabelecimento, sua destinação essencial deve ser aferida, para fins de delimitação da incidência dos referidos tributos *propter rem*, com base na utilização do critério da preponderância das receitas vinculadas ao imóvel em particular.

Referências

BUENO, Francisco Godoy. Incentivos econômicos previstos pelo Código Florestal (Lei n. 12.651/2012) e o imposto territorial rural – ITR, *in Agronegócio, Tributação e Questões Internacionais*. São Paulo: Quartier Latin, 2019.

CARRAZA, Roque Antônio. *ICMS*. 8. ed. São Paulo: Malheiros, 2002.

LOPES FILHO, Juraci Mourão. *Imposto predial e territorial urbano e imposto territorial urbano, in* Série de Direito Tributário. São Paulo: Atlas, 2015.

LOUBET, Leonardo Furtado. *Tributação federal no agronegócio*. São Paulo: Noeses, 2017.

MACHADO, Hugo de Brito. *Curso de direito tributário*. 30ª ed. São Paulo: Malheiros, 2009.

MAZZARESE, Tecla. *Interpretación literal*: juristas y linguistas frente a frente. 2000.

MELO, José Eduardo Soares de. *IPTU – ITR:* Teoria e Prática. 3. ed. rev. atual. Livraria do Advogado, 2000.

PAULSEN, Leandro. *Direito tributário* – Constituição e Código Tributário à luz da doutrina e da jurisprudência. 6. ed. Porto Alegre: Livraria do Advogado, 2004.

SCAFF, Fernando Facury, SILVEIRA, Alexandre Coutinho da e CUNHA, Gabriel Hercos da. O ITR e alguns problemas relativos à sua base de cálculo, *in Agronegócio, Tributação e Questões Inter*nacionais. São Paulo: Quartier Latin, 2019.

TROIANELLI, Gabriel Lacerda. ITR *ou IPTU? Critérios para definição da competência para tributas a propriedade, in* Tributação no Agronegócio. São Paulo: Quartier Latin, 2005.

17

A TRIBUTAÇÃO PELO RET E O DIREITO DE PERMANECER NO REGIME ATÉ A CONCLUSÃO DA OBRA E VENDAS DAS UNIDADES IMOBILIÁRIAS

Maria Inês Murgel

As atividades relacionadas à incorporação imobiliária, há duas décadas, são uma importante fonte de emprego para o país e exercem um papel fundamental no desenvolvimento de nossa economia. De fato, a promoção e a construção de edificações movimentam uma longa cadeia, que abrange não só a indústria de insumos, o fornecimento de mercadorias, mas também a prestação de serviços ligados à ocupação de imóveis. Sem dúvida, geram uma forte influência na oferta e na melhoria da infraestrutura, moradia e mobilidade urbana. Como resultado, tem-se não apenas a geração de emprego, mas o aumento na arrecadação tributária.

Sua relevância é tanta que, quando o setor vivenciou gravíssima crise de credibilidade deflagrada pelo caso Encol – falência da gigante empresa que, em 1999, deixou 42 mil clientes que vinham pagando por seus imóveis a ver navios -, o governo federal percebeu a necessidade de intervir, de forma a reestabelecer a confiança no mercado imobiliário do Brasil.

A crise da Encol revelou o seu *modus operandi*, certamente seguido por outras incorporadoras: os recursos de um empreendimento eram utilizados para financiar novos empreendimentos e, com o tempo, esse modelo insustentável de administração acabou gerando uma oferta de imóveis que o mercado não conseguiu absorver. A empresa se viu com dezenas de empreendimentos em construção e não tinha capacidade de terminá-los para honrar as suas dívidas com os credores (a famosa administração "bicicleta).

Foi então instituído o Regime Especial de Tributação – RET, através da Lei 10.931, de 2 de agosto de 2004, objetivando trazer mais segurança na venda de imóveis na planta e fomentar o setor financeiro, e que foi fundamental para que o setor de construção civil se reerguesse com toda força na década seguinte.

Para tanto, a Lei implementa um Regime Especial de Tributação, mais benéfico, desde que a incorporação imobiliária utilize o instituto do patrimônio de afetação[1], que determina que os bens referentes a uma obra têm finalidade específica e não podem ser utilizados pela incorporadora para outro fim que não a conclusão do empreendimento, impedindo que a incorporadora utilize os recursos de uma obra para alavancar e iniciar outras. A adoção do patrimônio de afetação, portanto, confere segurança ao investidor e a toda cadeia de financiamento imobiliário, reduzindo os riscos de falência da incorporadora e permitindo que, caso esse fato eventualmente ocorra, os próprios investidores possam dar continuidade ao respectivo empreendimento.

Assim, o legislador possibilitou às incorporadoras que constituírem um patrimônio de afetação do terreno e das acessões objeto da incorporação imobiliária, optarem pelo RET, que se resume no pagamento unificado do IRPJ, da CSLL, do PIS e da Cofins, através da aplicação de uma alíquota única incidente sobre a receita mensal recebida pelas incorporadoras com a venda das unidades imobiliárias que compõem as incorporações. Atualmente, para os projetos do programa Minha Casa, Minha Vida, a alíquota única do RET é de 1%, e para os demais empreendimentos é de 4%. Conforme mencionado, o RET é opcional, sendo essa opção irretratável enquanto perdurarem os direitos de crédito ou obrigações do incorporador junto aos adquirentes dos imóveis que compõem a incorporação.

Ponto central a ser percebido é o fato de que o que possibilita a incorporadora optar pelo RET não é apenas o exercício de sua atividade de incorporação imobiliária, mas sim o exercício dessa atividade desde que

---

1 Art. 1º Fica instituído o regime especial de tributação aplicável às incorporações imobiliárias, em caráter opcional e irretratável enquanto perdurarem direitos de crédito ou obrigações do incorporador junto aos adquirentes dos imóveis que compõem a incorporação.
Art. 2º A opção pelo regime especial de tributação de que trata o art. 1º será efetivada quando atendidos os seguintes requisitos:
I – entrega do termo de opção ao regime especial de tributação na unidade competente da Secretaria da Receita Federal, conforme regulamentação a ser estabelecida; e
II – afetação do terreno e das acessões objeto da incorporação imobiliária, conforme disposto nos arts. 31-A a 31-E da Lei n. 4.591, de 16 de dezembro de 1964.

constituído o patrimônio de afetação, justamente o que irá proporcionar a segurança almejada pelo legislador. Significa isso dizer que o patrimônio de afetação é que atrai o benefício fiscal proporcionado pela adesão ao RET.

Desde a instituição do RET, o entendimento corrente sempre foi no sentido de que as incorporadoras poderiam beneficiar-se da tributação prevista nesse Regime até a finalização das vendas de todas as unidades imobiliárias decorrentes da incorporação objeto do regime de afetação. Esse, inclusive, era o posicionamento da Receita Federal do Brasil que, na Solução de Consulta DISIT/SRRF07 7.045, de 11 de dezembro de 2014, dispõe ser *irrelevante, para efeito de submissão ao RET e, por conseguinte, de realização do pagamento unificado dos tributos devidos à razão de 4% (quatro por cento) da receita mensal auferida com as vendas de todas as unidades imobiliárias do empreendimento, o momento em que estas são realizadas, se antes ou depois da extinção do regime de afetação por meio da averbação da sua baixa no competente Registro de Imóveis.*

Tal interpretação legislativa, perfeitamente coerente e razoável, tem sua razão de ser. A incorporação imobiliária se extingue na averbação da construção, nos termos do artigo 44 da Lei n. 4.591/64, que dispõe sobre as incorporações imobiliárias, atribui responsabilidades ao incorporador e estabelece as garantias e obrigações dos compradores. Transcreva-se:

> Art. 44. Após a concessão do "habite-se" pela autoridade administrativa, o incorporador deverá requerer a averbação da construção das edificações, para efeito de individualização e discriminação das unidades, respondendo perante os adquirentes pelas perdas e danos que resultem da demora no cumprimento dessa obrigação.

Porém, o patrimônio de afetação apenas se extingue na transferência de propriedade de todas as unidades imobiliárias que compõem a incorporação, uma vez que o terreno e as acessões são segregados do patrimônio geral do incorporador, não retornando após a conclusão da obra.

De fato, o art. 31-E da Lei n. 4.591/64, preceitua que o patrimônio de afetação fica extinto pela averbação da construção, registro dos títulos de domínio ou de direito de aquisição em nome dos respectivos adquirentes e, quando for o caso, extinção das obrigações do incorporador perante a instituição financiadora do empreendimento. Veja:

> Art. 31-E. O patrimônio de afetação extinguir-se-á pela: (Incluído pela Lei n. 10.931, de 2004).

> I – averbação da construção, registro dos títulos de domínio ou de direito de aquisição em nome dos respectivos adquirentes e, quando for o caso, extinção das obrigações do incorporador perante a instituição financiadora do empreendimento; (Incluído pela Lei n. 10.931, de 2004).
>
> II – revogação em razão de denúncia da incorporação, depois de restituídas aos adquirentes as quantias por eles pagas (art. 36), ou de outras hipóteses previstas em lei; e (Incluído pela Lei n. 10.931, de 2004).
>
> III – liquidação deliberada pela assembleia geral nos termos do art. 31-F, § 1º.(Incluído pela Lei n. 10.931, de 2004).

Conclui-se, pois, que a extinção da incorporação imobiliária não resulta na extinção do patrimônio de afetação. Este somente se extingue com a transferência da propriedade das unidades imobiliárias para os adquirentes quando a incorporação for levada a termo. E, considerando que é justamente a afetação do patrimônio que possibilita a incorporadora optar pelo RET, apenas a sua extinção é que irá encerrar o benefício fiscal.

Contudo, em 15 de janeiro de 2018, a Receita Federal do Brasil surpreendeu a todos com a alteração radical de seu entendimento e a consequente reforma da Solução de Consulta DISIT/SRRF07 7.045, de 11 de dezembro de 2014, por intermédio da Solução de Consulta COSIT n. 99.001. Em seu novo posicionamento, a Receita Federal do Brasil afirma que não se submetem ao RET as receitas decorrentes das vendas de unidades imobiliárias realizadas após a conclusão da respectiva edificação. Restringe, portanto, o RET, apenas às receitas recebidas referentes às unidades vendidas antes da conclusão da obra, as quais componham a incorporação afetada, mesmo que essas receitas sejam recebidas após a conclusão da obra ou a entrega do bem.

Neste ponto, convém recordar que as soluções dadas em processo de consulta têm seu fundamento constitucional no artigo 5°, inciso XXXIII, segundo o qual "todos têm direito a receber dos órgãos públicos informações de seu interesse particular, ou de interesse coletivo ou geral, que serão prestadas no prazo da lei, sob pena de responsabilidade, ressalvadas aquelas cujo sigilo seja imprescindível à segurança da sociedade e do Estado".

O direito à informação, acima previsto, traz, genericamente, o direito de assistência e colaboração entre Administração e obrigados tributários. Além disso, a consulta fiscal serve também como instrumento para fortalecer a segurança jurídica que o sistema tributário deve proporcionar.

Assim, a solução de consulta tem caráter vinculante para os órgãos fazendários, assim como no que respeita a atuação do sujeito passivo, nos termos dos art. 8º e 9º da Instrução Normativa RFB n. 1396, de 16 de setembro de 2013:

> Art. 8º Na solução da consulta serão observados os atos normativos, as Soluções de Consulta e de Divergência sobre a matéria consultada proferidas pela Cosit, bem como as Soluções de Consulta Interna da Cosit e os demais atos e decisões a que a legislação atribua efeito vinculante.
>
> (Redação dada pelo(a) Instrução Normativa RFB n. 1434, de 30 de dezembro de 2013)
>
> Art. 9º A Solução de Consulta Cosit e a Solução de Divergência, a partir da data de sua publicação, têm efeito vinculante no âmbito da RFB, respaldam o sujeito passivo que as aplicar, independentemente de ser o consulente, desde que se enquadre na hipótese por elas abrangida, sem prejuízo de que a autoridade fiscal, em procedimento de fiscalização, verifique seu efetivo enquadramento.
>
> (Redação dada pelo(a) Instrução Normativa RFB n. 1434, de 30 de dezembro de 2013)

O objetivo da consulta é a certeza quanto ao entendimento da Administração em relação à determinada situação fática. A resposta dada à solução de consulta é decisão obtida por meio do devido processo administrativo, que vincula a Administração ao entendimento manifestado na resposta dada ao contribuinte. Essa clareza dada pela Administração é que confere a segurança jurídica ao contribuinte.

Veja-se que, a pretexto de esclarecer dúvida suscitada por um contribuinte, a Receita Federal do Brasil inovou na ordem jurídica por meio de ato interpretativo, cujas conclusões violam a razão de ser da Lei n. 10.931/2004, que é, em última análise, a de incentivar a incorporação imobiliária, beneficiando as partes envolvidas nas relações jurídicas estabelecidas em decorrência de tal atividade. A Lei visa beneficiar os consumidores, proporcionando a redução dos preços dos imóveis e, consequentemente, o acesso à moradia, bem como promovendo a segurança da entrega do imóvel ao final da construção. Visa, do mesmo modo, beneficiar as incorporadoras, através da simplificação da tributação e a redução da carga tributária para todas as unidades construídas, independentemente do momento de sua venda. Por fim, visa beneficiar a economia do próprio país, com o incremento da venda de imóveis e com a geração de empregos.

Nenhum dos objetivos listados é alcançado com a interpretação da Receita Federal do Brasil, que resulta na inevitável majoração da carga tributária das incorporações, uma vez que as receitas das vendas realizadas após a construção passam a se sujeitar ao regime de tributação normal, bem superior à do RET. Ou seja, tal entendimento anda na contramão da intenção do legislador.

Diante desse cenário, e visando estancar os diversos questionamentos judiciais ensejados pela publicação da malsinada Solução de Consulta, foi publicada, em 27 de dezembro de 2019, a Lei n. 13.970/2019, que alterou alguns dispositivos da lei sobre o Regime Especial de Tributação, reforçando o seu propósito original.

Com a alteração da Lei, o entendimento quanto à aplicação do RET, que sempre foi claro, passou a estar expresso na norma: as incorporadoras que optaram pelo RET poderão aplicar o regime especial para todas as unidades que compõem o memorial de incorporação, independentemente da data de venda.

A Lei n. 13.970/2019 introduziu o artigo 11-A na Lei 10.931/2004, que não deixa dúvidas:

> Art. 11-A. O regime especial de tributação previsto nesta Lei será aplicado até o recebimento integral do valor das vendas de todas as unidades que compõem o memorial de incorporação registrado no cartório de imóveis competente, independentemente da data de sua comercialização, e, no caso de contratos de construção, até o recebimento integral do valor do respectivo contrato.

Verifica-se, portanto, que a Lei registra, expressamente, que o Regime Especial de Tributação (RET) será aplicado até o recebimento integral do valor das vendas de todas as unidades que compõem o projeto de incorporação, independentemente da data de sua comercialização, e, no caso de contratos de construção, até o recebimento integral do valor do respectivo contrato.

Tal dispositivo colocou uma pá de cal na questão. Assegurou as incorporadoras contra qualquer interpretação da Receita Federal do Brasil que seja diametralmente oposta à *ratio legis*. O Regime Especial de Tributação também deve ser aplicado para a receita das vendas das unidades ocorridas após a finalização da construção.

18

A FUNÇÃO SOCIAL DO IPTU PROGRESSIVO A LUZ DO RECENTE PLANO DIRETOR DE BELO HORIZONTE

Olavo Lara Resende Baeta
Vitória Nejm Ziade

Sumário

RESUMO

O presente estudo tem por escopo abordar o mecanismo urbanístico para o cumprimento da função social da propriedade, mediante a cobrança do imposto predial e territorial urbano com alíquotas progressivas. Dentro de um contexto social e urbano se analisa a construção jurídica da função social da propriedade, o histórico da legislação urbanística de Belo Horizonte, para então os aspectos gerais do IPTU extrafiscal, aprofundando em temas específicos do Plano Diretor do Município de Belo Horizonte. Por fim, expõe-se como o IPTU, assumindo um caráter extrafiscal, atua no alcance dos fins sociais e urbanísticos, sendo utilizado como meio de intervenção municipal na propriedade privada. Conclui-se que tal imposto, quando se reveste de progressividade extrafiscal, assume o ônus de auxiliar a administração municipal na concretização das políticas urbanas, de modo a estimular determinada parcela da população a adotar um comportamento condizente com tais políticas, que se revelam em melhorias para o próprio município.
Palavras-chave: Função social da propriedade – Legislação Urbanística – Imposto predial e territorial urbano – Extrafiscalidade – Progressividade – Plano Diretor de Belo Horizonte.

1. Introdução

A função social da propriedade é um princípio constitucional, constante do inciso XXIII do art. 5º da Carta Magna e se trata de princípio da ordem econômica, conforme previsão do art. 170, III, do mesmo texto constitucional. Sendo tratado com peso e relevância no ordenamento jurídico pátrio.

No que pese a propriedade ser considerada pela doutrina um direito perpétuo, exclusivo, absoluto e ilimitado, ela está pautada pela função social, e apenas a cumpre quando atende às exigências fundamentais de ordenação da cidade expressas no Plano Diretor (art. 182, parágrafo 2). Assim sendo, a função social da propriedade urbana cabe ao Município, conforme competência estabelecida no art. 30, VIII, da Constituição Federal.

Assim sendo, observa-se que o imposto predial e territorial urbano tornou-se instrumento para indução dessa finalidade de cumprimento da função social da propriedade, mediante a cobrança do tributo com alíquotas progressivas, que podem ser definidas no Plano Diretor. Trata-se de hipótese de cobrança tributária com finalidade extrafiscal, a qual é admitida pelo ordenamento jurídico e deve ser exercida com base na estrita legalidade.

Nesse contexto, para avaliarmos sobre a função social da propriedade urbana no Município de Belo Horizonte, passa-se a ser necessário debruçarmos sobre o Plano Diretor do Município, que, após sua versão inicial de 1996, passou por diversas alterações, tendo sido recentemente revogado pelo novo plano diretor do Município, instituído pela Lei Municipal n. 11.181/2019 de 08/08/2019.

No que tange ao cumprimento da função social da propriedade, ressaltamos o encontro do direito urbanístico e tributário, levando-se em conta o caráter extrafiscal da tributação. Importante ponderar que cada vez mais, tributos são utilizados com o objetivo de interferir na economia, de modo a estimular uma atividade ou setor e, por consequência, também sendo utilizado para desestimular o consumo de certos bens, ao contrário da função que sempre exerceu, que é simplesmente arrecadatória.

Observa-se ainda que o IPTU é utilizado para promoção das políticas urbanas quando assume a progressividade extrafiscal, estimulando a utilização e exploração da propriedade urbana, vez que a função social desta é um dos principais pilares do Estado Democrático Social, voltando-se contra a precariedade habitacional, um problema social gravemente vivenciado em todo País e abordado mais especificamente aqui, no município de Belo Horizonte.

Em síntese, o presente artigo tem por finalidade aprofundar um pouco sobre o tema da extrafiscalidade do imposto sobre a propriedade predial territorial e urbano, visando o cumprimento da função social da propriedade, à luz do novo Plano Diretor do Município de Belo Horizonte/MG.

2. Função social da propriedade urbana

A doutrina enumera de forma uniforme algumas características apresentadas pela propriedade, sendo um direito perpétuo, exclusivo, absoluto e ilimitado (SCAVONE; LUIZ, 2019). Em relação à característica ilimitada, o entendimento é que, em tese, se dá ao proprietário o direito de fazer com a coisa que lhe pertence o que bem entender e o que melhor lhe aprouver. Entretanto, a propriedade está pautada pela função social, restringindo hoje o direito da propriedade.

A constituição já traz em seu artigo 5° a garantia ao direito de propriedade e, em seguida, a exigência que a propriedade deve atender a sua função social (incisos XXII e XXIII). Dessa maneira, a função social hoje faz parte da construção jurídica do direito de propriedade.

Luiz Antonio Scavone Jr. Ressalta, outrossim, que *"no nosso sistema, não significa socialização da propriedade, o que se afirma na exata medida em que a propriedade está garantida"*. Devendo o exercício da propriedade respeitar o interesse econômico e social, segundo exigência constitucional.

Para Anderson Schreiber, a função social, ao impor ao proprietário a necessidade de observar determinados valores sociais, acaba legitimando a propriedade capitalista e a compatibilizando com a democracia social que caracteriza os sistemas políticos contemporâneos. Sobre o assunto, Orlando Gomes complementa de forma crítica:

> Se não chega a ser uma mentira convencional, é um conceito ancilar do regime capitalista; por isso que, para os socialistas autênticos, a fórmula função social, sobre ser uma concepção sociológica e não um conceito técnico-jurídico, revela profunda hipocrisia pois 'mais não serve do que para embelezar e esconder a substância da propriedade capitalística'. É que legitima o lucro ao configurar a atividade do produtor de riqueza, do empresário, do capitalista, como exercício de uma profissão no interesse geral. Seu conteúdo essencial permanece intangível, assim como seus componentes estruturais. A propriedade continua privada, isto é, exclusiva e trans-

> missível livremente. Do fato de poder ser desapropriada com maior facilidade e de poder ser nacionalizada com maior desenvoltura não resulta que a sua substância se estaria deteriorando.

Nesse sentido, Henrique Rocha Fraga:

> é certo afirmar que hoje o direito de propriedade não é mais ilimitado, mas, está condicionado ao cumprimento de sua função social. A subordinação da propriedade ao cumprimento de sua função social tem por objetivo vincular o maior direito patrimonial do cidadão – a propriedade – a um comprometimento com o interesse público e o bem-estar social, de forma a se garantir que a propriedade seja instrumento em prol da coletividade, e não forma de dominação ou de desigualdade entre os mais ricos e os mais pobres.

Na constituição, somente encontramos alguma indicação que aconselhe ou auxilie a determinação dos interesses sociais que a propriedade funcionalizada deve reverenciar nos art. 182 e 186 (Schreiber; Anderson). No artigo 186, se enumerou expressamente os requisitos para atendimento da função social da propriedade rural, *in verbis:*

> Art. 186. A função social é cumprida quando a propriedade rural atende, simultaneamente, segundo critérios e graus de exigência estabelecidos em lei, aos seguintes requisitos:
>
> I – aproveitamento racional e adequado;
>
> II – utilização adequada dos recursos naturais disponíveis e preservação do meio ambiente;
>
> III – observância das disposições que regulam as relações de trabalho;
>
> IV – exploração que favoreça o bem-estar dos proprietários e dos trabalhadores.

Já no 182, em seu parágrafo 2°, também relativo à função social da propriedade urbana, especifica que *"a propriedade urbana cumpre sua função social quando atende às exigências fundamentais de ordenação da cidade expressas no plano diretor"*. Ou seja, a função social da propriedade urbana cabe ao Município, conforme competência estabelecida no art. 30, VIII, da Constituição Federal.

Em 2001 foi publicada a Lei 10.257, conhecida como estatuto da cidade, que regulamenta os artigos 182 e 183 da Constituição e estabelece diretrizes gerais da política urbana. O artigo 5°, § 1°, inciso I, prevê que se considera subutilizado o imóvel cujo aproveitamento seja inferior ao mínimo definido no plano diretor ou em legislação dele decorrente. Assim, cabe à lei municipal dispor qual será a função social da propriedade naquela localidade.

Ainda, a Lei 10.257 reitera em seu art. 39 que a propriedade urbana cumpre a sua função social quando atende às exigências fundamentais de ordenação da cidade expressas no plano diretor e complementa que deve ser assegurado atendimento das necessidades dos cidadãos quanto à qualidade de vida, à justiça social e ao desenvolvimento das atividades econômicas, respeitadas as diretrizes previstas no art. 2 do mesmo diploma.

Entretanto, o Supremo Tribunal Federal já decidiu no Recurso Extraordinário n. 178.836-4/SP que a propriedade imobiliária urbana não cumpre sua função social quando desrespeita normas municipais de caráter urbanístico, ainda que não se trate de exigências formuladas no plano diretor, *vide* trecho extraído do voto do Ministro Carlos Velloso:

> No que concerne ao artigo 5°, XXII – alegação de ofensa ao direito de propriedade – o acórdão deu resposta correta. O que deve ser considerado é que a propriedade atenderá a sua função social: Constituição Federal, artigo 5°, XXIII. Ora, 'o Município, ao editar a lei que se lê às fls. 40 e seguintes teve por finalidade exatamente atender a esse preceito.' (...) É dizer, fundado em conveniências administrativas, razoáveis, é facultado ao Município limitar, no seu território, o direito de *construir certo que essas limitações não são exclusivas do plano diretor.* (grifo nosso).

Tendo em vista as disposições da constituição e da legislação infraconstitucional exposta, para avaliarmos sobre a função social da propriedade urbana no Município de Belo Horizonte, passa-se a ser necessário debruçarmos sobre o Plano Diretor do Município.

Conforme estabelecido no Plano Diretor de Belo Horizonte (Lei n° 7.165/96 e alterações posteriores), a função social da propriedade materializa-se quando a propriedade atende aos critérios de ordenamento territorial e às diretrizes de desenvolvimento urbano expressas nele mesmo, assegurando práticas como o aproveitamento socialmente justo e racional do solo. Quando há a utilização adequada dos recursos naturais disponíveis, bem como a proteção, a preservação e a recuperação do meio ambiente; ou então, com o aproveitamento e a utilização compatíveis com a segurança e a saúde dos usuários e dos vizinhos.

Em Belo Horizonte, o Plano Diretor apresenta as diretrizes de ordenamento do território, as regras para zoneamento e as normas para instalação de usos e atividades. O texto estabelece as áreas de diretrizes especiais (ADEs), as zonas de interesse social (Zeis), as formas de participação popular na gestão urbana e os instrumentos de política urbana disponíveis, tais como Transferência do Direito de Construir; Operação Urbana; Parcelamento, edificação e utilização compulsórios; Consórcio imobiliário; Direito de preferência, etc.

Após sua versão inicial, o Plano Diretor de 1996 passou por diversas alterações, sendo que recentemente foi revogado pelo novo plano diretor do Município, instituído pela Lei Municipal n. 11.181/2019 de 08/08/2019.

3. Evolução da legislação urbanística e o novo plano diretor de Belo Horizonte

A primeira lei sobre o uso e ocupação do solo no Município de Belo Horizonte foi a de número 2.662 de 1976, que instaurou o coeficiente de aproveitamento, através dos modelos de assentamento. Essa legislação tem um caráter permissivo e funcionalista, com diversidade de usos concentrados no centro.

Em 1986, a Lei 4.034 alterou a regulamentação sobre o uso e ocupação do solo, sendo mais permissiva que a sua antecessora, já que reduzia a área mínima de lote e aumentava a taxa de ocupação. Então, em 1996 foi aprovado o Plano Diretor de Belo Horizonte (lei 7.165) em conjunto com a nova lei que dispunha sobre o uso e ocupação do solo (lei 7.166) e com elas foram criados zoneamentos com redução drástica do potencial construtivo.

Em 2010, foi realizada alteração na lei de uso e ocupação do solo, reduzindo o coeficiente de aproveitamento dos lotes e instituindo o coeficiente de aproveitamento básico. Então, o projeto que foi discutido desde 2015 foi aprovado e promulgado pelo executivo, instituindo o novo plano diretor do município de Belo Horizonte (Lei Municipal 11.181/2019) com a incorporação da lei de uso e ocupação do solo, sendo que alguns pontos causaram bastante polêmica na cidade.

Em 04 de fevereiro de 2020 foi publicada a lei municipal n. 11.216, que dispõe os critérios e os prazos de aplicação dos instrumentos de política urbana de parcelamento, edificação e utilização compulsórios, Imposto Sobre a Propriedade Predial e Territorial Urbana – IPTU progressivo no tempo, desapropriação com pagamento em títulos da dívida pública, consórcio imobiliário, direito de preempção, outorga onerosa do direito de construir – ODC – e transferência do direito de construir – TDC – previstos nos Capítulos II, III e IV do Plano Diretor.

Também, relacionados ao Plano Diretor de Belo Horizonte, foram editados os seguintes decretos: 17.245/2019, 17.266/2020, 17.272/2020, 17.273/2020 e 17.274/20, que regulamentam diversas matérias, desde o licenciamento para movimentação de terra até os procedimentos para licenciamento de empreendimentos ou intervenções urbanísticas de impacto.

Com o arcabouço geral dos últimos anos da legislação urbanística, passamos a olhar o Plano Diretor com mais atenção. O artigo 1° do Plano Diretor já antecipa que se trata do instrumento básico da política urbana do Município, que contém as normas fundamentais de ordenamento da cidade para o cumprimento da função social da propriedade urbana, em consonância com o disposto no Estatuto da Cidade, complementando seu parágrafo primeiro:

> § 1° A política urbana do Município contempla questões vinculadas à estrutura urbana, ao desenvolvimento urbano, ao meio ambiente, à habitação, ao patrimônio cultural e urbano e à mobilidade urbana, bem como ao tratamento dos espaços públicos e privados.

Ainda, o parágrafo segundo dispõe que a política urbana será pautada pelas diretrizes, princípios, objetivos e regras previstos na lei, consolidando:

> I – normas de ordenamento do desenvolvimento urbano e ambiental voltadas a uma configuração espacial compacta, racional e eficiente da cidade;
>
> II – regras gerais e especiais de parcelamento, ocupação e uso do solo e de desenho urbano;
>
> III – diretrizes para a aplicação dos instrumentos de política urbana.

Assim, com o artigo 2° do Plano Diretor é positivado no ordenamento jurídico municipal os princípios gerais da política urbana. Em seu primeiro inciso, já é destacado o princípio da função social da propriedade e, em seu segundo, o da garantia do direito à uma cidade sustentável, entendida como aquela que proporciona o acesso à terra urbana, à moradia, ao saneamento ambiental, à infraestrutura urbana, ao transporte, aos serviços públicos, ao trabalho e ao lazer para as presentes e futuras gerações.

4. O encontro do direito urbanístico com o tributário – extrafiscalidade

Os direitos urbanístico e tributário se encontram no cumprimento da função social da propriedade, levando-se em conta o caráter extrafiscal da tributação. Cada vez mais, tributos são utilizados com o objetivo de interferir na economia, de modo a estimular uma atividade ou setor e, por consequência, também sendo utilizado para desestimular o consumo de certos bens, ao contrário da função que sempre exerceu, que é simplesmente arrecadatória (MACHADO; 2009).

Segundo Machado (2009, p. 96), *"o tributo é extrafiscal quando seu objetivo principal é a interferência no domínio econômico, para buscar um efeito diverso da simples arrecadação de recursos financeiros"*. Já Geraldo Ataliba explica:

> a extrafiscalidade consiste no uso de instrumentos tributários para obtenção de finalidades não arrecadatórias, mas estimulantes, indutoras ou inibidoras de comportamentos, tendo em vista outros fins, a realização de outros valores constitucionalmente consagrados.

Por meio do caráter extrafiscal da tributação o Poder Público fica autorizado a alcançar outros resultados diversos do fim arrecadatório, tal como a implementação da função social da propriedade, a proteção ao meio ambiente, etc. Ou seja, os Municípios dispõem de instrumento de caráter extrafiscal para a efetivação do princípio da função social da propriedade que é o IPTU, notadamente quando adotada a progressividade de alíquotas (ANDRADE, Marcia V. M.; 2007).

Outro exemplo do encontro do direito tributário com o direito urbanístico se dá com o projeto de lei n. 179/2017 que busca instituir o Programa de Incentivo à Sustentabilidade Urbana, denominado "IPTU verde", que estabelece o desconto progressivo no IPTU de imóveis que adotarem medidas de redução de impacto ambiental e eficiência energética.

5. IPTU progressivo no tempo

O IPTU progressivo no tempo com fins extrafiscais urbanísticos é expressamente previsto na Constituição da República na parte que regula o "Capítulo da Política Urbana", tratado no "Título da Ordem Econômica e Financeira", e não no do "Sistema Tributário Nacional", contido no "Título da Tributação e do Orçamento".

O artigo 182 da CR/88 prevê que a política de desenvolvimento urbano, executada pelo Poder Público municipal, tem por objetivo ordenar o pleno desenvolvimento das funções sociais da cidade e garantir o bem-estar de seus habitantes, determinando em seu § 1º que o instrumento dessa política seja o Plano Diretor, que não é obrigatório para todas as cidades:

> Art. 182 (...) § 1º O plano diretor, aprovado pela Câmara Municipal, obrigatório para cidades com mais de vinte mil habitantes, é o instrumento básico da política de desenvolvimento e de expansão urbana. (grifo nosso).

Então, como já exposto no presente artigo, a Carta dá o conceito de função social da propriedade em seu § 2º, sendo a progressividade de alíquotas prevista no § 4º:

> Art. 182, (...) § 4º É facultado ao Poder Público municipal, mediante lei específica para área incluída no plano diretor, exigir, nos termos da lei federal, do proprietário do solo urbano não edificado, subutilizado ou não utilizado, que promova seu adequado aproveitamento, sob pena, sucessivamente, de:
>
> I – parcelamento ou edificação compulsórios;
>
> II – imposto sobre a propriedade predial e territorial urbana progressivo no tempo;
>
> III – desapropriação com pagamento mediante títulos da dívida pública de emissão previamente aprovada pelo Senado Federal, com prazo de resgate de até dez anos, em parcelas anuais, iguais e sucessivas, assegurados o valor real da indenização e os juros legais (grifo nosso).

Ainda, no que pese o constituinte ter utilizado as palavras "sob pena de", para os autores, o que é aplicado é a extrafiscalidade com fins urbanísticos, não se tratando de sanção tal como entende Marcia V. M. Andrade. Assim, como se extrai do § 4º, o IPTU deve ser progressivo no tempo, ou seja, deve aumentar na medida em que o tempo passa. A esse respeito assiste razão Sacha Calmon Navarro Coelho, para quem, conforme exposto por Francisco Leite Duarte em sua obra *Direito Tributário* – (Ed. 2019):

> Não é o IPTU que tem por fato jurígeno o mau uso da propriedade, e sim a progressividade (por meio de alíquotas gravosas). A expressão "sob pena de" significa o rol de providências a que ficará

sujeito o mau proprietário pela disfunção da propriedade. Não tem caráter penal a exigir tipificação.

O parágrafo utiliza a expressão "sucessivamente", o que pressupõe que o IPTU extrafiscal urbanístico não pode ser aplicado imediatamente, sendo necessário ser tentado o parcelamento, ou a edificação compulsórios previamente (BARRETO, Aires Fernandino. "A Progressividade do IPTU na Constituição de 1988", p. 355).

Destarte, continua a constituição prevendo a exigência que somente poderá ser aplicado por meio de "lei específica para área incluída no Plano Diretor", ou seja, não podem utilizar dela as cidades que não tiverem Plano Diretor e, para fazê-lo é necessário que haja uma "lei específica para área incluída no Plano Diretor". Isso só pode ser feito "nos termos da lei federal".

Então, em respeito à exigência contida no § 4° do artigo 182 da Constituição da República, editou-se a Lei Federal n. 10.257/2001 (também conhecida como estatuto da cidade). Nela, há previsão de que Lei municipal específica para a área incluída no Plano Diretor poderá determinar o parcelamento, a edificação ou a utilização compulsórios do solo urbano não edificado, subutilizado ou não utilizado, devendo fixar as condições e os prazos para implementação da referida obrigação (*caput* do art. 5°).

Em relação à lei específica, há o entendimento que, caso o município não a elabore, ou não aprove, a sua inexistência conduzirá à ineficácia sintática da norma. Dessa forma, "indispensável a elaboração da regra matriz de incidência estabelecendo o critério quantitativo, base de cálculo e alíquotas progressivas com a finalidade de regular a progressividade."

Ressalta-se que os princípios do direito tributário deverão ser respeitados, principalmente o referente à anterioridade nonagesimal, estabelecido no artigo 150, III, alínea "c" da CR/88, devendo haver a publicação dos critérios de progressividade noventa dias antes do exercício fiscal (BARBOSA, 2007. P. 154).

Importante frisar que a referida lei somente considera como imóvel subutilizado aquele cujo aproveitamento seja inferior ao mínimo definido no Plano Diretor ou em legislação dele decorrente. Para tanto, exige o Estatuto da Cidade, em seu art. 5°, § 2°, que o proprietário deverá ser notificado pelo Poder Executivo municipal, sendo também necessária a averbação deste na Serventia de Registro de Imóveis competente.

Continua o artigo 5° com condições para o Poder Público, exigindo que a notificação seja realizada por funcionário do órgão competente ao proprietário do imóvel, ou, no caso de este ser pessoa jurídica, a quem tenha poderes de gerência geral ou administração. Sendo frustrada a tentativa de notificação na forma prevista, por três vezes, autoriza a intimação por edital (§ 3, incisos I e II).

Então, o artigo 7 do Estatuto da Cidade traz a previsão da aplicação do IPTU progressivo no tempo, em caso de descumprimento das condições e prazos do artigo 5, explicitando que a majoração da alíquota se dará pelo prazo de cinco anos consecutivos.

Continua o § 1° do mesmo artigo que "o valor da alíquota a ser aplicado a cada ano será fixado na lei específica a que se refere o *caput* do art. 5° desta Lei e não excederá a duas vezes o valor referente ao ano anterior, respeitada a alíquota máxima de quinze por cento."

Se a obrigação não for atendida dentro do prazo prescrito pela lei, a alíquota máxima de 15% poderá ser mantida até que se cumpra a obrigação de parcelar, edificar ou utilizar, ficando ao interesse da administração pública proceder à desapropriação do imóvel, com pagamento em títulos da dívida pública (§ 2° do art. 7 c/c o art. 8°). O valor real da indenização, segundo prescrição legal, refletirá o valor da base de cálculo do IPTU, devendo ser descontado o montante incorporado em função de obras realizadas na área e não poderá computar a expectativas de ganhos, lucros cessantes e juros compensatórios (§ 2°, I e II do art. 8°).

Entretanto, a PEC n. 80 que tramita hoje no Senado Federal, regulamenta a função social da propriedade urbana e condiciona a desapropriação da propriedade urbana e rural à prévia autorização do poder legislativo ou de decisão judicial, observando-se em ambos os casos o valor de mercado da propriedade na indenização, e não o da base de cálculo do IPTU.

Para os autores, como o valor venal do IPTU normalmente é muito mais baixo que o valor de mercado ou mesmo o valor venal a título de base de cálculo do ITBI, há doutrinadores que entendem sobre a possibilidade deste ato configurar expropriação ou enriquecimento ilícito por parte do município, sendo, portanto, inconstitucional.

Por fim, em relação ao IPTU progressivo no tempo, o Estatuto da Cidade ainda veda a concessão de isenções ou de anistia, conforme prescrição do art. 7°, parágrafo 3°.

6. IPTU progressivo no tempo a luz do novo plano diretor de Belo Horizonte e legislação correlata

No Município de Belo Horizonte, a Lei Municipal n. 11.181/2019 (Plano Diretor) dispõe acerca do parcelamento, edificação e utilização compulsórios do solo urbano a partir do artigo 40, na abertura do seu capítulo II. Sendo previstas no referido instrumento as exceções de aplicações dos instrumentos (§ 3º do art. 40), a exigência de regulamento referente ao recurso em relação ao recebimento da notificação, o conceito de imóvel subutilizado, entre outras disposições.

Em 04 de fevereiro de 2020 foi publicada a lei 11.216 que dispõe sobre aplicação dos instrumentos de política urbana previstos no capítulo II da Lei que aprova o Plano Diretor do Município de Belo Horizonte. O Art. 5º do referido diploma prevê a aplicação do IPTU progressivo no tempo, nos termos do artigo 43 do Plano Diretor, sendo aplicado em caso de descumprimento das condições, dos prazos ou das etapas previstas na legislação.

Em relação à classificação dos imóveis, a Lei Municipal 11.181/19 considera como imóvel subutilizado aquele cuja área total construída seja inferior à multiplicação da área do terreno pelo coeficiente de aproveitamento mínimo (CAmin), índice que é possível de ser encontrado no "Anexo XII – Parâmetros Urbanísticos" do Plano Diretor e que o conceito se extrai do "Anexo XI – Glossário".

Fonte: Prefeitura de Belo Horizonte, 2020, p. 12, Curso Instrumentos Urbanísticos – SMPU.

Além disso, o inciso II do artigo 41 da Lei 11.181/19 também considera como subutilizado aquele inserido em área de Ocupação Preferencial 3 – OP3 – que, utilizado como estacionamento de veículos, não atenda a, pelo menos, uma das seguintes condições:

a) esteja associado a uma ou mais atividades com área utilizada igual ou superior àquela ocupada pela atividade de estacionamento;

b) ocorra em edifício-garagem com utilização de, no mínimo, o potencial construtivo dado pela multiplicação do coeficiente e aproveitamento básico – CAbas pela área do terreno. Esse é o índice que, multiplicado pela área do terreno, define o potencial construtivo inerente ao mesmo, a ser exercido por empreendimento público ou privado de forma gratuita, conforme previsão constante do Anexo XI do Plano Diretor.

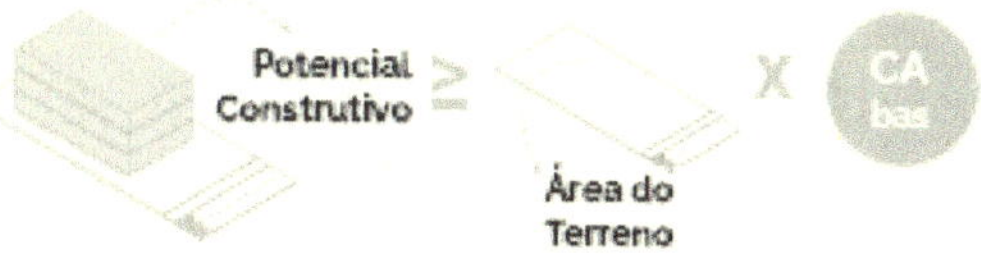

Fonte: Prefeitura de Belo Horizonte, 2020, p. 12, Curso Instrumentos Urbanísticos – SMPU.

Já em relação aos imóveis não utilizados, a Lei 11.181/19 considera que são aqueles constituído por glebas que não foram parceladas ou lotes não edificados, ou então o imóvel que foi abandonado nos termos da legislação federal (Lei 10.406/02 e 13.465/17), ou mesmo aquele que foi edificado sem uso comprovado há mais de 5 anos. Ainda, também se considera não utilizado aquele imóvel inserido em edificação caracterizada como obra paralisada, inacabada, que não apresente alvará de construção em vigor e não possua certidão integral de baixa de construção. Assim, caso seja constatada a não edificação, a não utilização ou a subutilização do imóvel, o proprietário é notificado para apresentar pedido de aprovação e execução de projeto de parcelamento, edificação ou ocupação do bem, no prazo de um ano. Se a notificação não for atendida nesse prazo, aplicam-se as alíquotas progressivas do IPTU.

O artigo 4º da Lei 11.216 prevê os prazos e condições que o proprietário deverá obedecer a partir da notificação, sendo eles de:

a) dois anos (da notificação para parcelar), para aprovação do projeto de parcelamento do solo;

b) um ano (da notificação para edificar), para aprovação do projeto de edificação;

c) dois anos, contados da emissão do alvará de urbanização ou de construção, para início das obras do empreendimento;

d) quatro anos, contados da emissão do alvará de urbanização ou de construção, para a conclusão das obras, de acordo com cronograma aprovado pelo órgão municipal responsável pelo planejamento urbano, seguida da obtenção da certidão de origem ou da certidão de baixa de construção;

e) seis meses, (da notificação para utilização do imóvel ou da emissão da certidão de baixa de construção para efetivar a utilização da edificação), cabendo ao proprietário a comprovação perante o órgão municipal responsável pelo planejamento urbano.

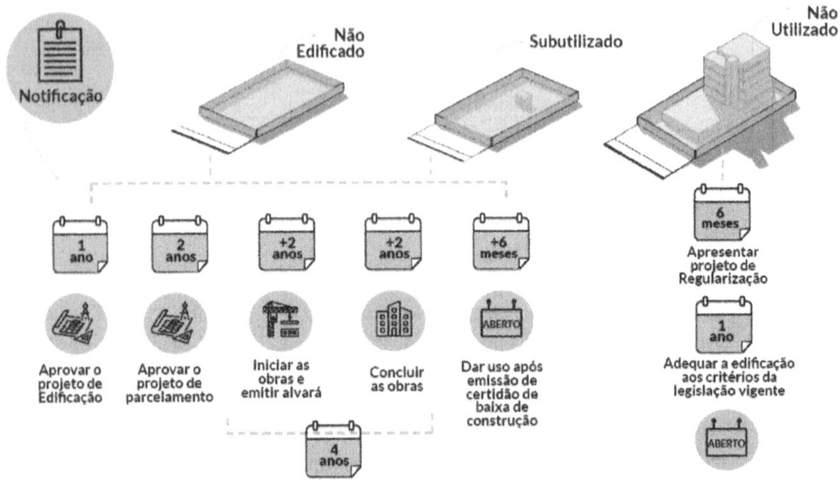

Fonte: Prefeitura de Belo Horizonte, 2020, p. 16, Curso Instrumentos Urbanísticos – SMPU.

No tocante ao IPTU progressivo no tempo, o Plano Diretor do Município de Belo Horizonte traz a previsão em seu artigo 43 e seguintes, definindo que a alíquota a ser aplicada a cada ano será igual a duas vezes àquela prevista no ano anterior, respeitado o limite previsto no Estatuto da Cidade.

No tocante a alíquota, dispõe a Lei 11.216 que será utilizada:

> ... a alíquota efetiva praticada no exercício anterior, obtida pelo cálculo do percentual do valor do imposto em relação ao valor venal do imóvel considerados para fins de lançamento do IPTU, que deverá ser aumentado progressivamente ou mantido na alíquota máxima até que se cumpra a obrigação de parcelar, de edificar ou de utilizar o imóvel, conforme disposto no inciso I do § 2º do art. 43 do Plano Diretor.

Ainda, o parágrafo 4º complementa que:

> na hipótese de alteração legislativa que importe na modificação das alíquotas praticadas para fins de cálculo do valor do IPTU durante o período de aplicação do IPTU progressivo no tempo, o valor da alíquota aplicável será obtido como se a nova alíquota vigorasse desde o exercício anterior ao primeiro ano do período

sujeito à progressividade do imposto, observadas as regras previstas no art. 43 do Plano Diretor.

Decorrido o prazo de 5 (cinco) anos previsto no *caput* do artigo 43, sem que a obrigação de parcelar, edificar ou utilizar seja atendida, o § 2º prevê que o Poder Executivo municipal poderá, alternativamente:

> I – manter a cobrança pela alíquota máxima até que se cumpra a referida obrigação;
>
> II – proceder à desapropriação do imóvel, com pagamento em títulos da dívida pública, conforme o disposto na legislação federal e na norma específica a que se refere o § 1º do art. 40 desta lei;
>
> III – constituir consórcio imobiliário com o proprietário do imóvel, como forma de viabilizar o cumprimento da função social da propriedade.

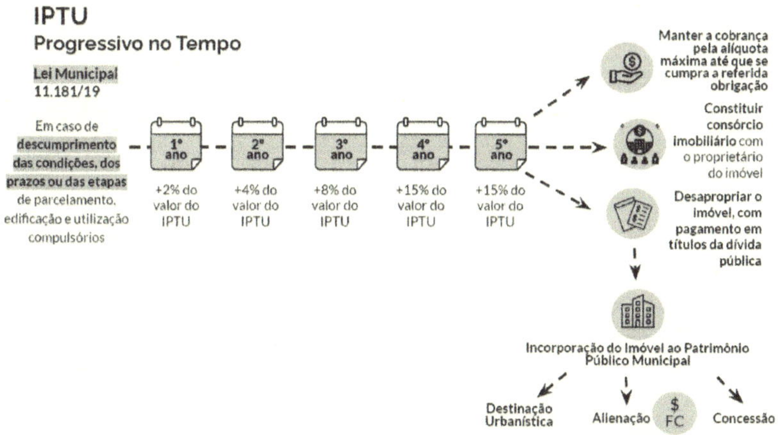

Fonte: Prefeitura de Belo Horizonte, 2020, p. 17, Curso Instrumentos Urbanísticos – SMPU.

Além disso, o Plano Diretor continua e acrescenta que poderão ser adotados programas voltados para aproximação entre proprietários notificados e agentes interessados no desenvolvimento de empreendimentos imobiliários, de modo a cumprir com a função social da propriedade. Esse consócio, nos termos do § 4º, constitui forma de viabilização de planos de urbanização ou edificação por meio da qual o proprietário transfere ao Poder Executivo municipal seu imóvel e, após a realização das obras, recebe, como pagamento, unidades imobiliárias devidamente urbanizadas ou edificadas.

Entretanto, o § 5º complementa que o valor das unidades imobiliárias a serem entregues ao proprietário será correspondente ao valor do imóvel antes da execução das obras, nos limites do disposto na legislação federal, qual seja, o valor da base de cálculo do IPTU, descontados os débitos existentes em favor do Município relativos ao imóvel, podendo este artigo ser considerado posteriormente inconstitucional, a depender do andamento da PEC 80.

O artigo 26 da lei 11.216 ainda prevê que em relação à classificação do imóvel como não utilizado ou como subutilizado poderá ser suspensa devido a impossibilidades jurídicas momentaneamente insanáveis pela simples conduta do proprietário e apenas enquanto esta condição perdurar, sem prejuízo da averbação no registro do imóvel sobre a aplicação de instrumento de política urbana tratado nela.

A aplicação do referido instrumento, conforme consta na legislação municipal, é admitida em todo o território de Belo Horizonte, sendo prioritária para as porções territoriais Aeis -1 (Áreas Especiais de Interesse Social), áreas de ocupação preferencial, áreas de centralidades, ADE da avenida do contorno e terrenos adjacentes a eixos de transportes coletivo:

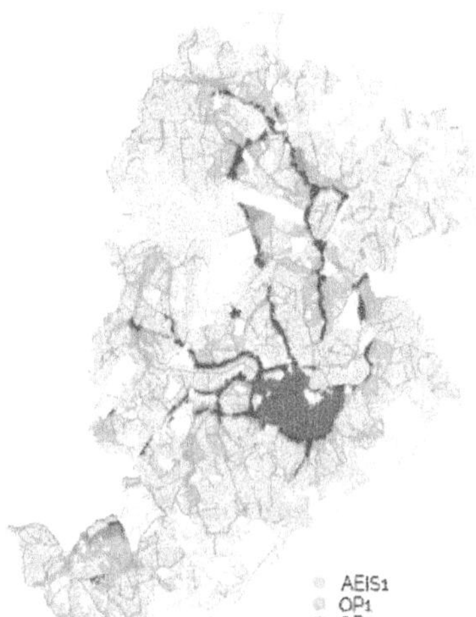

Fonte: Prefeitura de Belo Horizonte, 2020, p. 10, Curso Instrumentos Urbanísticos – SMPU.

Até a presente data, não foi regulamentado pelo poder executivo municipal as disposições relativas aos instrumentos previstos de política urbana que possibilitam a aplicação do IPTU progressivo no tempo de acordo com a Constituição e legislação correlata. Entretanto, quando da sua publicação e aplicação, de verá ser realizado em leitura com os requisitos expostos no presente artigo.

Ainda, ao ver dos autores, quanto ao tema, é importante tecer algumas considerações relativas ao projeto de lei n. 179/2017 supracitado que tramita na Câmara Municipal de Belo Horizonte. Como já exposto, com ele busca-se instituir o Programa de Incentivo à Sustentabilidade Urbana, denominado "IPTU verde", que estabelece o desconto progressivo no IPTU de imóveis que adotarem medidas de redução de impacto ambiental e eficiência energética.

Tal projeto tem como justificativa a preocupação com os impactos ao meio ambiente de forma a causar impacto direto na qualidade de vida do cidadão Belo Horizontino, uma vez que contemplam a destinação adequada de resíduos, técnicas de capitação e reaproveitamento de água, e formas mais limpas e renováveis de geração de energias. Utiliza-se como incentivo o desconto progressivo na alíquota do IPTU de 5% até 10%.

Como há uma renúncia de receita oriunda dos referidos descontos, o instrumento prevê em seu art. 15 que para custeio deles serão majoradas em três vezes o valor das multas previstas no art. 76 do Código de Edificações do Município de Belo Horizonte, bem como serão majoradas o valor das multas previstas no art. 95, § 2°, art. 106, § 1°, alíneas "a", "b", "c", "d" e do artigo 107, todas das Normas e Condições para Parcelamento, Ocupação e Uso do Solo Urbano no Município, na razão de duas vezes.

Entretanto, foi realizado estudo técnico sobre o impacto financeiro da majoração de multas para compensação da renúncia da receita de IPTU proposta pelo referido projeto de lei que concluiu:

> Dentre as graves limitações do presente estudo se encontram a indisponibilidade de informações sobre o tempo médio entre o fato gerador e a arrecadação das multas, em especial daquelas que passam a integrar a dívida ativa. Bem como a indisponibilidade de prospecção da adesão dos contribuintes ao programa de desconto proposto, uma vez que as medidas necessárias à certificação são complexas em alguns casos, podendo fazer com que seja demorada a evolução das adesões até a saturação da população contribuinte em usufruto do desconto.
>
> Diante da restrição ao uso de multas como compensação de renúncia de receita, nos termos da Lei de Responsabilidade Fiscal,

> recomenda-se avaliar a possibilidade de utilizar origens legalmente autorizadas e mais estáveis de receita para fins de compensação, como o próprio IPTU ou o ISSqn, por meio, por exemplo, da elevação de alíquotas ou ampliação da base de cálculo.

Acertada é a conclusão vez que a compensação não pode se dar por meio de majoração de multa, nos termos do inciso II, art. 14 da Lei de Responsabilidade Fiscal (Lei Complementar n. 101, de 4 de maio de 2000), *in verbis*:

> Art. 14. A concessão ou ampliação de incentivo ou benefício de natureza tributária da qual decorra renúncia de receita deverá estar acompanhada de estimativa do impacto orçamentário-financeiro no exercício em que deva iniciar sua vigência e nos dois seguintes, atender ao disposto na lei de diretrizes orçamentárias e a pelo menos uma das seguintes condições: (Vide Medida Provisória n. 2.159, de 2001) (Vide Lei n. 10.276, de 2001) (Vide ADI 6357)
>
> I – demonstração pelo proponente de que a renúncia foi considerada na estimativa de receita da lei orçamentária, na forma do art. 12, e de que não afetará as metas de resultados fiscais previstas no anexo próprio da lei de diretrizes orçamentárias;
>
> II – estar acompanhada de medidas de compensação, no período mencionado no *caput*, por meio do aumento de receita, proveniente da elevação de alíquotas, ampliação da base de cálculo, majoração ou criação de tributo ou contribuição.

7. Conclusão

Com base em todo o exposto, é possível concluir que a legislação urbanística aufere êxito ao regulamentar o IPTU progressivo no tempo, sendo um instrumento efetivo para auxiliar o poder público municipal a intervir na propriedade privada de forma a garantir a função social da propriedade urbana. Entretanto, há diversos pontos na qual a legislação sobre a matéria pode evoluir, como exposto no corpo do presente artigo, sem contar as possíveis alterações que podem vir a depender do andamento dos projetos em tramitação relacionados à matéria que podem viabilizar ou inviabilizar a aplicação do instituto na prática.

Além disso, ainda se espera que o poder executivo municipal regulamente as disposições relativas aos instrumentos previstos de política urbana que possibilitam a aplicação do IPTU progressivo no tempo de acordo com a Constituição e legislação correlata. Para tanto, deverá o fazer de acordo com os requisitos constitucionais e infraconstitucionais expostos no presente artigo.

Referências

ANDRADE, Marcia Vieira Marx. O IPTU Progressivo no Tempo como Instrumento da Concretização do Princípio da Função Social da Propriedade art. 7º do Estatuto da Cidade. *Revista de Direito Administrativo*, Rio de Janeiro, v. 245, p. 158-178, mai. 2007. ISSN 2238-5177. Disponível em: <http://bibliotecadigital.fgv.br/ojs/index.php/rda/article/view/42126/40817>. Acesso em: 01 ago. 2020. doi:http://dx.doi.org/10.12660/rda.v245.2007.42126.

BARBOSA, Evandro Paes. *Progressividade do IPTU*. São Paulo: Pilares, 2007.

BELO HORIZONTE. *Decreto n. 17.245, de 20 de dezembro de 2019*. Disponível em: http://portal6.pbh.gov.br/dom/iniciaEdicao.do?method=DetalheArtigo&pk=1222986 Acesso em: 01 ago. 2020.

BELO HORIZONTE. *Decreto n. 17.266, de 29 de janeiro de 2020*. Disponível em: http://portal6.pbh.gov.br/dom/iniciaEdicao.do?method=DetalheArtigo&pk=1224481 Acesso em: 01 ago. 2020.

BELO HORIZONTE. *Decreto n. 17.272, de 04 de fevereiro de 2020*. Disponível em: http://cmbhsildownload.cmbh.mg.gov.br/silinternet/servico/download/documentoDaNorma?idDocDaNorma=2c907f766f673d31017014ec10d50180 Acesso em: 01 ago. 2020.

BELO HORIZONTE. *Decreto n. 17.273, de 04 de fevereiro de 2020*. Disponível em: http://cmbhsildownload.cmbh.mg.gov.br/silinternet/servico/download/documentoDaNorma?idDocDaNorma=2c907f766f673d31017015bedf9e023e Acesso em: 01 ago. 2020.

BELO HORIZONTE. *Decreto n. 17.274, de 04 de fevereiro de 2020*. Disponível em: http://cmbhsildownload.cmbh.mg.gov.br/silinternet/servico/download/documentoDaNorma?idDocDaNorma=2c907f766f673d31017014db8a000157 Acesso em: 01 ago. 2020.

BELO HORIZONTE. *E-book Plano Diretor de BH – Instrumentos Urbanísticos. Secretaria Municipal de Política Urbana* – Prefeitura de Belo Horizonte. Agosto, 2020.

BELO HORIZONTE. *Lei n. 11.181, de 08 de agosto de 2019*. Disponível em: http://cmbhsildownload.cmbh.mg.gov.br/silinternet/servico/download/documentoDaNorma?idDocDaNorma=2c907f766f673d3101701577608a0205 Acesso em: 01 ago. 2020.

BELO HORIZONTE. *Lei n. 11.216, de 04 de fevereiro de 2020*. Disponível em: http://cmbhsildownload.cmbh.mg.gov.br/silinternet/servico/download/documentoDaNorma?idDocDaNorma=2c907f766f-673d3101701a08db800255 Acesso em: 01 ago. 2020.

BELO HORIZONTE. *Lei n. 2.662, de 29 de novembro de 1976*. Disponível em: http://cmbhsildownload.cmbh.mg.gov.br/silinternet/servico/download/documentoDaNorma?idDocDaNorma=2c907f766f-673d3101701577608a0205 Acesso em: 01 ago. 2020.

BELO HORIZONTE. *Lei n. 4.034, de 25 de março de 1985*. Disponível em: http://cmbhsildownload.cmbh.mg.gov.br/silinternet/servico/download/documentoDaNorma?idDocDaNorma=2c907f76554a-e876015582131c330119 Acesso em: 01 ago. 2020.

BELO HORIZONTE. *Lei n. 7.165, de 27 de agosto de 1996*. Disponível em: http://cmbhsildownload.cmbh.mg.gov.br/silinternet/servico/download/documentoDaNorma?idDocDaNorma=2c907f766f673d31017014da425b014f Acesso em: 01 ago. 2020.

BELO HORIZONTE. *Projeto de Lei n. 179/2017 – subemenda substitutivo n. 1 à emenda n. 1*. Câmara Municipal de Belo Horizonte, Outubro 2017.

BRASIL. *Constituição da República Federativa do Brasil de 1988. Promulgada em 15 de outubro de 1988*. Disponível em: http://www.planalto.gov.br/ccivil_03/Constituicao/Constituicao.htm Acesso em: 01 out. 2020.

BRASIL. *Lei Complementar n. 101, de 04 de maio de 2000*. Disponível em: http://www.planalto.gov.br/ccivil_03/leis/lcp/lcp101.htm Acesso em: 01 ago. 2020.

BRASIL. *Lei n. 10.257, de 10 de julho de 2001*. Disponível em: http://www.planalto.gov.br/ccivil_03/leis/leis_2001/l10257.htm Acesso em: 01 nov. 2020.

BRASIL. *Lei n. 10.406, de 10 de janeiro de 2002*. Disponível em: http://www.planalto.gov.br/ccivil_03/leis/2002/L10406.htm Acesso em: 01 ago. 2020.

BRASIL. *Lei n. 13.465, de 11 de julho de 2017*. Disponível em: http://www.planalto.gov.br/ccivil_03/_ato2015-2018/2017/lei/l13465.htm Acesso em: 01 ago. 2020.

BRASIL. *Lei n. 7.166, de 29 de agosto de 1983*. Disponível em: http://www.planalto.gov.br/ccivil_03/leis/1980-1988/l7116.htm Acesso em: 01 ago. 2020.

BRASIL. *Proposta de Emenda à Constituição n° 80*, de 2019; Brasília: Senado Federal. Disponível em: <https://www25.senado.leg.br/web/atividade/materias/-/materia/136894>. Acesso em: 20 set. 2020.

DUARTE, Francisco Leite. *Direito tributário*. São Paulo: Thomson Reuters Brasil, 2019.

FRAGA, Henrique Rocha. *O imposto predial e territorial urbano e o princípio da progressividade*. São Paulo: IOB, 2008.

GOMES, Orlando. *Direitos reais*. 18. ed. Rio de Janeiro: Forense, 2001.

MELLO, Semíramis A. R. de. *O plano diretor participativo e a aplicabilidade do instrumento do estatuto da cidade:* o IPTU progressivo no tempo. Dissertação apresentada como requisito parcial para obtenção do grau de Mestre, ao Curso de Pós-Graduação em Gestão Urbana da Pontifica Universidade Católica do Paraná. Orientador: Prof. Dr. Clovis Ultramari.

PESSERL, Camila Parmo Folloni. *IPTU progressivo no tempo, aplicabilidade e eficácia*: exemplo prático do momento atual da Política Urbana Brasileira. Dissertação de Mestrado em Geografia do Programa de Pós-Graduação em Geografia da UFPR. Orientador: Prof. Dr. Luiz Lopes Diniz Filho Disponível em: <https://core.ac.uk/reader/147515282>. Acesso em: 01 ago. 2020.

SCAVONE JUNIOR, Luiz Antonio. *Direito imobiliário*: teoria e prática. 14. ed. Rio de Janeiro: Forense, 2019.

SCHREIBER, Anderson. Comissão de constituição, justiça e cidadania. *Parecer s/n. de 2019 sobre a Proposta de Emenda à Constituição n. 80, de 2019*. Brasília: Senado Federal. Disponível em: <https://legis.senado.leg.br/sdleg-getter/documento?dm=7977608&ts=1594006374347&disposition=inline>. Acesso em: 21 set. 2020.

SCHREIBER, Anderson. *Função social da propriedade na prática jurisprudencial brasileira*. Disponível em: <http://schreiber.adv.br/downloads/funcao-social-da-propriedade-na-pratica-jurisprudencial-brasileira.pdf>. Acesso em: 11 ago. 2020.

19

A EXPANSÃO DA BITCOIN NO MERCADO IMOBILIÁRIO

DESAFIOS TRIBUTÁRIOS NAS AQUISIÇÕES DE UNIDADES IMOBILIÁRIAS POR CRIPTOMOEDAS

Paloma Campagnoli Matos
Pedro Henrique Alves Mineiro

1. Introdução

A Economia Digital, caracterizada pela utilização em escala das tecnologias digitais nas atividades econômicas, que se tornou possível com o advento da internet de alta velocidade e dos computadores com alta capacidade de processamento, impactou a forma com que transações envolvendo mercadorias e prestações de serviço são realizadas em todo o mundo. Nesse contexto, o presente artigo tem como objeto a análise do surgimento e da expansão da *Bitcoin* e outras criptomoedas no mercado imobiliário, bem como os desafios tributários daí decorrentes.

A *Bitcoin* foi criada, em 2009, por Satoshi Nakamoto[1], após a publicação de artigo (2009) no qual apresentou o que seria uma versão puramente *peer-to-peer* de dinheiro eletrônico, isto é, um sistema para transações eletrônicas sem a necessidade de intermediação por uma instituição financeira. Para isso, as operações são realizadas no âmbito de uma corrente de blocos, ou *blockchain*, que mantém o registro público e compartilhado de todas as transações ocorridas com a criptomoeda, sendo validadas pelos denominados "mineradores", por meio da solução de um problema matemático encriptado, e adicionadas a um determinado bloco da cadeia. Assim, a *Bitcoin* não necessita de uma autoridade emissora, sendo a emissão uma decorrência lógica da validação da transação pelo sistema.

---

1 Não há certeza quanto à real identidade de Satoshi Nakamoto, tratando-se de um pseudônimo para a pessoa ou conjunto de pessoas por trás da criação da *Bitcoin*.

Desde então, já foram criadas mais de 6 mil criptomoedas no mundo, não obstante a *Bitcoin* ainda representar cerca de 63% do valor de mercado total das criptomoedas[2]. Nesse cenário, apesar de terem sido criadas como um mecanismo descentralizado de pagamentos, observa-se que grande parte das transações com criptomoedas ainda são meros investimentos e especulações de mercado. Nesse sentido, explica-se a grande volatilidade do seu preço de mercado em comparação com o dólar e o real, cujo crescimento foi de aproximadamente 1.300%, em 2017, e queda de 70%, em 2018.

No mercado imobiliário, é evidente a crescente utilização das criptomoedas como forma de pagamento, parcial ou total, de aquisições de unidades imobiliárias. Nesse tocante, observa-se recentíssima notícia de venda de um edifício localizado em Zurique, avaliado em 134 milhões de dólares, por meio de criptomoedas[3]. Além disso, é possível listar diversas construtoras, imobiliárias ou incorporadoras[4] que aceitam *Bitcoins* e outras criptomoedas na compra ou aluguel de imóveis, apenas como exemplo da relevância do tema para o presente estudo.

2. Natureza jurídica das Criptomoedas

Para a compreensão da natureza jurídica das criptomoedas, é importante analisar seu enquadramento no conceito econômico e jurídico de moeda. Destarte, segundo Mankiw (2013, p. 592), "moeda é o conjunto de ativos na economia que as pessoas usam regularmente para comprar bens e serviços de outras pessoas". De acordo com esse conceito (econômico), é possível caracterizar como moeda determinadas mercadorias com valor intrínseco, como ouro, bebidas alcóolicas e cigarros, desde que seja possível, em um contexto específico, sua utilização como mecanismo de troca para aquisição de bens e serviços. Na época das Grandes Navegações (séculos XV e XVI), por exemplo, era bastante comum a utilização de especiarias como moeda de troca, devido ao alto valor que possuíam no continente europeu.

Para Mankiw (2013, p. 593), as funções da moeda são, basicamente: (i) um meio de troca comumente aceito; (ii) uma unidade de conta, ou

---

2 Coinlib (2020, 20 fevereiro). *Coins*. Recuperado a partir de https://coinlib.io/coins.

3 Architectural Digest. (2020, 20 fevereiro). *A $134 Million Building in Zurich Has Sold Via Cryptocurrency*. Recuperado a partir de https://www.architecturaldigest.com/story/a-dollar134-million-building-in-zurich-has-sold-via-blockchain.

4 Vale destacar, dentre outras: Propy.com; Tecnisa; Baggio Imóveis; Katz Construções; Valor Real; Inspira Imóveis; My Broker.

seja, um padrão de medida que as pessoas usam para estabelecer preços e registrar débitos; e (iii) uma reserva de valor, isto é, algo que as pessoas podem usar para transferir poder de compra do presente para o futuro. Todavia, não é possível afirmar que toda moeda possui curso legal e forçado, mas somente aquelas utilizadas em determinado território por força de uma norma jurídica cogente e aceita pelos indivíduos que ali residem e circulam, sem a necessidade de possuir um valor intrínseco, como é o caso do dólar, do euro, do real e do peso argentino.

Entretanto, o conceito econômico de moeda não se confunde com seu conceito jurídico. Segundo o acórdão do STF no RE 478.410/SP[5], este último está relacionado à utilização como padrão de valor e instrumento de pagamento, dotado de caráter liberatório, ou seja, sua entrega ao credor libera o devedor de sua obrigação, satisfazendo-a. Nesse diapasão, o conceito jurídico de moeda possui dois atributos, já mencionados: (i) curso legal, que assegura a ampla circulação e imposição de aceitação da moeda, caracterizando-a como meio de pagamento; e (ii) curso forçado, que é a qualidade de moeda inconversível, ou seja, não é possível exigir do poder emissor sua conversão em outro valor.

Adicionalmente, vale destacar, é necessária a existência de uma autoridade emissora da moeda, também instituída pelo poder estatal. No Brasil, a Constituição Federal de 1988 atribuiu à União a competência para emitir moeda (art. 21), exercida exclusivamente pelo Banco Central (art. 164). A

---

5 EMENTA: RECURSO EXTRORDINÁRIO. CONTRIBUIÇÃO PREVIDENCIÁRIA. INCIDÊNCIA. VALE-TRANSPORTE. MOEDA. CURSO LEGAL E CURSO FORÇADO. CARÁTER NÃO SALARIAL DO BENEFÍCIO. ARTIGO 150, I, DA CONSTITUIÇÃO DO BRASIL. CONSTITUIÇÃO COMO TOTALIDADE NORMATIVA. (...) 3. A funcionalidade do conceito de moeda revela-se em sua utilização no plano das relações jurídicas. O instrumento monetário válido é padrão de valor, enquanto instrumento de pagamento sendo dotado de poder liberatório: sua entrega ao credor libera o devedor. Poder liberatório é qualidade, da moeda enquanto instrumento de pagamento, que se manifesta exclusivamente no plano jurídico: somente ela permite essa liberação indiscriminada, a todo sujeito de direito, no que tange a débitos de caráter patrimonial. 4. A aptidão da moeda para o cumprimento dessas funções decorre da circunstância de ser ela tocada pelos atributos do curso legal e do curso forçado. 5. A exclusividade de circulação da moeda está relacionada ao curso legal, que respeita ao instrumento monetário enquanto em circulação; não decorre do curso forçado, dado que este atinge o instrumento monetário enquanto valor e a sua instituição [do curso forçado] importa apenas em que não possa ser exigida do poder emissor sua conversão em outro valor. (...) (RE 478.410, Rel. Min. Eros Grau, Tribunal Pleno, j. 10/03/2010, DJe 14/05/2010).

partir de 1° de julho de 1994, a unidade do Sistema Monetário Nacional passou a ser o real, tendo curso legal em todo o território nacional.

Assim, as criptomoedas enquadram-se no conceito econômico de moeda, na medida em que podem ser utilizadas como mecanismo de troca na aquisição de bens e serviços, como é o caso de unidades imobiliárias. Além disso, podem ser utilizadas como padrão de medida para estabelecer preços ou reserva de valor. Não possuem, todavia, curso legal e forçado no território brasileiro, ao menos até o presente momento, e tampouco são emitidas por uma autoridade central, já que funcionam no âmbito da tecnologia *blockchain*. Por estas razões, não é possível enquadrá-las no conceito jurídico de moeda.

De acordo com a definição da OCDE (2018), criptomoedas são ativos digitais utilizados como um mecanismo de troca, valendo-se da criptografia para garantir suas transações, controlar a criação de novas unidades e validar a transferência de ativos; assim, é um tipo de moeda virtual, isto é, uma unidade digital de troca, sem lastro em moeda de curso legal emitida pelo governo[6]. Por sua vez, o Banco Central Europeu (2014) ressalta a característica da moeda virtual como uma representação digital de valor que não é emitida por um banco central ou autoridade pública, nem vinculada necessariamente a uma moeda financeira, como o dólar, o euro e o real, mas é aceita por pessoas físicas e jurídicas como meio de troca, podendo ser transferida, guardada, comercializada eletronicamente[7]. Todavia, vale destacar, nem toda moeda virtual é uma criptomoeda, mas tão somente aquelas dependentes da tecnologia de criptografia.

No mesmo sentido, o *Internal Revenue Service* (2014) norte-americano possui o entendimento de que moeda virtual é uma representação digital de valor que funciona como um meio de troca, uma unidade de conta e/ou uma reserva de valor, ou seja, reproduz funções típicas da moeda. Observa-se que, em determinadas situações, funciona como uma moeda real, isto é,

---

6 No original (inglês): "A crypto-currency is a digital asset used as a medium of exchange and which relies on cryptography to secure its transactions, to control the creation of additional units, and to verify the transfer of assets. It is a type of virtual currency, meaning a digital unit of exchange that are not backed by government-issued legal tender."

7 No original (inglês): "VCs are defined as a digital representation of value that is neither issued by a central bank or public authority nor necessarily attached to a FC, but is used by natural or legal persons as a means of exchange and can be transferred, stored or traded electronically."

usualmente aceita e utilizada como meio de troca; porém, não possui curso legal em nenhuma jurisdição, não sendo reconhecido como meio de pagamento para cumprimento de obrigações financeiras[8].

No Brasil, a Comissão de Valores Mobiliários expediu o Ofício Circular n. 1/2018/CVM/SIN, no qual esclarece que "as criptomoedas não podem ser qualificadas como ativos financeiros, para os efeitos do disposto no artigo 2°, V, da Instrução CVM n. 555/14"[9], de modo que não é permitida sua aquisição direta pelos fundos de investimento regulados por esta Instrução. Ademais, a CVM reconhece que ainda há indefinição quanto à natureza jurídica e econômica das criptomoedas.

O Banco Central do Brasil, por sua vez, emitiu os Comunicados n. 25.306/2014 e n. 31.379/2017, nos quais sustenta que as moedas virtuais: (i) não são emitidas nem garantidas por uma autoridade monetária; (ii) não

---

8 No original (inglês): "Virtual currency is a digital representation of value that functions as a medium of exchange, a unit of account, and/or a store of value. In some environments, it operates like "real" currency -- i.e., the coin and paper money of the United States or of any other country that is designated as legal tender, circulates, and is customarily used and accepted as a medium of exchange in the country of issuance -- but it does not have legal tender status in any jurisdiction."

9 Art. 2° Para os efeitos desta Instrução, entende-se por: (...)
V – ativos financeiros:
a) títulos da dívida pública;
b) contratos derivativos;
c) desde que a emissão ou negociação tenha sido objeto de registro ou de autorização pela CVM, ações, debêntures, bônus de subscrição, cupons, direitos, recibos de subscrição e certificados de desdobramentos, certificados de depósito de valores mobiliários, cédulas de debêntures, cotas de fundos de investimento, notas promissórias, e quaisquer outros valores mobiliários, que não os referidos na alínea "d";
d) títulos ou contratos de investimento coletivo, registrados na CVM e ofertados publicamente, que gerem direito de participação, de parceria ou de remuneração, inclusive resultante de prestação de serviços, cujos rendimentos advêm do esforço do empreendedor ou de terceiros;
e) certificados ou recibos de depósitos emitidos no exterior com lastro em valores mobiliários de emissão de companhia aberta brasileira;
f) o ouro, ativo financeiro, desde que negociado em padrão internacionalmente aceito;
g) quaisquer títulos, contratos e modalidades operacionais de obrigação ou coobrigação de instituição financeira;
h) warrants, contratos mercantis de compra e venda de produtos, mercadorias ou serviços para entrega ou prestação futura, títulos ou certificados representativos desses contratos e quaisquer outros créditos, títulos, contratos e modalidades operacionais desde que expressamente previstos no regulamento;

têm garantia de conversão para a moeda oficial, tampouco são garantidas por ativo real de qualquer espécie, ficando o risco de sua aceitação nas mãos dos usuários; (iii) possuem grande volatilidade de preços, sobretudo devido à falta de percepção clara sobre sua fidedignidade; e (iv) estão sujeitas a ataques criminosos (*hackers*) na rede mundial de computadores, na medida em que são armazenadas em carteiras eletrônicas.

Além disso, o BACEN esclarece que as moedas virtuais não se confundem com moedas eletrônicas, disciplinadas pela Lei n. 12.865/2013, segundo a qual são "recursos armazenados em dispositivo ou sistema eletrônico que permitem ao usuário final efetuar transação de pagamento". Portanto, as moedas eletrônicas são um modo de expressão de créditos denominados em reais, enquanto as moedas virtuais não são referenciadas em reais, sendo denominadas em unidade de conta distinta das moedas emitidas por governos soberanos.

Por outro lado, do ponto de vista tributário, a Receita Federal do Brasil reconheceu, na pergunta 445, do Perguntas e Respostas 2020 do Imposto sobre a Renda da Pessoa Física, que, embora não sejam consideradas como moeda nos termos do atual marco regulatório, as moedas virtuais podem ser equiparadas a um ativo financeiro. Dessa forma, devem ser declaradas como "outros bens", pelo valor de aquisição, na Ficha Bens e Direitos, conforme será abordado mais detalhadamente adiante.

Conclui-se, portanto, que as criptomoedas não são moedas do ponto de vista jurídico, na medida em que não possuem curso legal e forçado, não sendo emitidas ou garantidas por uma autoridade monetária governamental. Tampouco são ativos financeiros propriamente ditos, do ponto de vista regulatório, tendo em vista a ausência de normas específicas das autoridades reguladoras do Sistema Financeiro Nacional. Não obstante, seria possível equipará-las aos ativos financeiros, ao menos do ponto de vista tributário, para a apuração do ganho de capital na sua alienação.

3. Imposto sobre a renda e ganho de capital

A Constituição Federal de 1988, em seu art. 153, inciso III[10], atribuiu à União a competência para instituir o imposto sobre a renda e proventos de qualquer natureza. Além disso, estabeleceu, no § 2º do mesmo artigo,

---

10 Art. 153. Compete à União instituir impostos sobre: (...)
III – renda e proventos de qualquer natureza;

alguns critérios basilares para a instituição desse tributo, quais sejam: a generalidade, a universalidade e a progressividade. Vale destacar que, assim como os demais tributos, o IR também deve observar o princípio da capacidade contributiva, consagrado pelo texto constitucional, em seu art. 145, § 1º[11], como importante limite à escolha dos fatos da realidade econômica sobre os quais recairá o poder de tributar.

O Código Tributário Nacional, em seu art. 43[12], valendo-se da prerrogativa conferida pelo art. 146, III, "a", da CRFB/1988[13], definiu o fato gerador do imposto sobre a renda como a aquisição da disponibilidade econômica ou jurídica da renda[14], ou de proventos de qualquer natureza, sendo ambos compreendidos pelo conceito de "acréscimo patrimonial". No mesmo sentido, o STF há muito entende que o conceito de renda implica o reconhecimento de ganho ou acréscimo patrimonial[15].

Desse modo, o acréscimo patrimonial constitui-se como o próprio objeto, ou seja, a materialidade do imposto sobre a renda. A partir do patrimônio – que pode ser definido como o conjunto de bens, direitos e

---

11 Art. 145 (...) § 1º Sempre que possível, os impostos terão caráter pessoal e serão graduados segundo a capacidade econômica do contribuinte, facultado à administração tributária, especialmente para conferir efetividade a esses objetivos, identificar, respeitados os direitos individuais e nos termos da lei, o patrimônio, os rendimentos e as atividades econômicas do contribuinte.

12 Art. 43. O imposto, de competência da União, sobre a renda e proventos de qualquer natureza tem como fato gerador a aquisição da disponibilidade econômica ou jurídica:
I – de renda, assim entendido o produto do capital, do trabalho ou da combinação de ambos;
II – de proventos de qualquer natureza, assim entendidos os acréscimos patrimoniais não compreendidos no inciso anterior.

13 Art. 146. Cabe à lei complementar: (...)
III – estabelecer normas gerais em matéria de legislação tributária, especialmente sobre:
a) definição de tributos e de suas espécies, bem como, em relação aos impostos discriminados nesta Constituição, a dos respectivos fatos geradores, bases de cálculo e contribuintes;

14 Enquanto a disponibilidade econômica da renda seria relacionada ao "regime de caixa", no qual os rendimentos são tributados na medida do efetivo ingresso de recursos no caixa do contribuinte, a disponibilidade jurídica seria relacionada ao "regime de competência", no qual os rendimentos são tributados na medida em que a operação tenha ocorrido, mesmo que ainda não tenha sido convertida em dinheiro.

15 RE 117.887, Rel. Min. Carlos Velloso, Tribunal Pleno, j. 11/02/1993, DJ 23/04/1993

obrigações de uma determinada pessoa física ou jurídica –, é possível examinar a ocorrência (ou não) do acréscimo pretendido pelo direito tributário. Assim, segundo Carrazza (2008, p. 109), "não é qualquer entrada de dinheiro nos cofres de uma pessoa (física ou jurídica) que pode ser alcançada pelo IR, mas, tão somente, os acréscimos patrimoniais, isto é, 'a aquisição de disponibilidade de riqueza nova' (...)".

Nesse contexto, é possível citar, como exemplo, as indenizações. Segundo o art. 944, do Código Civil de 2002, "a indenização mede-se pela extensão do dano". Nesse sentido, a indenização, via de regra, não constitui elemento novo do patrimônio, mas visa reparar um dano sofrido por outrem, razão pela qual não pode ser tributada pelo imposto sobre a renda. Esse entendimento foi sedimentado pelo STJ, por meio da Súmula 498, que dispõe: "não incide imposto de renda sobre a indenização por danos morais".

Todavia, a mera ocorrência do acréscimo patrimonial não é suficiente para atrair a incidência do imposto sobre a renda, sendo necessária a realização da renda, que pressupõe, nas palavras de Fonseca (2018, p. 193), "a ocorrência de um ato ou negócio jurídico representativo de uma manifestação de vontade do sujeito passivo". Segundo Oliveira (2008, p. 373), "quando se fala em 'realização da renda', como conceito que deva ser informador do fato gerador do imposto de renda, se está falando no momento a partir de quando existe renda consumada, que possa ser usada, e, portanto, momento desde o qual ela pode ser tributada".

Por sua vez, Polizelli (2012, p. 194) relaciona a realização da renda "com os critérios de materialidade, objetividade, mensurabilidade e troca de mercado". Assim, esclarece o autor (2012, p. 157) que cabe à legislação infraconstitucional a tarefa de escolher especificamente qual o critério de realização é o mais adequado ao caso concreto; por exemplo, em relação às pessoas físicas, a legislação optou pelo recebimento em dinheiro ou em bens como forma de aplicação da realização da renda.

No caso do ganho de capital, que interessa ao presente estudo, o legislador federal teria, então, optado pela incidência do imposto sobre a renda no momento da alienação de bens e direitos de qualquer natureza, conforme o art. 3º, § 2º, da Lei n. 7.713/1988 e o art. 21, da Lei n. 8.981/1995. Ademais, enumerou-se um rol de operações nas quais se considera ocorrida a alienação, tais como: compra e venda, permuta, adjudicação, desapropriação, dação em pagamento, doação, procuração em causa própria, promessa de compra e venda, cessão de direitos ou promessa de cessão de direitos e contratos afins.

Dessa forma, para a apuração do ganho de capital, busca-se determinar a diferença entre: (i) o valor de alienação, que é, em regra, o preço efetivo da operação, nos termos do art. 134, do Regulamento do Imposto de Renda – RIR/2018 (Decreto n. 9.580/2018); e (ii) o custo de aquisição, que é, em regra, o valor pago na aquisição do bem ou direito alienado, nos termos do art. 136, do RIR/2018. Assim, apenas quando houver diferença positiva entre os valores de venda e aquisição de um determinado elemento patrimonial, poderá ser cobrado o imposto sobre a renda.

Portanto, a tributação não pode recair sobre a mera valorização de capital, sendo necessário que o ganho ou acréscimo patrimonial seja adquirido, realizado e disponível, econômica ou juridicamente, momento no qual o contribuinte terá presumidamente o manejo de recursos suficientes para arcar com o ônus tributário, isto é, será dotado de capacidade contributiva.

4. Tributação das aquisições de unidades imobiliárias por criptomoedas

A partir da natureza jurídica das criptomoedas e dos fundamentos norteadores do imposto sobre a renda e do ganho de capital, é possível analisar a tributação das aquisições de unidades imobiliárias por criptomoedas. Conforme já mencionado, a aquisição da titularidade de um determinado bem ou direito, no caso, uma unidade imobiliária, somente atrairá a incidência do imposto sobre a renda, caso seja configurada como uma operação de alienação, na qual se verifique o requisito da realização da renda.

Vale citar a doutrina de Pereira (2017, p. 117), que diferenciou as formas de aquisição da propriedade: (i) originária, como aquela em que se adquire a propriedade sem que ocorra a sua transmissão por outrem; e (ii) derivada, que pressupõe a transmissão do bem ou direito do antigo proprietário para o novo. Dessa forma, apenas nas modalidades de aquisição derivada da propriedade, como é o caso da alienação com posterior registro do bem imóvel[16], haverá a transferência de um bem ou direito

---

16 Nos termos do art. 1.245, do Código Civil de 2002, a propriedade do bem imóvel somente pode ser transferida mediante o registro do título translativo no Cartório de Registro de Imóveis. Confira-se:
"Art. 1.245. Transfere-se entre vivos a propriedade mediante o registro do título translativo no Registro de Imóveis.
§ 1° Enquanto não se registrar o título translativo, o alienante continua a ser havido como dono do imóvel.
§ 2° Enquanto não se promover, por meio de ação própria, a decretação de invalidade do registro, e o respectivo cancelamento, o adquirente continua a ser havido como dono do imóvel."

para outrem, apta a atrair a incidência do imposto sobre a renda, caso seja comprovada a realização da renda.

Por outro lado, nas modalidades de aquisição originária da propriedade imóvel, como é o caso da usucapião e da acessão natural, não haverá a incidência do imposto sobre a renda, por faltarem a elas o requisito da realização da renda, ainda que o seu titular tenha percebido um acréscimo em seu patrimônio.

No caso em estudo, a aquisição de unidades imobiliárias por meio de criptomoedas pressupõe a prática de, ao menos, dois atos jurídicos: (i) a transferência da propriedade de uma quantidade específica de criptomoedas ou de frações de criptomoedas, por meio de um registro no *blockchain* correspondente; e (ii) como contraprestação, a transferência da propriedade parcial ou integral de uma unidade imobiliária, por meio do registro do título translativo. Assim, é possível afirmar que não se trata de uma forma de aquisição originária da propriedade, mas, sim, de aquisição derivada, na qual há a alienação de um bem imóvel e de uma criptomoeda, que é equiparada a um ativo financeiro.

Todavia, a operação descrita acima não é caracterizada como um contrato de compra e venda, nos termos do art. 481, do Código Civil de 2002, que pressupõe uma relação bilateral, na qual um dos contratantes se obriga a transferir o domínio de certa coisa, e o outro, a pagar-lhe certo preço em dinheiro. Como visto, criptomoedas não se enquadram no conceito jurídico de moeda, então não podem ser utilizadas como "dinheiro" em uma operação de compra e venda.

Nesse sentido, a aquisição de unidades imobiliárias por meio de criptomoedas aproxima-se de um contrato de permuta, que possui as mesmas características da compra e venda, conforme as lições de Pereira (2017, p. 95): (i) contrato bilateral; (ii) oneroso, (iii) comutativo; (iv) translatício do domínio, no sentido de ato causal da transferência da propriedade, embora não a opere diretamente; e (v) consensual, via de regra. Entretanto, a permuta diferencia-se da compra e venda, na medida em que a contraprestação conferida em troca de uma coisa não é mais dinheiro, mas, sim, uma coisa diversa, conforme o disposto no art. 533, do CC/2002[17]. No caso, há, portanto, a permuta de imóvel por criptomoeda.

---

[17] Art. 533. Aplicam-se à troca as disposições referentes à compra e venda, com as seguintes modificações:
I – salvo disposição em contrário, cada um dos contratantes pagará por metade as despesas com o instrumento da troca;
II – é anulável a troca de valores desiguais entre ascendentes e descendentes, sem consentimento dos outros descendentes e do cônjuge do alienante.

Observa-se que, nesse caso, o bem imóvel não é, em um primeiro momento, comercializado para, em um segundo momento, adquirir-se a criptomoeda; tampouco ocorre o contrário, ou seja, a criptomoeda não é comercializada, para que, depois, utilizando-se do dinheiro, haja a compra de um imóvel. Na realidade, não há essa etapa intermediária de liquidação do bem imóvel ou da criptomoeda, mas ocorre, sim, a permuta ou troca diretamente entre os dois bens, sem a necessidade de prévia conversão em pecúnia.

Vale destacar, o art. 3°, § 3°, da Lei n. 7.713/1988, prevê expressamente a incidência do imposto sobre a renda sobre o ganho de capital apurado na operação de permuta. Contudo, não basta a mera previsão legal para se determinar a incidência tributária; é necessário, também, que a permuta se enquadre no conceito de acréscimo patrimonial e que haja a realização da renda.

Em relação ao primeiro requisito, observa-se que, somente no caso concreto, é possível afirmar a existência ou não de acréscimo patrimonial em determinado momento. Caso o valor de mercado do bem imóvel ou da criptomoeda na data da alienação seja superior ao custo de aquisição, restar-se-á caracterizado o acréscimo patrimonial; caso contrário, verifica-se uma redução patrimonial, que não poderá ser tributada.

No que diz respeito ao segundo requisito, nota-se que o legislador optou pela incidência do imposto sobre a renda sobre o ganho de capital no momento da alienação de bens e direitos de qualquer natureza, escolhendo o critério a ser utilizado para determinar a realização da renda.

Assim, não seria possível afastar a tributação do ganho de capital auferido na aquisição de unidades imobiliárias por criptomoedas, sendo necessária a apuração da diferença entre o valor da alienação e o custo de aquisição dos bens.

5. Obrigações Acessórias relacionadas às Operações com Criptomoedas: Instrução Normativa RFB n. 1.888/2019 e Princípio da Legalidade Tributária

A partir da exposição de motivos da Consulta Pública n. 06/2018, realizada pela Receita Federal do Brasil – RFB, é possível extrair alguns dos fatores que influenciaram diretamente a edição da recente Instrução Normativa RFB n. 1.888/2019, quais sejam: (i) a carência de uma lei com diretrizes e regulamentações; (ii) o considerável aumento de procedimentos envolvendo criptomoedas no Brasil; e (iii) a relevância desse mercado para a administração tributária (pois, conforme verificado, as operações estariam sujeitas à incidência do imposto sobre a renda sobre o ganho de capital eventualmente auferido). A propósito, observa-se trecho da mencionada Consulta, que evidencia o principal objetivo da Instrução Normativa em comento:

> Propõe-se a criação de obrigação acessória para que as *exchanges* de criptomoedas (empresas que negociam e/ou viabilizam as operações de compra e venda de criptoativos) prestem informações de interesse da Secretaria da Receita Federal do Brasil (RFB) relativas às operações envolvendo criptoativos, além de prever a declaração por parte de pessoas físicas e jurídicas quando utilizarem exchanges no exterior ou não utilizarem ambientes disponibilizados por exchanges para as transações envolvendo criptoativos.

No mesmo sentido, conforme dispõe o seu art. 1º, a IN RFB n. 1.888/2019 é responsável por instituir e disciplinar a obrigatoriedade de prestação de informações, relativas às operações realizadas com criptoativos (criptomoedas), à Secretaria Especial da Receita Federal do Brasil, com produção de efeitos a partir do primeiro dia do mês de agosto do exercício de 2019. Para tanto, as declarações serão prestadas perante o sistema eletrônico próprio da Receita Federal (e-CAC)[18].

O art. 6º, da IN RFB n. 1.888/2019 prevê a obrigatoriedade de prestação de informações ao Fisco para: (i) a *exchange* de criptoativos[19] domiciliada para fins tributários no Brasil; e (ii) a pessoa física ou jurídica residente ou domiciliada no Brasil, quando as operações forem desempenhadas em *exchange* domiciliada no exterior ou quando as operações não forem realizadas em exchange, desde que o valor mensal das operações ultrapasse trinta mil reais. Ademais, são enumeradas algumas operações com criptomoedas que ensejam a obrigação de prestar informações: compra e venda; permuta; doação; transferência de criptomoeda para a *exchange*; retirada de

---

18 Art. 2º As informações a que se refere o art. 1º deverão ser prestadas com a utilização do sistema Coleta Nacional, disponibilizado por meio do Centro Virtual de Atendimento (e-CAC) da RFB, em leiaute a ser definido em Ato Declaratório Executivo (ADE) da Coordenação-Geral de Programação e Estudos (Copes), a ser publicado no prazo de até 60 (sessenta) dias, contado a partir da data de publicação desta Instrução Normativa.

19 Art. 5º Para fins do disposto nesta Instrução Normativa, considera-se: (...)
II – exchange de criptoativo: a pessoa jurídica, ainda que não financeira, que oferece serviços referentes a operações realizadas com criptoativos, inclusive intermediação, negociação ou custódia, e que pode aceitar quaisquer meios de pagamento, inclusive outros criptoativos.

criptomoeda da *exchange*; cessão temporária (aluguel); dação em pagamento; emissão; e outras que impliquem a sua transferência.

Outro ponto que merece destaque são as penalidades previstas pelo art. 10, da IN RFB n. 1.888/2019[20], mediante a aplicação de multa à pessoa física ou jurídica que: deixar de prestar as informações a que estiver obrigada; que prestá-las fora dos prazos fixados; ou prestar informações inexatas, incompletas ou incorretas. O mais grave, nesse particular, sem prejuízo às aludidas multas aplicáveis, é a possibilidade, ainda, de ser formalizada comunicação ao Ministério Público Federal, quando existirem indícios de crimes cometidos, pelo contribuinte, por ocasião da prestação de informações

---

20 Art. 10. A pessoa física ou jurídica que deixar de prestar as informações a que estiver obrigada, nos termos do art. 6º, ou que prestá-las fora dos prazos fixados no art. 8º, ou que omitir informações ou prestar informações inexatas, incompletas ou incorretas, ficará sujeita às seguintes multas, conforme o caso:
I – pela prestação extemporânea:
a) R$ 500,00 (quinhentos reais) por mês ou fração de mês, se o declarante for pessoa jurídica em início de atividade, imune ou isenta, optante pelo Regime Especial Unificado de Arrecadação de Tributos e Contribuições devidos pelas Microempresas e Empresas de Pequeno Porte (Simples Nacional), instituído pela Lei Complementar n. 123, de 14 de dezembro de 2006, ou que na última declaração apresentada tenha apurado o Imposto sobre a Renda da Pessoa Jurídica (IRPJ) com base no lucro presumido;
b) R$ 1.500,00 (mil e quinhentos reais) por mês ou fração de mês, se o declarante for pessoa jurídica não incluída na alínea "a"; ou
c) R$ 100,00 (cem reais) por mês ou fração, se pessoa física;
II – pela prestação com informações inexatas, incompletas ou incorretas ou com omissão de informação:
a) 3% (três por cento) do valor da operação a que se refere a informação omitida, inexata, incorreta ou incompleta, não inferior a R$ 100,00 (cem reais), se o declarante for pessoa jurídica; ou
b) 1,5% (um inteiro e cinco décimos por cento) do valor da operação a que se refere a informação omitida, inexata, incorreta ou incompleta, se o declarante for pessoa física; e
III – pelo não cumprimento à intimação da RFB para cumprir obrigação acessória ou para prestar esclarecimentos nos prazos estipulados pela autoridade fiscal, o valor de R$ 500,00 (quinhentos reais) por mês calendário;
§ 1º A multa prevista na alínea "a" do inciso II do *caput* será reduzida em 70% (setenta por cento) se o declarante for pessoa jurídica optante pelo Simples Nacional.
§ 2º A multa prevista na alínea "b" do inciso I do *caput* será aplicada também, em caso de apresentação das informações fora do prazo previsto no art. 8º, à pessoa jurídica que na última declaração tenha utilizado mais de uma forma de apuração do lucro ou tenha realizado operação de reorganização societária.
§ 3º A multa prevista no inciso I do *caput* será reduzida à metade nos casos em que a obrigação acessória for cumprida antes de qualquer procedimento de ofício

inexatas, incompletas ou incorretas, ou com omissão de informação, nos termos do art. 11, da IN RFB n. 1.888/2019[21].

Todavia, deve-se observar que, apesar da importância das instruções normativas enquanto normas complementares do Direito Tributário, nos termos do art. 100, I, do CTN[22], não é possível atribuir a elas a prerrogativa de inovar em matéria tributária, estabelecendo obrigações tributárias principais e acessórias, em virtude do Princípio da Legalidade Tributária, consagrado pelos artigos 5º, II[23], e 150, I[24], ambos da Constituição Federal de 1988. Assim leciona Carvalho (2019, p. 210):

> Também explícito em nosso sistema — art. 5º, II — essa máxima assume o papel de absoluta preponderância. Ninguém será obrigado a fazer ou deixar de fazer alguma coisa senão em virtude de lei. Efunde sua influência por todas as províncias do direito positivo brasileiro, não sendo possível pensar no surgimento de direitos subjetivos e de deveres correlatos sem que a lei os estipule. Como o objetivo primordial do direito é normar a conduta, e ele o faz criando direitos e deveres correlativos, a relevância desse cânone transcende qualquer argumentação que pretenda enaltecê-lo. A diretriz da legalidade está naquela segunda acepção, isto é, a de norma jurídica de posição privilegiada que estipula limites objetivos.

Segundo Carrazza (2008, p. 240), no Estado de Direito, o Poder Legislativo detém exclusividade de editar normas jurídicas que fazem nascer deveres e obrigações, restringindo ou condicionando a liberdade dos indivíduos. Além disso, leciona o autor (2008, p. 336) que não é apenas o tributo (obrigação tributária principal) que se submete ao princípio da legalidade, mas também os deveres instrumentais tributários (obrigações

---

21 Art. 11. Sem prejuízo da aplicação da multa prevista no inciso II do *caput* do art. 10, poderá ser formalizada comunicação ao Ministério Público Federal, quando houver indícios da ocorrência dos crimes previstos no art. 1º da Lei n. 9.613, de 3 de março de 1998.

22 Art. 100. São normas complementares das leis, dos tratados e das convenções internacionais e dos decretos:
I – os atos normativos expedidos pelas autoridades administrativas;

23 Art. 5º, II – ninguém será obrigado a fazer ou deixar de fazer alguma coisa senão em virtude de lei;

24 Art. 150. Sem prejuízo de outras garantias asseguradas ao contribuinte, é vedado à União, aos Estados, ao Distrito Federal e aos Municípios:
I – exigir ou aumentar tributo sem lei que o estabeleça;

acessórias), de modo que os decretos, portarias e atos administrativos somente podem existir para tornar efetivo o cumprimento dos deveres instrumentais criados pela lei.

Nesse sentido, tampouco é possível a delegação, por meio de lei ordinária, de competência para instituir obrigações tributárias ou penalidades, à Fazenda Pública, enquanto órgão integrante do Poder Executivo, sob pena de violar o Princípio da Legalidade Tributária. Vale destacar, assim, que o art. 16, da Lei n. 9.779/1999, que atribui a competência à RFB de dispor sobre as obrigações acessórias relativas aos impostos e contribuições por ela administrados, padece de vício de inconstitucionalidade material.

Em face do exposto, conclui-se que a instrução normativa não pode ser utilizada como mecanismo para inovar em matéria tributária, ao instituir obrigações tributárias acessórias ou penalidades sem amparo em lei. Desse modo, a IN RFB n. 1.888/2019 representa uma nítida violação ao Princípio da Legalidade Tributária, sendo, portanto, inconstitucional.

6. Conclusões

Diante da ausência de um arcabouço normativo mais robusto acerca da tributação das operações com criptomoedas, com enfoque nas aquisições de unidades imobiliárias, buscou-se construir uma interpretação jurídica para o enfrentamento do tema proposto, com base, sobretudo, na legislação do imposto sobre a renda.

Nesse sentido, ressaltou-se que o ganho de capital, para fins de imposto sobre a renda, é apurado com base nas operações que importem alienação, sendo calculado por meio da diferença positiva entre o valor de transmissão do bem ou direito e o respectivo custo de aquisição corrigido monetariamente, nos termos do art. 3°, da Lei n. 7.713/1998. Além disso, demonstrou-se que apenas as operações de aquisição derivada da propriedade, como é o caso da compra e venda, e da permuta, são tributáveis pelo imposto sobre a renda, desde que se verifique a ocorrência de acréscimo patrimonial e a realização da renda.

Assim, considerando-se que as criptomoedas não são moedas do ponto de vista jurídico, a aquisição de unidades imobiliárias por criptomoedas aproxima-se do contrato de permuta, em que há a troca de dois bens: um bem imóvel e uma criptomoeda. Por consequência, há o enquadramento na hipótese de incidência do imposto sobre a renda, caso seja configurado acréscimo patrimonial, isto é, desde que o valor de mercado do bem imóvel ou da criptomoeda na data da alienação seja superior ao custo de aquisição, devendo ser apurado o ganho de capital sobre essa diferença positiva de valores.

Por fim, ainda não foi editada lei específica dispondo acerca das obrigações tributárias principais e acessórias envolvendo criptomoedas, razão pela qual a Instrução Normativa RFB n. 1.888/2019 representa uma inovação no sistema jurídico brasileiro, violando, portanto, o Princípio da Legalidade Tributária.

Referências

CARRAZZA, R. A. A natureza meramente interpretativa do art. 129 da Lei n. 11.196/05, o imposto de renda, a contribuição previdenciária e as sociedades de serviços profissionais. *RDDT*, 154, 109-117, jul. 2008.

CARRAZZA, R. A. *Curso de direito constitucional tributário*. 24. ed. São Paulo: Malheiros, 2008.

CARVALHO, P. B. *Curso de direito tributário*. 30. ed. São Paulo: Saraiva, 2019.

EBA (2020, 20 fevereiro). *EBA Opinion on "virtual currencies"*. Recuperado a partir de https://eba.europa.eu/sites/default/documents/files/documents/10180/657547/81409b94-4222-45d7-ba3b-7deb5863ab57/EBA-Op-2014-08%20Opinion%20on%20Virtual%20Currencies.pdf.

FONSECA, F. D. M. *Imposto sobre a renda:* uma proposta de diálogo com a contabilidade. Belo Horizonte: Fórum, 2018.

INTERNAL REVENUE SERVICE. (2020, 20 fevereiro). *Notice 2014-21*. Recuperado a partir de https://www.irs.gov/pub/irs-drop/n-14-21.pdf.

MANKIW, N. G. *Introdução à economia*. A. V. Hastings, E. P. Lima & E. Translate (Trad.). M. J. N. Pinto (Rev. Téc.). São Paulo: Cengage Learning, 2013.

NAKAMOTO, S. (2020, 20 fevereiro). *Bitcoin:* a peer-to-peer electronic cash system. Recuperado a partir de https://bitcoin.org/bitcoin.pdf.

OECD. (2020, 20 fevereiro). *Tax Challenges Arising from Digitalization – Interim Report 2018: Inclusive Framework on BEPS*. Recuperado a partir de https://www.oecd.org/tax/beps/tax-challenges-arising-from-digitalisation-interim-report-9789264293083-en.htm.

OLIVEIRA, R. M. *Fundamentos do Imposto de Renda*. São Paulo: Quartier Latin, 2008.

PEREIRA, C. M. *SInstituições de direito civil*. C. E. R. Monteiro Filho (Atual.). 25. ed. Rio de Janeiro: Forense, 2017. v. IV.

POLIZELLI, V. B. *O Princípio da Realização da Renda – Reconhecimento de Receitas e Despesas para Fins do IRPJ*. São Paulo: Quartier Latin, 2012 (Série Doutrina Tributária, v. VII).

20

AS VANTAGENS DA CONSTITUIÇÃO DAS *HOLDINGS* E O PLANEJAMENTO SUCESSÓRIO NOS ÂMBITOS EMPRESARIAL E FAMILIAR

Patrícia Antonacci Neves

1. Introdução

No Brasil, o cenário econômico e político complexo associado à insegurança jurídica em que as empresas estão inseridas enseja a crescente busca por formas seguras de planejamento tributário e proteção patrimonial. Associa-se ainda a busca por estratégias corporativas mais eficientes a fim de manter a competitividade.

De acordo com Oliveira (2003), é preciso que os proprietários de empresas e administradores promovam a administração corporativa, sendo necessário que estejam em constante evolução nos processos de gestão, buscando alternativas e novas estruturas estratégicas.

Nesse sentido, Barbosa e Jesus (2015) destacam que o planejamento eficaz de uma holding traz uma melhor conjunção das questões tributárias e sucessórias, levando a melhores resultados econômicos e assegurando o patrimônio familiar.

Qualquer pessoa física ou jurídica que possua um patrimônio mais expressivo deseja evitar situações de vulnerabilidade que possam decorrer dos riscos naturais da atividade empresarial ou mesmo em virtude de processos judiciais, execuções fiscais, garantias associadas à fianças ou avais, e ainda outros dilemas familiares que podem vir a ser causados por situações como morte ou dissolução de sociedade conjugal.

Eckert, Crestani e Mecca (2018) afirmam que cada vez mais as pessoas físicas e jurídicas utilizam a estrutura de holding como meio de proteção patrimonial, reforçando sua finalidade de promover uma melhor estruturação à administração dos negócios, redução da carga tributária, e ainda, simplificação do processo de sucessão familiar.

A ideia das *holdings* teve sua origem no exterior[1], com maior incidência no Brasil a partir da edição da Lei n. 6.404 de 1976 (também conhecida como Lei das Sociedades Anônimas), quando teve efetivamente força legislativa através dos dizeres do artigo 2º, § 3º: *"a companhia pode ter por objeto participar de outras sociedades"*.

Assim, uma holding também serve para concentrar participações societárias e para centralizar as decisões e a administração de várias empresas de um mesmo grupo empresarial, sendo importante lembrar que uma empresa cuja propriedade é dividida entre uma ou mais partes, só terá sucesso na medida em que os detentores destes direitos tenham interesses comuns, caso contrário, isso afetará a estrutura empresarial, que poderá entrar em um processo de colapso e autodestruição. Por isso é essencial planejar a finalidade e preparar as partes envolvidas antes de sua constituição.

Como assevera Longo (2017), a estruturação de uma holding tem como objetivo a adequada e lícita separação de determinado patrimônio em relação a pessoa do sócio, permitindo não apenas a reorganização e proteção patrimonial, como também a salvaguarda de bens e direitos, incluindo participações societárias, diante dos objetivos assumidos por seus titulares, devendo sempre prevalecer a manutenção da eficiência tributária e segurança jurídica.t

Uma holding, seja ela de qualquer tipo ou nomenclatura, como por exemplo: pura, patrimonial, imobiliária, operacional, familiar ou qualquer outra, não se apresenta como um tipo societário específico, mas sim uma circunstância em que essa empresa é configurada. É uma empresa como outra qualquer, uma forma de arranjo legal dotado de inteligência jurídica suficiente para fazer valer os fins que ensejaram sua criação.

No que tange às obrigações legais, é submetida às mesmas imposições que outras pessoas jurídicas.

---

1 De acordo com Comparato e Salomão, 2008, p. 168, a empresa holding possui sua origem nos Estados Unidos no século XVIII, tendo sido difundida um século depois a partir da lei geral promulgada pelo Estado de Nova Jersey em 1888, tendo coincidido com um grande movimento de integração vertical de empresas, cujos potenciais efeitos anticompetitivos levaram a Suprema Corte Americana a considera-la uma prática ilícita em 1904, tendo sido tal posicionamento revertido na jurisprudência americana alguns anos mais tarde.

A relevância em seu estudo e o aprofundamento nos aspectos mais importantes de sua constituição se justifica a partir da crescente procura por essa modalidade, com o intuito de realizar o planejamento estratégico patrimonial, empresarial e/ou familiar.

2. Referencial teórico

2.1. Conceito

Por definição, holding vem do inglês *to hold* (segurar, sustentar, manter), sendo expressão utilizada para caracterizar a sociedade que detém participações societárias de outras sociedades. Na verdade, a empresa holding é muito mais do que isso, podendo ser definida em termos mais amplos como a sociedade que tem por objeto gerenciar bens e direitos tais como participações societárias e/ou imóveis e móveis, dentre outros ativos, podendo também exercer outras atividades empresárias.

Embora o instituto das *holdings* tenha sido incorporado à legislação brasileira através da Lei das Sociedades Anônimas, esse tipo de empresa não está vinculado apenas à estruturação como uma S.A, sendo um tipo de empresa, como outro qualquer, que nos termos da legislação brasileira, pode ser constituída sob a forma de sociedade limitada, empresa individual de responsabilidade limitada – Eireli ou sociedade anônima, de capital aberto ou fechado.

Seus sócios podem ser pessoas físicas ou outras pessoas jurídicas e, na maioria dos casos, como pontuado por Aguiar e Santos (2019), se associam pela confiança que depositam uns nos outros, sendo um tipo de empresa revestida do caráter *intuito personae*. Podem ser compostas também por membros de uma mesma família, tendo ou não finalidade de obtenção de lucro.

As *holdings* são popularmente conhecidas por promoverem a chamada "blindagem patrimonial", que é a capacidade de proteger o patrimônio dos sócios e a atividade empresarial em si – quando presente – e, ainda, visam reduzir a vulnerabilidade, mitigar riscos, garantir sustentabilidade e viabilidade do negócio a longo prazo, como citado por Aguiar e Santos (2019).

Segundo Queiroz *et al.* (2013), são também muito procuradas por concentrarem o patrimônio de membros de uma mesma família, atuando como instrumento de sucessão patrimonial. Nesse último caso, a estrutura será pré-definida a partir dos bens pertencentes à família, os quais vão se integralizando em forma de capital social e a partir de então, definir-se-á as participações dos herdeiros-sócios por meio da atribuição de cotas para cada nomeado. Os autores reforçam ainda a importância de se constar nos contratos sociais regras de resolução de eventuais conflitos, para que as emoções não influenciem nas decisões dos familiares no que se refere à gestão e destinação do patrimônio.

Em relação ao capital social, dispõe o *artigo 997, III do Código Civil/2002*:

> Art. 997. A sociedade constitui-se mediante contrato escrito, particular ou público, que, além de cláusulas estipuladas pelas partes, mencionará:
>
> (...)
>
> III – capital da sociedade, expresso em moeda corrente, podendo compreender qualquer espécie de bens, suscetíveis de avaliação pecuniária;

Nos dizeres de Mamede (2011), capital social é o investimento dos sócios na sociedade através da integralização em bens – móveis, imóveis, dinheiro – ou direitos – passíveis de avaliação pecuniária, que geralmente é distribuído na empresa de acordo com o percentual de propriedade do sócio em cada ativo. Cumpre salientar que para a transferência de bens móveis basta a simples tradição (entrega) da coisa, enquanto na transferência de bens imóveis a lei exige, para efetivação dessa transferência, a transcrição do título no Registro de Imóveis competente.

Entretanto, considerando estruturas familiares, o patrimônio dentro da holding também pode ser distribuído a outros sócios por meio de doação de cotas (nesse caso, por motivo de economia tributária, é preferível doar as cotas após constituída a empresa do que doar bens ou direitos em momento anterior à constituição da holding).

A partir da transferência dos ativos para a holding, a empresa passa a deter sua propriedade, bem como a auferir eventuais rendas deles decorrentes, o que pode trazer grande economia tributária, uma vez que a tributação da renda na pessoa jurídica costuma ser consideravelmente menor do que na pessoa física.

No quesito economia tributária, há que se fazer uma ressalva quando se trata de investimentos financeiros, pois as opções de investimentos para pessoa jurídica são um pouco mais restritas. Tesouro Direto, por exemplo, é uma aplicação que não pode ser acessada por empresas.

Na renda fixa, a pessoa jurídica não pode ser isenta de taxas de impostos, enquanto na pessoa física, títulos como LCI, LCA, CRI, CRA, entre outras, são todos isentos de taxação, fazendo com que o lucro seja totalmente do proprietário destes títulos.

A exceção fica a cargo dos fundos de investimentos, que em geral possuem o mesmo tipo de tratamento tributário.

Nos investimentos em ações, a pessoa jurídica também deverá arcar com impostos, apurando seu lucro ou prejuízo sempre que houver encerramento de alguma transação e recolher o imposto de acordo com o regime tributário ao qual está enquadrada, ao contrário da pessoa física, que será totalmente isenta caso suas operações não forem *day tradings* e o volume mensal não ultrapasse R$ 20.000,00.

Longo (2017) cita como alternativa a ser avaliada em termos de conveniência e viabilidade financeira[2] a conferência das ações de uma companhia investida para a formação de um Fundo de Investimento em Participações – FIP, nos termos da Instrução CVM 391/2003 com alterações trazidas pelas Instruções CVM 487/2009 e 496/2011. Entretanto, a Receita Federal do Brasil exige que essa conferência seja feita por valor de mercado, o que consequentemente gera a obrigação de apuração e recolhimento de eventual imposto sobre o ganho de capital.

Esses fundos de investimentos tem a mesma sistemática de um condomínio. No caso, o investidor assume o papel de cotista e as cotas correspondem às frações ideias de seu patrimônio, mas os ativos são propriedade conjunta. Como os fundos não tem personalidade jurídica, não são sujeitos passivos de tributos ou obrigações tributárias. Assim, somente o cotista pessoa física é tributado, ainda que por meio da retenção na fonte[3], obrigatória por lei.

Em síntese, quando se trata de concentrar investimentos financeiros em uma holding, a análise deve ser feita de forma cautelosa e casuística.

---

2 Só deve ser considerado para grandes estruturas societárias e patrimônios, em virtude dos custos de manutenção, taxas de administração, gestão, custódia, auditoria, etc.

3 O IRRF tem alíquota de 15% sobre o ganho de capital contanto que a carteira seja composta por, no mínimo, 67% de ações, bônus de subscrição e debêntures de companhias de capital aberto ou fechada e que haja participação no processo decisório da companhia investida, caso contrário, a tributação será a dos fundos de renda fixa – IOF variando de 96% a 0%, dependendo do prazo e IRPF variando de 15% a 22,5%.

No que se refere à quantificação do valor a ser atribuído ao patrimônio que integrará a holding, a Lei 9.429/1995 estabeleceu em seu artigo 23 duas possibilidades: valor contábil ou valor de mercado.

Valor contábil é o valor histórico ou custo de aquisição de um determinado bem, conforme consta em Declaração de Imposto de Renda da Pessoa Física – DIRPF. Nesse caso, optando pelo valor contábil, não haverá ganho de capital no momento da integralização ao capital social da holding, não incidindo o respectivo imposto na pessoa física do sócio. Bastará a substituição, na DIRPF, de um ativo (bens móveis, imóveis, direitos) por outro (cotas de participação societária), na respectiva proporção do capital social da holding.

A desvantagem em optar pelo valor contábil é que, em muitos casos, tal valor não reflete o valor real do bem, eis que defasado, não sendo passível de correção ao longo dos anos.

Por sua vez, a Lei 6.404/1976 traz a opção de integralizar um bem a valor de mercado, ou seja, o valor atualizado de um determinado patrimônio e que reflete sua realidade econômica. Nessa ocasião, caso o valor de mercado seja superior ao valor contábil será apurado eventual ganho de capital, com a consequente obrigação de recolhimento do imposto devido a nível de pessoa física[4], como se operaria em caso de venda, já que a integralização de capital social com bens pessoais do sócio é equiparada à uma alienação, uma vez que haverá a troca da titularidade do patrimônio.

Ainda, no caso de opção pelo valor de mercado, a citada lei destaca a necessidade de avaliação prévia dos bens por 3 (três) peritos ou empresa especializada, sendo indispensável laudo fundamentado com a indicação dos critérios de avaliação e dos elementos de comparação adotados.

Quanto ao regime tributário, na maioria dos casos, as *holdings* adotam a tributação pelo lucro presumido, em virtude de algumas limitações de atividades econômicas que impossibilitam a escolha do regime pelo Simples Nacional.

---

4 Optando pelo valor de mercado, a diferença positiva entre o valor de mercado dos bens ou direitos e o valor constante da DIRPF serão tributáveis como ganho de capital do sócio pessoa física à alíquota de 15% (quinze por cento) à 22,5% (vinte e dois inteiros e cinco décimos por cento), conforme a faixa do ganho, o qual deverá ser pago até o último dia útil do mês subsequente ao da integralização. Portanto, o ganho de capital tributável é a diferença entre o valor de mercado e o valor constante da DIRPF.

Em relação ao percentual de presunção aplicável ao lucro presumido, vai depender do tipo de holding e do tipo de atividade desenvolvida. Sendo uma holding pura, apenas de participações societárias, o percentual de presunção de lucro será de 32%. Tratando-se de receita decorrente de atividades imobiliárias tais como compra, venda, loteamento, incorporação e construção de imóveis próprios, utiliza-se a presunção de 8%. No caso de exploração de atividades diversificadas, será aplicado sobre a receita bruta de cada atividade o respectivo percentual. Cada situação também exige a análise cautelosa e casuística, por isso a importância de um correto planejamento.

Por ser a holding um tipo empresarial de estrutura geralmente enxuta, com pouco volume de despesas vinculado, o regime tributário do lucro real é muito pouco utilizado.

A doutrina brasileira utiliza diferentes nomenclaturas para classificar as *holdings*, podendo serem chamadas de pura, mista, patrimonial, familiar, imobiliária, administrativa, de controle, de participações, operacional, dentre outros, dependo de sua finalidade precípua.

Independente da nomenclatura quanto ao tipo, de um modo geral, ou a holding é pura, tendo tão somente como objetivo participar de outras empresas, ou a holding é mista, exercendo outras atividades a depender da finalidade de sua constituição. Por exemplo, uma holding patrimonial terá como objetivo a gestão do patrimônio de um membro ou família, uma holding familiar será estruturada para organizar e antecipar a forma de distribuição da herança de seu constituinte, uma holding de controle controlará outras empresas centralizando o processo decisório, uma holding imobiliária se dedicará a auferir lucros através dessa atividade, e assim sucessivamente.

Para efeito didático, o presente artigo considerará apenas as *holdings* pura, mista e imobiliária, esta última, em razão das especificidades quanto ao tratamento tributário.

2.2. Tipos de *holding* e tributação

Antes da opção pelo tipo de holding, é fundamental a correta escolha da natureza jurídica societária, sendo a empresa limitada (unipessoal ou não) a forma mais utilizada. Mas nada impede a opção pelo tipo sociedade anônima, seja de capital aberto ou fechado.

2.2.1. *Holding pura*

É o tipo de holding cujo objeto consiste apenas em administrar participações societárias, sendo seu capital social formado principalmente por quotas ou ações de outras empresas.

O Pronunciamento Técnico Contábil CPC 15 – Combinação de Negócios determina que todos os *ativos identificáveis, no caso, as participações societárias*, sejam mensurados pelos respectivos *valores justos na data da aquisição*. A diferença entre o valor justo e o valor reconhecido no Patrimônio Líquido da investida (custo) será base para o reconhecimento de eventual *ágio por rentabilidade futura (goodwill)* pela *diferença positiva entre o valor justo do investimento e o valor pago* ou, caso a *diferença seja negativa*, deverá ser reconhecida uma *receita de compra vantajosa*.

A principal fonte de receita na holding pura é representada pelos lucros ou dividendos advindos das empresas sobre as quais detém participações societárias, receita essa isenta de tributação nos termos do artigo 10 da Lei n. 9.249/1995:

> Art. 10. Os lucros ou dividendos calculados com base nos resultados apurados a partir do mês de janeiro de 1996, pagos ou creditados pelas pessoas jurídicas tributadas com base no lucro real, presumido ou arbitrado, não ficarão sujeitos à incidência do imposto de renda na fonte, nem integrarão a base de cálculo do imposto de renda do beneficiário, pessoa física ou jurídica, domiciliado no País ou no exterior.

Sobre esse tipo de holding, há que se considerar também o reconhecimento do resultado positivo dos investimentos pelo Método da Equivalência Patrimonial – MEP[5].

De acordo com o artigo 248 da Lei 6.404/1976, aplica-se o método da equivalência patrimonial aos "*investimentos em coligadas ou em controladas e em outras sociedades que façam parte de um mesmo grupo ou estejam sob controle comum*", de acordo com as seguintes normas:

> I – o valor do patrimônio líquido da coligada ou da controlada será determinado com base em balanço patrimonial ou balancete de verificação levantado, com observância das normas desta Lei,

---

5 A aplicação do Método da Equivalência Patrimonial – MEP é contabilmente tratada pelo Pronunciamento Técnico CPC 18 – Investimento em Coligada, em Controlada e em Empreendimento Controlado em Conjunto (CPC 18 (R2)). Orientações adicionais podem ser encontradas na Interpretação Técnica ICPC 09 (R2).

na mesma data, ou até 60 (sessenta) dias, no máximo, antes da data do balanço da companhia; no valor de patrimônio líquido não serão computados os resultados não realizados decorrentes de negócios com a companhia, ou com outras sociedades coligadas à companhia, ou por ela controladas;

II – o valor do investimento será determinado mediante a aplicação, sobre o valor de patrimônio líquido referido no número anterior, da porcentagem de participação no capital da coligada ou controlada;

III – a diferença entre o valor do investimento, de acordo com o número II, e o custo de aquisição corrigido monetariamente; somente será registrada como resultado do exercício:

a) se decorrer de lucro ou prejuízo apurado na coligada ou controlada;

b) se corresponder, comprovadamente, a ganhos ou perdas efetivos;

c) no caso de companhia aberta, com observância das normas expedidas pela Comissão de Valores Mobiliários.

Em síntese, o *Método da Equivalência Patrimonial* consiste em reconhecer o investimento inicialmente *pelo seu custo de aquisição, ajustando* seu valor contábil proporcionalmente à *participação nos lucros ou prejuízos* do período, sendo a diferença levada para o resultado. Sendo positiva, essa diferença não é tributada enquanto o lucro não é considerado realizado, ou seja, enquanto o investimento não é vendido. Sendo negativa, tampouco passível de dedução, servindo tão somente para refletir o valor do investimento e dos ganhos a ele relacionados.

Nos demais casos em que o investimento não se caracterize como sendo em *sociedade controlada, coligada ou controle em conjunto,* conforme mencionado acima, *aplica-se o método de custo* (valor da transação). Nesse método, as perdas ocorridas no patrimônio da investida não repercutem diretamente na investidora, da mesma forma que a ascensão patrimonial também não será reconhecida.

No que tange ao regime tributário, *holdings* puras são geralmente enquadradas no regime do lucro presumido[6].

---

6 Em virtude do objeto social e do CNAE de participações societárias, esse tipo de empresa está impedida de optar pelo regime do Simples Nacional – Lei Complementar 123 de 14 de dezembro de 2006.

2.2.2. *Holding* Mista

Esse tipo de holding pode exercer tanto atividades típicas de holding pura (administrar participações societárias) quanto quaisquer outras atividades de acordo com o escopo e desenho do objetivo societário e com o foco no planejamento tributário.

Uma grande vantagem em relação à constituição de uma holding mista é a possibilidade de isenção em relação ao Imposto sobre Transferência de Bens Imóveis – ITBI quando da transferência de bens imóveis como integralização ao capital social, mas se, e somente se, a atividade preponderante dessa empresa não for de natureza imobiliária. Isso porque, nos termos da Constituição Federal Brasileira de 1988, mais precisamente em seu artigo 156, § 2°, referido imposto:

> não incide sobre a transmissão de bens ou direitos incorporados ao patrimônio de pessoa jurídica em realização de capital, nem sobre a transmissão de bens ou direitos decorrente de fusão, incorporação, cisão ou extinção de pessoa jurídica, salvo se, nesses casos, a atividade preponderante do adquirente for a compra e venda desses bens ou direitos, locação de bens imóveis ou arrendamento mercantil;

Assim sendo, considerando o tipo misto de holding, para obter a isenção do ITBI, basta que mais da metade de suas receitas sejam de outra natureza que não compra, venda, locação ou arrendamento de bens próprios.

No que tange ao regime tributário, *holdings* mistas poderão ser enquadradas no regime do lucro presumido ou mesmo do lucro real, caso tenham despesas dedutíveis que justifiquem essa última escolha.

Por serem mistas, estarão sujeitas ao recolhimento de PIS e COFINS sobre seu faturamento bruto de acordo com o regime tributário escolhido, além de IRPJ e CSLL sobre seu resultado, também de acordo com o regime tributário escolhido, lembrando que, nos casos de lucro presumido, a presunção será aplicada de acordo com a proporção de cada atividade exercida[7].

---

[7] Sobre cada atividade exercida aplica-se um percentual diferente para consideração do lucro presumido tributável, sendo as bases mais comuns as de 8% para comércio, transporte de cargas, atividades imobiliárias de compra, venda, loteamento, incorporação e construção, serviços hospitalares e atividades rurais; 16% para transporte (exceto cargas); 32% para demais prestações de serviço.

Ainda, estarão sujeitas ao recolhimento do ISSQN sobre eventuais serviços que prestarem ou ao ICMS sobre eventuais mercadorias que comercializarem, de acordo com o município e estado em que estiverem atuando.

A holding mista é o tipo de holding mais escolhido para planejamento societário e familiar, pois sua estrutura permite total flexibilidade, dando aos seus sócios a possibilidade de explorar diferentes atividades, concentrar empresas diversas em uma só empresa, administrar participações societárias, tudo isso sem perder os benefícios do planejamento sucessório. Apenas no quesito blindagem patrimonial é que esse tipo de holding é um pouco mais sensível, eis que toda atividade empresarial comporta riscos, o que pode afetar indiretamente acabar afetando o patrimônio da empresa.

2.2.3. Holding imobiliária

Tipo de holding que visa a organização do patrimônio imobiliário, sua proteção, manutenção da titularidade e anonimato relativo[8] em relação à propriedade.

Nesse tipo de formação societária, podem ser possuídos pela holding não apenas os imóveis utilizados pela empresa em suas atividades, como também os imóveis utilizados pessoalmente por seus sócios, para moradia e lazer e ainda, imóveis que tenham como objetivo gerar renda por meio da venda, arrendamento ou locação.

Pode também ser chamada de holding patrimonial, quando detém outros bens e direitos além de imóveis como, por exemplo, ativos financeiros[9], ativos biológicos, embarcações, aeronaves, direitos minerários, direitos de imagem, marcas, patentes, entre outros.

Um cuidado a ser observado em sua constituição é o de classificação dos imóveis conforme sua vocação, definindo-se a finalidade de uso do imóvel (se pessoal ou empresarial), se urbanos ou rurais, se de locação ou moradia, se destinados ou não à venda, como pontua Longo (2017).

---

8 Relativo porque ainda que nos registros imobiliários a titularidade saia apenas em nome da empresa, preservando o nome de seus sócios, a consulta da Receita Federal sobre o quadro societário é pública.

9 Dependendo do tipo de ativo financeiro, do ponto de vista tributário não é vantajosa sua concentração em uma holding, pois na pessoa física os rendimentos oriundos de ativos financeiros são tributados de forma mais vantajosa.

Isso porque, a depender da finalidade, por exemplo, se for de comercialização de imóveis, pode ser mais vantajoso fazer na pessoa física.

Sob a ótica do imposto de renda, a legislação tributária atribui tratamento diverso à alienação de imóveis pela pessoa física ou jurídica, de modo que a pessoa física recolhe imposto sobre o ganho de capital[10] em relação à diferença apurada entre o preço de venda e o preço de compra, enquanto a pessoa jurídica recolhe imposto sobre o valor total da venda do bem[11], de acordo com seu enquadramento no regime de tributação e as atividades constantes em seu objeto social. Assim, na maioria dos casos, em termos de tributação, se a diferença entre o custo de aquisição e o valor de venda do imóvel não for muito grande, a venda do imóvel pela pessoa física será mais vantajosa.

É possível reduzir o capital da holding fazendo o imóvel retornar ao patrimônio do sócio pessoa física, mas para isso há que se considerar a dupla incidência de ITBI, que pode tornar desvantajosa transação.

Um aspecto a ser observado que impacta consideravelmente no planejamento desse tipo de holding é justamente a incidência do ITBI, imposto de competência municipal, cuja alíquota varia entra 2% e 4% sobre o valor atualizado do bem, na integralização do imóvel, pelo sócio, ao capital social da empresa (ou em sua desincorporação). Nesse sentido os artigos 36 e 37 do Código Tributário Nacional vem reforçar o já citado artigo 156 da Constituição Federal, de modo que, só fica isenta do ITBI a pessoa jurídica que não tem como atividade preponderante a de natureza imobiliária:

> Art. 36. (...) o imposto não incide sobre a transmissão dos bens ou direitos (...):
>
> I – quando efetuada para sua incorporação ao patrimônio de pessoa jurídica em pagamento de capital nela subscrito;

---

10 Incide imposto de 15% sobre o valor da diferença apurada, aplicando-se em alguns casos, reduções ou até mesmo isenções a depender do valor do imóvel. Há ainda os casos de isenção legal quando se trata de ganho de capital oriundo de único imóvel residencial quando o produto da venda é usado para aquisição de outro imóvel residencial no prazo de até 180 dias.

11 Se o imóvel compõe o estoque, a alíquota será de 6,73% sobre a receita de venda (considerando IRPJ e CSLL sobre o lucro presumido de 8% mais Pis e Cofins), mas se compõe o ativo imobilizado, a alíquota será de 34% sobre o ganho de capital por se tratar de receita não operacional (não é tributada pelo Pis e pela Cofins se a empresa for do lucro presumido, mas é tributada em 15% + adicional de 10% do IRPJ e 9% de CSLL. Se a empresa for lucro real ainda recolhe-se 9,25% de Pis e Cofins)

> II – quando decorrente da incorporação ou da fusão de uma pessoa jurídica por outra ou com outra.
>
> Parágrafo único. O imposto não incide sobre a transmissão aos mesmos alienantes, dos bens e direitos adquiridos na forma do inciso I deste artigo, em decorrência da sua desincorporação do patrimônio da pessoa jurídica a que foram conferidos.
>
> Art. 37. O disposto no artigo anterior não se aplica quando a pessoa jurídica adquirente tenha como atividade preponderante a venda ou locação de propriedade imobiliária ou a cessão de direitos relativos à sua aquisição (...).

Assim, o ideal é que, já havendo a previsão por parte do sócio para aquisição de imóveis com objetivo de gerar renda de aluguel ou com o desejo de incluí-los no planejamento patrimonial e sucessório de uma família, que esses imóveis já sejam adquiridos em nome da holding, evitando assim a dupla tributação pelo ITBI quando da troca de titularidade. Por outro lado, se forem imóveis destinados a serem comercializados via compra e venda (e não por meio da construção ou incorporação), talvez seja melhor adquiri-los ou mantê-los na pessoa física.

No que tange à tributação, *holdings* imobiliárias que tem como principal fonte de receitas a locação de imóveis[12] são geralmente enquadradas no regime do lucro presumido (não havendo impeditivos para que se enquadrem no lucro real), estando sujeitas às contribuições PIS e COFINS sobre o valor bruto de seu faturamento, e aos impostos IRPJ e CSLL sobre o valor do lucro presumido na base de 32%. Isenta do ISSQN em virtude da locação de bens móveis ou imóveis não ser considerada uma prestação de serviço e sim a disponibilização de um bem para uso. mas sujeita ao ISSQN sobre as atividades de construção civil

Em relação às atividades de construção civil e incorporação, a depender do porte e das atividades da empresa, poder-se-á optar pelo lucro real ou presumido, estando sujeitas às contribuições PIS e COFINS sobre o valor bruto de seu faturamento, e aos impostos IRPJ e CSLL sobre o valor do lucro real ou presumido na base de 8% para o IRPJ e 12% para a CSLL[13] e ainda ao ISSQN sobre o valor da prestação do serviço. Destaca-se ainda a

---

12 Tributação de 11,33% (considerando IRPJ e CSLL sobre o lucro presumido de 32% mais Pis e Cofins) em detrimento dos 27,5% na pessoa física, tributável mensalmente via carnê-leão.

13 Isso se na prestação dos serviços houver emprego de materiais, caso contrário, 32% de base presumida para ambos os impostos.

possibilidade de utilização do Regime Especial de Tributação – RET, que reduz consideravelmente os impostos pagos em uma incorporação imobiliária[14], além de não se restringir ao limite de faturamento de R$ 78.000.000,00/ano para fins de opção para o lucro presumido.

2.3. Aspectos gerais

Para Barbosa e Jesus (2015), a holding é um mecanismo econômico que, no aspecto jurídico, procura dar maior eficiência ao setor empresarial, buscando concentrar capacidade de investimentos.

Mas como pondera Carvalho e Goes (2020), o planejamento tributário se perfaz na ideia de mapeamento da situação fiscal em que se encontra a empresa e o seu enquadramento em vias legais para a otimização de seus recursos por meio de mecanismos lícitos que são oferecidos pelo próprio Fisco para a atividade empresarial.

Embora a aparente vantagem na constituição das *holdings* seja evidente, alguns aspectos negativos em sua constituição devem ser levados em consideração para que o instituto não seja usado de forma indiscriminada, como destaca Longo (2017). Por isso a importância em sempre contar com ajuda de um profissional especializado, para auxiliar no planejamento ideal de acordo com o mapeamento do caso concreto.

Como desvantagens à constituição das *holdings* podemos citar a obrigatoriedade na manutenção de registros contábeis e entrega de obrigações acessórias a partir do momento de sua constituição (ainda que não tenha faturamento), bem como a publicação dos balanços patrimoniais se a holding for considerada de grande porte[15] e a obrigatoriedade de se submeter à auditoria independente.

Outra desvantagem consiste na mudança da dinâmica de uma situação, sendo necessário que todos os envolvidos estejam conscientes e convencidos de cada planejamento e execução, bem como à nova forma do negócio que está sendo colocada em prática, podendo haver resistência por parte de alguns.

---

14 Pelo regime especial de tributação – RET, para cada incorporação submetida ao regime especial de tributação, a incorporadora ficará sujeita ao pagamento equivalente a 4% (quatro por cento) da receita mensal recebida, o qual corresponderá ao pagamento mensal unificado dos seguintes tributos: IRPJ, CSLL, PIS/Pasep e COFINS.

15 Sociedade de grande porte é aquela com ativos totais superiores a R$ 240.000.000,00 ou receita bruta anual superior a R$ 300.000.000,00.

Ainda, no que tange ao relacionamento entre os sócios, é essencial que estes estejam em sintonia com as ações implementadas a fim de evitar atritos.

Uma importante questão estratégica a ser avaliada diz respeito à venda da empresa no futuro. Isso porque quando os sócios são pessoas físicas, ocorre a incidência do imposto de renda sobre o ganho de capital auferido, enquanto se os sócios são pessoas jurídicas, o valor da venda entra como receita no patrimônio da empresa investidora sendo tributado de acordo com o regime de tributação escolhido.

Outro ponto a ser considerado é o tratamento de eventual ágio ou deságio. As Leis 11.637/2007 e 11.941/2007 alteraram a Lei 6.404/76 (Lei das SAs) em relação aos métodos e critérios para registro, apuração e contabilização dos lucros e investimentos nos padrões do *International Financial Reporting Standards* – IFRS, que são os padrões contábeis internacionais, implementados e obrigatórios no Brasil por meio dos Comitês de Pronunciamentos Contábeis – CPCs. Assim, do ponto de vista contábil, se o investimento em outras sociedades estiver avaliado pelo valor do patrimônio líquido, deverá ser levado a registro dentro da holding pelo valor justo, ou seja, valor de mercado dos ativos e passivos da empresa investida, proporcionalmente ao percentual detido. Nesse caso, a eventual diferença entre o valor do patrimônio líquido e o valor justo será considerada ágio (se maior) ou deságio (se menor).

Ainda em relação ao ágio e deságio, serão registrados como mais-valia ou menos-valia de ativos, se estiverem diretamente relacionados à algum item do balanço patrimonial da investida. Caso os valores apurados a maior ou a menor não estejam diretamente relacionados a nenhum item do balanço patrimonial, então estaremos diante do ágio por expectativa de rentabilidade futura, também conhecido como *goodwill*, ou do deságio por compra vantajosa. Os efeitos tributários do ágio deverão ser cuidadosamente analisados.

Ainda sobre o panorama da tributação, uma importante consideração no âmbito das *holdings* diz respeito à forma de remuneração do capital investido aos sócios, o que pode se dar via distribuição de dividendos ou juros sobre o capital próprio.

Como previsto pela Lei 9.249/1995 em seu artigo 10, a distribuição de lucros por meio de dividendos é isenta de Imposto de Renda e por ser paga após a apuração do lucro da empresa e respectivo pagamento de impostos, não é considerado como dedutível.

Por sua vez, os juros sobre o capital próprio estão sujeitos ao Imposto de Renda Retido na Fonte – IRRF[16] no percentual de 15%, de acordo com o Regulamento do Imposto de Renda – RIR/1999, artigo 668, e são considerados como despesa dedutível para as empresas que se organizam sob o regime de tributação do lucro real.

Uma alternativa para não perder o tratamento tributário dispensado à pessoa física é a conferência da propriedade das participações societárias para a holding com a constituição da reserva de usufruto da renda nas mãos da pessoa física do sócio, nos termos dos artigos 1390 e seguintes do Código Civil Brasileiro. Assim, embora as participações societárias sejam da holding, os juros sobre o capital próprio poderão continuar sendo pagos à pessoa física do sócio até a extinção do direito, o que poderá ocorrer por renúncia ou morte.

Em termos de proteção e blindagem patrimonial, há que se ponderar que ela não é absoluta, já que a separação entre pessoa física e jurídica não prevalece em casos específicos de dolo ou fraude, ocasião em que se aplicam os artigos 134 e 135 do Código Tributário Nacional no que tange à responsabilidade solidária e pessoal para administradores e sócios, sobretudo em relação à prática de atos com excesso de poderes ou infração da lei. Nesse caso, ocorrerá o chamado instituto de despersonificação da pessoa jurídica. Isso porque a holding não pode servir como veículo de fuga ao cumprimento de obrigações.

Em relação à sucessão familiar, a formação da holding familiar promove a reunião de bens pessoais ao patrimônio da sociedade, oferecendo cotas ou ações aos herdeiros, servindo inclusive para substituir o próprio testamento, pois através do contrato social ou acordo de sócios será especificada a transferência do patrimônio a cada herdeiro, após o falecimento do genitor proprietário, podendo o ITCMD ser recolhido em vida por meio da doação de cotas da empresa e não no longo e custoso processo de inventário judicial.

Em condições normais, ao falecer o titular da herança, cada um dos imóveis precisaria ser inventariado, avaliado, partilhado e formalmente registrado em nome dos herdeiros.

---

16 Importante diferenciar que o IRRF só se aplica caso o sócio seja pessoa física residente no Brasil. Se pessoa jurídica, o pagamento dos juros sobre capital próprio serão receita da pessoa jurídica e tributados de acordo com o regime tributário da empresa.

Caso, no entanto, os imóveis constituam patrimônio de uma *holding*, a sucessão se restringe exclusivamente às cotas da empresa, o que simplifica enormemente o processo sucessório. Além disso, o principal benefício consiste na liquidez conferida aos ativos imobilizados, que podem ser livremente negociados e alienados por seus sócios – os próprios herdeiros – a qualquer momento, sem a necessidade de qualquer interferência judicial, uma vez que a sucessão hereditária será feita na participação societária da holding e não nos bens ou na empresa.

Nos dizeres de Mamede e Mamede (2011), a ideia de se trabalhar com a própria morte torna-se uma vantagem para a holding que busca garantir e preservar a sociedade, assim como de planejar a sucessão para evitar disputas e desavenças entre os herdeiros e sócios.

Relativamente às atividades empresariais, a utilização da holding como sendo a controladora de todas as demais empresas do grupo empresarial facilita a gestão corporativa, simplifica e concentra as regras de administração, sucessão, dissolução parcial, exclusão de sócios, pagamento de haveres, acordo de sócios, as quais refletirão automaticamente para as demais empresas, sendo também um instrumento otimizador da atividade societária.

3. Considerações finais

A formação de *holdings* como instrumento de planejamento sucessório nos âmbitos empresarial e familiar é mecanismo jurídico lícito, porém de aplicação complexa, que deve analisar casuisticamente as circunstâncias de cada caso, empresa ou grupo familiar.

A mera instituição de uma holding, por si só, não garante eficácia e eficiência nas questões patrimoniais, sucessórias e tributárias, pois sua estruturação ótima vai depender da finalidade desejada, do tipo de patrimônio que se pretende proteger, de eventual objetivo social a ser desenvolvido por meio da atividade empresária, dentre outros aspectos que podem variar.

Se bem planejada, um dos principais benefícios da holding constitui na diminuição de custos tributários, agilidade e rapidez na questão de partilha de bens e na proteção do patrimônio do sócio.

Afigura-se também muito útil como forma de administração de bens móveis e imóveis, estabelecendo regras preventivas, afastando a contaminação do patrimônio por conflitos externos, além de prevenir consequências decorrentes de conflitos familiares.

Destaca-se que em qualquer caso, é indispensável a presença de um acordo de acionistas ou cotistas a fim de resguardar direitos e delimitar obrigações entre as partes, regulando relações de poder político e/ou econômico que o estatuto ou contrato social não regulem, como por exemplo regras para compra e venda de cotas, direito de preferência, matérias de quórum qualificado para voto, normas de governança corporativa, política de constituição de reservas e distribuição de lucros, acordos de não concorrência, previsão para solução de conflitos, percentuais e condições para partilha da herança, dentre outras.

Percebe-se assim que, com a efetivação de um correto planejamento por meio da constituição de uma empresa holding é possível alcançar inúmeros benefícios tanto tributários quanto na gestão dos bens e negócios familiares, economizando tempo e dinheiro, evitando desgastes familiares, além de proteger a atividade empresarial e o patrimônio das gerações envolvidas.

Referências

AGUIAR, Carla Alessandra B. R. S.; Santos, Elizama Alencar R. S. Blindagem Patrimonial utilizando a Holding Patrimonial. *Revista de Direito Público Contemporâneo*, Rio de Janeiro, ano 3, v. 1, n. 1, p. 5, jan./jun. 2019.

BARBOSA, João Eutálio Anchieta; JESUS, José Lauri Bueno de. Holding: uma alternativa de planejamento tributário e sucessório. *RAC – Revista de Administração e Contabilidade – CNECEdigraf*, ano 14, n. 27, jan./jun. 2015, p. 71-96. Disponível em: <https://core.ac.uk/download/pdf/229768647.pdf>. Acesso em: 17 jul. 2020.

BRASIL. *Código Civil*. Lei n. 10.406/02, de 10 de janeiro de 2002. Disponível em: <http://www.planalto.gov.br/ccivil_03/leis/2002/L10406compilada.htm>. Acesso em: 3 maio 2020.

BRASIL. *Código Tributário Nacional*. Lei n. 5.172, de 25 de outubro de 1966. Disponível em: <http://www.planalto.gov.br/ccivil_03/Leis/l5172.htm>. Acesso em: 3 maio 2020.

BRASIL. Constituição Federal de 1988. Disponível em: <http://www.planalto.gov.br/ccivil_03/constituicao/constituicao.htm> Acesso em: 3 maio 2020.

BRASIL. *Lei 9.429, de 26 de dezembro de 1995*. Disponível em: <http://www.planalto.gov.br/ccivil_03/leis/L9249.htm>. Acesso em: 3 maio 2020.

BRASIL. *Lei das Sociedades por Ações*. Lei n. 6.404, de 15 de dezembro de 1976. Disponível em: <http://www.planalto.gov.br/ccivil_03/leis/L6404compilada.htm>. Acesso em: 3 maio 2020.

BRASIL. *Regulamento do Imposto de Renda*. Decreto n. 3.000, de 26 de março de 1999. Disponível em: <http://www.planalto.gov.br/ccivil_03/decreto/D3000.htm>. Acesso em: 3 maio 2020.

CARVALHO, Laila de Souza; Goes, Helder Leonardo Souza. Holdings patrimoniais e as fraudes tributárias. *Cadernos de Graduação*, Aracaju, v. 6, n. 1, p. 211-226, mar. 2020.

COMITÊ de Pronunciamentos Contábeis – CPC 15 (R1) – Combinação de Negócios. Disponível em: <http://www.cpc.org.br/CPC/Documentos-Emitidos/Pronunciamentos/Pronunciamento?Id=46>. Acesso em: Acesso em: 26 jul. 2020.

Comitê de Pronunciamentos Contábeis – CPC 18 (R2) – Investimento em Coligada, em Controlada e em Empreendimento Controlado em Conjunto. Disponível em: <http://www.cpc.org.br/CPC/Documentos-Emitidos/Pronunciamentos/Pronunciamento?Id=49>. Acesso em: 26 jul. 2020.

COMPARATO, Fábio Konder; SALOMÃO FILHO, Calixto. *O poder de controle na sociedade anônima*. 5. ed. Rio de Janeiro: Forense, 2008.

ECKERT, Alex; CRESTANI, Tiarles; MECCA, Marlei Salete. Vantagens do planejamento tributário através da constituição de uma Holding patrimonial. *Revista Brasileira Multidisciplinar-ReBraM*, .v. 21, n. 3, 2018. Disponível em: <http://revistarebram.com/index.php/revistauniara/article/view/568>. Acesso em: 17 jul. 2020.

Longo, José Henrique. Criação de holding e proteção patrimonial. IBET – Instituto Brasileiro de Estudos Tributários. 2017. Disponível em: <https://www.ibet.com.br/wp-content/uploads/2017/12/Jos%C3%A9-Henrique-Longo.pdf>. Acesso em: 3 maio 2020.

MAMEDE, Gladston; MAMEDE, Eduarda Cotta. *Holding familiar e suas vantagens*: planejamento jurídico e econômico do patrimônio e da sucessão familiar. 2. ed. São Paulo: Atlas, 2011.

OLIVEIRA, Djalma de Pinho Rebouças de. *Holding, administração corporativa e unidade estratégica de negócio*: uma abordagem prática. 3. ed. São Paulo: Atlas, 2003.

Queiroz, Felipe Eduardo A.; Taveira, Rafael Cintra; OLIVEIRA, Thiago Silva Reis de. *Holding familiar:* benefícios do planejamento sucessório e vantagens do regime tributário. Diálogos em Contabilidade: teoria e prática (Online), v. 1, n. 1, edição 1, jan./dez. 2013. Disponível em: <file:///C:/Users/Patricia/Downloads/1217-3331-1-PB.pdf>. Acesso em: 10 jun. 2020.

21

A INCONSTITUCIONALIDADE E ILEGALIDADE DO IR NA FONTE NOS APORTES REALIZADOS POR INVESTIDORES-ANJOS

UMA ANÁLISE DO ARTIGO 5º DA IN 1719-17 DA SRFB À LUZ DA LEI COMPLEMENTAR 155/16 E CR/88

Pedro Henrique Silva Anselmo

RESUMO

O presente trabalho pretende analisar as evidentes inconstitucionalidades e ilegalidades perpetradas pela Instrução Normativa 1719/17, responsável por estabelecer hipótese de incidência do imposto de renda retido na fonte nos aportes de capital realizados por Investidores-Anjo. O trabalho também examinará a possibilidade de aplicação da regra de isenção sobre os rendimentos pagos aos Investidores-Anjo, na exata sistemática dos dividendos pagos a sócios e acionistas de pessoas jurídicas. O que se busca evidenciar é a total ausência de segurança jurídica no cenário das *Start Up's* brasileiras, situação que afasta o investimento estrangeiro e dificulta ainda mais o desenvolvimento de novos negócios no país.

Palavras-Chave: Investidor-Anjo – IRRF – Inconstitucionalidade – Isenção.

ABSTRACT

This work aims to analyze the evident unconstitutionalities and illegalities perpetrated by Normative Instruction 1719/17, responsible for establishing the hypothesis of incidence of withholding income tax on capital contributions made by Angel Investors. The present study will also investigate the possibility of applying the exemption rule on income paid to Angel Investors, in the exact system of dividends paid to partners and shareholders of legal entities. The main goal is to highlight the total absence of legal certainty in the scenario of Brazilian Start Up's, a situation that reduces foreign investment and makes it even more difficult to develop new businesses in the country.

Keywords: Angel Investor – Income tax – Unconstitutionality – Tax exemption

1. Introdução

Não poderíamos deixar de iniciar este estudo saudando o grande homenageado desta obra coletiva, o eminente Professor Valter de Souza Lobato, profissional por quem desde os tempos da graduação tenho grande apreço e admiração. Seus ensinamentos, desde a sala de aula, passando pelos incontáveis seminários organizados, até a vida prática na advocacia, seguramente foram e são responsáveis pela nossa paixão pelo Direito Tributário. Esperamos que este modesto trabalho acadêmico possa contribuir para os debates propostos por todos os autores envolvidos, representando, assim, um avanço nas conquistas da academia nacional.

O tema examinado propõe uma reflexão a respeito da regulamentação das atividades dos Investidores-Anjo no Brasil, conferindo grande destaque aos vícios de inconstitucionalidade e ilegalidade passíveis de constatação na legislação atualmente regulamentadora dessa sistemática de investimentos. O estudo do tema permite observar que ainda se está diante de cenário em que impera a insegurança jurídica, na medida em que a despeito das normas gerais em matéria tributária, principalmente aquelas delineadas pela Constituição Federal de 1988, o que se verifica é a tentativa de tributação sobre os retornos dos aportes de capital por parte dos Investidores-Anjo a despeito de qualquer previsão para tanto.

Todo o arcabouço de ausência de segurança jurídica para os investidores atua na contramão da tentativa de regulamentação das atividades dos Investidores-Anjo no país, na medida em que a despeito da edição de disposições específicas para regular a atividade, vícios constitucionais, especificamente no que diz respeito à tributação da matéria ainda são constatáveis. Trata-se de fato que demanda a urgente intervenção do legislador de modo a solucionar a questão, sob pena de ficarem os contribuintes unicamente diante do Poder Judiciário, de modo a ver salvaguardados seus direitos aplicáveis.

Conforme restará demonstrado, a questão ainda perpassa pela necessidade de reconhecimento da isenção dos retornos obtidos pelos Investidores-Anjo a título de remuneração dos capitais aplicados, tendo em vista a congruência de procedimento no que diz respeito aos isentos dividendos pagos a sócios e acionistas de pessoas jurídicas.

2. Considerações sobre a figura do "investidor-anjo"

Por "Investidor-Anjo" tem-se aquele indivíduo, podendo ser ainda uma empresa ou mesmo um fundo de investimento, que aporta capital em sociedades ainda em condições embrionárias e que possuem projetos e modelos de negócios com alta capacidade de crescimento, ou na palavra de muitos, com fortes possibilidades de ganho de escala. Em geral pode-se dizer que o investimento anjo se destina a efetivamente acelerar o desenvolvimento das pequenas, inovadoras e promissoras empresas popularmente conhecidas como *Start Up's*, termo em inglês e que foi aportuguesado de modo a se referir a essas novas participantes de diferentes mercados e setores, que em regra possuem como grande objetivo a obtenção de relevantes resultados a partir de projetos e ideias inovadoras e disruptivas, que buscam solucionar algum tipo de problema ou anseio observado no dia a dia das pessoas ou mesmo de empresas.

A atuação do Investidor-Anjo ganhou bastante espaço nos últimos anos com o surgimento de diferentes *Start Up's* no mercado brasileiro, havendo, inclusive, empresas e fundos especializados neste tipo de atividade, a qual, ante a alta possibilidade de ganhos de escala por parte dos projetos desenvolvidos, também permite a obtenção de consideráveis lucros e resultados.

É importante que se diga que a empresa classificada como *Start Up*, para fins de recebimento de aportes classificados como investimento anjo, demanda sua constituição inicial como Micro Empresa (ME) ou Empresa de Pequeno Porte (EPP), devendo ser observado que os recursos aplicados pelo Investidor-Anjo não serão registrados como aumento de capital da sociedade, bem menos serão considerados como receita da empresa para fins de tributação sobre a renda.

Ademais, o Investidor-Anjo, ainda que não participe como sócio da *Start Up*, não detendo poderes de voto ou mesmo de gestão, na prática, acaba atuando como um importante consultor no desenvolvimento e crescimento do negócio, na medida em que, em regra, figuram neste tipo de investimento pessoas com bastante experiência na criação de novas empresas e crescimento de atividades voltadas para inovação. O investimento anjo, portanto, representa importantíssima ferramenta de incentivo e apoio ao desenvolvimento de novos negócios, tanto do ponto de vista financeiro, a partir dos recursos disponibilizados, como do ponto de vista técnico e prático, por meio dos conselhos e orientações que o investidor, via de regra com grande experiência, é capaz de fornecer ao projeto.

Nesse contexto, foi que a atividade do Investidor-Anjo passou a ser regulamentada no Brasil por meio da Lei Complementar 155/2016, responsável por inserir o art. 61-A na Lei Complementar 123/2006, destinado a efetivamente delimitar as normas a serem observadas no incentivo das atividades de inovação. Vejamos:

> Art. 61-A. Para incentivar as atividades de inovação e os investimentos produtivos, a sociedade enquadrada como microempresa ou empresa de pequeno porte, nos termos desta Lei Complementar, poderá admitir o aporte de capital, que não integrará o capital social da empresa.
>
> § 1° As finalidades de fomento a inovação e investimentos produtivos deverão constar do contrato de participação, com vigência não superior a sete anos.
>
> § 2° O aporte de capital poderá ser realizado por pessoa física ou por pessoa jurídica, denominadas investidor-anjo.
>
> § 3° A atividade constitutiva do objeto social é exercida unicamente por sócios regulares, em seu nome individual e sob sua exclusiva responsabilidade.
>
> § 4° O investidor-anjo:
>
> I – Não será considerado sócio nem terá qualquer direito a gerência ou voto na administração da empresa;
>
> II – Não responderá por qualquer dívida da empresa, inclusive em recuperação judicial, não se aplicando a ele o art. 50 da Lei no 10.406, de 10 de janeiro de 2002 – Código Civil;
>
> III – será remunerado por seus aportes, nos termos do contrato de participação, pelo prazo máximo de cinco anos.
>
> § 5° Para fins de enquadramento da sociedade como microempresa ou empresa de pequeno porte, os valores de capital aportado não são considerados receitas da sociedade.
>
> § 6° Ao final de cada período, o investidor-anjo fará jus à remuneração correspondente aos resultados distribuídos, conforme contrato de participação, não superior a 50% (cinquenta por cento)

> dos lucros da sociedade enquadrada como microempresa ou empresa de pequeno porte.
>
> § 7º O investidor-anjo somente poderá exercer o direito de resgate depois de decorridos, no mínimo, dois anos do aporte de capital, ou prazo superior estabelecido no contrato de participação, e seus haveres serão pagos na forma do art. 1.031 da Lei no 10.406, de 10 de janeiro de 2002 – Código Civil, não podendo ultrapassar o valor investido devidamente corrigido.
>
> § 8º O disposto no § 7o deste artigo não impede a transferência da titularidade do aporte para terceiros.
>
> § 9º A transferência da titularidade do aporte para terceiro alheio à sociedade dependerá do consentimento dos sócios, salvo estipulação contratual expressa em contrário.
>
> § 10. O Ministério da Fazenda poderá regulamentar a tributação sobre retirada do capital investido.

A análise das disposições legalmente previstas permite observar que o investimento anjo foi regulamentado sob determinadas limitações, dentre as quais se destacam o prazo máximo de participação do investimento por sete anos e a remuneração do investidor, atrelada aos aportes realizados, no máximo por cinco anos. A esse respeito, destaca-se que as previsões vigentes permitem o resgate dos investimentos somente após o transcurso do período mínimo de dois anos, razão pela qual a remuneração das aplicações realizadas deve ocorrer dentro de cinco anos dos sete estabelecidos como máximos na atividade regulamentada. De se destacar, ainda, que nas hipóteses de resgate do investimento, ou seja, caso o investidor opte por encerrar sua participação no negócio, o valor a ser levantado não poderá ser superior ao capital investido, observada somente a aplicação da correção monetária sobre a quantia respectiva.

Não obstante, é necessário que se observe ainda, principalmente, as previsões do § 6º do referido art. 61-A, segundo o qual a participação do investidor anjo em cada período de remuneração ficará restrita a no máximo 50% dos lucros da sociedade investida. Ou seja, ainda que fique acordado entre as partes que o investimento realizado a título de participação representaria mais de 50% do valor do negócio, quando da remuneração do capital investido, por período de apuração, não poderá o investidor receber mais de 50% dos lucros registrados. Trata-se de instrumento destinado a efetivamente preservar as sociedades investidas, proporcionando-lhes condições de seguir com a realização de novos investimentos no próprio negócio, visando o crescimento das atividades com fins de maximização dos resultados.

Portanto, é de se ter em mente que a atividade do investidor anjo é de suma importância para o desenvolvimento de negócios inovadores e disruptivos, não estando restrita a projetos que envolvam apenas tecnologias ou produtos virtuais, sendo permitida sua participação em atividades desenvolvidas por sociedades enquadradas como microempresas ou empresas de pequeno porte, não havendo restrições acerca do nicho de atuação envolvido. Trata-se de espécie de investimento extremamente utilizada globalmente e que no Brasil permite inúmeros empreendedores a iniciar e desenvolver seus negócios a partir do incentivo à aplicação de capital.

3. A inconstitucionalidade da incidência do IRRF sobre os rendimentos decorrentes dos aportes de capital do investidor Anjo

Não obstante ter a Lei Complementar 155/2016 sido responsável por regulamentar a atividade de investimento anjo em microempresas e empresas de pequeno porte, a partir de orientações no que se refere aos limites a serem observados, tanto quanto aos prazos de investimento possíveis, como na forma de remuneração das aplicações realizadas, a inclusão do § 10 no inserido art. 61-A, da Lei Complementar 123/2006, acabou por desencadear grave vício de inconstitucionalidade e ilegalidade no que se refere à exigência tributária relativa ao IRRF ante ao Investidor Anjo.

Referido § 10 estabeleceu que *"o Ministério da Fazenda poderá regulamentar a tributação sobre retirada do capital investido"*, tendo a Receita Federal, a partir disso, editado a Instrução Normativa n. 1719/2017, por meio da qual fixou obrigações de conformidade a serem observadas pelas sociedades investidas, bem como estabeleceu a cobrança do Imposto de Renda Retido na Fonte sobre os rendimentos originados dos investimentos anjo realizados. Vejamos, especificamente, o que está disposto no art. 5º da citada IN 1719/17:

> Art. 5º Os rendimentos decorrentes de aportes de capital efetuados na forma prevista nesta Instrução Normativa sujeitam-se à incidência do imposto sobre a renda retido na fonte, calculado mediante a aplicação das seguintes alíquotas:

I – 22,5% (vinte e dois inteiros e cinco décimos por cento), em contratos de participação com prazo de até 180 (cento e oitenta) dias;

II – 20% (vinte por cento), em contratos de participação com prazo de 181 (cento e oitenta e um) dias até 360 (trezentos e sessenta) dias;

III – 17,5% (dezessete inteiros e cinco décimos por cento), em contratos de participação com prazo de 361 (trezentos e sessenta e um) dias até 720 (setecentos e vinte) dias;

IV – 15% (quinze por cento), em contratos de participação com prazo superior a 720 (setecentos e vinte) dias.

§ 1° A base de cálculo do imposto sobre o rendimento de que trata o inciso II do § 2° corresponde à diferença positiva entre o valor do resgate e o valor do aporte de capital efetuado.

§ 2° Entende-se como rendimento para fins de aplicação do disposto neste artigo:

I – A remuneração periódica a que faz jus o investidor-anjo, correspondente aos resultados distribuídos de que trata o art. 2°; e

II –O ganho no resgate do aporte de que trata o art. 4°.

§ 3° Os rendimentos periódicos produzidos pelo contrato de participação, serão submetidos à incidência do imposto sobre a renda retido na fonte por ocasião de seu pagamento, aplicando-se as alíquotas previstas neste artigo, calculado o prazo a partir da data do aporte.

§ 4° A sociedade que admitir aporte de capital deverá manter controles que permitam verificar a correta apuração da base de cálculo do imposto a que se refere o *caput*.

§ 5° O imposto sobre a renda retido na fonte será considerado:

I – Definitivo para investidor pessoa física ou pessoa jurídica isenta ou optante pelo Regime Especial Unificado de Arrecadação de Tributos e Contribuições devidos pelas Microempresas e Empresas de Pequeno Porte (Simples Nacional); e

II – Antecipação do imposto devido no encerramento de cada período de apuração ou na data de extinção, no caso de pessoa jurídica tributada com base no lucro real, presumido ou arbitrado.

§ 6° O recolhimento do imposto sobre a renda retido na fonte deverá ser efetuado até o 3° (terceiro) dia útil subsequente ao decêndio de ocorrência dos fatos geradores.

As previsões delimitadas na IN 1719/17 estabelecem efetivamente a incidência do IRRF quando da remuneração dos aportes realizados pelos Investidores-Anjo, tendo ainda determinado o escalonamento regressivo das alíquotas aplicáveis, vinculadas ao prazo de investimento delimitado contratualmente entre as partes a título de participação. No que se refere à base de cálculo a ser observada, previu a disposição da Receita Federal que como rendimento tributável serão consideradas as remunerações periódicas a que tiver direito o Investidor Anjo e o ganho de capital registrado quando do resgate do aporte realizado.

Verifica-se, portanto, que a IN 1719/17 fixou não somente a incidência do IRRF, mas também suas bases de cálculo, alíquotas, prazos, sujeitos passivos e responsáveis tributários – tudo isso ao arrepio de qualquer previsão relativa à incidência do imposto na legislação complementar regulamentadora do investimento anjo. Ou seja, a Receita Federal do Brasil, via instrução normativa, efetivamente criou nova hipótese de incidência tributária para o imposto de renda retido fonte, o que ao nosso ver representa incontroverso vício de inconstitucionalidade e ilegalidade.

Estabelece o art. 150, inciso I, da Constituição Federal de 1988, que é vedado à União, aos Estados, ao Distrito Federal e aos Municípios exigir ou aumentar tributo sem lei que o estabeleça. De igual forma, os arts. 9º e 97 do Código Tributário Nacional também determinam que somente lei poderá estabelecer a instituição de tributos, sua majoração, a definição do fato gerador da obrigação principal, suas alíquotas, base de cálculo, penalidades e hipóteses de exclusão, suspensão ou extinção. Vejamos:

> CF/88
>
> Art. 150. Sem prejuízo de outras garantias asseguradas ao contribuinte, é vedado à União, aos Estados, ao Distrito Federal e aos Municípios:
>
> I – exigir ou aumentar tributo sem lei que o estabeleça;
>
> CTN
>
> Art. 9º É vedado à União, aos Estados, ao Distrito Federal e aos Municípios:
>
> I – instituir ou majorar tributos sem que a lei o estabeleça, ressalvado, quanto à majoração, o disposto nos artigos 21, 26 e 65;
>
> II – cobrar imposto sobre o patrimônio e a renda com base em lei posterior à data inicial do exercício financeiro a que corresponda;

III – estabelecer limitações ao tráfego, no território nacional, de pessoas ou mercadorias, por meio de tributos interestaduais ou intermunicipais;

IV – cobrar imposto sobre:

a) o patrimônio, a renda ou os serviços uns dos outros;

b) templos de qualquer culto;

c) o patrimônio, a renda ou serviços dos partidos políticos, inclusive suas fundações, das entidades sindicais dos trabalhadores, das instituições de educação e de assistência social, sem fins lucrativos, observados os requisitos fixados na Seção II deste Capítulo;

d) papel destinado exclusivamente à impressão de jornais, periódicos e livros.

§ 1º O disposto no inciso IV não exclui a atribuição, por lei, às entidades nele referidas, da condição de responsáveis pelos tributos que lhes caiba reter na fonte, e não as dispensa da prática de atos, previstos em lei, assecuratórios do cumprimento de obrigações tributárias por terceiros.

§ 2º O disposto na alínea a do inciso IV aplica-se, exclusivamente, aos serviços próprios das pessoas jurídicas de direito público a que se refere este artigo, e inerentes aos seus objetivos.

(...)

Art. 97. Somente a lei pode estabelecer:

I – a instituição de tributos, ou a sua extinção;

II – a majoração de tributos, ou sua redução, ressalvado o disposto nos artigos 21, 26, 39, 57 e 65;

III – a definição do fato gerador da obrigação tributária principal, ressalvado o disposto no inciso I do § 3º do artigo 52, e do seu sujeito passivo;

IV – a fixação de alíquota do tributo e da sua base de cálculo, ressalvado o disposto nos artigos 21, 26, 39, 57 e 65;

V – a cominação de penalidades para as ações ou omissões contrárias a seus dispositivos, ou para outras infrações nela definidas;

VI – as hipóteses de exclusão, suspensão e extinção de créditos tributários, ou de dispensa ou redução de penalidades.

§ 1º Equipara-se à majoração do tributo a modificação da sua base de cálculo, que importe em torná-lo mais oneroso.

> § 2º Não constitui majoração de tributo, para os fins do disposto no inciso II deste artigo, a atualização do valor monetário da respectiva base de cálculo.

Trata-se de previsões destinadas a conferir efetiva segurança ao Sistema Tributário Nacional, evitando-se o surgimento de exigências tributárias repentinas e que sejam instituídas ao bel prazer do gestor público, no caso em exame, a partir da atuação da Receita Federal. O Princípio da Legalidade em matéria tributária representa acima de tudo a estabilidade da relação fisco e contribuinte, na medida em que consagra os valores abarcados pela República e pelo Estado Democrático de Direito ao permitir a instituição de tributos somente a partir da atuação legislativa, ou seja, por meio da elaboração de lei em sentido estrito. A atividade legiferante voltada à instituição de tributos não há de estar vinculada à vontade do administrador, mas sim aos interesses do povo, que elege seus representantes conferindo-lhes os necessários poderes para criação de normas que regulem a forma de financiamento público, especialmente no que diz respeito ao poder de tributar.

Como ensina o magistério de SACHA CALMON NAVARRO COÊLHO, *nullun tributum, nulla poena sine lege*, sendo impossível qualquer exigência tributária por parte da administração pública na hipótese de lacunas ou omissões do legislador nas disposições instituídas. Na atual conjuntura do Sistema Tributário Nacional, somente por meio de lei é que qualquer tributo pode vir a ser exigido de qualquer contribuinte. Se uma vez instituída qualquer exigência tributária ao arrepio de disposições legais, observadas as exceções constitucionais que não são objeto desse estudo, seja via decreto, medida provisória, portaria, resolução, instrução normativa ou qualquer outro ato emanado pela administração, caso não haja a correspondente previsão em lei que a estabeleça, estará o gestor público incorrendo em insanável vício concomitante de inconstitucionalidade e ilegalidade. Vejamos (COÊLHO, 2014, p. 180 e 181):

> O Código Tributário brasileiro dispõe enfaticamente que *somente a lei pode estabelecer* as matérias relacionadas acima. Estas, em conjunto, formam a própria estrutura da norma tributária: definição do *fato gerador*, fixação das *bases de cálculo e alíquotas*, a majoração do tributo e mais a estatuição das infrações à lei fiscal e de suas penalidades. Por esta via consagra-se o princípio da tipicidade, que é exauriente (legalidade material).

> Conceituar até a exaustão, tipificar tudo o que diz respeito às matérias acima exalta o *princípio da tipicidade.*
>
> Equipole ao seguinte: Se a lei for omissa, ou obscura, ou antiética em quaisquer desses pontos, descabe ao administrador (que aplica a lei de ofício) e ao juiz (que aplica a lei contenciosamente) integrarem a lei, suprindo a lacuna por analogia. É dizer, em Direito Tributário, a tipicidade é cerrada, oferecendo resistência ao princípio de que o juiz não se furta a dizer o direito ao argumento de obscuridade na lei ou de dificuldades na sua intelecção. Na área tributária, o juiz deve sentenciar, é certo, mas para decretar a *inaplicabilidade da lei por insuficiência normativa* somente suprível através de ato formal e materialmente legislativo.
>
> (...)
>
> Entre nós, como está na Constituição de 1988, o princípio da legalidade da tributação exige lei em sentido formal (instrumento normativo proveniente do Poder Legislativo) e material (norma jurídica geral e impessoal, abstrata e obrigatória, clara, precisa, suficiente).
>
> A legalidade da tributação, dizia Pontes de Miranda, significa o povo se tributando a si próprio. Traduz-se como o povo autorizando a tributação através dos seus representantes eleitos para fazer leis, ficando o príncipe, o chefe do Poder Executivo – que cobra os tributos -, a depender do Parlamento.
>
> O princípio vige e vale em todo o território nacional, subordinando os legisladores das três ordens de governo da Federação. Nenhum tributo (gênero), tirantes as exceções expressas, pode ser instituído (criado) ou alterado (majorado ou minorado após criado) *sem lei*. Há princípio da legalidade na instituição e na majoração dos tributos, como especialmente dita a Constituição.
>
> Como é sabido, a Constituição não cria tributos, senão que dá competência às pessoas políticas para instituí-los e alterá-los. Destarte, o princípio da legalidade tem, como destinatários, os poderes legislativos da União, dos Estados-Membros, incluído o Distrito Federal, e dos municípios. Só se tributa e altera tributo por lei. *Nullun tributum, nulla poena sine lege.*

De igual forma, trata LUÍS EDUARDO SCHOUERI ao destacar inclusive as previsões do art. 5° da Constituição Federal de 1988, quando examina o tema sob a ótica da forma de instituição de tributos no Estado Democrático de Direito (SCHOUERI, 2018, p. 292 e 302):

> A ideia da legalidade é própria do Estado de Direito. É algo que se encontra no artigo 5°, II, da Constituição Federal: "Ninguém será obrigado a fazer ou deixar de fazer alguma coisa senão em virtude de lei". É uma garantia do cidadão contra abusos por parte dos governantes.
>
> Em matéria tributária, o Princípio da Legalidade é anterior mesmo ao Estado de Direito. É o direito de concordar com a tributação e controlar o modo como os recursos arrecadados são empregados. Mesmo em regimes ditatoriais, a matéria tributária foi excepcionada, preservando-se o princípio de que a cobrança de um tributo é condicionada à concordância prévia dos contribuintes, diretamente ou por meio de seus representantes.
>
> (...)
>
> Efetivamente, ao comparar o texto do artigo 5°, com o do artigo 150, nota-se que o constituinte não foi redundante quando tratou da matéria tributária: se em geral um comportamento será exigido "em virtude" de uma lei, nas questões tributárias, tem-se a exigência de a obrigação estar prevista na própria lei. Não há espaço para delegação. Será a lei o fundamento imediato da exigência. Ao legislador cumpre definir o antecedente e o consequente da norma tributária.

Esta é a exata situação que se identifica no cenário envolvendo a atuação do Investidor-Anjo, uma vez que o art. 61-A, inserido na Lei Complementar n.123/2006 por meio da Lei Complementar 155/2016, não fixou qualquer hipótese de incidência tributária do imposto de renda retido na fonte, tampouco bases de cálculo, alíquotas, sujeitos passivos, responsáveis ou penalidades. E não se diga que as previsões do § 10 do referido art. 61-A seriam suficientes para suprir qualquer violação à legalidade tributária, na medida em que teria sido delegado ao Ministério de Fazenda a regulamentação da tributação sobre a retirada do capital investido. Isso porque, consoante as previsões do Código Tributário Nacional, a competência tributária é indelegável, imprescritível, irrenunciável e inalterável, sendo impossível qualquer atribuição a órgão da administração para que institua tributos na forma que lhe convier. Trata-se de previsão expressa do art. 7° do CTN, sendo possível tão somente a delegação dos poderes de arrecadação e fiscalização das normas tributárias, mas jamais da possibilidade de criar e instituir tributos não especificados em lei devidamente emanada por ato do Poder Legislativo.

A respeito da indelegabilidade das competências tributárias para instituição de tributos, preciosas são as lições de MISABEL ABREU MACHADO DERZI, que destaca o fenômeno da parafiscalidade como instrumento de arrecadação tributária descentralizada. Vejamos (DERZI, 2018, p. 176):

> Segundo ensinam a doutrina e a jurisprudência assentada, competência é norma constitucional, atributiva de poder legislativo a pessoa estatal, para criar, regular e instituir tributos. E de fato o é. Trata-se de norma originária (pois tem sede na Constituição), indelegável e de plena eficácia (nesse sentido, vigentes e adequados ao atual momento constitucional os arts. 6.º e 7.º do CTN e as lições de ALIOMAR BALEEIRO). Igualmente é ponto pacífico que, embora a competência seja indelegável, a pessoa estatal pode conferir a outra as funções de cobrar, arrecadar e fiscalizar tributos, portanto, a sua capacidade tributária ativa. Tal fenômeno é usual quando o tributo se destina a custear serviço descentralizado ou personalizado da administração indireta do Estado, de personalidade pública ou privada, desde que exerçam função de utilidade pública (sindicatos, por exemplo). Cresceu com o intervencionismo estatal e espelha a renúncia à arrecadação, cobrança e fiscalização por parte da pessoa competente. Denominado de parafiscalidade, significa que o produto correspondente à arrecadação não será receita integrante do orçamento fiscal do Estado, mas será orçado e administrado de forma descentralizada, ou seja, parafiscal.

SACHA CALMON NAVARRO COÊLHO ressalta, ainda, serem amplas as hipóteses de delegação, vedada, por outro lado, a específica possibilidade de legislar em matéria tributária, tratando-se esta de incumbência exclusiva do Poder Legislativo. Veja-se (COÊLHO, 2014, p. 418):

> O artigo 7º fixa a regra da *indelegabilidade da competência tributária*, vez que esta é de atribuição constitucional, mas admite que as funções de arrecadar e fiscalizar tributos ou de executar leis, serviços, atos e decisões administrativas em matéria tributária podem ser transferidas de uma para outra pessoa de Direito Público,

> incluindo as garantias e privilégios processuais das pessoas delegantes (§ 1º), podendo a delegação ser unilateralmente revogada (§ 2º). De observar, também, que é possível incumbir a pessoas de Direito Privado, naturais e jurídicas, a função ou o encargo de arrecadar tributos, nesta última hipótese contra a vontade da própria pessoa, sem que esta atribuição ou cometimento constitua *delegação de competência*, de resto impossível, porquanto a ninguém é dado legislar em matéria tributária, poder este exclusivo dos órgãos estatais legislativos (princípio da legalidade).

Verifica-se, portanto, que a simples inclusão de dispositivo junto à regulamentação dos investimentos anjo, de modo a buscar a implementação de dever obrigacional de recolhimento de tributo a partir de ato administrativo, diverso de qualquer atividade legiferante competente, não possui o condão de convalidar a Instrução Normativa editada pela Receita Federal do Brasil, a qual, em decorrência da omissão verificada no dispositivo carreado pela LC 155/2016, encontra-se efetivamente incapaz de gerar qualquer exigência tributária na forma como posta.

O que se confirma na prática, a partir da detida análise das previsões veiculadas pela Instrução Normativa em exame, é o fato de que a Receita Federal do Brasil se valeu precipuamente das exatas disposições estabelecidas por lei para cobrança do imposto de renda retido na fonte nas hipóteses envolvendo investimentos em renda fixa e variável – os quais são tributados por meio da Lei 11.033/2004, que em seu art. 1º estabelece a incidência do IRRF, bem como as alíquotas nos exatos percentuais que vieram a ser delimitados pela IN 1719/17. Nesse contexto, tem-se que a Receita Federal não somente intenta a cobrança de IRRF em situação na qual não há lei que preveja a incidência do imposto nas específicas situações dos investidores anjo, como também equipara essa modalidade de investimento a aplicações no mercado financeiro. Entretanto, ao assim fazê-lo, outra violação acabou por ser cometida pelo órgão federal, tendo em vista que as disposições do art. 10 da Lei 9.249/1995 garantem a isenção dos lucros e dividendos pagos por pessoas jurídicas, sendo equivalente à natureza dos pagamentos feitos a título de remuneração do capital aplicado pelos investidores anjo em *Start Up's*.

Oportunamente, ressalta-se que não se está aqui a advogar tese de intributabilidade dos rendimentos e ganhos observados pelos investidores anjo nos aportes de capital realizados, mas sim efetivamente se opondo à possibilidade de cobrança do tributo à margem de qualquer disposição legal específica ou mesmo por analogia a investimentos em renda fixa e variável, aos quais também são conferidas hipóteses de isenção que jamais poderiam deixar de ser respeitadas nas situações envolvendo investimentos anjo, caso admitida a equiparação buscada pela Receita Federal.

Fato é que ao fixar a incidência do IRRF nas remunerações dos aportes de capital realizados por Investidores Anjo, a Receita Federal do Brasil simplesmente houve por vilipendiar as disposições legais e constitucionais vigentes, o que de forma incontroversa macula por completo qualquer possibilidade de produção de efeitos práticos pelas previsões da IN 1719/17.

4. Do rompimento da segurança jurídica ocasionado pela edição da IN 1719/17

A segurança jurídica do Sistema Tributário Nacional e das relações entre fisco e contribuinte é princípio basilar destinado a conferir um ambiente de atuação no qual investimentos possam ser feitos sem que posteriormente aqueles que aplicaram seu capital se deparem com comportamentos contraditórios por parte da fiscalização, de jeito a incorrerem em riscos anteriormente não conhecidos. Um ambiente de contratação seguro, no qual o sujeito tenha ciência prévia dos riscos envolvidos e do posicionamento do fisco a respeito da atividade desempenhada, é condição mínima para atração de investimentos e realização de planejamentos de médio e longo prazo.

HUMBERTO ÁVILA, ao tratar do conceito de segurança jurídica em matéria tributária, destaca sua imperiosa função no sentido de proteger a confiança firmada e não frustrar o indivíduo que tenha se baseado no cenário existente ao tempo da tomada de suas decisões e definição de estratégias para os seus negócios. Veja-se (ÁVILA, 2011, p. 282 e 283):

> Desse modo, o conceito de segurança jurídica-tributária pode ser definido como uma norma-princípio que exige dos Poderes Legislativo, Executivo e Judiciário a adoção de comportamentos que contribuam mais para a existência, em benefício dos contribuintes e na sua perspectiva, de um elevado estado de confiabilidade e de calculabilidade jurídica, com base na sua elevada cognoscibilidade, por meio da controlabilidade jurídico-racional das estruturas argumentativas reconstrutivas de normas gerais e individuais, como instrumento garantidor do respeito à sua capacidade de, sem engano,

frustração, surpresa ou arbitrariedade, plasmar digna e responsavelmente o seu presente e fazer um planejamento estratégico juridicamente informado do seu futuro.

O catedrático professor, inclusive, fazendo referência a notáveis juristas como Roque Antonio Carrazza, Federico Arcos Ramirez e Sacha Calmon Navarro Coêlho, apresenta o Princípio da Legalidade Tributária como fortíssimo, senão principal, instrumento de segurança jurídica à disposição do Sistema Tributário Nacional, *in verbis* (ÁVILA, 2011, p. 234):

> A CF/88, ao prescrever que ninguém será obrigado a fazer ou deixar de fazer alguma coisa senão em virtude de lei (art. 5º, II), que não há crime sem lei anterior que o defina, nem pena sem prévia cominação legal (art. 5º, XXXIX), elipticamente determina que o Estado só pode instituir tributos se assim o fizer por meio de lei. Mesmo assim, a Constituição, no Sistema Tributário Nacional, condiciona a instituição e o aumento de tributos à edição prévia de lei (art. 150, I), inclusive proibindo a concessão de benefício fiscal sem a previsão em lei específica (art. 150, § 6º).
>
> A exigência de lei é, por si só, instrumento de segurança jurídica, porque, ao demandar normas gerais e abstratas, dirigidas a um número indeterminado de pessoas e de situações, contribui, de um lado, para afastar a surpresa decorrente tanto da inexistência de normas escritas e públicas quanto do decisionismo e das decisões circunstanciais *ad hoc*; de outro, favorece a estabilidade do Direito, porque somente graças a determinados procedimentos é que a legislação vigente pode ser modificada. A exigência de legalidade, além de favorecer o ideal de participação democrática, ainda privilegia aos governados tranquilidade, confiança e certeza quanto à tributação.

A edição da IN 1719/17 pela Receita Federal do Brasil, na forma como aprovada, representa a total quebra de confiança que se possa ter nas disposições constitucionais veiculadas pela Carta Maior de 1988, na medida em que, ainda que haja previsão expressa no sentido de que não será instituído qualquer tributo por meio diverso de lei propriamente dita, a partir de simples previsão supostamente delegatária intenta-se conferir poderes ao administrador para fixar a forma de tributação sobre a atividade do investimento anjo. E como se não bastasse a inconstitucional atribuição de competência comentada, as normas veiculadas ainda acabam por deixar de prever as hipóteses de isenção legalmente previstas para semelhantes espécies de investimentos. Ou seja, pretende-se tributar o investimento anjo, uma vez que as demais possibilidades de investimentos no mercado financeiro são tributadas, sem, contudo, reconhecer a isenção na remuneração do capital do investidor anjo como é feito no pagamento de lucros e dividendos por pessoas jurídicas.

A esse respeito, calha repisar que o art. 10 da Lei 9.249/95 estabelece clara hipótese de isenção para os lucros e dividendos pagos por pessoas jurídicas tributadas com base no lucro real, presumido ou arbitrado, em favor dos sócios e acionistas que tenham aplicado capital nessas empresas. Vale registrar que a isenção decorre intimamente do fato de tais parcelas advirem dos resultados líquidos das empresas, ou seja, de já terem sido tributados pelo imposto de renda respectivo, ao passo que obrigar o investidor a se sujeitar novamente a carga tributária sobre as parcelas recebidas confirmaria tão somente bitributação na hipótese. Ademais, é importante que se diga que os valores pagos aos sócios e acionistas está limitado ao valor dos investimentos realizados, situação equivalente ao que ocorre no investimento anjo, não podendo o investidor vir a ser remunerado de forma alternativa ou em descompasso com o capital aplicado. Nesse sentido, é que ao não reconhecer a isenção do IRRF no pagamento das remunerações pelos investimentos realizados por investidor anjo, a IN 1719/17 vai de encontro ao disposto na Lei 9.249/95, fato que representa verdadeira quebra de isonomia no sistema.

O ambiente de completa insegurança jurídica criado acaba por dificultar a atração de investimentos, os quais a própria instituição do art. 61-A pela Lei Complementar 155/2016 buscou possibilitar, prejudicando os empreendedores destinatários da norma e principalmente o mercado de inovação brasileiro. Novamente, calha reforçar que não se está a advogar qualquer tese de que o investimento anjo não haveria de estar sujeito à tributação, mas sim a se defender a patente necessidade de efetiva aplicação e respeito às normas especificamente delineadas para instituição de tributos, assim como às hipóteses de isenção delimitadas para espécies de investimentos cujas formas de remuneração possuem íntima semelhança, sob pena de se consolidar um sistema efetivamente caótico, não isonômico e que não confere qualquer segurança para aqueles que possuam interesse em aplicar seus capitais no país.

GERALDO ATALIBA, no ápice de seus incontáveis brilhantes ensinamentos, assim já reverberava acerca da necessidade de observação das normas constitucionais a fim de se conferir segurança jurídica ao sistema (ATALIBA, 2013, p. 25):

> Há distinção entre norma (genérica) e comando particular. Quando uma vontade deseja, genérica e abstratamente, certos comportamentos, toda vez que se verifique uma hipótese, tem-se a norma (geral). Nas sociedades preocupadas com a isonomia e a segurança jurídica, estas normas só podem ser postas, quando inaugurais, inovadoras, pelos representantes dos destinatários. Onde haja Constituição, como instrumento do estado de direito, só podem ser editadas pelo órgão legislativo, de eleição popular. Tais normas são necessariamente genéricas e abstratas.

Novamente, as lições de SACHA CALMON NAVARRO COÊLHO a respeito do tema (COÊLHO, 2014, p. 174):

> Entre os publicistas da vanguarda, a *essentialia* do conceito de segurança jurídica residiria na possibilidade de previsão objetiva, por parte dos particulares, de suas situações jurídicas. A meta da segurança jurídica seria, então, assegurar aos cidadãos uma expectativa precisa de seus direitos e deveres em face da lei.
>
> Tal como posta, a segurança abomina a casuística dos regulamentos e a incerteza proteiforme das portarias e demais atos da Administração. Dado que ninguém está obrigado a fazer ou deixar de fazer alguma coisa a não ser em virtude de lei, a segurança jurídica a que faz jus o contribuinte entronca diretamente com a tese ou princípio da "proteção da confiança".

Em consonância com os ilustres estudiosos anteriormente destacados, afirma o grande homenageado, Professor Valter de Souza Lobato, em notável obra a respeito dos princípios da confiança e da segurança jurídica no Sistema Tributário Nacional (LOBATO, 2020):

> Contudo, não apenas em âmbito constitucional se vê plasmado o princípio da proteção da confiança. Com efeito, também o Código Tributário Nacional é enfático em assegurar a segurança jurídica. À guisa exemplificativa, sem pretensão de exaustão, vê-se que o CTN não somente explicitou que o princípio da legalidade deve abarcar todos os elementos da norma tributária (art. 97), como foi enfático ao determinar que o direito não pode retroagir (arts. 106 e 144) ou mesmo que a dúvida deve sempre advogar a favor do infrator (art. 112) e, ainda a título de exemplo, os conceitos que delimitam a competência tributária (art. 110) não podem ser alterados pelo intérprete ou legislador ordinário, sob pena de ferir a vontade da Constituição.

Veja-se, portanto, que as normas delimitadoras do sistema possuem escorreito intuito de propiciar a máxima segurança jurídica possível àqueles sujeitos que dependam de relações de confiança perante o fisco. Entretanto, o que se vê na prática é a deturpação de tais regras pelos intérpretes e aplicadores das previsões existentes, que ao ultrajarem os limites delineados, acabam por constituir um ambiente de negócios não propício a atração de investimentos e tampouco de boas relações entre fisco e contribuinte.

5. Conclusões

Diante do cenário posto, verifica-se que o Brasil caminha no sentido de ser um país onde seja propício o desenvolvimento de novos negócios, principalmente a partir de investimentos anjo, os quais se destinam especificamente ao crescimento de pequenas e médias empresas, sem que o investidor se veja em posição de participação direta na execução dos projetos ou mesmo seja responsável pessoalmente pela sociedade. A regulamentação do investimento anjo a partir da edição do art. 61-A pela Lei Complementar 155/2016 é de extrema relevância tanto do ponto de vista do investidor, que se vê diante de regras destinadas a aclarar e orientar sua atividade, como das empresas investidas, as quais passam a contar com formas alternativas de levantamento de recursos destinados a aceleração de seus negócios. De mais a mais, não há de se ignorar que a atividade do investidor anjo não se restrinja à aplicação de recursos nos negócios selecionados, sendo amplamente possível sua participação na condição de consultor destinado a fornecer importantes orientações para os empreendedores ainda em início de suas trajetórias.

Entretanto, especificamente no que se refere à tributação do investimento anjo, fato é que ainda certos obstáculos hão de ser superados a fim de que a atividade possa conferir a necessária segurança jurídica àqueles que possuem interesse neste tipo de atividade. Isso porque, como amplamente demonstrado, fato é que a incidência do imposto de renda retido na fonte sobre os pagamentos feitos a título de remuneração pelo capital investido pelos investidores anjo ainda está regulamentada por simples instrução normativa editada pela Receita Federal, o que contradiz as normas constitucionais e dispostas no Código Tributário Nacional acerca da possibilidade de instituição e majoração de tributos. O que se verificou foi que a Receita Federal, diante de previsão contida no art. 61-A da Lei Complementar 155/2016 de que ao Ministério da Fazenda cabeira regulamentar a tributação sobre o capital investido, houve por editar a Instrução

Normativa 1719/17 de modo a prever a incidência do IRRF na hipótese. Contudo, na pendência de alteração da Lei Complementar 155/2016, de forma a eventualmente ser prevista a incidência do imposto nos pagamentos efetuados em favor dos investidores anjo, fato é que a violação ao Princípio da Legalidade Tributária seguirá em voga, não sendo possível admitir-se qualquer exigência pelo fisco federal quanto ao IRRF.

Por fim, não obstante a violação à legalidade destacada, necessário ainda se faz a observação quanto à clara aplicabilidade da isenção dos valores recebidos pelos investidores anjo a título de remuneração pelos capitais investidos, na exata metodologia das previsões do art. 10, da Lei 9.249/95, que garantem a não incidência do tributo sobre a renda para aqueles que recebem lucros e dividendos de pessoas jurídicas. Isso porque as condições de recebimento dos investidores anjo perante as sociedades investidas, na prática, se equivalem por completo às situações de pagamento de dividendos, as quais estão atreladas ao resultado líquido das empresas e ainda estão atreladas ao capital investido, não sendo cabível remuneração diversa ou em patamares que não possuam relação com o investimento realizado.

O Sistema Tributário Nacional demanda a consecução das normas traçadas de modo a conferir a efetiva segurança jurídica ao fisco e aos contribuintes, desafio este que se aplica especificamente para o investimento anjo, ainda pendente de escorreita regulamentação.

Referências

ATALIDA, Geraldo. *Hipótese de incidência tributária*. 6. ed. São Paulo: Malheiros, 2013.

ÁVILA, Humberto. *Segurança jurídica:* entre permanência, mudança e realização no direito tributário. São Paulo: Malheiros, 2011.

BALEEIRO, Aliomar; DERZI, Misabel Abreu Machado. *Direito tributário brasileiro.* 14. ed., rev. atual. e ampl. Rio de Janeiro: Forense, 2018.

COÊLHO, Sacha Calmon Navarro. *Curso de direito tributário brasileiro.* 13. ed. rev., atual. e ampl. Rio de Janeiro: Forense, 2014.

LOBATO, Valter de Souza. O princípio da confiança estampado no art. 146 do CTN sob as perspectivas dogmática e jurisprudencial: um estudo em homenagem a Misabel de Abreu Machado Derzi. *In: Direito tributário:* uma visão da escola mineira – em homenagem a Misabel de Abreu Machado Derzi. Belo Horizonte: Letramento, 2020.

SCHOUERI, Luís Eduardo. *Direito tributário.* 8. ed. São Paulo: Saraiva, 2018.